Bewegungsverstehen

Kimon Blos

Bewegungsverstehen

Die Psychomotorische Prioritäten- und Teleoanalyse

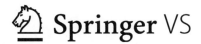

RESEARCH

Kimon Blos
Willisau, Schweiz

Dissertation Philipps-Universität Marburg/Lahn, 2011

ISBN 978-3-531-19409-7   ISBN 978-3-531-19410-3 (eBook)
DOI 10.1007/978-3-531-19410-3

Die Deutsche Nationalbibliothek verzeichnet diese Publikation in der Deutschen Nationalbibliografie; detaillierte bibliografische Daten sind im Internet über http://dnb.d-nb.de abrufbar.

Springer VS
© VS Verlag für Sozialwissenschaften | Springer Fachmedien Wiesbaden 2012
Das Werk einschließlich aller seiner Teile ist urheberrechtlich geschützt. Jede Verwertung, die nicht ausdrücklich vom Urheberrechtsgesetz zugelassen ist, bedarf der vorherigen Zustimmung des Verlags. Das gilt insbesondere für Vervielfältigungen, Bearbeitungen, Übersetzungen, Mikroverfilmungen und die Einspeicherung und Verarbeitung in elektronischen Systemen.

Die Wiedergabe von Gebrauchsnamen, Handelsnamen, Warenbezeichnungen usw. in diesem Werk berechtigt auch ohne besondere Kennzeichnung nicht zu der Annahme, dass solche Namen im Sinne der Warenzeichen- und Markenschutz-Gesetzgebung als frei zu betrachten wären und daher von jedermann benutzt werden dürften.

Einbandentwurf: KünkelLopka GmbH, Heidelberg

Gedruckt auf säurefreiem und chlorfrei gebleichtem Papier

Springer VS ist eine Marke von Springer DE. Springer DE ist Teil der Fachverlagsgruppe Springer Science+Business Media
www.springer-vs.de

Geleitwort

Schon früh hat Alfred Adler, der Begründer der Individualpsychologie, körperliche Vorgänge in seine theoretischen Überlegungen zur Entstehung von Neurosen einbezogen. Auch später erfasst er mit den Begriffen des „individuellen Bewegungsgesetzes" oder des „Lebensstils" sowohl körperliche als auch seelische Prozesse. Derartige Grundlagen haben auch den Weg geebnet, dass vor mehr als zwei Jahrzehnten im internen individualpsychologischen Fachdiskurs die Auseinandersetzung mit leibnahen psychotherapeutischen Behandlungsformen vermehrt in Gang gekommen ist.

In dem vorliegenden Buch greift Kimon Blos Ausführungen zum „individuellen Bewegungsgesetz" und den davon abgeleiteten Prioritäten wieder auf und konkretisiert sie in einer Praxeologie systematischer Interpretations- und Interventionsentwürfe.

Er gliedert seine umfassende Arbeit in vier Hauptkapitel: (1.) lebensweltanalytische Postmodernediskussion, (2.) individualpsychologische Grundlagen und Ableitungen, (3.) psychomotorische Praxeologie und (4.) Fallbeispiel. Dabei gibt die vorangestellte Einleitung einen spannenden Orientierungsrahmen vor, der in drei Begegnungspunkten von Individualpsychologie und Postmoderne – der Ohnmacht der erschütterten Einheit, der Gestaltungsmacht in offener Vielheit und der Orientierungssuche nach individueller Wertigkeit – die aktuelle Relevanz individualpsychologischer Konstrukte und Ideen aufzeigt.

Die folgende kurze Auseinandersetzung mit diesen Hauptkapiteln soll dem Leser einen ersten Einblick in die Arbeit von Kimon Blos verschaffen.

(1.) Hier werden wesentliche Aspekte der Postmoderne und die Hindernisse, Herausforderungen und Gestaltungsmöglichkeiten, die diese für die Entwicklung und Entfaltung der Persönlichkeit mit sich bringen, herausgearbeitet. In dem Spannungsfeld zwischen Konformität und Isolation gilt es, in einem permanenten Prozess Positionen zu entwerfen, die eine größtmögliche Verträglichkeit zwischen der individuellen, dem Kern-Selbst entspringenden Wahrhaftigkeit und den gemeinschaftlichen Interessen ermöglichen. Dabei schält der Autor speziell jene bedeutende Facette heraus, nach der eine Gleichsetzung von Flexibilität und Freiheit nur dann zulässig ist, wenn die autonomen und gemeinschaftlichen Interessen gleichermaßen eingebunden werden.

(2.) Auch in der Individualpsychologie ist die Frage der Vereinbarkeit von individuellen Strebungen und gemeinschaftlichen Interessen einerseits und die Suche nach einer sicheren, die eigene Persönlichkeit möglichst wenig irritierenden Position andererseits, ein bedeutsames Thema. So finden wichtige inhaltliche Schwerpunkte der Ausführungen des Autors zur Postmoderne eine Fortsetzung in seiner Auseinandersetzung mit Veröffentlichungen von Alfred Adler und anderen Vertretern der Individualpsychologie – deren Aussagen und Festlegungen er auch immer wieder kritisch beleuchtet. Unsicherheit, Minderwertigkeitsgefühl und Ohnmacht als Motor für Kompensationsbestrebungen zur Erhaltung oder Wiedererlangung des Selbstwertgefühls und die von mehr oder weniger fiktiven Zielen geleiteten Bemühungen des Individuums, einen für das Ego verträglichen Zustand zu erlangen, werden von ihm aufgegriffen und weiterführend behandelt. In Hinarbeitung auf das eigentliche Anliegen seiner Untersuchung – dem Entwurf einer Entwicklungstheorie und einer daraus ableitbaren Orientierung für die psychomotorische Praxis – schreibt der Autor der Erlangung von Kompetenzen durch positive und negative Überkompensation einen besonderen Stellenwert zu. Eine relative Sicherheit und Wahlfreiheit für Entscheidungen ist für ihn nur dann gegeben, wenn sowohl personale als auch soziale Kompetenzen entwickelt werden, da eine einseitige Ausformung derselben entweder in die Isolation oder in eine übermäßige Konformität und Abhängigkeit führen würde, was der Ausgestaltung und Ausdifferenzierung eines Persönlichkeitsprofils abträglich wäre. Damit wird auch verständlich, dass eine Positionierung und Profilierung des Individuums personale Kompetenzen (Vermögen/Macht) benötigt. Aus diesem Blickwinkel bestärken seine Ausführungen einen Bedeutungswandel des in der frühen Individualpsychologie oft negativ konnotierten Machtstrebens dahingehend, dass sie auch dessen positive Potenz deutlich machen. Diese durch den Autor systematisch herausgearbeitete Facette stellt einen für die Individualpsychologie wichtigen Beitrag zu einer differenzierteren Betrachtung von Autonomie, personaler Macht und Positionierung des Individuums innerhalb der Gemeinschaft dar. Seine in der Auseinandersetzung mit der Postmoderne und der Individualpsychologie herausgearbeiteten Überlegungen werden von ihm unter Adaptierung der von Kefir entwickelten Persönlichkeitstheorie der Prioritäten systematisiert und in einem Entwicklungsmodell festgehalten, das zudem einer Konzeptanalyse unterworfen wird, was sein Bemühen um wissenschaftliche Redlichkeit unterstreicht.

(3.) Im Fortschreiten der Arbeit und im Hinblick auf die psychomotorische Praxeologie, die eindrucksvoll entfaltet wird, ordnet der Autor Beobachtungsfeldern der therapeutischen Praxis prioritätstypische Verhaltensweisen zu. Der solchermaßen entstandene Raster soll die Untersuchung des Einzelfalles durch eine Analyse der Prioritäten ermöglichen, wobei in einem weiteren nachfolgenden Schritt über eine Teleoanalyse ein tieferes und individualisiertes Verständnis von Beweggründen und Motiven auch durch die Einbeziehung lebensgeschichtlicher Ereignisse aus vergangenen und aktuellen Lebensräumen angestrebt wird. Der Transfer in die Praxis ist durch die Fallvignette (4.) und durch viele weitere konkrete Beispiele gewährleistet, wobei das Menschenbild der Individualpsychologie jeweils konsistent durchscheint.

Kimon Blos hat eine aufwendige und beachtliche wissenschaftliche Leistung erbracht, wobei seine Arbeit auch sehr gut zwischen metatheoretischen Aspekten und Fragestellungen (wie etwa zum Menschenbild der IP) und den verschiedenen Stufen der Konkretion vermittelt. Trotz der Vielfalt und Komplexität, die sich durch die überwiegend polar bzw. mehrdimensional angelegten zentralen Konstrukte der IP ergeben, bleiben die leitenden Intentionen der Arbeit deutlich erkennbar, Aufbau und Ergebnis seiner Forschung für den Leser in den einzelnen Abschnitten jederzeit nachvollziehbar. Dabei stellt das konsequent entfaltete und ausdifferenzierte Entwicklungsmodell eine stringente systematische Ausformung und Weiterführung klassischer individualpsychologischer Positionen dar und bietet somit nicht nur für die Psychomotorik einen neuen Ansatz des Verstehens und Förderns, sondern eröffnet auch für die Theorie der Individualpsychologie interessante und bedenkenswerte neue Facetten. Ebenso kann sich das um die psychomotorisch-motologischen Aspekte bereicherte individualpsychologische Persönlichkeits- und Typisierungskonzept der Prioritäten in Erinnerung bringen und die Lust wecken, sich wieder mit dessen Erkenntnispotential auseinander zu setzen, welches ich für die Psychomotorik als erheblich einschätze. Die Prioritäten beschreiben nämlich in besonderem Maße Verhaltensweisen und Gewohnheiten der Klienten, für die es dort bisher keine so schlüssige Erklärung gab. So entsteht eine Klientenspezifik, die die diagnostische Dimension zu einer besonderen Stärke des Ansatzes erhebt, der meines Erachtens eine große Bereicherung für den Fachdiskurs der Motologie darstellt und eine Lücke zwischen dem kompetenz- und handlungsorientierten sowie dem verstehenden Ansatz füllt.

Der Autor hat durch konsequente wissenschaftliche Arbeit einen neuen Zugang für die Analyse und Durchführung der psychomotorischen Praxeologie entwickelt. Sein an die Individualpsychologie angelehnter Ansatz ergänzt die bisher bestehenden sinnvoll und lässt viele Verhaltensweisen der Klienten in einem neuen Licht erscheinen. Der Verfasser erweist sich als profunder Kenner der beiden Fachdiskurse, die er zusammenführt. Die Arbeit ist in sich stimmig aufgebaut und hält den Spannungsbogen anspruchsvoller Argumentation auch in den Praxisteilen. Seine Forschungsergebnisse und die daraus abgeleiteten Interventionen sind vielversprechend, dürfen sich allerdings nunmehr noch umfassender auf dem Prüfstand der praktischen Arbeit bewähren.

Toni Reinelt

Dank

Die Möglichkeit, sich mit einem Thema so umfassend zu befassen, dass es dem wissenschaftlichen Fachdiskurs unterbreitet werden kann, verlangt Zeit, Inspiration und Resonanz. Ich bedanke mich bei den Menschen, die mir den Zugang zu diesen Komponenten gewährt haben.

Für die notwendige Arbeitszeit danke ich meiner Frau Dorit, die meine Absenz im familiären Leben an den Wochenenden und in den Ferien über Jahre geduldig aufgefangen hat.

Für die Impulse, sich aus Sicht der Motologie mit der Individualpsychologie (IP) zu beschäftigen, gebührt mein Dank verschiedenen Seiten. Zum einen Johnny Kiphard, den ich 1996 als Erstsemesterstudent auf dem Europäischen Kongress in Marburg kennenlernen durfte: nachdem eine Kommilitonin ihn erfolgreich zum Tanzen aufgefordert hatte, regte er uns in einem kurzen Gespräch über das Gemeinschaftsgefühl an, sich intensiver mit deren Ansichten auseinander zu setzen. Doch das Studium sah andere Schwerpunkte vor. Erst zu dessen Abschluss bin ich in der Beschäftigung mit den Entwicklungstheorien der Humanistischen Psychologie im Zuge meiner Diplomarbeit wieder auf die IP gestoßen. Zu jener Zeit hat mich zum anderen meine Mutter wiederkehrend und mit zunehmender Penetranz auf die Schriften Alfred Adlers hingewiesen. Aber erst die Begleitung der Kinder in meiner therapeutischen Praxis, deren Bewegungsverhalten ich beobachten, in deren Erlebniswelt ich eintauchen durfte, hat mir die tieferen Zusammenhänge und weiterführenden Interpretationsperspektiven eröffnet und verständlich werden lassen.

Für den interessierten und wohlwollenden Widerhall meiner Ideen und Vorstellungen sowie die konstruktiv-kritische, dabei jedoch stets wertschätzend-ermutigende Unterstützung in einem langen Differenzierungsprozess danke ich den Herren Professor Dr. Jürgen Seewald, Marburg, und Professor Dr. Toni Reinelt, Wien.

Kimon Blos

Meiner Familie

Inhaltsverzeichnis

Geleitwort 5

Danksagung 9

Modellverzeichnis 17

Tabellenverzeichnis 19

Einleitung 21

  1 Begegnungen:
    Drei Treffpunkte von Postmoderne und Individualpsychologie 21
  2 Aufbau der Arbeit 29

A Lebensweltanalyse 33

  I Von der erschütterten Einheit: Ein kurzer Einblick in die Praxis .. 35

    1 Statistische Erhebungen 35
    2 Mögliche Ursachen wachsender Sondermaßnahmen 39

  II Von der offenen Vielheit: Das Phänomen der Postmoderne 43

    1 Entwicklung der Begrifflichkeit und ihrer inhaltlichen
      Konkretisierung 43
      1.1 Abgrenzung zur Moderne? 46
      1.2 Epochenbegriff? 48
      1.3 Gemeinsame Merkmale einer uneinheitlichen Strömung:
          von der Einheit zur Vielheit, von der Sicherheit zur Freiheit 49
    2 Die postmodernen Paradigmen der Vielheit und der Freiheit –
      zwischen Orientierung und Gestaltung, zwischen Individualität und
      Isolation 51
      2.1 Risiken und Chancen der Postmoderne 52
          2.1.1 Freiheit *von* – Verlust des Orientierungsrahmens 53
          2.1.2 Freiheit *zu* – Gewinn an Gestaltungsmacht 55
          2.1.3 Persönliche Ressourcen als Freiheit bedingender Faktor .. 57
      2.2 Flexibilität als Voraussetzung sine qua non 60

**III Von der individuellen Orientierungssuche:
Selbst- und Identitätsentwicklung in der Postmoderne** 65

   1 Annäherung an die Begrifflichkeiten: Selbst und Identität 66
      1.1 Selbst 66
      1.2 Identität 69
      1.3 Selbst und Identität: Zusammenschau 72
   2 Flexibilität in Orientierung und Gestaltung:
     Kohärenz trotz Teilhaftigkeit? 74
      2.1 Beliebigkeit der Kompensation 75
      2.2 Kompensation der Beliebigkeit 77
      2.3 Teilhaftigkeit in Kohärenz 78
   3 Selbstnarration als konsequentes postmodernes Identitätskonzept ... 80
   4 Grenzen der Selbstnarration und Flexibilität 83
      4.1 Beliebige Versprachlichung als kognitivistische Entfremdung:
         Identitätsdiffusität...................................... 83
      4.2 Kompensatorische Anpassung als potenzielle Selbstgefährdung . 90

IV Zusammenfassung und Ausblick 95

   1 Postmoderne Herausforderungen der individuellen Selbst- und
     Identitätsentwicklung 95
   2 Resultierende Anforderungen an eine Entwicklungstheorie 96
   3 Profilierung anhand originärer Bezugspunkte 98
      3.1 Zur Ohnmacht der erschütterten Einheit: das Kernselbst 98
      3.2 Zur Gestaltungsmacht in offener Vielheit:
         die gebundene Flexibilität 101
      3.3 Zur Orientierungssuche nach individueller Wertigkeit:
         die Leiblichkeit 104
   4 Schaubild Postmoderne 110

**B Grundlagen der Individualpsychologie (IP) und
entwicklungstheoretische Ableitungen** 113

  I Einordnung in die Fragestellung 115

    1 Antworten auf die postmodernen Herausforderungen in der IP? 115
    2 Motologiebezug der IP:
      Vom „Organdialekt" zum „Bewegungsgesetz" 117
       2.1 Organminderwertigkeit und Organdialekt 117
       2.2 Zärtlichkeitsbedürfnis 119
       2.3 Das Ich als unmittelbare Handlungs- und Bewegungserfahrung . 121
       2.4 Lebensplan, Lebensstil, Bewegungsgesetz 122
       2.5 Zusammenfassung und Interpretation 124

II Das Menschenbild der IP 129
1 Allgemeine psychologische, medizinische und philosophische Einflüsse 129
   1.1 Von der Natur- zur Geisteswissenschaft, von der Triebabhängigkeit zur zielgebundenen Freiheit einer Wertepsychologie 129
   1.2 Selbst- und Fremdzuordnung der IP sowie deren Problematik .. 133
2 Themenspezifische Grundlagen im Hinblick auf die vorgestellten originären Bezugspunkte...................................... 134
   2.1 Zur Ohnmacht der erschütterten Einheit: das Kernselbst 136
      2.1.1 Holismus.. 136
      2.1.2 Hermeneutik 140
   2.2 Zur Gestaltungsmacht in offener Vielheit: die gebundene Flexibilität 144
      2.2.1 Idealismus....................................... 145
      2.2.2 Pragmatismus 147
   2.3 Zur Orientierungssuche nach individueller Wertigkeit: die Leiblichkeit...................................... 153
      2.3.1 Lebensphilosophie 153
      2.3.2 Phänomenologie 160
3 Abschließende Bemerkungen zu ADLERs theoretischen Bezugspunkten 164

III Die Persönlichkeitstheorie der IP 167
1 Zur Ohnmacht der erschütterten Einheit: ADLERs intentionale Einheit des Individuums – zwischen Minderwertigkeitsgefühl und Kompensation 167
   1.1 Primäres Minderwertigkeitsgefühl 168
   1.2 Sekundäres Minderwertigkeitsgefühl 172
   1.3 Kompensation und Überkompensation 173
   1.4 Schöpferische Kraft 176
2 Zur Gestaltungsmacht in offener Vielheit: die Prioritäten – zwischen Flexibilität und Gebundenheit des individuellen Bewegungsgesetzes 179
   2.1 Vorbehalte gegenüber und Notwendigkeit von Typisierungen ... 181
   2.2 Die Prioritäten und ihre Übersteigerungen als Selbstschutzmechanismen (tendenzielle und fixierte Prioritäten) 185
      2.2.1 Bequemlichkeit als Schutz vor Überforderung/ Verantwortung 189
      2.2.2 Gefallenwollen als Schutz vor Ablehnung 190
      2.2.3 Kontrolle als Schutz vor (unerwarteter) Erniedrigung 191
      2.2.4 Überlegenheit als Schutz vor Bedeutungslosigkeit 192

3 Zur Orientierungssuche nach individueller Wertigkeit:
Die Selbstentwicklung – zwischen Sicherheits- und Freiheitsstreben   194
   3.1 ADLERs regulative Gegenspieler:
Machtstreben und Gemeinschaftsgefühl   195
      3.1.1 Das Macht- und Geltungsstreben   196
      3.1.2 Das Gemeinschaftsgefühl   197
   3.2 Notwendige Differenzierungen   200
      3.2.1 *Ursprüngliches* und *gewachsenes* Sicherheitsgefühl   202
      3.2.2 *Ich-kann-Autonomie* als positive Abgrenzung zum
übersteigerten Machtstreben   205
      3.2.3 *Masochistische Bindungen* als negative Abgrenzungen
zur Gemeinschaft gleichwertiger Beziehungen   206
      3.2.4 Unterscheidung der Erhöhung des Selbstwertgefühls
in *instabil-unbegründet* und *stabil-begründet*   208

IV Entwicklungstheoretische Ableitungen und Konzeptanalyse   211

   1 Ein Modell zur Selbstentwicklung   211
      1.1 Hinführung   212
      1.2 Erläuterungen zum horizontalen wie vertikalen Modellraster ...   213
      1.3 Von der ursprünglichen Sicherheit zur Freiheit
des Persönlichkeitsideals   215
      1.4 Negative Überkompensation anhand aktiver Prioritäten   217
      1.5 Negative Überkompensation anhand passiver Prioritäten   219
      1.6 Ergänzung: Akzeptanz von Problemlagen und kritische
Lebensereignisse   221
   2 Konzeptanalyse   223
      2.1 Fragestellungen nach FLAMMER   223
      2.2 Beantwortung der Fragen aus Sicht des vorgestellten
Entwicklungsmodells   226

C Praxeologie   239

I Ziele   241

   1 Selbst-Freigabe: Überwindung der selbst gewählten
Entwicklungshemmung   241
   2 Ausschöpfung/Optimierung des persönlichen Handlungsspielraums
zwischen Autonomie und Gemeinschaft   245

**II Psychomotorische Prioritäten- und Teleoanalyse
(im Sinne einer Förderdiagnostik)**   251

   1 Erste Ebene: Prioritätenanalyse – als Abstraktion des individuellen
Bewegungsgesetzes: das Allgemeine im Konkreten   252

    1.1 Betrachtungsfelder in der Praxis (von der Bewegungsaufgabe bis zum Umgang mit Fremdimpulsen) 253
        1.1.1 Überlegenheit 254
        1.1.2 Kontrolle 255
        1.1.3 Gefallenwollen 257
        1.1.4 Bequemlichkeit 258
        1.1.5 Zusammenfassender Überblick 259
    1.2 Zuordnungsproblematik/Gefahren der Unschärfe 259
        1.2.1 Individuelle Erfahrungen und Fertigkeiten 261
        1.2.2 Schnittmengen im Aktivitätsniveau und der Komplementärpriorität 261
        1.2.3. Hypothesenbildung unter komplexen Bedingungen 264
  2 Zweite Ebene: Teleoanalyse – als Wesensdeutung gemäß dem individuellen Bewegungsgesetz: das Konkrete im Allgemeinen 265
    2.1 Bedingungen: personale und soziale Voraussetzungen 266
    2.2 Zielvorstellungen zum Machtanspruch: Persönlichkeitsideal zwischen Autonomie und Gemeinschaft 268
    2.3 Perspektive: Ohnmacht oder Entscheidungsfreiheit 279
    2.4 Profilbeschreibung: Ableitung typischer und individueller Interventionsoptionen 283

III Möglichkeiten psychomotorischer Intervention als Orientierungshilfe 289

  1 Akzeptanz 290
    1.1 Akzeptanz als Methode: Vertrauensaufbau und Erkenntnisgewinn 290
    1.2 Prioritäten ausleben bzw. positive Aspekte stärken 292
  2 Konfrontation 294
    2.1 Konfrontation auf der Ebene von Körper und Bewegung 294
    2.2 Prioritätsgrenzen erfahren 296
  3 Toleranz 299
    3.1 Toleranz zwischen den Gegenpolen 299
    3.2 Befürchtungen relativieren, Probehandlungen initiieren 301
  4 De- und Neukonstruktion 303
    4.1 Handlungsspielraum öffnen 303
    4.2 Profil entwickeln 304
  5 Interventionsschema als Kurzüberblick 305

D FALLBEISPIEL 307

I Vorüberlegungen 309

  1 Hinführung 309
  2 Leseanleitung 310

II Die Einheit hinter den Gegensätzen: Eine Falldokumentation aus der Sicht der Psychomotorischen Prioritäten- und Teleoanalyse 311

1 Anamnese – Informationen aus Anmeldung und Erstgespräch 311
2 Informationen aus der Diagnostik 312
3 Therapieverlauf (1): Akzeptanz 314
4 Interpretationen und abgeleitete Ziele 314
5 Therapieverlauf (2): Konfrontation, Toleranz, De- und Neukonstruktion 317
    5.1 Sozialbezug: Klassenkamerad 317
    5.2 Sozialbezug: Schwester 325
6 Therapieabschluss: Standortbestimmung im Hinblick auf vereinbarte Ziele sowie ein kurzer Ausblick 329

III Rückschau 333

1 Kritische Reflexion 333
2 Diskussion anhand alternativer psychomotorischer Ansätze 334
    2.1 Der Kompetenztheoretische Ansatz 335
    2.2 Der Kindzentrierte Ansatz 336
    2.3 Der Verstehende Ansatz 337
    2.4 Der Körperenergetische Ansatz 340
    2.5 Der Systemisch-konstruktivistische Ansatz 341
    2.6 Fazit aus Sicht des Prioritätenanalytischen Ansatzes 344
    2.7 Metatheoretische Überlegungen zu den psychomotorischen Ansätzen 346
3 Post Scriptum 351

Literaturverzeichnis 355

Modellverzeichnis

Modell A1: Selbstentwicklung über Identitätsentwürfe 73

Modell A2: Postmoderne Herausforderungen für die Selbst- und Identitätsentwicklung 111

Modell B1: Kraftfeld der vier Grundtendenzen menschlichen Verhaltens 183

Modell B2: Entwicklungstheorie (Schritt 1: Raster) 214

Modell B3: Entwicklungstheorie (Schritt 2: Grundstruktur) 216

Modell B4: Entwicklungstheorie (Schritt 3: negative Überkompensation aktiver Prioritäten) 218

Modell B5: Entwicklungstheorie (Schritt 4: negative Überkompensation passiver Prioritäten) 220

Modell B6: Entwicklungstheorie (Schritt 5: Gesamtübersicht) 222

Modell B7: Quantitative Lern- und qualitative Entwicklungsschritte 235

Modell C1: Spannungsverhältnis zwischen Autonomie und Gemeinschaft 246/247

Modell C2: Komplementäre Prioritäten 262

Tabellenverzeichnis

Tabelle A1: Anmeldungen Schuldienste Kanton LU 02/03–07/08 37

Tabelle A2: Anmeldungen Schuldienstkreis Willisau (Kanton LU) 02/03–07/08 38

Tabelle A3: Selbst und Identität in Anlehnung an OERTER/DREHER (1995) 65

Tabelle A4: Flexibilitätsoptionen und Entwicklungsprognose 93/328

Tabelle B1: Philosophische Impulse zum Menschenbild der IP 163

Tabelle B2: Arbeitsdefinitionen Kompensation und Überkompensation 175

Tabelle B3: Polare Anordnung der Prioritäten 180

Tabelle B4: Erläuternde Verhaltensweisen zu ADLERs Typenklassifizierung: Beispiel Kontrollpriorität 185/320

Tabelle B5: Tendenzielle und fixierte Prioritätsausprägung 186

Tabelle B6: Beispiele prioritärer Bewältigungsstrategien 188

Tabelle B7: Soziale Kosten der Prioritäten (aus: SCHOTTKY/SCHOENAKER 2008) 188

Tabelle B8: Erläuternde Verhaltensweisen zu ADLERs Typenklassifizierung: Beispiel Bequemlichkeitspriorität 190

Tabelle B9: Erläuternde Verhaltensweisen zu ADLERs Typenklassifizierung: Beispiel Priorität Gefallenwollen 191

Tabelle B10: Erläuternde Verhaltensweisen zu ADLERs Typenklassifizierung: Beispiel Überlegenheitspriorität 194

Tabelle B11: Vergleich quantitativer und qualitativer Veränderungen zwischen den Entwicklungsstadien 229

Tabelle C1: Dialogische Begleitung im Therapieprozess 244

Tabelle C2: Flexibilitäts- und Freiheitsgrade 248

Tabelle C3: Kurzüberblick: Prioritätenanalyse gemäß praktischer Betrachtungsfelder 260

Tabelle C4: Wechselseitige Beeinflussung der Komplementärprioritäten 263

Tabelle C5: Orientierungsraster: Machtanspruch und Kompensationserwartungen 276/277

Tabelle C6:	Wahrscheinliche Bedingung einer Prioritätsentwicklung	282
Tabelle C7:	Wahrscheinliche Bedingungen einer Prioritätsausprägung	282
Tabelle C8:	Erläuternde Verhaltensweisen zu ADLERs Typenklassifizierung innerhalb der vier polaren Prioritäten sowie deren potenzielle Basistypen	284
Tabelle C9:	Beispiele prioritätsspezifischer psychomotorischer Angebote in der Interventionsphase Akzeptanz	293
Tabelle C10:	Beispiele prioritätsspezifischer psychomotorischer Angebote in der Interventionsphase Konfrontation	297
Tabelle C11:	Beispiele prioritätsspezifischer psychomotorischer Angebote in der Interventionsphase Toleranz	302
Tabelle C12:	Zusammenfassende Beispiele prioritätsspezifischer psychomotorischer Angebote in den verschiedenen Interventionsphasen	306
Tabelle D1:	Überblick Therapieverlauf	314
Tabelle D2:	Therapieziele und Indikatoren	316
Tabelle D3:	Beispielhafte psychomotorische Erfahrungsbereiche in der Phase Phase der Konfrontation (Priorität: Kontrolle)	318
Tabelle D4:	Beispielhafte psychomotorische Erfahrungsbereiche in der Phase der Toleranz (Priorität: Kontrolle)	322
Tabelle D5:	Therapieziele, Indikatoren und Einschätzung Zielerreichung	330
Tabelle D6:	Fachsystematische Ansätze der Psychomotorik: Bezugstheorien, Bewegungsverständnis, Praxisfokus (in Anlehnung an BLOS 2007)	335
Tabelle D7:	Hypothesen subjektiver Wahrheiten (Fallbeispiel gemäß Systemisch-konstruktivistischem Ansatz)	343
Tabelle D8:	Ansatzspezifische Überlegungen zu postmodernen Parametern	350

Einleitung

1 Begegnungen:
Drei Treffpunkte von Postmoderne und Individualpsychologie

Diese Arbeit ist aus dem Wunsch entstanden, Vorstellungen der Individualpsychologie (IP) für die praktische motologische bzw. psychomotorische Arbeit nutzbar zu machen – wie es auch Ernst (Jonny) KIPHARD, der Urvater der Psychomotorik in Deutschland, angeregt hat.[1] In der individualpsychologischen Lehre sind mit einer als *Organdialekt* bezeichneten Körpersprache und der Vorstellung eines individuellen *Bewegungsgesetzes* zwei direkte Anknüpfungspunkte für unseren Fachbereich offensichtlich, die im gemeinsam vertretenen *ganzheitlichen Menschenbild* und dem Anspruch einer *verstehenden Annäherung* an das Individuum zusätzlich gestützt werden. Doch nimmt man die Abspaltung der Individualpsychologie von der FREUD'schen Psychoanalyse im Jahr 1911 als ihre Geburtsstunde, so feiert sie im Jahr 2011, in dem diese Arbeit vorgelegt wird, bereits ihren 100. Geburtstag. Was kann uns eine Theorie, die unter dem Eindruck ihrer Zeit entstanden ist, im *postmodernen* Heute noch sagen, wo sich die Lebensbedingungen doch vermeintlich entscheidend verändert haben?

Die Postmoderne und die Individualpsychologie begegnen sich m. E. in drei für die individuelle Entwicklung besonders bedeutsamen Erfahrungsbereichen:

1. in der Ohnmacht der erschütterten Einheit;
2. in der Gestaltungsmacht in offener Vielheit und
3. in der Orientierungssuche nach individueller Wertigkeit.

Jene Begegnungen basieren auf der Fragestellung nach der Kompatibilität zwischen gesellschaftlichen und individuellen Voraussetzungen und nähern sich aus verschiedenen Richtungen. Während die Postmoderne-Diskussion die radikale Pluralität der Alternativen fokussiert, die sich dem Menschen stellen, so interessiert sich die Individualpsychologie für den Menschen, der seinerseits jenen Alternativen gegenüber-

---

[1] Persönliche Mitteilung anlässlich des ersten Europäischen Kongresses der Psychomotorik 1996 in Marburg/Lahn. Er selbst hat sich v. a. im Hinblick auf Erziehungs- und Beziehungsgestaltung bzw. im Umgang mit aggressiven Verhalten auf individualpsychologische Autoren, v. a. Rudolf DREIKURS, bezogen (vgl. z. B. KIPHARD 1990, S. 38f., S. 101ff. bzw. 1983, S. 282).

steht.[2] So kann die Postmoderne die Vielheit feiern, die dem Menschen differenzierte Teilhabe ermöglicht, und so kann die Individualpsychologie die Strukturen untersuchen, die es dem Menschen erlauben, innerhalb dieser Vielheit weiterhin eine Einheit zu bleiben. Doch skizzieren wir zunächst die angesprochenen Treffpunkte der beiden, die je bereits kurz um motologische Aspekte ergänzt werden.

(1.) *Die Ohnmacht der erschütterten Einheit* bezieht sich aufseiten der Postmoderne auf zwei Faktoren: zum einen auf die Erkenntnis, dass einheitliche Erklärungsmodelle nicht mehr ausreichen, die Komplexität der Welt abzubilden, und zum anderen darauf, dass die resultierende Vielheit die Einheit der mit ihr konfrontierten Menschen gefährdet. Sie beschreibt demnach sowohl den Wunsch, die Ohnmacht zu überwinden, als auch die Hoffnung, die Einheit zu bewahren – jedoch auf durchaus unterschiedlichen Ebenen. Während die Ohnmacht der einheitlichen Erklärungsmodelle nur durch deren Aufgabe zu überwinden war (LYOTARD 2009[3]) und vom Paradigma der radikalen Pluralität (WELSCH 2002) abgelöst wurde, so müssen die Menschen individuelle Wege finden, mit immer wiederkehrenden Ohnmachtssituationen zu leben und dennoch eine Einheit zu bleiben (KRAUS 2000, KEUPP u.a. 2006). So ist eine *Freiheit von* vereinheitlichenden Bedingungen zwar die Voraussetzung für eine *Freiheit zur* individuellen Gestaltung, diese verlangt jedoch auch ausreichende individuelle Ressourcen, ohne die eine notgeschuldete Flucht zurück in die Unfreiheit droht (FROMM 2001).

Die postmoderne Gleichwertigkeit der gegebenen gesellschaftlichen Alternativen fordert also ein zunehmendes Maß an Selbstverantwortung des Menschen, der sich zwischen jenen Wahloptionen zu entscheiden hat. In einer Welt nahezu unendlicher Möglichkeiten stößt er nun jedoch mit seinen endlichen Ressourcen zwangsläufig an seine Grenzen, Entscheidungen auf ihre Auswirkungen abschätzen zu können. Zudem befördert die Überwindung einheitlicher Paradigmen Partizipationen, Überschneidungen und Mischformen. Wo zuvor noch eindeutig umrissene Rahmenstrukturen vorherrschten, da erhöht sich nun die Komplexität der Zusammenhänge, was eine verlässliche Trennschärfe, Unterscheidung und Orientierung zumindest erschwert, wenn nicht gar verunmöglicht.

Mehrperspektivität und Mehrdeutigkeit führen somit unausweichlich zu individuellen Ohnmachtserfahrungen. Dabei sind diese Ohnmachtserfahrungen im Sinne einer

---

[2] Tatsächlich ist ADLER auf die problematisierten Herausforderungen bereits eingegangen. Nicht, weil er eine etwaige gesellschaftliche Entwicklung vermeintlich prophetisch vorausgesehen hätte, sondern weil sein Interesse überhaupt den Problemlösungsstrategien des Individuums galt – und jene Probleme stellen sich in der Postmoderne nicht *neu*, sondern lediglich *radikaler* (vgl. WELSCH 2002, S. 5f.).

[3] Erstveröffentlichung 1979.

gewonnenen Gewissheit zu verstehen, Gelingensbedingungen nicht mehr kontrollieren oder ausreichend beeinflussen zu können. Jene Ohnmachtserfahrungen sind auch ein zentrales Thema der Individualpsychologie, für die „Menschsein heißt, ein Minderwertigkeitsgefühl[4] zu besitzen, das ständig nach seiner Überwindung drängt" (ADLER 1973, S. 65). Minderwertigkeitsgefühle können sich auf allen menschlichen Erfahrungsebenen in der Auseinandersetzung mit den Anforderungen des Lebens und der Welt entwickeln, die der Mensch, „arg bedrängt von der Natur und erheblichen körperlichen Mängeln unterworfen" (ADLER 1982b, S. 81), zu bewältigen hat. Auch hier sehen wir also die eingeschränkten individuellen Ressourcen, in deren Konsequenz ein Gefühl persönlicher Ohnmacht hervortritt. Im Hinblick auf die ganzheitlichen Überzeugungen bleibt das Streben nach der angesprochenen Überwindung allerdings nicht auf die konkrete Erfahrungsebene des Minderwertigkeitsgefühls beschränkt, sondern kann sich auch andernorts ausdrücken (vgl. PONGRATZ 1983, S. 209).

Die Überwindung der Ohnmacht gelingt also durch die Erweiterung der individuellen Einheit. Die zuvor durch ein Minderwertigkeitsgefühl erschütterte Einheit aktualisiert, stabilisiert sich in der Ausrichtung auf ein Kompensationsziel, das in die Einheit aufgenommen, in sie integriert wird. Die von ADLER propagierte *Vervollkommnung* oder *Vollendung des Persönlichkeitsideals* bedeutet dann nichts anderes als die individuelle Einheit perspektivisch so weit voranzutreiben, dass sie dank sicherheitsstiftender oder machtverleihender Integrationen nicht mehr erschüttert werden kann. Dabei umfasst die nämliche Einheit – sowohl im Ohnmachts- als auch im der Kompensation folgenden Machtgefühl – stets das Individuum *und* seine Umwelt, denn die Individualpsychologie vermeidet es, „den isolierten Menschen zu studieren. Sie sieht ihn immer nur im kosmischen und sozialen Zusammenhang" (ADLER 1982b, S. 81).

Diese Einheitsvorstellung ist der Motologie nicht neu, denn sie zeigt Parallelen zur ebenfalls auf ihre Umwelt ausgerichteten Intentionalität des Leibes, in der im Einverleiben neue Einheiten konstituiert werden (SEEWALD 1992).

Wenn ADLER (1973a, S. 68, zitiert nach KRETSCHMER 1995, S. 326[5]) zudem noch von der „Stimmungslage des Minderwertigkeitsgefühls" spricht, wird eine

---

[4] Die Überwindung des Minderwertigkeitsgefühls führt zu einem höheren Machtniveau. Das in der Minderwertigkeit ausgedrückte niedrigere Machtniveau kann dementsprechend als Ohnmachtserfahrung angesehen werden.

[5] In der vermeintlich ungekürzten Ausgabe aus dem Jahr 1996 ist diese Formulierung auf der angegebenen Seite nicht zu finden, obwohl der entsprechende Sachverhalt in den Kapiteln „Das Leib-Seele-Problem" oder „Das Minderwertigkeitsgefühl" ausführlich beschrieben wird. Vgl. dazu aber: „Ich habe (…) gezeigt, (…) dass die dauernde *Stimmungslage* in solchen Fällen durch ein dauerndes und vertieftes *Minderwertigkeitsgefühl* charakterisiert ist (…)" (ADLER 1982b, S. 169, 1. Hervorhebung K. B., 2. bereits im Original).

weitere Nähe zur Leibauffassung deutlich: Es kann in diesem Sinne nämlich auch nach SCHMITZ als ganzheitliche leibliche Regung verstanden werden, das so das „Klima des leiblichen Befindens" (2008, S. 43) bestimmt und die Erschütterung für das Individuum umfassend spürbar macht.

(2.) *Die Gestaltungsmacht in offener Vielheit* fokussiert eine potenzielle Freiheit zu selbstverantwortlichem Handeln. Die Aufgabe des Einheitsanspruchs nach der Überwindung der Vorstellung von singulären Wahrheiten führt zu einer gegenseitigen Aufschaukelung von Pluralität und Freiheit: Pluralität ermöglicht freiheitliche Auswahl und die freie Ausdifferenzierung des gewählten Betätigungsfelds vergrößert die Pluralität. Die Postmoderne eröffnet das Spiel mit den Möglichkeiten, das eigene Leben kann selbst gelebt werden, vorgefertigte Lebensentwürfe verlieren ihre Bedeutung zugunsten individueller Biografien, die auf individuellen Erfahrungen beruhen.

In diesem offenen Bezugssystem, das sich nun nicht mehr auf unweigerlich geteilte Erfahrungen berufen kann, muss der Informationsaustausch gewährleistet bleiben, um sich der eigenen Selbstwirksamkeit zu versichern: das Individuum muss sich mitteilen und will dabei von anderen verstanden werden (GERHARDT 1999). Lebens- bzw. entscheidungsrelevante Bedeutungen, die nicht mehr vorab traditionell gegeben sind und sich nicht aus übereinstimmenden Erfahrungen ableiten lassen, werden in Geschichten sozial vermittelt und verhandelt. In diesem Prozess der Selbstnarration aber gewinnt die sprachliche Darstellung weit mehr Gewicht als das ursprüngliche Erlebnis (KRAUS 2000). So kann die Narration die eigenen Erfahrungen verleugnen und durch die faktische Setzung autorisieren (LYOTARD 2009). In der Gestaltungsmacht der Selbstnarration findet das Individuum die Möglichkeit, sich von seinen (unliebsamen) Erfahrungen so weit zu befreien, dass es sich in der Lage sieht, eine narrative Identität zu konstruieren, die eher die sozialen Erwartungen als die eigenen leiblichen Erlebnisse berücksichtigt. In der Behauptung von Kompatibilität, Flexibilität und (An-)Passungsfähigkeit gelingt die Partizipation an der offenen Vielheit womöglich leichter, da sie etwaige Widersprüche zu gegenteiligen Wertvorstellungen oder eigenen Erfahrungen narrativ überspielt. Ob jene *Behauptungen* aber lediglich ein wiederholtes sprachliches *Betonen* oder auch ein tatsächliches lebenspraktisches *Durchsetzen* beinhaltet, entscheidet sich erst im weiteren Verhandlungsverlauf – denn die Selbstnarration zielt in ihrer *Ergebnis*orientierung auf die Wirkung der Erzählung im sozialen Gefüge.

Die von der Postmoderne zur Verfügung gestellte offene Vielheit, die es mit eigener Gestaltungsmacht zu beleben gilt, entspricht den Vorstellungen der Individualpsychologie. Zum einen geht sie mit der *Schöpferischen Kraft* explizit von einer menschlichen Fähigkeit aus, gestalterisch tätig zu sein, und zum anderen betont sie die Freiheit der menschlichen Entwicklung: Gewordensein und Werden des Individuums sind in dem Sinne offen, wie die eingeschlagenen Wege nicht aus kausalen Bedingungen abgeleitet werden können. Doch die von der Individualpsychologie vertretene Freiheit ist keine absolute, bedeutet keine Indetermination (VETTER 1991). In der *Schöpferischen Kraft* jedes Menschen vereinen sich vielmehr Determination und Kreativität. Dabei bezieht sich die Determination auf die individuelle Gebundenheit an eigene Ressourcen und v. a. auch an deren Bewertung, der eigenen *Meinung* über diese Voraussetzungen, die den *Lebensstil*, das individuelle *Bewegungsgesetz*, die als subjektiv sinnvoll empfundene Zielausrichtung strukturieren und prägen. Demgegenüber zeigt sich die Kreativität der *Schöpferischen Kraft* darin, wie dieses Ziel angestrebt und verfolgt wird (BRUDER-BEZZEL & BRUDER 2004).

So verfügt das Individuum mit der deterministischen Komponente über eine *Erlebnis*orientierung, in der es bisherige Erfahrungen interpretiert und als neuen Ausgangspunkt der eigenen perspektivischen Entwicklung integriert. Es verfügt jedoch mit der kreativen Komponente auch über eine *Ergebnis*orientierung, die sich in der subjektiven Zielfiktion niederschlägt. Diese vom Ziel her, also teleologisch definierte Handlungsmotivation eröffnet jene freiheitliche Variabilität und Flexibilität in der Auswahl und Kombination der eigenen Bedingungen, die den Menschen eben nicht kausal bedrängen müssen. Auf diesem kreativen Weg sind aber auch wiederum Erlebnisse möglich, die vormalige Determinationen infrage stellen und Alternativen aufzeigen.

Hier setzt auch die Motologie an, die über Körper, Leib und Bewegung vielfältige Erfahrungen initiiert, die in ihren verschiedenen Fachansätzen variierende thematische Schwerpunkte verfolgt. Sie arbeitet in diesem Sinne unter dem Fokus der *Erlebnis*orientierung und versucht dabei Erkenntnisse über die individuelle *Ergebnis*orientierung zu gewinnen. Auch diese Arbeit möchte dazu ihren Beitrag leisten.

(3.) *Die Orientierungssuche nach individueller Wertigkeit* verdient eine separate Beleuchtung, auch wenn im vorangegangenen Abschnitt die Orientierungsausrichtung bereits als Differenzierungsmerkmal herangezogen wurde. Doch die Unterscheidung nach Erlebnissen und Ergebnissen ließ die sie strukturierenden Kategorien – gemäß der Abschnittsüberschrift – noch *offen*.

Mit LYOTARD (2009) wird *das Ende der großen Erzählungen* als ein Charakteristikum der Postmoderne herausgehoben. Demnach können Aufklärung, Idealismus und Historismus, die vormals als allgemein anerkannte Referenzgrößen galten, ihren Anspruch nicht mehr aufrechterhalten, individuelles Handeln zu legitimieren, da das *soziale Band*, das die Individuen in einem gemeinsamen *(großen)* Hintergrund zusammengehalten hat, zerrissen ist. LYOTARD verwirft ein etwaiges Primat der Wirksamkeit oder der Konsensfindung auf der Suche nach einem neuen verlässlichen Kriterium individueller Orientierung und plädiert für eine verfeinerte Sensibilität für Unterschiede, mit der das Neue, das Unbekannte, das Raum-Zeitlich-

Begrenzte – das Kurzlebige und Lokale – hervor und die kleinen an die Stelle der großen Geschichten treten:

> „Man orientiert sich also an Vielfalten endlicher Metaargumentationen (…). Diese Orientierung entspricht der Evolution der sozialen Interaktionen, wo der zeitweilige Vertrag die permanente Institution in beruflichen, affektiven, sexuellen, kulturellen, familiären und internationalen Bereichen wie in politischen Angelegenheiten tatsächlich ersetzt" (LYOTARD 2009, S. 155f.).

Im sozialen Interaktionsprozess werden die Schnittmengen ihrer Protagonisten kleiner, sie teilen lediglich noch punktuelle Ausschnitte, und so werden unsere Erfahrungen zunehmend von Brüchen, Fragmenten und Teilansichten bestimmt. Die individuelle Biografie erschwert das Verständnis *des anderen*, dem wir uns öffnen müssen, um uns auch selbst weiterzuentwickeln (DERRIDA 1990a). Dabei hat das Subjekt die Aufgabe, das Ganze in einem „Horizont von Unfasslichkeit" (WELSCH 2002, S. 326) zu bewahren, „die Erfahrung des Unstrukturierten wachzuhalten, Ungedachtes zuzulassen, vom Ereignis Zeugnis abzulegen" (a. a. O., S. 327).
Damit ist eine sicherheits- und sinnstiftende Referenzgröße zur individuellen Orientierung obsolet und das Individuum gefordert, eigene Wertmaßstäbe zu entwickeln, die ihm dabei helfen, Unterschiede und unterschiedliche Bedürftigkeiten wahrzunehmen, Widersprüche und Dissensen auszuhalten sowie selbstverantwortliche Entscheidungen zu treffen – ohne das nur schemenhaft zu erahnende eigene Ganze aus dem Blick zu verlieren.
Mit dem Ziel der Sicherung hat ADLER[6] erstmals in der damals noch jungen Psychoanalyse „das Primat der Selbstregulation über jenes der Triebregulation gestellt" (WENGLER 2009, S. 644). Damit treten subjektiv interpretier- und verhandelbare persönliche Werte an die Stelle kausal gegebener, zwangsläufiger, naturbedingter Verhaltensabläufe. Nach PONGRATZ (1995, S. 554) kann „jedes Ziel subjektiv einen Wert darstellen (…)". Als allgemeingültige Orientierungspunkte gelten der Individualpsychologie das Streben nach Vollkommenheit und nach Gemeinschaft. Wie diese Werte aber individuell ausgelegt und dargestellt, wie sie im spezifischen Bezug zwischen jenem Menschen und seiner Umwelt kommentiert werden, bleibt dem jeweiligen Wertmaßstab überlassen. Letzterer verantwortet einerseits in einer Wertehierarchie, welches Ziel aktuell und perspektivisch als wertvoller angesehen wird und entsprechend konsequent zu verfolgen ist, und andererseits die eigene Selbstwerteinschätzung, wie sie im Begriff des Minder*wert*igkeitsgefühls schon angeklungen sein mag. Durch dessen Überwindung erhofft sich das Individuum die angestrebte Gleich*wert*igkeit in der sozialen Gemeinschaft. Im Vergleich mit ande-

---

[6] ADLER, A. (1911): Die Rolle der Sexualität in der Neurose. In: Furtmüller, C. (Hg.) (1914): Heilen und Bilden: ärztlich-pädagogische Arbeiten des Vereins für Individualpsychologie. München: Reinhardt, S. 94–103.

ren, der allerdings stets von der subjektiven *Meinung tendenziös* gefärbt ist, sieht es jene Gleichwertigkeit jedoch häufig gefährdet, was die bereits angesprochenen Kompensationsanstrengungen begründet. In diesem Prozess zwischen der Integration stabilisierender und der Abwehr destabilisierender Impulse bildet sich der *Lebensstil*, das individuelle *Bewegungsgesetz* heraus. Hier finden wir die Gebundenheit des Individuums an seine subjektive Zielfiktion und Wertvorstellung, die dessen Einheit begründet und sich in den *Prioritäten* (KEFIR & CORSINI 1974) niederschlägt. Jene bevorzugten Verhaltens- und Problemlösungsstrategien wiederum beinhalten auf zwei Ebenen Hinweise zu individuell verankerten Werten: Zum einen zeigen sie an, welche Erfahrungen als besonders bedrohlich angesehen und entsprechend vermieden werden sollen sowie mit welchen Handlungsmustern Sicherheit assoziiert wird. Zum anderen lassen *fixierte* Prioritätsausprägungen auf ein niedriges, *tendenzielle* hingegen – mit einem größeren Variabilitätsspielraum – auf ein höheres Selbstwertgefühl schließen.

Die Orientierungssuche gemäß der individuellen Wertigkeit bezieht sich also (1.) auf die Frage, wie ich meine Bedeutsamkeit, meine Wertigkeit sichern, wie ich mein Gefühl für meine unteilbare Individualität, meine Einheit erhalten oder erhöhen kann: Strebe ich dafür nach Geltungsmacht, Führungsanspruch und Überlegenheit oder eher nach Gestaltungsmacht, Mitwirkung und Geborgenheit? Des Weiteren bezieht sie sich (2.) auf die Frage, welche Werte mir auf dem Weg zu diesem Ziel wichtig sind bzw. mir angemessen scheinen: Durchsetzungs- und Argumentationsfähigkeit oder Toleranz und Bescheidenheit?

Die postulierte Vollkommenheit, als die fiktive Einheit, die nicht mehr zu erschüttern wäre, kann demnach den Entwicklungsanspruch begründen, wie er sich in der immer wiederkehrenden Neuaktualisierung der individuellen Einheit von Minderwertigkeitsgefühl und Kompensation manifestiert. Dabei dient die (soziale und kosmische) Gemeinschaft als jene Umwelt, mit der in der Kompensation die individuelle Einheit immer wieder neu hergestellt wird. Vollkommenheit und Gemeinschaft sind in diesem Sinne zwar als Orientierungs- und Entwicklungsrahmen allgemeingültig, bleiben aber lediglich subjektive Bezugsgrößen, die keine kausalen Ableitungsfolgen zulassen. Die Interpretation der Werte erfolgt aus differenzierenden und differenzierten persönlichen Erfahrungen.

Damit treffen wir erneut auf die Motologie, die anhand von Körper-, Leib- und Bewegungserfahrungen ebenfalls ein Orientierungsraster gemäß individueller Bewertungen aufspannen kann. Im Erleben und Nachspüren wird bspw. deutlich, was mir gut tut, mir entspricht: Welches Tempo, welche Intensität, welche Schwierigkeitsstufe empfinde ich als anregend, welche eher als überfordernd? In welchen Situationen fühle ich Unbeschwertheit, wo Beklemmung? Wo oder wann möchte ich tun, was alle tun, und folge den anderen, wo oder wann möchte ich lieber alleine experimentieren? Doch neben diesen intraindividuellen *Differenzerfahrungen* (SEEWALD 2000a) bietet die Motologie auch Bewertungskategorien, die interindividuelle Orientierung anhand des Abgleichs mit theoriegeleiteten Erwartungen, wie z. B. motorischer Koordinationsfähigkeit (SCHILLING), Selbstkonzept (ZIMMER) oder Entwicklungsthemen (SEEWALD) erlaubt.

Als Essenz dieser hier einleitend aufgeführten drei Berührungspunkte zwischen Postmoderne und Individualpsychologie, als deren Zusammenfassung und gemeinsamen Nenner können wir die Prozessorientierung festhalten, die beiden als entscheidende Referenzgröße dient. In der Aufgabe von Vorstellungen endgültiger Seinszustände und der Propagierung von immerwährender Veränderung und Instabilität verweisen sie auf die Bedeutung von Anpassungsfähigkeit und Flexibilität.

So umschreibt der nämliche Prozess nichts anderes als die Überwindung der erschütterten Einheit durch die Auswahl eines Kompensationsobjektes bzw. einer Kompensationsstrategie aus der Vielzahl der Optionen auf der Grundlage eigener Wertvorstellungen. Dabei ermöglicht nur die Vermittlung zwischen den zwei Bezugspunkten (1.) der Erlebnisorientierung (die Gebundenheit an individuelle Erfahrungen) und (2.) der Ergebnisorientierung (die Gebundenheit an ein aus diesen Erfahrungen kreiertes Ziel) jene Profilierung, die es erlaubt, die Chancen der postmodernen Vielheit gestaltend zu nutzen. Die Postmoderne legitimiert vielfältige Ziele und stellt etwaige Wege, sie zu erreichen, zur freien Auswahl. Doch ein Verzicht auf die Erlebnisorientierung entlässt das Individuum in willkürliche Beliebigkeit und ein Verzicht auf die Ergebnisorientierung raubt ihm seine Motivation.

Aufgrund konkurrierender Ziele, deren situationsspezifischer Bewertungen und den fortlaufenden individuellen Entwicklungen dürfen sich eventuelle Wiedererkennungserwartungen nicht auf gleiche *Produkte* (gleiche Handlungsentscheide aus der *Multiplikation* von Individuum, Ziel und Situation) beschränken, sondern müssen vielmehr den *Prozess* begutachten, in dem das Individuum nicht dasselbe bleibt, weil es Gleiches tut, sondern weil es sich nach gleichen Orientierungspunkten, nach zeitlich relativ stabilen Entscheidungskriterien bewegt. So bleibt, auch wenn ein Ziel fixiert wird, dessen Annäherung der individuellen Kreativität überlassen, die sich gemäß individualpsychologischen Überzeugungen im Bewegungsgesetz niederschlägt. Seine Bewegungsrichtung, die sich zur Selbstwertstärkung zwischen Lustgewinn und Frustabwehr bzw. zwischen Machtzuwachs und Sicherheitsoptimierung ausprägt, kann entsprechend weiterhin übereinstimmen, auch wenn ein bestimmtes Ziel in unterschiedlichen Situationen unterschiedlich verfolgt wird.

Für die perspektivische Entwicklung aber ist der Wert entscheidend, den das Individuum seinen eigenen Bewegungen beimisst. Die Postmoderne bietet dazu ein weiträumiges Spielfeld an, die Individualpsychologie mit dem Bewegungsgesetz *verbindliche* Spielregeln. Die Motologie hingegen lädt mit dieser Arbeit beide als Spielpartner ein. Sie möchte sich von deren Spielauffassungen inspirieren lassen, jedoch dabei auch eigene Impulse setzen.

2   Aufbau der Arbeit

Die soeben aufgeführten drei Begegnungsfelder von Postmoderne und Individualpsychologie (IP) begleiten uns in den ersten beiden Abschnitten (A und B) der auf insgesamt vier (A–D) angelegten Ausführungen.

So wirft die Lebensweltanalyse (A) zunächst einen kurzen Blick auf die Praxis (A I), der jene *erschütterte Einheit* beispielhaft dokumentieren soll. Die gesellschaftlichen Bedingungen individueller Lebenswelten künden anschließend von der *offenen Vielheit* der Postmoderne (A II), die zunächst begrifflich (II.1) und nachfolgend inhaltlich (II.2) konkretisiert wird. Wir beleuchten die Risiken und Chancen der Postmoderne (2.1) und stellen unter deren Gesichtspunkten die Bedeutung der individuellen Flexibilität (2.2) als besondere Anforderung heraus. Die zwischen erschütterter Einheit und offener Vielheit angelegte *individuelle Orientierungssuche* führt zur Frage nach der Selbst- und Identitätsentwicklung in der Postmoderne (III), in der wiederum Begrifflichkeiten geklärt (III.1), individuelle Kohärenz unter dem Dogma der Flexibilität untersucht (III.2), mit der Selbstnarration ein konsequent postmodernes Identitätskonzept vorgestellt (III.3), jedoch auch die Grenzen vermeintlich willkürlich freier Verhandlungsentwürfe aufgezeigt werden (III.4). Diese Grenzen weisen uns im Ausblick (IV) den Weg, wie individuelle Profilierung (IV.3), verstanden als Entwicklungsoption unter postmodernen Bedingungen, gelingen kann. Es werden drei originäre Bezugspunkte vorgeschlagen, die dem Individuum die Bewältigung der skizzierten Herausforderungen ermöglichen: die Akzeptanz eines – aktuell unverhandelbaren – Kernselbst, das der erfahrenen Ohnmacht erschütterter Einheiten widersteht (3.1), die gebundene Flexibilität als Antwort auf die Gestaltungsnotwendigkeit der offenen Vielheit (3.2) sowie die Beachtung der eigenen Leiblichkeit als Referenzgröße zur Orientierung gemäß individueller Wertigkeiten (3.3).

Im Abschnitt B werden die Grundlagen der Individualpsychologie vorgestellt (B II, B III) und entwicklungstheoretische Ableitungen vorgenommen (B IV), zunächst jedoch, im Rahmen einer thematischen Einordnung (B I), der Motologiebezug der Individualpsychologie erörtert: Wo also verweist diese selbst zur Erkenntnisgewinnung auf Körper, Leib oder Bewegung?

Schon dort zeichnen sich die Grundzüge des in der Individualpsychologie vertretenen Menschenbilds ab, das im Anschluss anfangs auf allgemeine Einflüsse

(II.1) und später im Hinblick auf die oben vorgeschlagenen originären Bezugspunkte befragt wird (II.2): Welche philosophischen Überzeugungen stützen die Annahme eines Kernselbst, das den Ohnmachtserfahrungen der erschütterten Einheit widersteht (2.1), welche die Vorstellung einer gebundenen Flexibilität, um die offene Vielheit zu gestalten (2.2), und welche schließlich das Bewusstsein der eigenen Leiblichkeit, das über das Aufspüren der Befindlichkeit Bewertungen und somit Orientierung erlaubt (2.3)?

Auch die Persönlichkeitstheorie der Individualpsychologie (B III) greift jene Punkte wieder auf: Dabei repräsentiert das Minderwertigkeitsgefühl die Ohnmacht, die in der Kompensation dadurch überwunden wird, dass ein intentionaler Bezugspunkt eine neue Einheit gewährleistet (III.1). In diesem komplexen Prozess, der berücksichtigen muss, welche Erfahrung als Ohnmacht oder Minderwertigkeit problematisiert und welche resultierende Kompensationsstrategie bzw. welche Bewegungsrichtung zur Problemlösung gewählt werden, bieten die *Prioritäten* ein individuelles Handlungsgerüst, das *Bewegungsgesetz*, das die Gestaltungsmacht in der offen Vielheit an die bisherigen persönlichen Erfahrungen wie an die angestrebten Ziele bindet und somit eingrenzt (III.2). Inwieweit diese Prioritäten *Bewegungsfreiheit* in der offenen Vielheit erlauben oder *Gesetzestreue* zur eigenen Sicherung verlangen, entscheidet sich nach den verfolgten Bewertungskriterien, anhand derer sich das Individuum orientiert (III.3). Hier werden das Machtstreben und das Gemeinschaftsgefühl als Gegenpole eingeführt (3.1), die je nach ausgeprägtem Selbstwertgefühl eher freiheits- oder eher sicherheitsorientiert eingesetzt werden können (3.2).

Aus den bis dahin skizzierten Grundlagen leite ich ein Selbstentwicklungsmodell ab (IV.1), das anschließend einer Konzeptanalyse unterzogen wird (IV.2).

In der Praxeologie (C) werden die theoretischen Überlegungen der ersten beiden Abschnitte für die psychomotorische Praxis aufgearbeitet. Ihre Ziele (C I) liegen zum einen in der Selbst-Freigabe zur Überwindung der selbst gewählten Entwicklungshemmung (I.1) und zum anderen in der Ausschöpfung des persönlichen Handlungsspielraums, der sich zwischen den autonomen und gemeinschaftlichen Bestrebungen des Individuums aufspannt (I.2). Wo jedoch etwaige Selbst-Hemmungen zu suchen sind, die einer Ausschöpfung des prinzipiellen Handlungsspielraums entgegenstehen, soll in der Prioritäten- und Teleoanalyse geklärt werden (C II). Dabei abstrahiert die Prioritätenanalyse konkrete Bewegungsstrategien auf allgemeine Parameter (II.1): die vier Prioritäten samt ihrer Vermeidungswünsche. Hier bündeln sich die individuellen Vorstellungen von Autonomie und Gemeinschaft unter dem jeweiligen prioritätsspezifischen Blickwinkel und spiegeln sich so in den unterschiedlichen Betrachtungsfeldern der psychomotorischen Praxis wider (1.1.1–1.1.4). Eventuelle Schwierigkeiten beim Erkennen, Deuten und Verstehen des Beobachteten werden im folgenden Kapitel angeführt (1.2).

Die Teleoanalyse hingegen versucht nunmehr mit dem Wissen um die abstrahierte Prioritätsausprägung in den allgemeinen Bewegungssituationen wieder individuell konkrete Bedeutungszuschreibungen zu entdecken (II.2). Dazu werden die personalen und sozialen Voraussetzungen als bedingende Faktoren erhoben (2.1), die individuellen Zielvorstellungen in einem Basisprofil zusammengefasst, das aufzeigt, wie der persönliche Machtanspruch gesichert und verfolgt werden soll (2.2), auf der Grundlage dieser Zielvorstellungen und jener Bedingungen vermeintliche Perspektiven des individuellen Basisprofils hinsichtlich vermutlicher Ohnmacht oder absehbarer Gestaltungsmacht bzw. Entscheidungsfreiheit diskutiert (2.3) und abschließend beispielhaft zwei Profilbeschreibungen mit kurzen Anmerkungen zu praktischen Interventionsoptionen vorgenommen (2.4).

Nach diesen sich auf die Basisprofile der Teleoanalyse beziehenden Interventionsbeschreibungen, deren individuelle Ausgestaltung jedoch nur im Einzelfall entschieden und daher nicht näher erörtert werden kann, bietet das Folgekapitel (C III) eine Orientierungshilfe zu psychomotorischen Interventionsmöglichkeiten aus den Erkenntnissen der Prioritätenanalyse. Es wird dort ein vierstufiger Prozess vorgeschlagen, der über gezielte Bewegungsangebote Erfahrungen zu initiieren versucht, die in der Phase der Akzeptanz zunächst die positiven Aspekte der eigenen Priorität unterstreicht (III.1) und sie dann aber auch mit ihren Grenzen konfrontiert (III.2). Über die Phase der Toleranz, in der es Befürchtungen, die zuvor mithilfe der Prioritäten abgewehrt wurden, zu relativieren gilt (III.3), wird die Phase der De- und Neukonstruktion angesteuert (III.4), die das Individuum dabei unterstützen soll, sowohl den eigenen Handlungsspielraum zu öffnen (4.1) als auch sein Profil zu entwickeln (4.2).

Jene soeben skizzierten Strukturen finden sich anschließend einer Praxisprüfung ausgesetzt. In einem Fallbeispiel, das die vorgelegte Arbeit im vierten Abschnitt (D) abrundet, wird die (erschütterte bzw. *verschüttete*) Einheit hinter den Gegensätzen (der Vielheit) gesucht. Nach der Informationssichtung, die sich über Anamnese (II.1), ansatz-unspezifische Diagnostik (II.2) und erster Therapiephase (II.3) erstreckt, werden daraus resultierende Interpretationen und abgeleitete Ziele festgehalten (II.4). Der folgende Therapieverlauf des beschriebenen Jungen (II.5) wird zudem unter dem Aspekt eines wechselnden Sozialbezugs im Therapieprozess von einem Klassenkameraden (5.1) zur Schwester (5.2) beleuchtet, bevor eine zielorientierte Standortbestimmung die Schilderung jener Therapie beschließt (II.6).

In einer Rückschau (D III.) wird das Fallbeispiel neben einer kritischen Reflexion (III.1) auch der Diskussion alternativer psychomotorischer Ansätze unterzogen (III.2). Hier werden etwaige Informationen gemäß deren Auffassungen gedeutet und womöglich abweichende Konsequenzen aufgezeigt, die sich aus der Perspektive jener etablierten Ansätze anbieten (2.1–2.5). Nach einem Fazit aus Sicht des hier vorgestellten Prioritätenanalytischen Ansatzes, der dessen spezifischen Erkenntnisgewinn anhand der *Unterschiede* zu jenen Ansätzen hervorhebt (2.6), werden in einigen metatheoretischen Überlegungen die *Gemeinsamkeiten* der psychomotorischen Ansätze in den Blick genommen um jenen neuen Ansatz in deren Gesamtkanon einordnen zu können (2.7).

A
Lebensweltanalyse

I Von der erschütterten Einheit: Ein kurzer Einblick in die Praxis

Diese Arbeit zielt auf den Fachdiskurs der Motologie bzw. der Psychomotorik. In meinen praktischen Erfahrungen beziehe ich mich v. a. auf meine nunmehr über zehnjährige Tätigkeit an einer ambulanten Psychomotoriktherapiestelle im Kanton Luzern, Schweiz. Die Psychomotorik ist hier im Volksschulbildungsgesetz verankert und steht mit ihrem Angebot bei Bedarf allen Schülern (Diagnostik und Therapie) sowie deren Erziehungsberechtigten, Lehr- oder weiteren Bezugspersonen (Beratung) im Verlauf der obligatorischen Schulzeit unentgeltlich zur Verfügung.

Die Betrachtung des (Volks-)Schulbereichs scheint für unser Anliegen günstig: In ihr werden sämtliche Kinder eines Jahrgangs erfasst und der Besuch ihrer Angebote ist nicht an finanzielle Voraussetzungen gebunden. Zudem differenzieren sich, mit Ausnahme der Sonderschulen, die verschiedenen weiterführenden Schulformen erst mit Beginn der Sekundarstufe in der 7. Klasse, sodass der Kindergarten- und Primarschulbereich eines Kantons jeweils vergleichbare Bedingungen bietet.

Dieser Kindergarten- und Primarschulbereich stellt auch die Hauptklientel der Schuldienste (Logopädie, Psychomotorik, Schulpsychologie) dar, deren regionale Stellenkapazitäten anhand der in diesem Alterssegment gemeldeten Schüler berechnet werden kann. Rückläufige Schülerzahlen bedingen so zumeist auch rückläufige Stellenkapazitäten. Die Erfahrung der letzten Jahre zeigt jedoch, dass der dokumentierte Bedarf an den Leistungen der Schuldienste keineswegs mit dem Rückgang der Schülerzahlen sinkt.

Im Anschluss werden drei statistische Erhebungen angeführt. Sie werfen jeweils einen Blick auf den Anteil allgemeiner Unterstützungsangebote im Bereich der Primarschule, auf die Zunahme der Anmeldezahlen der Schuldienste sowie auf die Indikationsvarianz im Bereich der Psychomotorik.

1 Statistische Erhebungen

Die drei beispielhaft herangezogenen Untersuchungen differenzieren sich zunehmend von den allgemeinen über die schul- zu den fachdienstspezifischen Unterstützungsangeboten.

(1.) Im Mai 2001 wurden im Kanton Zürich über 2000 Kinder von 100 Klassen der 3. Primarstufe während dreier Halbtage auf ihre Leistungsfähigkeit in den Fächern

Deutsch und Mathematik getestet und befragt (vgl. MOSER et al. 2003). Außerdem, und das ist für uns in diesem Zusammenhang von besonderer Bedeutung, wurden sämtliche von den Schülern in Anspruch genommene Sondermaßnahmen erhoben, was die Darstellung der Schullaufbahn vom Kindergarteneintritt bis zum Ende der genannten 3. Primarschulklasse erlaubte.

Die Autoren der Studie verweisen auf ein breit gefächertes wie hoch spezialisiertes Angebot an Sonderklassen sowie Stütz- und Fördermaßnahmen im Kanton Zürich, der zudem den besonderen Bedürfnissen der Schüler mit den Möglichkeiten eines vorgezogenen oder zurückgestellten Schuleintritts, einer Klassenwiederholung oder eines Überspringens entgegenkommt.

Die Untersuchung zeigte nun, dass lediglich 43 Prozent der Kinder ihre bis dahin noch kurze Schulzeit ohne eine der aufgezählten Sondermaßnahmen durchlaufen haben. Das heißt im Umkehrschluss, dass für 57 Prozent der Kinder das reguläre Schulangebot nicht ausreiche. Etwa 30 Prozent der Schüler dieser repräsentativen Stichprobe besuchten eine Sonderklasse, erhielten heilpädagogische Unterstützung in einer Regelklasse, traten früher oder später in die Schule ein oder repetierten bzw. übersprangen eine Klasse; knapp 24 Prozent besuchten eher therapeutisch orientierte Fördermaßnahmen der Psychomotorik, Logopädie, Legasthenie oder Dyskalkulie; knapp 29 Prozent wiederum beanspruchten eher auf den Unterricht ausgerichtete Stützangebote wie Deutsch für Fremdsprachige, Nachhilfeunterricht oder Hausaufgabenhilfe.

In Anbetracht dieser Zahlen könnte die Frage gestellt werden, ob der Begriff der *Sonder*maßnahme hier noch seine ursprüngliche Intention beschreibt, wenn bereits die Mehrheit sie in Anspruch nimmt. Die vermeintlich für eine Alters- oder Entwicklungsstufe konzipierten Anforderungen sind offenbar von einem Großteil dieser Alters- oder Entwicklungsstufe nicht mehr im Rahmen des regulären Angebots zu bewältigen.

Wollte man aus diesem Bild eine Schlussfolgerung formulieren, so böten sich m. E. zwei Thesen gleichen Inhalts, jedoch verschiedener Perspektive an:

These a.) Die heterogenen Voraussetzungen der Schülerinnen und Schüler genügen den allgemeinen Anforderungen nicht.
These b.) Die allgemeinen Anforderungen genügen den heterogenen Schülerinnen und Schülern nicht.

Doch unabhängig vom geteilten Blickwinkel wird die Sondermaßnahme als notwendig erachtet. Sie soll mit erhöhtem personellen, zeitlichen und somit auch finanziellen Aufwand das Allgemeine dem Individuellen bzw. dem Individuellen das Allgemeine zugänglich machen. Sondermaßnahmen sind stets individualisierende Maßnahmen, mit denen auf Besonderheiten reagiert wird, die im regulären Schulablauf unberücksichtigt oder nicht ausreichend berücksichtigt bleiben. Dabei führen sowohl Überforderung als auch Unterforderung zu jenen Sondermaßnahmen. Angestrebt wird demnach in jedem Fall eine Optimierung der Leistungsfähigkeit – unter Ausschöpfung der individuellen Ressourcen: Der schlechte wie auch der gute Schüler sollen besser werden.

(2.) Das sich hier bereits abzeichnende Dilemma der Interventionsfrage aus Sicht des Kindes bzw. der Schule beschäftigt auch die sogenannten Schuldienste:

> „In diesem Sinne verstehen sich die Fachpersonen der Schuldienste heute als Mittler zwischen den Ansprüchen der Organisation Schule einerseits und den Möglichkeiten, Ansprüchen und Bedürfnissen des einzelnen Kindes und der Erziehungsberechtigten anderseits. Auch die Schule selbst anerkennt die Fachpersonen in dieser Mittlerfunktion; vor wichtigen Entscheiden sieht sie eine Abklärung durch sie vor und vertraut darauf, dadurch zu einem vorurteilslosen und unbeeinflussten Befund zu gelangen" (Erziehungs- und Kulturdepartement des Kantons Luzern (EKD) 1998, S. 5).

Vergleichen wir die statistischen Zahlen der Fachstellen für Logopädie, Psychomotorik und Schulpsychologie im Kanton Luzern (vgl. Tabelle A1) bzw. in einem einzelnen Schuldienstkreis dieses Kantons (vgl. Tabelle A2), so lassen sich zwei gegenläufige Trends herauslesen: Zum einen sinken die Schülerzahlen und zum anderen steigen die Anmeldezahlen bei den Schuldiensten – zumindest im prozentualen, mitunter aber auch im absoluten Rahmen. Angefragt werden die Erhebung der schulischen Leistungsfähigkeit, der sprachlichen, motorischen oder psychosozialen Entwicklung, die Förderung oder Therapie als resultierende Konsequenz etwaiger Störungen oder Auffälligkeiten sowie die Beratung im Umgang mit den entsprechenden Problemlagen.

Tabelle A1: Anmeldungen Schuldienste Kanton LU 02/03–07/08[7]

Schuljahr	02/03	03/04	04/05	05/06	06/07	07/08
PMT/LPD	2774	2995	3003	2963	2705	2818
SPD[8]	–	–	–	–	–	–
Schüler total (1–6. PS, Kanton)	34.629	34.278	33.950	33.216	32.148	31.335
%-Anteil	8,01	8,74	8,85	8,92	8,41	9,0

---

[7] Die verwendeten Kürzel stehen für: Psychomotorische Therapiestelle (PMT), Logopädischer Dienst (LPD), Schulpsychologischer Dienst (SPD), Primarschule (PS).
[8] Für den SPD wurden in der nämlichen Zeit kantonal keine verbindlichen Daten gesammelt.

Tabelle A2: Anmeldungen Schuldienstkreis Willisau (Kanton LU) 02/03–07/08[9]

Schuljahr	02/03	03/04	04/05	05/06	06/07	07/08
LPD	136	145	137	129	137	123
PMT	40	65	44	43	54	45
SPD	289	365	395	404	398	358
Gesamt-SD	465	575	576	576	589	526
Schüler total OS, SD-Kreis	4461	4420	4336	4271	4161	4031
%-Anteil	10,4	13,0	13,3	13,5	14,2	13,0

Weniger Schüler beanspruchen somit mehr Schuldienstleistungen bzw. mehr Schüler nehmen deren Leistungen in Anspruch – wobei in der nicht differenzierten möglichen Mehrfachbelegung der Schuldienste auch eine zunehmende Parallelität der Leistungen, eine Summation an Begleitmaßnahmen verdeckt sein kann, die wiederum auf zunehmende Komplexität verweisen würde.

Die Zahlen scheinen die obige Untersuchung aus dem Kanton Zürich zu bestätigen: Die hohe Anzahl an Stütz- und Fördermaßnahmen wird hier lediglich im Bereich der eher therapeutischen Begleitung spezifiziert. Und doch verdient m. E. ein weiterer Aspekt Beachtung: Die Schuldienste sind im Gegensatz zu den weitaus meisten Anbietern der oben angeführten Sondermaßnahmen externe Ansprechpartner. Sie sind ein Angebot der Volksschule, jedoch nur in Ausnahmen in der kommunalen Organisationsstruktur verankert. Ihre Unabhängigkeit ist, wie auch das aufgeführte Zitat des EKD verdeutlicht, gewährleistet. Die Anfragen nach bzw. der Bedarf an Diagnostik und Beratung können somit auch als eine Orientierungssuche außerhalb des bestehenden Systems der Schule gedeutet werden. Andere Vergleichs- (bspw. Jahrgang statt Klassenstufe), Umgangs- (bspw. kollegial statt autoritär) oder Bewertungsoptionen (bspw. Stärken statt Schwächen) sollen herangezogen werden, um dem individuellen Anspruch gerecht zu werden. Gefragt scheint eine Orientierung und Hilfestellung, die die Schule allein nicht zu bieten vermag.

(3.) So vermuten auch AMFT/AMFT (2003) aus ihren Erhebungen, dass die Indikation zu einer Psychomotoriktherapie nicht vornehmlich auf motorischen Beeinträchtigungen basiert, sondern dass vielmehr Schüler mit unspezifischen Verhaltens-

---

[9] Weitere Kürzel stehen für: Obligatorische Schulzeit (OS) – entspricht den Jahrgangsstufen des Kindergartens bis zum Ende der dritten Sekundarstufe (9. Klasse); Schuldienstkreis (SD-Kreis) – ein Zusammenschluss verschiedener Gemeinden, für die der entsprechende regionale Schuldienst mit seinen drei Fachdiensten zuständig ist.

auffälligkeiten, denen im Klassenverbund nicht adäquat begegnet werden kann, der Psychomotoriktherapie zugewiesen werden. „Der heilpädagogische Auftrag", so ziehen die Autoren die Konsequenz, „beinhaltet daher nicht in erster Linie die Förderung von Bewegungskompetenzen, sondern von psychosozialen Bewältigungsressourcen" (S. 41).

AMFT/AMFT haben die Klientel der Psychomotoriktherapie in der deutsch- und französischsprachigen Schweiz untersucht und dafür die Symptome bei Therapiebeginn zusammengetragen. Dabei gründete sich eine psychomotorische Intervention auf angegebene Auffälligkeiten in Motorik (83%), Grafomotorik (35%), Affektivität (49%), Dissozialität (17%), schulische Teilleistungsschwäche (34%), Entwicklungsretardierung (10%) und Sonstiges (23%).

Lediglich bei 11 Prozent aller Kinder wurde eine ausschließlich motorische Symptomatik angenommen, bei 50 Prozent hingegen eine Kombination von mindestens drei Symptomen.

Diese dokumentierte Komplexität und Varianz der Anmeldegründe in der Psychomotorik verdeutlicht einen offensichtlich bestehenden Handlungsdruck begleitender Bezugspersonen der Kinder. Fachleute wie Eltern sehen einen Unterstützungsbedarf – auch oder gerade bei unspezifischer Charakteristik der Problemlage. Dass sich die Suche nach therapeutischer Hilfe innerhalb der Schuldienste hier auf die Psychomotorik konzentriert, kann nicht wirklich überraschen: Zum einen zielt das Angebot des alternativen therapeutischen Dienstes der Logopädie definitiv auf den weitgehend umgrenzten Sprachentwicklungsbereich und zum anderen bietet unser Fachgebiet mit den Komponenten Motorik und Psyche die Möglichkeit, variable Auffälligkeiten darunter zu verorten. Ob die Motorik dabei primäre Ursache oder sekundäre Begleiterscheinung ist, ob sie also psychische Symptome bedingt oder zum Ausdruck bringt, scheint zumindest bei der Zuweisung zunächst keine Rolle zu spielen.

2 Mögliche Ursachen wachsender Sondermaßnahmen

Lassen sich aus diesen punktuellen Einblicken statistischer Erhebungen verallgemeinernde Rückschlüsse ziehen? Halten wir Gemeinsames der drei kurz vorgestellten Beispiele nochmals fest:

– Ein hoher Anteil der aktuellen Schülergeneration besucht über den regulären Unterricht hinausgehende Angebote.
– Diese angebotenen Sondermaßnahmen sind z. T. stark differenziert und spezialisiert.
– Sie zielen auf eine individualisierte und optimierte Förderung.

Diese Umstände legen die Annahme einer Diskrepanz zwischen den individuellen Voraussetzungen der Kinder und den allgemeinen institutionellen Anforderungen der Schule nahe.

Diese Diskrepanz kann nun prinzipiell von zwei Seiten verursacht sein: Entweder verhindert eine zunehmende Heterogenität der Kinder eine für den Großteil adäquate Beschulung oder die Schule ist zunehmend weniger in der Lage, einer schon immer vorherrschenden Heterogenität tolerant und offen zu begegnen. Die vermittelnde individualisierende Sondermaßnahme mag nun in beide Richtungen zielen: die Schüler in ihren individuellen Bedürfnissen zu stützen und die Schulen in ihrem allgemeinen Bildungsanspruch zu schützen. Doch auch wenn die Individualisierung Folge einer gewachsenen Heterogenität ist und auf ihrem individuellen Weg das allgemeine Ziel verfolgt, dem Klassenunterricht (wieder) folgen zu können, so muss beachtet werden, dass die Individualisierung eben auch die bestehende Heterogenität weiter ausdifferenziert und so die Komplexität erhöht. So werden womöglich Schüler mit Rechenschwäche über Dyskalkulie- (logisches Denken) oder Psychomotoriktherapie (Raumorientierung), Nachhilfe (Übungssteigerung), individuelle Lernziele (Potenzialanpassung), Klassenrepetition (Wiederholung) oder etwaige Kombinationen gefördert, die allesamt unterschiedliche Schwerpunkte setzen und entsprechend alternative Fertig- und Fähigkeiten initiieren. Als einzig verbindliche Übereinstimmung scheint sich die angestrebte Leistungssteigerung zu behaupten. Doch unter welchem Bewertungsmaßstab wird diese gemessen? Gilt der den individuellen Weg begründende Ausgangsstatus („Rechnet besser als zuvor.")? Oder eher der konzeptionelle Fokus der individuellen Sondermaßnahme („Hat gelernt, konzentriert zu üben.")? Oder legen wir den vermeintlich allgemein zu erwartenden Leistungsstand an („Sichere Addition und Subtraktion im Zahlenraum bis 100.")?

Das kurze Beispiel mag die wachsende Komplexität und den mit ihr verbundenen erhöhten Orientierungsbedarf aufzeigen, den die Individualisierung mit sich bringt.

Ausgangspunkt dieser individualisierenden Sondermaßnahmen scheint demnach ein zunehmender Anspruch, Wunsch oder Bedarf an einer Leistungsoptimierung zu sein: Zur Kompensation etwaiger Schwächen oder Defizite stehen vielfältige und mitunter auch konkurrierende Angebote zur Verfügung, die wiederum alternative Bewertungskriterien anlegen und so eine individuelle Ausrichtung ermöglichen und verlangen.

Als zumindest nahe liegender Grund dieser Schwächenintoleranz kann sicherlich angeführt werden, dass die Angebotsvielfalt, die sich hier in den individuellen Sondermaßnahmen offenbart, eben auch in anderen Lebensbereichen, wie z. B. der Berufsplanung, beobachtet werden kann.

Hier ermöglicht die angesprochene Angebotsvielfalt den prinzipiellen Zugang zu vormals noch verschlossenen Karrierefenstern. Diese Entwicklung trägt zur Freiheit der persönlichen Lebensgestaltung bei, kostet aber eine absehbare Planbarkeit und damit auch ein großes Maß an Sicherheit. Denn wo zuvor die Familientradition Defizite tolerierte, da ihre Auswirkungen für den traditionellen Berufsweg irrelevant blieben, da wächst nun der Anspruch an lückenlose Kompetenz, da völlig unklar ist, welches Berufsziel letztlich gewählt wird. Um alle potenziellen Möglichkeiten offen zu halten, sind entsprechend sämtliche Mängel zu minimieren. Die Chance auf freie Gestaltung der eigenen Zukunft verleitet somit zu einem Anspruch an Kompetenzvollmacht, die sich in der Ausschöpfung aller verfügbaren Fördermaßnahmen niederschlägt (vgl. BLOS 2009).

Die Frage, die sich vor dem Hintergrund einer Schwächenintoleranz und resultierenden Kompetenzanhäufung im Hinblick auf die individualisierenden Sondermaßnahmen aufdrängt, lautet: Worauf zielt die propagierte Individualisierung? Zielt sie auf die Individualisierung des Kindes oder auf die Individualisierung der Kompensationsbestrebungen seiner Defizite? Werden tatsächlich die individuellen Stärken und Ressourcen ernst genommen und wertgeschätzt oder wird vielmehr ein individueller Weg gesucht, um *zusätzliche, über-individuelle* Fähig- und Fertigkeiten summativ zu initiieren? Geht es also darum, Heterogenität zu stützen oder doch eher, Homogenität (wieder) herzustellen (vgl. dazu auch VETTER 2009, S. 64)? Wird die Ganzheit des Schülers respektiert, d. h. Stärken und Schwächen begutachtet und akzeptiert, oder gelangen v. a. letztere als Teilansicht in den Fokus?

Die Fragestellung suggeriert die erwartete Antwort. Es soll hier jedoch keine dezidierte Schulkritik und Bildungswegdiskussion geführt werden. Der Blick in die Schul-, Förder- und Psychomotorikpraxis sollte lediglich veranschaulichen, dass vermeintliche Einheiten, wie bspw. in Schulkarrieren, Schülerbildern oder Therapieindikationen, nicht (mehr) bestehen. Vormalige Vergleichsmöglichkeiten aufgrund verlässlicher Kriterien gehen zugunsten individueller Orientierungsoptionen verloren, Grenzen sind durchlässiger oder verschwimmen vollständig: Das Ganze differenziert sich in eine Vielzahl von vermeintlich eigenständigen und unabhängigen Teilbereichen.

Doch wo das Ganze aufhört, so erweitern wir mit WELSCH (2002, S. 39) unseren Blick pointiert von der Praxis auf theoretische Anknüpfungskonstrukte, da beginnt die Postmoderne.

II Von der offenen Vielheit: Das Phänomen der Postmoderne

LYOTARD (1996, S. 30) sieht in der „Sehnsucht nach dem Ganzen und dem Einen, nach der Versöhnung von Begriff und Sinnlichkeit, nach transparenter und kommunizierbarer Erfahrung" den Ursprung totalitären Terrors und plädiert mit seiner Forderung „Krieg dem Ganzen" (a. a. O., S. 31) für die Akzeptanz und Toleranz nicht darstellbarer Wirklichkeiten sowie für die aktive Unterscheidung und Wertschätzung mannigfaltiger Differenzen.

Dieser Betonung der Differenzen hat sich auch DERRIDA (1990a und b) verschrieben, der in der Dekonstruktion subjektiv vorgeprägter Denk- und Interpretationsstrukturen zu vielschichtigeren, zu alternativen, zu vergessenen, aber mitschwingenden Bedeutungen sowohl in Texten als auch in der Welt vorstoßen möchte.

Mit der Forderung nach einer konsequenten und konstruktiven Differenzbildung sind bereits entscheidende Kriterien genannt, die uns helfen können, uns dem Phänomen der Postmoderne zu nähern.

ENGELMANN (1990) macht auf den Umstand aufmerksam, dass der Begriff im deutschen Sprachraum zunächst über die Medien und nicht über den wissenschaftlichen Diskurs in die öffentliche Wahrnehmung gelangte und so unter plakativen Verfremdungen zu leiden hatte, deren Auswirkungen und Varianten WELSCH (2002) zusammenfassend als *diffusen* Postmodernismus geißelt. Die womöglich ebenfalls unglückliche Benennung des Gemeinten, die Begriffswahl mit den nahe liegenden Assoziationen zu einem Epochenverständnis, einer noch genauer zu spezifizierenden Nachfolgeära oder zu Abgrenzungskonstruktionen zur Moderne haben die freien oder vereinnahmenden Spekulationen und Interpretationen eher befördert denn zielgeleitet.

Wir versuchen im Folgenden Begriff (1.1) und Konzeption (1.2) zu klären, lebensweltliche Charakteristika herauszustellen (1.3) sowie diese auf Herausforderungen und Chancen für das Individuum in seiner subjektiven Interpretation zu untersuchen (2).

1 Entwicklung der Begrifflichkeit und ihrer inhaltlichen Konkretisierung

WELSCH (2002, S. 12–14) zeigt vier sehr frühe, voneinander völlig unabhängige Begriffsnennungen auf, die in der Malerei, der Literatur und dem Historismus zwischen 1870 und 1950 mit unterschiedlichen Bedeutungszuschreibungen auftauchen und – mit einer Ausnahme – in ihren jeweiligen Fachrichtungen weitgehend bedeutungslos blieben.

Die genannte Ausnahme bildet Arnold TOYNBEE. Er führt die Charakterisierung der politischen Überwindung nationalistischen Denkens zugunsten globaler Interaktion als *postmodern* in die nordamerikanische Literaturdebatte ein, wo sich das entsprechende Verständnis jedoch bald inhaltlich wandelt (vgl. a. a. O., S. 14–17).

Wird zunächst in der Abgrenzung der damaligen Gegenwartsliteratur zur einflussreichen Literatur der Moderne die Entkräftung und der innovative Verlust des Neuen bedauert, so gewinnt doch rasch die Erkenntnis der Stärken und Chancen der aktuellen Variante die Oberhand. Ihr wesentliches Merkmal, ihre innerhalb eines Werks hervortretenden mehrfachen Strukturebenen und -wechsel, erlaube ihr, Grenzen zwischen Wirklichkeit und Mythos, Intellekt und Romantik, Technologie und Sentimentalität aufzuheben und, indem sie den elitären wie populären Geschmack treffe, die Trennung zwischen Künstler und (Massen-)Publikum zu überwinden.

Für WELSCH (2002) zeigt sich hier bereits exemplarisch, wie Begriffseinführung und Bedeutungswandel der Postmoderne sich auch in weiteren kulturellen, gesellschaftspolitischen und wissenschaftstheoretischen Bereichen dokumentieren lässt:

„(...) von einer Negativ-Vokabel, die Erschlaffungsphänomene registrierte, zu einer Positiv-Vokabel (...), die gegenwärtige und künftige Verbindlichkeiten benennt und entscheidende Pluralität zum Inhalt hat" (S. 17).

Mit seiner 1979 veröffentlichten Studie „Das postmoderne Wissen", in der LYOTARD im Auftrag der kanadischen Regierung ein Gesellschaftsspektrum des Wissens, der Problemlagen und Lebensformen aufzeigt, beginnt die philosophische Diskussion, auf die wir uns nun zur Kennzeichnung des Begriffs und Konzepts beschränken wollen.

ENGELMANN (1990, S. 13–16) erinnert an den doppelten Abstraktionsprozess in der Konstitutionsbewegung der neuzeitlichen Wissenschaftslehre, in dem mit DESCARTES das Subjekt als Denken aufgefasst wurde, um die phänomenale Vielheit des Menschen zu überwinden und sich auf einen gemeinsamen Nenner zu einigen. Die gewonnene Vergleichbarkeit des Menschen wird jedoch mit der Vernachlässigung seiner sonstigen Eigenschaften, wie z. B. seiner sensorischen oder emotionalen Anteile, erkauft: Ein auf das Denken reduzierter Mensch nimmt die Phänomene, die er nun nicht mehr erspüren, erfahren und erleben soll, ebenfalls als Gedachtes, als Denkstruktur auf. Auch sie werden so in ihren ursprünglich differenten Erscheinungen vereinheitlicht. In dieser neuzeitlichen Rationalität der Verallgemeinerung werden Heterogenität und Differenz konzeptionell ausgeschlossen, was LYOTARD scharf kritisiert.

Das Gemeinsame, die Gesellschaftlichkeit des Menschen, kann nicht auf einer oktroyierten Verallgemeinerung beruhen. Mensch und Wirklichkeit werden so totalitär auf vorab verbindliche Werte ideologisiert und reduziert. Die postmoderne Idee geht mit LYOTARD den umgekehrten Weg: Sie postuliert die Freiheit des Individuums, das zwischen gleichberechtigten Optionen wählen und entscheiden kann. Gemeinschaftlichkeit, gesellschaftliche Ordnung und Orientierung, entsteht dann erst und immer wieder im freiwilligen Zusammenschluss unter eine *verbindende* – aber nicht allgemein *verbindliche* – Kategorie.

Galt die Suche also vormals den Teil-Eigenschaften der Menschen (oder der Phänomene), die sich anhand vorgegebener Normen in einem strukturierten Zentrum von Leit- und Orientierungsmerkmalen unterordnen ließen (Reduktion der Teilnehmer auf kleinsten gemeinsamen Nenner des vorgegebenen Angebots), so finden sich die Menschen nun nach individuellen Gesichtspunkten allenfalls zu flexiblen Sub-Zentren zusammen, die aber in ihrer zeitlichen und personellen Präsenz Offenheit und Variabilität erlauben (Auswahl der Teilnehmer aus Angebot verschiedenster Nenner) und ohne ein zentrales Motiv auskommen (Sportverein als Nenner – Geselligkeit, Wettkampf, Bewegung oder Gesundheit als individuelles Motiv).

Gerade diese Bejahung eines Nicht-Zentrums betont DERRIDA (1990b). Neues könne immer nur in einer radikalen Abkehr entstehen, nicht in einer Abfolge linearer Kontinuität. Indem der Strukturalismus aber Brüche und Diskontinuität zugunsten einer angenommenen Gesetzmäßigkeit ausblendet, bleibt er – gemäß DERRIDA – auf einen Ursprung und damit auf ein Zentrum bezogen. Die Präsenz dieses Ursprungs verlange jedoch keine Unmittelbarkeit, sondern könne über Zeichen vermittelt werden. Auf diesem Weg verliere sich aber ihre umfassende Bedeutung, da sie bei ihren Rezipienten auf unterschiedliche Vorerfahrungen treffen und somit individuell gelesen würden.[10] So existiere zwar das Ursprüngliche, auf das mit Zeichen referenziell verwiesen werden kann, könne aber nur als Zentrum dienen, solange es unmittelbar anwesend sei. In der indirekten Vermittlung der Zeichen löse sich der Ursprungs- und Wahrheitsanspruch in eine Bedeutungsoffenheit auf. Im *Als-ob* des Spiels, das stets zwischen der Abwesenheit (des Ursprungs, auf den Bezug genommen wird) und der Präsenz (der subjektiven Interpretation zu diesem Ursprung) wechsle, entwickle das Nicht-Gegenwärtige und damit auch das Nicht-Darstellbare ein unabhängiges Eigenleben – und könne so fundamental Neues initiieren und konstituieren.

Die postmoderne Idee bricht mit Einheit, Strukturalismus und allgemeiner Verbindlichkeit und begrüßt statt ihrer Differenz, Diskontinuität und Individualität. Deren konkrete Erscheinungsformen können jedoch immer nur im Einzelfall beschrieben und abgebildet werden, wohl wissend, dass ihre wie auch immer fixierte

---

[10] Was DERRIDA hier als Deutungsoffenheit beschreibt, versucht er in den Spuren der ursprünglichen Textintention eines Autors wiederzufinden und vor fremden Sinnkonstruktionen zu schützen (vgl. DERRIDA 1990a).

Präsentation weder dem spezifischen Subjekt noch den ihm als Handlungsfeld und Hintergrund zur Verfügung stehenden Spielvarianten und -alternativen gerecht wird, da sie der eigenen Erfahrung ermangelt.

„Das Postmoderne wäre dasjenige, das im Modernen in der Darstellung selbst auf ein Nicht-Darstellbares anspielt; das sich dem Trost der guten Formen verweigert, dem Konsensus eines Geschmacks, der ermöglicht, die Sehnsucht nach dem Unmöglichen gemeinsam zu empfinden und zu teilen; das sich auf die Suche nach neuen Darstellungen begibt, jedoch nicht, um sich an deren Genuss zu verzehren, sondern um das Gefühl dafür zu schärfen, dass es ein Undarstellbares gibt. (...) Es sollte endlich Klarheit darüber bestehen, dass es uns nicht zukommt, *Wirklichkeit zu liefern*, sondern Anspielungen auf ein Denkbares zu erfinden, das nicht dargestellt werden kann" (LYOTARD 1996, S. 29–30, kursiv im Original).

1.1 Abgrenzung zur Moderne?

LYOTARD (1979/2009) reflektiert die typische einheitliche Prägung *modernen* Wissens auf der Grundlage dreier Metaerzählungen, die auf Kontinuität, Zielgerichtetheit und Ganzheit ausgerichtet sind: die Emanzipation des Menschen in der Aufklärung, die Teleologie des Geistes im Idealismus sowie die Hermeneutik des Sinns im Historismus (vgl. LYOTARD 2009, S. 23 oder auch 145). Sie gewannen ihre Legitimität durch ihre für alle Menschen richtungsweisende und einzulösende Zukunftsperspektive, „in einer noch zu verwirklichenden Idee (...), die der Moderne ihren charakteristischen Modus" (LYOTARD 1996, S. 33) als Projekt verleiht.

Der Projektcharakter, auf den LYOTARD hier anspielt, bezieht sich auf die Einsicht, dass Einheiten, Übereinkünfte, Gemeinsamkeiten immer nur punktuell, zeitlich und personell begrenzt, entstehen (und auch wieder vergehen) können. LYOTARD fokussiert den Zweifel, hinterfragt den Glauben an eine vermeintliche Realität und stellt als Erkenntnis der Moderne heraus, „wie *wenig wirklich* die Wirklichkeit ist" (1996, S. 22, kursiv im Original), deren traditionelles Weltbild im ersten Drittel des 20. Jahrhunderts mit Einsteins Relativitätstheorie, Heisenbergs Unschärferelation und Gödels Unvollständigkeitsbeweis erschüttert wurde. Selbst die diesbezüglich eher unverdächtigen Wissenschaften der Mathematik und der Physik mussten eingestehen, dass alle Erkenntnis begrenzt bleibt. Das als Einheit gedachte Ganze hatte seine Praktikabilität verloren und konnte nicht mehr ernsthaft vertreten werden.

So richtete sich der wissenschaftliche Blick fortan auf Übergänge und Brüche; Einheitlichkeit, so setzte sich die Überzeugung durch, war nur noch in spezifischen Dimensionen, nicht mehr im Ganzen zu finden. Zur Beschreibung einer tatsächlich konflikthaft und dramatisch strukturierten Wirklichkeit mussten anstelle *eines* universellen Modells *verschiedene* herangezogen werden, um ihren Verhältnissen der Diskontinuität und des Antagonismus gerecht zu werden.

1 Entwicklung der Begrifflichkeit und ihrer inhaltlichen Konkretisierung 47

War die bereits schon zuvor von Kulturtheorie und Ästhetik formulierte Kritik an der vereinheitlichenden Rationalität noch ergebnislos verhallt, so bewirkte diese interne Kritik aus den eigenen wissenschaftlichen Reihen eine rasch um sich greifende Grundsatzrevision, die Pluralität und Partikularität ins Bewusstsein riefen. Entsprechend zeigte sich die Wissenschaftstheorie des 20. Jahrhunderts in dieser Konsequenz durch die Vielfalt der Modelle, die Konkurrenz der Paradigmen und durch die Einsicht der Unmöglichkeit einheitlicher und endgültiger Lösungen geprägt (vgl. dazu WELSCH 2002, S. 77f., 186–188).

Damit verloren für LYOTARD auch die genannten Metaerzählungen ihre *allgemeine* Verbindlichkeit und Legitimationskraft, obwohl sie im Einzelfall nach wie vor Orientierung bieten können. Denn nicht deren Inhalt ist entscheidend überholt, sondern ihr formeller Anspruch als allumfassende Leitidee theoretischen wie praktischen Verhaltens, da „jeder auf sich selbst zurückgeworfen" ist (2009, S. 54).

Aufklärung, Humanismus oder Emanzipation behalten als moderne Werte ihre Berechtigung, benötigen aber eine neuen Methodik der Umsetzung.[11] Weder dürfen sie von ideologischen oder administrativ-organisatorischen Bedingungen auf vormodernem Standard zurückgehalten werden (vgl. ENGELMANN 1990, S. 8–10), noch dürfen sich ihre Grundideen in beliebigen Auf- und Abspaltungen verwässern und auflösen (vgl. WELSCH 2002, S. 4–7). Differenzbildung darf nicht als Selbstzweck missverstanden werden, sondern dient lediglich der Beschreibung von tatsächlichen Realitäten und ihren notwendigen Konsequenzen.[12]

So situiert sich die Postmoderne nach LYOTARD (1986, Umschlagrückseite) „weder nach der Moderne noch gegen sie. Sie war in ihr schon eingeschlossen, nur verborgen." Er fordert eine Rückbesinnung auf ihre Werte sowie deren konsequente Umsetzung:

„So gesehen bedeutet der Postmodernismus nicht das Ende des Modernismus, sondern dessen Geburt, dessen permanente Geburt" (1996, S. 26).

Entsprechend kennzeichnet WELSCH (2002, S. 6) das Postmoderne an der Moderne als „radikal-modern"; *post*-modern im Sinne einer Ablösung und Überwindung

---

[11] ENGELMANN (1990, S. 8f.) spricht hier von einer „Dialektik der Moderne": „Denn mit der Freisetzung der Individuen wird der Zusammenhang zwischen ihnen ja nicht abgeschafft, er muss nun allerdings anders hergestellt werden." Er plädiert daher „auf eine angemessenere Form, Gesellschaftlichkeit unter Wahrung des Grundwerts der europäischen Zivilisation, der Freiheit des Individuums zu denken und zu gestalten" (S. 10). Das bedeutet, vermeintlich dogmatisch standardisierte Gleichbehandlung aller Menschen im Sinne der Anerkennung unterschiedlicher Bedürfnisse und Voraussetzungen zu überwinden.

[12] Das heißt in diesem Zusammenhang, dass nicht die nämlichen „modernen" Grundwerte durch beliebige Differenzierung ausgehöhlt werden sollen, sondern dass deren Anspruch differenziert umzusetzen ist.

ist sie hingegen lediglich in Bezug auf die neuzeitliche Moderne des 18. und 19. Jahrhunderts, auf deren Beginn wir mit DESCARTES oben bereits verwiesen haben. Die Moderne des 20. Jahrhunderts bezweifelt mit den Erkenntnissen der ebenfalls bereits genannten Naturwissenschaftlern EINSTEIN, GÖDEL und HEISENBERG das vormalige Einheits- und Kausalitätsprinzip und formuliert die Notwendigkeit von Alternativen und Pluralität, die die Postmoderne radikalisiert und einfordert.

Als zusammenfassende Kurzcharakteristik bieten sich folgende Unterscheidungen innerhalb der wie auch immer datierten Moderne an:

Die *Neuzeit* wird durch ihren systematischen Neuanfang charakterisiert, der in seinen Technisierungs- und Rationalisierungsbestrebungen einen Einheits- und Alleinvertretungsanspruch formuliert. Ihr Ziel liegt in der singulären Allgemeingültigkeit.

Die *Moderne* erkennt, dass dieser Anspruch in einer tatsächlichen Beschreibung der Wirklichkeit nicht aufrechterhalten werden kann. Sie bedauert aber noch den Verlust der vormaligen Einheit, der zu umfassenden Legitimationskrisen führt.

In der *Postmoderne* endlich weicht die Trauer über den vermeintlichen Verlust der ausdrücklichen Anerkennung und Wertschätzung einer radikalen Pluralität, in der alternative Modelle, Entwürfe, Konzeptionen grenzüberschreitend und gleichberechtigt nebeneinander existieren können.

1.2   Epochenbegriff?

Die Postmoderne bzw. das Postmoderne an der Moderne, dies scheint nun bereits deutlich geworden zu sein, bezeichnet keine eigenständige Epoche oder Ära. Sie ist Teil der Moderne des 20. Jahrhunderts, besinnt sich ihrer berechtigten Forderungen, beschreibt ihre allgemeinen wie konkreten Erscheinungsformen und beachtet ihre notwendigen Konsequenzen.

Das sogenannte Postmoderne bezeichnet nichts grundsätzlich Neues. Sein Charakteristikum der Pluralität hat antike, mittelalterliche und neuzeitliche Vorformen. Neu zeigt sich lediglich ihre dominante und obligate Ausformung, die über vormals sektorielle Grenzen hinausgeht und auf die gesamte Breite gesellschaftlichen, wissenschaftlichen und kulturellen Lebens übergreift, da sich ihm keine Gegenargumente mehr widersetzen.

Die Akzeptanz von Instabilitäten und deren Konsequenz mangelnder Vorhersagbarkeit hat sich gegenüber den Bestrebungen, diesen mit größerer Präzision und Gewissheit zu begegnen, durchgesetzt, da ihre Alternative keinen qualitativen Gewinn ermöglichte, wie LYOTARD (2009, S. 135) bekräftigt:

„Es ist nicht wahr, dass die Ungewissheit, das heisst, das Fehlen von Kontrolle, sich in dem Maße verringert, wie die Exaktheit wächst: Sie wächst auch."

Die postmoderne Idee misstraut den von Strukturalismen und Ideologien vorgeprägten Antworten auf die wiederkehrenden Fragen der Menschheit nach Selbstbestimmung und Freiheit. Diese Bedürfnisse und Wünsche werden vorbehaltlos anerkannt. In der Überzeugung, dass Individualität, Heterogenität und Komplexität dem Menschen wie der Welt entsprechen, werden deren Berücksichtigung mit Hoffnung und Zuversicht auf neue Wissens- und Gesellschaftsformen verbunden. Etwaige Risiken, die eine Freisetzung oder Befreiung ebenfalls mit sich bringen, werden anerkannt, aber bewusst eingegangen, um Veränderung, Diskursivität und Erneuerung zu initiieren.

> „In ihrem Interesse für die Unentscheidbaren, für die Grenzen der Präzision der Kontrolle, die die ‚*Frakta*', die Katastrophen und pragmatischen Paradoxa", so folgen wir wiederum LYOTARD (2009, S. 142) „entwirft die postmoderne Wissenschaft die Theorie ihrer eigenen Evolution als diskontinuierlich, katastrophisch, nicht zu berichtigen, paradox. Sie verändert den Sinn des Wortes Wissen und sie sagt, wie diese Veränderung stattfinden kann. Sie bringt nicht Bekanntes, sondern Unbekanntes hervor. Und sie legt ein Legitimationsmodell nahe, das keineswegs das der besten Performanz ist, sondern der als Paralogie verstandenen Differenz."

So hält ENGELMANN (1990, S. 12) fest, dass das Präfix *Post*- hier „weder als zeitliches, epochenbildendes Danach noch als Geschichte strukturierender Begriff, sondern allein als Zeichen für Distanz, als Versuch, das, was man zu wissen glaubt, zunächst möglichst fern zu halten von der Interpretation" erscheint. Diese betonte Distanz zielt auf die inkonsequente Umsetzung der erkannten Partikularität und Pluralität der Moderne. Versäumte man die Lehre aus ihr ohne verantwortliche Neuordnung zu ziehen, so wären wir zweifelsfrei dazu verurteilt, ihre nationalistischen und totalitären Auswüchse zu wiederholen. Das *post*- von postmodern bezeichne demnach

> „keine Bewegung des *come back*, *flash back*, *feed back*, das heißt der Wiederholung (…), sondern einen ‚Ana'-Prozess der Analyse, Anamnese, Anagonie und Anamorphose, der das ‚ursprüngliche Vergessen' abarbeitet" (LYOTARD 1996, S. 105, kursiv im Original).

1.3 Gemeinsame Merkmale einer uneinheitlichen Strömung: Von der Einheit zur Vielheit, von der Sicherheit zur Freiheit

Die in der Kapitelüberschrift angesprochene *uneinheitliche Strömung* bezieht sich auf die oben kurz erwähnten plakativen Verfremdungen bezüglich Begriff und Inhalt, die vielfältige Meinungen und Vorstellungen unter *postmodern* oder *Postmoderne* subsumierten und das mittlerweile bereits skizzierte Konzept des präzisen, konkreten oder veritablen Postmodernismus zumindest quantitativ erweitern.

Der von WELSCH als „diffus" (2002, z. B. S. 2, 35, 41, 81) bezeichnete Postmodernismus entbehre tragfähigen Theorien, wie mit den Folgen des Pluralismus umzugehen sei, der in jener kritisierten und abzulehnenden Form „bloss als Auflösungslizenz, nicht als Reflexionsgebot" (S. 81) angesehen werde. Hier, so könnte man WELSCHs Einschätzung lesen, wird das Individuum nach seiner Befreiung aus der verbindlichen Einheitsstruktur, die ihm vielschichtige Optionen offenbart, in seiner ethischen Verantwortung, in seiner Frage nach dem *Was soll ich tun?* allein gelassen. Jener Postmodernismus lehne sich mit seiner Betonung von Mythen, Sinnlichkeit und Kunst naiv an die Kritik der neuzeitlichen Rationalitätsbestrebungen an und begünstige somit den Vorwurf der Irrationalität, der auch den „präzisen" (z. B. S. 2, 35, 80) Postmodernismus diskreditiere.

Das berühmt-berüchtigte, gleichwohl irritierende Schlagwort des *anything goes*, das der diffusen Variante zugerechnet werden muss, suggeriert eine willkürliche Beliebigkeit, die die prinzipielle Gleichwertigkeit verschiedener Alternativen fehlinterpretiert. Weder ist *alles* möglich noch *alles* sinnvoll. Jene Gleichwertigkeit bezieht sich lediglich auf die zur Auswahl stehenden Objekte und Optionen, klammert aber das Individuum aus. Zwar mag der Zugang in einem allgemeinen Sinne zur Verfügung stehen, er bleibt aber auf individueller Ebene hypothetisch. Um die Möglichkeit des Eintritts tatsächlich zu *erleben*, muss das Individuum eine Entscheidung treffen: eine Entscheidung, die die eigenen Ressourcen um Wissen und Können berücksichtigt – und somit eine persönliche Höherwertigkeit des einen vor dem anderen definiert. Gleichwertigkeit ist eine Voraussetzung für Pluralität, sie muss jedoch auf individueller Ebene überwunden werden, um ein individuelles Leben zu führen. Die Gleich*wertigkeit* der Optionen darf dem Individuum folglich nicht gleich*gültig* bleiben.

Doch die Anerkennung der Pluralität kann als übereinstimmendes Kriterium sowohl der beiden unter *diffus* oder *präzise* zusammengefassten Perspektiven als auch aller Lebensbereiche herausgestellt werden, in denen von Postmoderne gesprochen wird. Pluralität, radikale Pluralität zumal, verlangt aber eine zunehmende Selbstverantwortung, um zwischen den konkurrierenden und per se gleichgültigen Angeboten auswählen und entscheiden zu können. Diese Entscheidungen lassen sich jedoch nicht mehr angesichts verbindlicher Orientierungsraster treffen, sondern bedürfen eigener Kriterien und Anhaltspunkte, d. h. eigener Wertvorstellungen.

Die universellen Ansätze der neuzeitlichen Moderne schufen Sicherheit in gesellschaftlichen, wirtschaftlichen und ethischen Fragestellungen und legitimierten das Bestreben des Einzelnen, jene Sicherheit zu erlangen. Die wissenschaftlichen Erkenntnisse – wie auch die ästhetisch-kulturellen Darstellungsformen wahrgenommener Wirklichkeiten – schwächten jedoch das Vertrauen in jenes System, seine Legitimationsargumentation und seine vermeintlichen Sicherheitsversprechen. Die Idee der freien Gemeinschaft „macht die Freiheit gegen die Sicherheit geltend" (LYOTARD 1996, S. 72). In einer daraus resultierenden *notwendigen* Neuorientierung kann ein zunächst aufkommendes Bedauern dieses Verlusts traditioneller Anhaltspunkte unschwer nachvollzogen werden: Die neue Selbstverantwortung kostet Aufwand und Anstrengung; was zuvor unhinterfragt geregelt war, bedarf nunmehr individueller Begründung. Doch jedem, dem dieser Schritt gelingt, eröffnen sich mit der nun *möglichen* Neuorientierung vielfältige Chancen, das eigene Leben hinsichtlich persönlicher Vorstellungen und Ressourcen zu gestalten.

Die Überwindung der Einheit zugunsten der Vielheit bringt die Befreiung des Einzelnen von den allgemeinen Zwängen mit sich. Sie ist notwendige – aber nicht hinreichende – Voraussetzung für die Freiheit, aus der gewonnenen Vielheit auswählen zu können. Um auch letztere zu gewährleisten, müssen aber die individuellen Bedingungen in den Fokus rücken, die „das – leere – Ideal der absoluten Freiheit" (LYOTARD 1996, S. 76f.) in ihrer konkreten Bindung an den handelnden Menschen nicht behindern, sondern überhaupt erst lebbar machen.

2 Die postmodernen Paradigmen der Vielheit und der Freiheit – zwischen Orientierung und Gestaltung, zwischen Individualität und Isolation

Vielheit und Freiheit stehen in engem Zusammenhang, bedingen sich, ja schaukeln sich gegenseitig auf: Auf der Grundlage neutraler Gleichwertigkeit variabler Modelle ermöglicht die Vielheit des Angebots die Freiheit, daraus zu wählen, und jene Wahlfreiheit vermag die Vielfalt weiter zu differenzieren, indem eigene Wahrheiten realisiert werden, für die bisher noch kein Angebot existierte. Zunehmende Differenzierung und Komplexität erhöht jedoch auch die Anforderungen an die eigenen Orientierungsfähigkeiten, die sich in der Auswahl konkurrierender Entwürfe und Konzeptionen manifestiert. Mit der Entscheidung für eine bestimmte Option – und gegen deren Alternativen – gestaltet sich das Individuum. Individualität entsteht somit in der spezifisch persönlichen Differenzierung allgemeiner Variationsmöglichkeiten (auf der Basis eigener Ressourcen). Diese spezifische Differenzierung führt aber auch dazu, dass Gemeinsamkeiten mit anderen verloren gehen: Die Konzentration auf eigene Erfahrungen, die für die Ausbildung der benötigten eigenen Entscheidungskriterien und Wertmaßstäbe obligat sind, erzwingen einen Verzicht auf vermeintlich allgemeingültige Erfahrungen. Dies kann den thematischen Austausch in der Kommunikation mit anderen insoweit erschweren, dass nicht geteilte Erfahrungen ein umfassendes gegenseitiges Verständnis verhindern. Individualität bedingt demnach immer auch eine isolierende Trennung, deren Konsequenzen akzeptiert werden müssen.

Erich FROMM hat sich in seinem 1941 erstmals veröffentlichten Werk „Escape from Freedom"[13] (dt.: „Die Furcht vor der Freiheit") ausführlich und detailliert mit diesem von ihm so benannten „Doppelgesicht der Freiheit" (2001, z. B. S. 24ff.) auseinandergesetzt.

---

[13] Erschienen bei Holt, Reinehart & Winston, New York.

Darin geht er (S. 7f.) von der These aus,

> „dass der moderne Mensch, nachdem er sich von den Fesseln der vor-individualistischen Gesellschaft befreite, die ihm gleichzeitig Sicherheit gab und Grenzen setzte, sich noch nicht die Freiheit – verstanden als positive Verwirklichung seines individuellen Selbst – errungen hat; das heisst, dass er noch nicht gelernt hat, seine intellektuellen, emotionalen und sinnlichen Möglichkeiten voll zum Ausdruck zu bringen. Die Freiheit hat ihm zwar Unabhängigkeit und Rationalität ermöglicht, aber sie hat ihn isoliert und dabei ängstlich und ohnmächtig gemacht. Diese Isolierung kann der Mensch nicht ertragen, und er sieht sich daher vor die Alternative gestellt, entweder der Last seiner Freiheit zu entfliehen und sich aufs neue in Abhängigkeit und Unterwerfung zu begeben oder voranzuschreiten zur vollen Verwirklichung jener positiven Freiheit, die sich auf die Einzigartigkeit und Individualität des Menschen gründet."

FROMM unterscheidet hier zwischen einer negativen *Freiheit von*, die lediglich die Abwesenheit äußerer Bedingungen beschreibt, und einer positiven *Freiheit zu*, die auf persönlichen Ressourcen, auf Fähig- und Fertigkeiten basiert und zur Verwirklichung des eigenen Selbst in spontaner, kreativer und aktiver Tätigkeit führen kann (vgl. a.a.O., S. 11, 33, 186).

In der „Differenz zwischen Trauer und Wagnis", die LYOTARD (1996, S. 27) in der Moderne des 20. Jahrhunderts ausmacht, stellt FROMM also das Wagnis als unabdingbare Prämisse für individuelles Wachstum heraus. Dennoch bezweifelt er Verlusterfahrungen nicht und verdeutlicht, dass der zu erwartende Gewinn einen hohen Preis verlangt. Die Freiheit in und zu postmoderner Pluralität birgt neben den erhofften Chancen unzweifelhaft auch Risiken.

2.1 Risiken und Chancen der Postmoderne

Die Anekdote des Rabbis, der seinen Gott wiederholt um einen Lotteriegewinn anbetet, bis dieser ihm antwortet, er solle ihm eine Chance geben und sich ein Los kaufen, ist bekannt. Sie veranschaulicht, dass jede Chance ein Risiko beinhaltet – sei es eines finanziellen, zeitlichen oder ideellen Verlusts – das aber eingegangen werden muss, soll sich die Option der Chance überhaupt realistisch eröffnen. Nur wer wagt, kann gewinnen, nur wer sich einem Ziel verschreibt, kann scheitern, nur wer sich nach konkreten Vorstellungen ausrichtet, kann enttäuscht werden. Doch können die Optionen der Niederlage, des Scheiterns oder der Enttäuschung den individuellen Wunsch nach Freiheit tatsächlich bedrohen? Wo liegt der vermeintliche Gewinn bei diesem Verzicht?

„Kann Freiheit zu einer Last werden", so fragt FROMM (2001, S. 11), „die den Menschen so schwer bedrückt, dass er ihr zu entfliehen sucht? Woher kommt es dann, dass Freiheit für viele ein hochgeschätztes Ziel und für andere eine Bedrohung bedeutet?"

Nehmen wir den Anspruch pluraler Meinungen ernst, so dürfte uns die unterschiedliche Wertschätzung der Freiheit nicht stören: Soll jener ihrer Bedrohung fliehen und dieser ihr Loblied singen. Im Zuge der vereinbarten Selbstverantwortung hat jeder die Folgen seiner Entscheidungen zu tragen. Doch bleiben wir auf dieser Argumentationsschiene im diffusen Postmodernismus gefangen, der nivellierend ignoriert, dass gleiche äußere Voraussetzungen (*„Alles ist erlaubt!"*) für das Individuum durchaus verschiedene Konsequenzen bergen. Da die individuellen Bedingungen also unterschiedlich bleiben, können auch gewährte Freiheitsgrade differieren: Dass jeder im See schwimmen darf, macht dies für den Nichtschwimmer nicht ratsamer. Da sich jedoch in der herrschenden Pluralität niemand mehr der Freiheit entziehen kann, muss es eine ethische Verantwortung für die Gesellschaft geben, ein Rüstzeug zu bieten, das es jedem Individuum ermöglicht, sich der Freiheit zu stellen und diese Freiheit zu bewältigen. Denn, so führt WELSCH (2002, S. 279) aus:

> „Das bedeutet vor allem auch, dass die Ethik einen anderen Typ von Wissen erfordert, als das theoretische Wissen ihn bietet. (…) Praktisches Wissen kann nicht generellen und deduktiven Zuschnitts sein, sondern muss vor allem auch situatives Wissen beinhalten, da es zuletzt darauf ankommt, das in bestimmten Umständen Richtige herauszufinden. (…) Sittliche Rationalität kann nicht mathematisch-geradlinigen Typs sein."

Man müsse also, so können wir mit LYOTARD (2009, S. 155) ergänzen, „zu einer Idee und einer Praxis der Gerechtigkeit gelangen, die nicht an jene des Konsens gebunden ist".

Eine Flucht eines Individuums aus der pluralen Freiheit bedeutet für die Gesellschaft jedoch nicht nur eine ethische Niederlage, sondern auch einen Substanzverlust: Sie verliert einen ihrer Träger und potenziellen Impulsgeber. Es scheint entsprechend gerechtfertigt, wenn wir uns mit FROMMs Differenzierung der Freiheit *von* und *zu*, die in der vorangegangenen Postmoderne-Diskussion bereits als Befreiung von Einheitszwängen und der individuellen Gestaltungsfreiheit erwähnt wurde, nachfolgend etwas intensiver beschäftigen.

2.1.1 Freiheit *von* – Verlust des Orientierungsrahmens

Um jemanden überhaupt von einheitlichen Zwängen befreien zu können, muss dieser zum einen Einheiten erlebt und zum anderen diese als einengend erfahren haben.

Die erste Einheit jedes Menschen besteht mit seiner Mutter, die unter der Geburt biologisch getrennt wird. Mit Beginn der individuellen Existenz des Kindes löst sich jedoch die bestehende Abhängigkeit nicht auf, wie sie für das Kind immer wieder intensiv gegenwärtig wird:

> „Da das Kind tatsächlich noch nicht in der Lage ist, sich hinsichtlich der lebenserhaltenden Funktionen selbst zu versorgen, ist die Kommunikation mit anderen eine Frage auf Leben und Tod. Die Möglichkeit, allein gelassen zu werden, ist deshalb zweifellos die schwerste Bedrohung im Leben" (FROMM 2001, S. 21).

Das Kind muss demnach mit seiner Mutter respektive seinem Vater oder dem näheren, dem *primären* Bezugssystem in Kontakt treten und so lange bleiben, bis sich aufgrund zunehmender Kompetenzen und alternativer sozialer Beziehungen diese frühen Bindungen erübrigen. In dieser Zeit verzichtet das Kind bzw. der oder die Heranwachsende auf ein bestimmtes und verhandeltes Maß an Individualität, das über den gewährten Orientierungsrahmen innerhalb der primären Bindungen hinausgeht. Er, sie oder es identifiziert sich mit den Werten und Normen des Bezugssystems und gewinnt die notwendige Sicherheit in ihm.

Die zunehmende Erkenntnisfähigkeit im Denken, Vergleichen, Differenzieren, Abstrahieren, also das wachsende Bewusstsein seiner selbst im Spiegel der Natur und der anderen, weckt nun nach FROMM (2001, S. 21f.) das überwältigende Bedürfnis der Zugehörigkeit. Denn in der Individualisierung, der Unterscheidung von allen und allem anderen, werde dem Menschen deutlich, wer und was er alles *nicht* sei. Um dadurch nicht von einem Gefühl individueller Bedeutungslosigkeit gelähmt zu werden, müsse der Mensch zu einem anderen System in Beziehung treten.

„Die Bezogenheit auf die Welt kann von hohen Idealen getragen oder trivial sein, aber selbst wenn sie noch so trivialer Art ist, ist sie dennoch dem Alleinsein noch unendlich vorzuziehen. (…) Ein noch so absurder und menschenunwürdiger Glaube sind – wenn sie den einzelnen nur mit anderen verbinden – eine Zuflucht vor dem, was der Mensch am meisten fürchtet: die Isolation" (a. a. O.).

Um die damit verbundene seelische Desintegration oder Vereinsamung zu vermeiden, die unabhängig von der Quantität physisch-körperlichen Kontakts entstehen könne, benötige der Mensch eine Beziehung zu Ideen, Werten, Symbolen oder zumindest bestimmten gesellschaftlichen Verhaltensmustern.

Doch erschöpft sich der menschliche Wunsch nach Zugehörigkeit tatsächlich ausschließlich in dem Bedürfnis, jener Isolation zu entrinnen und der Erkenntnis eigener Unzulänglichkeit und Abhängigkeit entgegenzuwirken?

GERHARDT (1999, S. 285) betont vielmehr, dass dieser aus dem „originäre(n) Anspruch auf Mitteilung" erwachse: Der Mensch strebe danach, seinen individuellen Beitrag zu leisten, indem er eigene Ansichten, Ideen und Überzeugungen kommuniziert. Die Hoffnung, dabei auch von den adressierten anderen verstanden zu werden, gründet sich auf dem Appell eines Gleichen an Gleiche (vgl. a. a. O., S. 285–288).

Der Verlust dieser Gemeinsamkeit, der Zugehörigkeit zu Gleichen, die sich in ihrem Bezugssystem über ähnliche Erfahrungen und Übereinkünfte austauschen und verorten, schränkt die Kommunikationsfähigkeit und damit die Selbstwirksamkeit entscheidend ein. Die notwendige Individualisierung in der radikalen Pluralität der Postmoderne darf somit nicht zu einer übersteigerten Vereinzelung, einer Isolation, führen, sondern muss weiterhin Beziehungen zwischen Individuen ermöglichen, deren Kommunikation gegenseitig verständlich bleibt.

Den „Kommunikationskreislauf" sieht LYOTARD (2009, S. 54f., kursiv im Original) nicht gefährdet, sondern vielmehr in seiner konstitutiven Bedeutung gestärkt:

> „Das *Selbst* ist wenig, aber es ist nicht isoliert, es ist in einem Gefüge von Relationen gefangen, das noch nie so komplex und beweglich war."

Die Macht des Selbst liegt darin begründet, dass es auf „Knoten" des angesprochenen Kommunikationskreislaufs pragmatischer Beziehungen sitzt bzw. auf „Posten (…), die von Nachrichten verschiedener Natur passiert werden" (a. a. O., S. 55). Im Verlauf agonistischer *Spielzüge*, narrativer Verhandlungen über zugewiesene Kommunikationsstellen als Sender, Empfänger oder Referent, werden Bedeutungs- und Machtverhältnisse verschoben – jedoch erst, wenn sie ihren rein reaktiven Charakter überwinden und in einem aktiv gestaltenden *Spielzug* neue, unerwartete Perspektiven eröffnen und so eine Veränderung der bisherigen Kräfte innerhalb der bestehenden Beziehungen initiieren.

Da Neues, wie wir bereits oben festgehalten haben, nicht durch lineare Kontinuität, sondern durch Brüche entsteht und Wachstum eines riskanten Wagnisses bedarf, kann eine Ausrichtung auf die sichernden primären Bindungen allein keine differenzierte Individualisierung vorbereiten und befördern: Sie müssen überwunden werden, um nicht in den bekannten und begrenzten Strukturen gefangen zu bleiben.

Auch FROMM (2001, S. 25) hat bereits die Herausforderungen für den weiteren Individualisierungsprozess des Menschen zusammengefasst:

> „Er muss sich jetzt in der Welt orientieren, neu Wurzeln finden und zu einer neuen Sicherheit gelangen, als dies für seine vorindividuelle Existenz charakteristisch war. Freiheit hat demnach jetzt eine andere Bedeutung als vor dieser Entwicklungsstufe."

2.1.2 Freiheit *zu* – Gewinn an Gestaltungsmacht

Lag Freiheit zuvor in der individuellen Ausprägung vorgegebener Rahmenbedingungen und in einer sukzessiven Befreiung von diesen Rahmenbedingungen, so bedeutet sie nun, zwischen alternativen Rahmenbedingungen zu entscheiden bzw. verschiedene Konzepte zu variieren und die eigene Existenz darin zu entwickeln und zu gestalten.

FROMM (vgl. 2001, S. 30–32) betont die Notwendigkeit der Neuorientierung auf diesem Weg zur Individualitätsentwicklung. Wenn er dies mit der Loslösung von den primären Bindungen beschreibt, so dürfen wir diese hier onto- und phylogenetisch verstehen: Die Befreiung und Entfremdung des Menschen von der und seiner Natur trennt ihn von seiner vormals identitätsstiftenden Einheit. Diese Trennung mag ihn zunächst isolieren und ob seiner vermeintlichen Bedeutungslosigkeit angesichts und Abhängigkeit von der machtvollen Natur verängstigen. Sie schenkt ihm jedoch mit der Überwindung der Instinkte optionale Wahlmöglichkeiten, individuell tätig zu werden und abnehmende natürliche Bindungen kulturell zu kompensieren.

Doch auch wenn die postmodernen Wahlfreiheiten mittlerweile die Anforderungen an die angemahnten Orientierungsfähigkeiten jedes Einzelnen unzweifelhaft potenzieren, so haben m. E. FROMMs Beschreibungen hinsichtlich gelingender und misslingender, hinsichtlich erfolgreicher und scheiternder Strategien im Umgang mit jener zweiten Stufe, der positiven Freiheit, die ins Konkrete setzen kann, soll und muss, was die erste Stufe als hypothetisches Vermächtnis hinterlässt, nichts von ihrer Aktualität eingebüßt. Wenden wir uns zunächst den Kriterien konstruktiver Bewältigung zu, bevor wir im nächsten Abschnitt (2.1.3.) die Konsequenzen fehlender Voraussetzungen aufzeigen wollen.

„Die positive Freiheit", so charakterisiert sie FROMM (2001, S. 187), „besteht im spontanen Tätigsein (activity) der gesamten, integrierten Persönlichkeit." Er kennzeichnet jene Spontaneität als freie Aktivität eigener Motivation abseits äußerer Zwänge wie Isolation, Ohnmacht oder Konformität.

Hier werden zwei auch für den weiteren Verlauf der Arbeit im Bezugsfeld der Psychomotorik wesentliche Aspekte kombiniert, die ein enges Bedingungsgefüge bilden: zum einen die *spontane Aktivität* und zum anderen die *Integration der gesamten Persönlichkeit*. Zwar muss eine integrierte Persönlichkeit nicht zwingend spontan sein, doch kann nur spontan handeln, wer über eine integrierte Persönlichkeit verfügt. Denn nur in ihr herrscht die Akzeptanz aller individuellen Möglichkeiten, Optionen und Facetten, die im eigenen Selbst nach Verwirklichung streben, sei es auf emotionaler, kognitiver oder auch motorischer Ebene. *Aus freien Stücken* oder *aus sich heraus* begonnene Aktivität lässt kein zögerndes Abwägen zu, in dem eventuelle Auswirkungen und Konsequenzen vorweggenommen werden. In einer solchen antizipatorischen Vorabbewertung der beabsichtigten Handlung aus einer angenommenen Außenperspektive distanzierte sich das Selbst von seiner ursprünglichen Absicht und machte die tatsächliche Durchführung von der erwarteten Fremdbeurteilung abhängig. Damit aber würde die Freiheit hinfällig, deren vollständiges Kriterium nach GERHARDT (1999, S. 258, kursiv im Original) darin liegt, „dass die Tat *ihm allein* – und nicht etwa dem Willen eines Anderen – entspringt".

Die freiwillige, spontane Aktivität lässt uns direkt und unmittelbar mit unserer Umwelt in Kontakt treten. Die Bereitschaft für diesen Austausch demonstriert die eigene Zuversicht, diesem Zusammentreffen gewachsen zu sein: nicht nur, sich dabei nicht zu verlieren, sondern selbst gestärkt daraus hervorzugehen. Sie befördert demnach die interindividuelle Integration im sozialen Beziehungsgefüge ebenso wie die intraindividuelle Integration der eigenen Persönlichkeitsanteile, worauf auch nochmals FROMM (2001, S. 189, kursiv im Original) eindringlich hinweist:

„Spontanes Tätigsein bejaht die Individualität des Selbst und eint es zugleich mit den anderen Menschen und der Natur. (…) Bei jedem spontanen Tätigsein nimmt der Mensch die Welt in sich auf. Dabei bleibt nicht nur sein individuelles Selbst intakt, es wird stärker und gefestigter. *Denn das Selbst ist stark genau in dem Maße, wie es aktiv-tätig ist.* (…) Nur jene Eigenschaften, die aus unserem spontanen Tätigsein resultieren, verleihen unserem Selbst Kraft und bilden daher die Grundlage seiner Integrität. Die Unfähigkeit, spontan zu handeln und das zum Ausdruck zu bringen, was man genuin fühlt und denkt, und die sich daraus ergebende Notwendigkeit, anderen und sich selbst ein Pseudo-Selbst zu präsentieren, sind die Wurzeln des Gefühls von Minderwertigkeit und Schwäche. Ob wir uns dessen bewusst sind oder nicht, es gibt nichts, dessen wir uns mehr schämen, als nicht wir selbst zu sein, und es gibt nichts, was uns stolzer und glücklicher macht, als das zu denken, zu fühlen und zu sagen, was wirklich unser Eigentum ist."

In der postmodernen Pluralität scheinen die Chancen zum spontanen Tätigsein prinzipiell gegeben. Eine allgemein verbindliche Bewertungs- oder Normautorität, nach der der Einzelne die Konsequenz seiner Handlungen auszurichten hätte, fehlt. Individualität der Überzeugungen und Bedeutungszuschreibungen sind nicht nur erlaubt, sondern charakteristisch, eigene Wertmaßstäbe und Orientierungspunkte nicht Anzeichen gewagter Hybris, sondern unbedingte Notwendigkeit.

Damit aber ist auch schon die Kehrseite offensichtlich, die die Freiheit, die Offenheit, die Unverbindlichkeit mit sich bringen. In der postmodernen Pluralität nämlich benötigt das Individuum eigene, selbstbestimmte Auswahlkriterien, um aus dem komplexen Angebot konkurrierender Ansichten selbstverträgliche Entscheidungen zu treffen.

Freiheit ist somit eine notwendige, jedoch keine hinreichende Bedingung zur Entwicklung der Individualität, die erst anhand umfassender Kompetenzen erarbeitet und wiederkehrend selbstorganisatorisch verteidigt werden muss. Doch was passiert, wenn diese Voraussetzungen fehlen?

2.1.3 Persönliche Ressourcen als Freiheit bedingender Faktor

Weder die Freiheit *von* primären Bindungen oder Einheitsstrukturen noch die Freiheit *zur* Gestaltung garantieren eine freiwillige Selbstorganisation nach weitgehend eigenen Vorstellungen. Die Freiheit von Wissen und Können verhindert eine konkrete Gestaltung, die allgemein möglich wäre, aber individuell nicht realisiert werden kann. Das Recht und die Möglichkeit zur Wahl, Entscheidung und Gestaltung fordern auch die Fähigkeit, jene Vorgaben umzusetzen. Fähigkeiten jedoch fallen uns zumeist nicht zu, sondern müssen erlernt, erprobt und gepflegt werden. Da postmodern zwar Freiheit verfügt, jedoch nicht verbindlich geregelt ist, muss sie selbstverantwortlich gelebt werden: Wie viel Freiheit darf ich mir und meinem sozialen Einflussbereich sinnvollerweise gestatten, wie viel kann konstruktiv gestaltet, wie viel ausreichend beherrscht werden?

Die Beantwortung dieser Fragen muss die im Einzelfall vorhandenen Ressourcen berücksichtigen, wie dies im privaten Lebensbereich wohl immer noch üblich scheint: Um ohne Schwimmhilfe schwimmen, ohne Eltern in den Urlaub fahren oder sich ohne Zugriffsbeschränkung das Familienauto ausleihen zu dürfen, müssen zuvor ähnliche oder vergleichbare Kompetenzen gemeinsam erlebt und als ausreichend bewertet worden sein. Die Befreiung ist hier also Resultat einer Teilhabe an der Erfahrung des anderen.

Das Konzept radikaler Pluralität kann aber nicht mehr von gemeinsamen Erfahrungen ausgehen, noch kann es diese aufgrund allgemeingültiger Bewertungskriterien in ein *„besser"* oder *„weniger gut"* kategorisieren. Da ohne gemeinsamen Erfahrungsbereich und ohne Bewertungskategorie keine sinnvollen Kontrollkriterien für spezifische Legitimationen vereinbart werden können, wird folgerichtig ein allgemeiner Vertrauensvorschuss gewährt, dessen Berechtigung nicht infrage gestellt wird und dessen Ergebnis sich lediglich über den zuletzt erzielten Erfolg oder Misserfolg definiert (vgl. dazu auch LYOTARD 1996, S. 20).

Fehlen ausreichende Erfahrungen, Beziehungen oder Kompetenzen, so kann das Gewähren der Freiheit durch die äußere Autorität – Eltern, Gesellschaftsordnung, Ethik, Wissenschaft – bestenfalls als gleichgültig ignorant, womöglich aber gar als zynisch kalkulierend charakterisiert werden: Denn ohne Eigenkapital ein Haus erwerben, ohne arbeitsrechtliche Absicherung arbeiten oder ohne Orts- und Sprachkenntnis ins Ausland verreisen mag für die Befreiten zunächst verlockend klingen. Absehbar wird jedoch die initiale Freude über den gewachsenen Handlungsspielraum in Verzweiflung umschlagen, sollte sich jener entgegengebrachte Vertrauensvorschuss als unberechtigt erweisen. Die Erkenntnis, den Anforderungen und Verantwortungen dieser vermeintlichen *Freiheit* nicht gewachsen zu sein, verlangt nach dem persönlichen Scheitern eine Kompensationsstrategie, die sich in unseren Beispielen vermutlich in eine sichernde Unterwerfung unter eine schützende Autorität flüchtet. Diese Autorität, hier Bank, Arbeitgeber oder Reiseleiter, bietet eine Hilfestellung, deren Annahme vordergründig als freiwillige Wahlentscheidung des Bittstellers postuliert werden kann, aber einer existenziellen Notlage entspringt.

Neben der Flucht zu einer Struktur und Orientierung versprechenden Autorität kann ein weiteres Kompensationsmodell beobachtet werden: der Rückzug in eine angleichende Konformität. Postmoderne Vielfalt, so haben wir bereits festgehalten, verlangt eine permanente Auswahl und Entscheidung zwischen alternativen Optionen, deren Auswirkungen nicht immer direkt ersichtlich sind. Um entsprechend persönliche Entscheidungen zu treffen, müssen Informationen gesammelt und verarbeitet werden, was sich in der Fülle der entscheidungsrelevanten Lebensbereiche nicht nur als zeit- und womöglich kostenintensiv herausstellt, sondern auch die persönlichen Anforderungen an Verständnis, Bewertung und Umsetzung stark beansprucht. Eine Anlehnung an andere Meinungsbildner ist daher in bestimmten Teilbereichen sicherlich effektiv und effizient, allerdings nur so lange, wie die mannigfaltige Pluralität nicht mit Resignation beantwortet wird, die in einem zunehmend generelleren Verzicht auf die selbstverantwortliche Auswahl zusteuert. Um sich den aufwendigen

2 Die postmodernen Paradigmen der Vielheit und der Freiheit 59

Informationsprozess zur Selbstorientierung zu ersparen, werden dann zur eigenen Entlastung Entscheidungen der anderen kopiert. Hier steigt die Macht und Wirksamkeit der Medien, die über Werbung, Programmauswahl und Zugänglichkeit Kaufverhalten, Geschmack und Differenzierungen prägen.

Diese Gefahr des Scheiterns einiger und deren resultierend entstehender neuer Abhängigkeiten werden konzeptionell zur Freiheitssteigerung vieler billigend in Kauf genommen. Sie eröffnen zudem einen Spielraum manipulativer Verführung bei all denjenigen, die die Angebote der Freiheit nutzen möchten, ohne über die Ressourcen für deren Bewältigung zu verfügen. In diesem Dilemma zwischen Isolation und Ohnmacht entsteht der Impuls, sowohl die eigene Individualität – entweder zugunsten der beschriebenen Unterwerfung oder einer Konformitätsausrichtung – als auch die hypothetische Freiheit zugunsten einer konkreten Sicherheit wieder aufzugeben, und zwar nur scheinbar freiwillig, sondern vielmehr notgedrungen.

Die Konsequenzen für den Menschen in seinem Identitätsprozess beschreibt v. LÜPKE (2000, S. 111):

„Eine weitere Folge von unzulänglichen Identitätsprozessen ist die Bereitschaft, den eigenen Mangel durch Identifikation mit äusseren identitätsstiftenden Personen oder Glaubensrichtungen zu ersetzen."

Beide Fluchtwege verwirken jedoch die Stärke und Integrität des eigenen Selbst. Dieses aber sei die grundsätzliche Bedingung echter Sicherheit eines freien Menschen (vgl. FROMM 2001, S. 26–31, 184).

„Der Verlust des Selbst hat die Notwendigkeit, mit den anderen konform zu gehen, noch vergrössert, führt er doch zu einem tiefen Zweifel an der eigenen Identität. Wenn ich nichts bin als das, was die anderen von mir erwarten, wer bin »ich« dann? (…) Dieser Identitätsverlust macht es nur um so dringlicher, sich anzupassen; er bedeutet, dass man sich seiner selbst nur sicher sein kann, wenn man den Erwartungen der anderen entspricht. Entsprechen wir ihren Vorstellungen von uns nicht, so riskieren wir nicht nur ihre Missbilligung, was zu einer noch stärkeren Isolierung führt, wir riskieren auch, die Identität unserer Persönlichkeit zu verlieren, womit wir unsere geistige Gesundheit aufs Spiel setzen" (a.a.O., S. 184).

Die Möglichkeit bzw. die Chance, Freiheit konkret zu nutzen, basiert demnach auf persönlichen Ressourcen. Sind diese nicht in genügendem Maße vorhanden, so droht in der Hoffnung auf wieder zu erlangende Sicherheit eine Unterwerfung oder ein striktes Konformitätsstreben. Beides lässt nun Individualität und Spontaneität als Charakteristika der Freiheit nicht mehr zu. Damit aber verliert das menschliche Dasein als individuelles Leben seine Bedeutung, „weil es nicht mehr selbst gelebt wird" (a.a.O., S. 185). Die Ausrichtung an anderen – Autoritäten oder Konformitäten – stürzt den Menschen laut FROMM in tiefe Verzweiflung, da eigene Überzeugungen, Motive und Sinnausrichtungen nicht ausreichend berücksichtigt werden können.

2.2 Flexibilität als Voraussetzung sine qua non

Die wachsende Komplexität, die sich in allen Lebensbereichen Bahn bricht, impliziert gemäß LYOTARD (1996, S. 110) die entscheidende Aufgabe der aktuellen Generationen:

> „Die Menschheit fähig zu machen, sich sehr komplexen Mitteln des Fühlens, Verstehens und Tuns anzupassen, die über das, was sie verlangt, hinausreichen."

Er wehrt sich vor dieser Prämisse gegen die nachvollziehbaren, aber unangebrachten Wünsche nach Vereinfachung, Klarheit und sicheren Wertvorstellungen, die die Wirklichkeiten nicht beschreiben und so auch keine adäquaten Lösungen bereitstellen. Obwohl keine gemeinsamen Ausgangspunkte mehr vorhanden sind, bemühen sich die in der Welt existierenden Singularitäten permanent, sich „vermöge jener zerbrechlichen sinnlichen Antennen, in einem ameisengleichen Raum zu begegnen" (a. a. O., S. 119). Diese Begegnungen ermöglichen ein Lernen, jedoch weder ein summatives noch ein aus einem vermeintlichen Kompetenzvorsprung abgeleitetes Lernen im Sinne eines Lehrer-Schüler-Verhältnisses. Da die Ausgangspunkte und Vorerfahrungen unterschiedlich sind, ist Lernen immer „auto-didaktisch", muss die sinnliche Begegnung in Beziehung zum Vorhandenen setzen und dabei dieses auch in Zweifel ziehen und bereit sein, zu vergessen (vgl. a. a. O., S. 128). Lernen darf sich nicht auf die Reproduktion von Wissen innerhalb eines geschlossenen Systems beschränken, sondern in der Paralogie die „Ordnung der ‚Vernunft'" (LYOTARD 2009, S. 146) stören, deren Erklärungsfähigkeiten destabilisieren und neue „Normen des Begreifens" (a. a. O.) manifestieren. Dabei gelte es, das Paradigma des systemimmanenten Konsens' als diktatorischen Akt der Machterhaltung zu erkennen und in der Legitimierung des Dissens zu neuen Aussagen zu gelangen und sich so dem Unbekannten zu öffnen.

Die zunehmende Komplexität aller Lebensbereiche, die auf alternativen Modellen beruht, die Suche nach punktuellen Begegnungen, um zu vergessen und zu lernen, die Absage an allgemeine Verbindlichkeit und Vereinfachung sowie der Anspruch, sich selbstorganisatorisch wechselnden Bezugspunkten sinnlich zuzuwenden verlangen ein Maß an Flexibilität, an Anpassung und Biegsamkeit, das wir nun untersuchen wollen.

Flexibilität umschreibt hier eine Fähigkeit, die in der pluralen postmodernen Gesellschaft bereits häufig als besonders bedeutsam angeführt wurde: die Fähigkeit, aus jenem unverbindlichen, aber dafür vielschichtigen Angebot nach eigenen Kriterien auszuwählen und sich für das eine und gegen das andere zu entscheiden. Sie umschreibt ein Hin- und Abwenden, ein Aufnehmen und Ablehnen, ein Ausprobieren und Verstoßen. Sie umschreibt eine Sprunghaftigkeit, eine Diskontinuität und eine Teilhabe an vielem. Sie umschreibt einen sich selbst immer wieder erneuernden,

2 Die postmodernen Paradigmen der Vielheit und der Freiheit

unendlichen, wiederkehrend herausfordernden Prozess andauernder Integration und Desintegration. Sie umschreibt die Aufgabe, sich in der Welt zu orientieren, in einer Welt, die auf Geschwindigkeit, Genuss, Narzissmus, Konkurrenz, Erfolg und Wunscherfüllung abzielt, die den ökonomischen Austausch predigt und dabei Affekte und Lüste einschließt (vgl. LYOTARD 1996, S. 135).

In diesem Kontext tritt die Flexibilität aber auch an, dem äußeren Bild vermeintlicher Beliebigkeit Widerstand entgegenzustellen. Flexibilität erschöpft sich nicht in willkürlicher Anpassung, missversteht sich nicht als totale Biegsamkeit. Auch der Flexibilität, so möchte man anführen, ist die postmoderne Ablehnung des Totalitarismus zu eigen. In der wetteifernden Konkurrenz der pluralen Entwürfe und Konzepte scheint eine polierte und vielversprechende Oberfläche sinnvoll, die zur Auswahl notwendige Aufmerksamkeit auf das entsprechende Produkt zu lenken; Schnelllebigkeit verlangt ein rasches, besser ein sofortiges Bewerten und Entscheiden.

In der Forderung nach sinnlicher Hinwendung jedoch ist ein Einlassen auf diese Sinne eingeschlossen: nämlich ihre Eigentümlichkeiten und ihr Tempo ernst zu nehmen. Sinnliche Wahrnehmung kann somit nicht mehr nur auf visuelle und ggf. auditive Oberflächlichkeit abzielen, sondern sollte eben auch das Spüren, Schmecken und Riechen berücksichtigen, um den begutachteten Gegenstand so weit kennenzulernen, dass eine Entscheidung für oder gegen ihn nach eigenen Begründungen möglich wird. Die Flexibilität muss entsprechend dort enden und dem Anschein entsagen, wo es individuell bedeutsam, wo es *wesen*tlich wird. Dazu müsse man aber „die Kindheit des Denkens geduldig ertragen" (a. a. O., S. 130), d. h. nicht im Status ihrer infantilen Wunsch- und Lusterfüllung zu verharren, sondern sie in wiederkehrenden Anfängen und resultierenden alternativen Erkenntnissen sukzessive überwinden. Auf dieser tastenden Suche muss sich entscheiden, ob jene verlockende, vermeintlich vielversprechenden Oberfläche den eigenen „Ideen der Möglichkeiten" (S. 133) adäquate Ansatzpunkte bietet – oder ob sie als lediglich spiegelnde Projektionsfläche weder die Tiefe noch das Profil aufweist, um einer sinnlichen Differenzierung zu genügen. Erst in seinen etwaigen Unterscheidungsmerkmalen gewinnt der Gegenstand Wiedererkennungswert. Und in diesem Akt der Wiedererkennung kann jene individuelle Bedeutung entstehen, die der Flexibilität Einhalt gebietet: Denn ihre Unverwechselbarkeit verhindert nun eine beliebige Austauschbarkeit.

Die Postmoderne, frei nach WELSCH (2002, S. 39) verstanden als *Ende der Ganzheit*, beinhaltet in ihrer formulierten, aber wenig greifbaren *radikalen Pluralität* Begleitumstände, die eine Auswahl und Entscheidung nicht nur zum Recht, sondern v. a. zur Pflicht eines jeden verabsolutieren. Partikularität, Antagonismus, Unmöglichkeit einheitlicher und endgültiger Lösungen, Grenzüberschreitungen und -verwischungen, Konkurrenz der Paradigmen und Diskontinuität verlangen nach oftmals kurzfristiger Wahl. Um diese aber individuell treffen zu können, bedarf es der oben erläuterten anspruchsvollen Eigeninitiative, die in der Entscheidung nach eigenen Gründen gipfelt. Denn nur der kann Individuum bleiben, der sich diesen Herausforderungen stellt und nicht vor ihnen kapituliert. So fasst GERHARDT (1999, S. 328, kursiv im Original) zusammen:

> „Nur das Wesen, das *seine* Gründe hat, kann sich selbst als Individuum begreifen. Und *nur sofern es dies* tut, kann es auch als Individuum ausgezeichnet sein. Das aber hat seinen Sinn nur *vor seinesgleichen*: Eine durch Selbstauszeichnung gesteigerte Individualität hat nur vor Individuen Bedeutung, die ihrerseits in der Lage sind, für ihr eigenes Handeln auch *ihre eigenen* Gründe zu benennen."

Und an anderer Stelle (a. a. O., S. 250):

> „Dabei spielt es keine Rolle, ob der einzelne tut, was alle tun: Wenn er dies nur *kraft seiner eigenen Entscheidung* will (…)."

Hier zeichnet sich das be*gründete* Individuum ab, ein Individuum, das seine Gründe hat – und zwar in dreifacher Bedeutung: (1.) als Motivlage, (2.) als Standfestigkeit auf Grund und Boden und (3.) als erfahrene Tiefgründigkeit jenseits einer blanken Oberfläche.

Allerdings verbietet sich in unserem postmodernen Blickfeld die Annahme einer andauernd gültigen Begründung. Auch sie ist stets nur situations- und projektgebunden wirksam. Dennoch reicht ihre Bedeutung über diese Kurzfristigkeit hinaus: Wer es gewohnt ist, sich nach eigenen Gründen auszurichten, wird dies immer wieder tun.

Die angesprochene und nunmehr in ihrer unbedingten Notwendigkeit geschilderte Eigeninitiative der begründeten Auswahl des Individuums erschöpft sich also in Zeiten der Brüche, der Teilaspekte, des Unzusammenhängenden, des Unsteten nicht in einer einmal getroffenen Entscheidung. Es gilt permanent aufmerksam auf neue Strömungen, Wendungen, Gegebenheiten oder Erkenntnisse zu reagieren. Wahl und Entscheidungen bleiben in diesem Zusammenhang nicht unbedingt irreversibel, sie können und müssen flexibel modifiziert oder revidiert werden.

Diese Flexibilität jedoch soll Biegsamkeit erlauben ohne zu verbiegen – und Anpassungsfähigkeit ermöglichen ohne die Individualität zu verhindern. Veränderung aber ist gewünscht und obligat, da nur sie den im Fluss befindlichen äußeren Bedingungen gerecht werden kann, wie auch GERHARDT (a. a. O., S. 172, kursiv im Original) ausführt:

> „Jedes Lebewesen hat, so paradox es auch klingt, sein *nur in ihm* zur Anwendung kommendes Schema, nach dem es sich selbst als das, was es ist, erhält – und eben das gelingt ihm nur durch *ständige Selbstveränderung im Prozess*. (…) So gewinnt die Individualität eine aus sich heraus getragene *temporale Dimension*. In ihr hält sich das Lebewesen nur in ständiger Veränderung durch und bleibt eben dadurch – *es selbst*. Die toten Dinge *haben* Identität, die lebendigen sind stets dabei, sie *sich selbst zu erhalten*."

2 Die postmodernen Paradigmen der Vielheit und der Freiheit

Und an anderer Stelle (a. a. O., S. 446):

„Nur das sich stets in mehreren Kontexten selbst vergewissernde Ich hält es aus, unter den Verwandlungen, Ablösungen und Trennungen zu leben und gleichwohl seine Identität zu behaupten. Nur das selbstbewusste Ich bringt die Kraft zu den unablässigen Aneignungen und Abgrenzungen auf, weil es im erlebten Wandel einen *Sinn, einen für es selbst bedeutsamen Sinn*, entdecken kann."

Die „Fragmentierung von Erfahrungen" (KEUPP 2000, S. 116) lässt ein „zielgerichtetes Voranschreiten", wie es SEEWALD (2000a, S. 98) dem modernen Denken zuordnet, nicht mehr zu, da Ganzheiten und ersichtliche Zusammenhänge in der Komplexität der Erlebniswelt verloren gehen. An dessen Stelle rückt ein „Probehandeln" (SEEWALD 2000a, S. 97 in Anlehnung an v. LÜPKE), ein Ausprobieren, Tasten, Testen, Experimentieren, Verwerfen und Wiederbeginnen – ein *Schwimmen im fließenden Wasser*. Diese Metapher verdeutlicht die permanente Veränderung der Umwelt, der jedoch in der Gewissheit eigener Kompetenz sicher begegnet werden kann. Es beinhaltet ein entspanntes Treibenlassen wie ein (selbst-)bestimmtes Gegensteuern. In diesem Sinne versteht sich die angemahnte Flexibilität als aus Kompetenz und Erfahrung gewachsene Option, die sich verändernde Umwelt selbstverträglich zu nutzen.

Das bisher Zusammengetragene spiegelt einen enormen Anspruch an den Menschen wider: Er soll ursprünglich sichernde, aber limitierende Bindungen lösen, sein Selbst erkennen und dies in seinen möglichst spontanen Handlungen identitäts*stiftend* integrieren sowie in eigener Bedeutungszuschreibung Individualität und *Freiheit zur* identitäts*erhaltenden* Gestaltung gewinnen. Gleichzeitig erschwert jedoch die *Freiheit von* verbindlichen Orientierungspunkten in einer wachsenden pluralen Komplexität die Auswahl und Entscheidungsfindung.

Welche Auswirkungen hat nun dieses Dilemma auf die Selbst- und Identitätsentwicklung? Werden (Aus-)Wahl und Entscheidungsfindung überhaupt als existenzielle Notwendigkeit angesehen oder sollten sie im Hinblick auf ein möglichst langes Offenhalten aller perspektivischen Optionen unbedingt gemieden oder zumindest hinausgezögert werden?

III Von der individuellen Orientierungssuche: Selbst- und Identitätsentwicklung in der Postmoderne

Um sich der Selbst- und Identitätsentwicklung überhaupt nur annähern zu können, muss zunächst ein Klärungsversuch unternommen werden, was unter den Begrifflichkeiten *Selbst* und *Identität* verstanden wird bzw. hier verstanden werden soll. Seit deren Einführungen durch JAMES (1890[14]: Selbst) und ERIKSON (1968[15]: Identität) scheinen unzählige Konzeptionen und Definitionen die inhaltlichen Konturen nicht nur zu schärfen. Auch OERTER/DREHER (1995, S. 346–348) konstatieren, dass die Begriffe „verwandt bzw. (…) grösstenteils deckungsgleich" verwendet werden (a. a. O., S. 346). Die nachfolgende Tabelle stellt ihre Charakteristika gegenüber.

Tabelle A3: Selbst und Identität in Anlehnung an OERTER/DREHER (1995)

Begriff Verständnis	Selbst	Identität
Funktional	Träger der Handlung, Akteur, Agent	Einzigartige Kombination persönlicher Daten
Ontologisch	Kern des Persönlichkeitssystems, Wesentliches der Person	Einzigartige Persönlichkeitsstruktur und Fremdbild dieser Struktur
Phänomenologisch	Selbstwahrnehmung, Selbsterkenntnis	Verständnis der eigenen Identität, Selbsterkenntnis, Sinn für das, was man ist bzw. sein möchte

Es scheint also, v. a. phänomenologisch, Überschneidungen zu geben, die eine undifferenzierte Verwendung der Begrifflichkeiten begünstigen. Doch wollen wir uns mit diesen Ähnlichkeiten noch nicht begnügen, sie allenfalls am Ende unserer Betrachtungen akzeptieren, falls wir keine relevanten Unterschiede ausmachen können.

Vergleicht man die beiden Aufzählungen, so fallen zumindest zwei Unterschiede auf, die als Ausgangspunkt einer nachfolgenden Differenzierung beider Begrifflichkeiten beitragen können. Während sich die Betrachtungen des Selbst auf eine Innen-

---

[14] The principle of psychology. New York: Dover (1950/1890), Kapitel 6.
[15] Identity. Youth and Crisis. Auf Deutsch (1988): Jugend und Krise. Die Psychodynamik im sozialen Wandel. Stuttgart: Klett-Cotta, 3. Auflage.

ansicht konzentrieren und sich je auf bereits Vorhandenes rückbeziehen, kann Identität nur im Zusammenhang mit einer Außenperspektive gedacht und verstanden werden, die zugleich in diesem äußeren Orientierungspunkt eine aktuelle Verortung mit einer antizipatorischen Zukunfts- und Zielvorstellung erlaubt.

1 Annäherung an die Begrifflichkeiten: Selbst und Identität

1.1 Selbst

„Wenn das Subjekt sich selbst zum Gegenstand seiner Wahrnehmung macht, dann wird dieses sehr spezielle Objekt der Wahrnehmung mit dem Begriff des ‚Selbst' benannt" (KRAUS 2000, S. 122).

In dieser sehr kurzen und allgemeinen Einführung finden sich bereits zwei entscheidende Faktoren der Begriffsdiskussion:

1. Das Selbst ist Ergebnis der Eigenwahrnehmung.
2. In dieser Eigenwahrnehmung betrachtet sich das Subjekt als Objekt.

William JAMES (1842–1910), den wir später noch als Philosophen, genauer als Vertreter des Pragmatismus (B II.2.2.2) kennenlernen werden, hat in seinem erstmals 1890 veröffentlichten Werk „The principles of psychology" den Begriff des *Selbst* eingeführt. Dabei unterscheidet er ein „I" von einem „me" – oder ein erkennendes, zunehmend wissendes „I" von einem bereits erkannten und allmählich weiter zu erkennenden „me".

Dieses „me" gestaltet sich bei MEAD (1934/1973) als ein eigenes, gleichwohl lediglich vermutetes Spiegelbild, das wir im Sozialkontakt mit anderen, in interaktiver Kommunikation von uns selbst gewonnen haben. Indem wir dieses – jeweils vorläufige – Verständnis von uns im Sozialkontakt wieder anbieten, uns also so präsentieren, wie wir meinen, von den anderen gesehen zu werden, deren Ansichten von uns für uns übernehmen, erhalten wir im Kommunikationsprozess bestätigende oder ablehnende Rückmeldungen.

Demgegenüber steht das unbewusste, vorsoziale, spontane und kreative „I". Es repräsentiert den ursprünglichen Teil unserer Existenz und bringt der permanenten sozialen Kontrolle des zugewiesenen Fremdbilds Widerstand entgegen. Während sich in verschiedenen Kontakten mit als relevant erachteten Personen oder Bezugsgruppen plurale „me's" herausbilden können, so bleibt das „I" als Strukturierungsinstanz stets im Singular. In ihm sind Offenheit und Handlungsfreiheit angelegt.

Im weiteren Diskussionsverlauf wird das Selbst zunehmend spezifiziert. GOFFMAN (1959) bezeichnet in Anlehnung an PARK (1926) die Maske als unser wahres Selbst und unterscheidet (1963) privates und öffentliches Selbst, KRAPP-

MANN (1973) wiederum differenziert ähnlich zwischen persönlichem und sozialem Selbst. Es werden das empirische Selbst in materielles, soziales und spirituelles Selbst unterteilt (vgl. JAMES), zwischen einem Selbst *wie ich bin*, einem Selbst *wie ich sein möchte* und einem Selbst *wie andere mich sehen* unterschieden, zwischen Real-Selbst oder Ideal-Selbst, zwischen wahrem Selbst (Humanistische Psychologie), Pseudo-Selbst (FROMM) oder einem Selbst als Vakuum (Existenzialismus). Es werden Stufenentwicklungen postuliert wie bei STERNs Kern-Selbst (1985, dt. 1992) oder eine spiralische Entwicklung angenommen (KEAGAN 1982, dt. 1986). Muss ein erweitertes Selbst („extended self") betrachtet werden, das soziale und materielle Ressourcen mitberücksichtigt (wiederum JAMES) oder vereinen wir eine Vielzahl verschiedener möglicher Selbste („possible selves"), die je nach Bedarf oder Notwendigkeit im „now self" zum Vorschein kommen (MARKUS & NURIUS 1986)? Ist das Selbst eine Substanz, ein Konzept oder gar eine Kompetenz (RITSERT 2001, S. 78)? Wie steht es mit dem Realitätsbezug der Selbstkonstruktionen: Gründen sie auf vermeintlich sicherem Wissen oder auf bewussten Fiktionen? Was hat es mit all den grassierenden Kombinationen auf sich, die als Selbst-Bild, Selbst-Schema, Selbst-System, -Konzept oder -Konstrukt für Verwirrung sorgen?

Bemühen wir uns um eine Kategorisierung der wissenschaftlichen Forschung rund um das Selbst, so können nach GOLLWITZER, BEYER und WICKLUND (2002, S. 191f.) vier grundsätzliche Fragestellungen unterschieden werden:

1. Frage nach dem Wissen um das Selbst: Hier steht das Motiv der Selbsterkenntnis im Vordergrund, dem drei elementare Bedürfnisse zugeordnet werden: das Bedürfnis nach akkuratem Wissen, das Bedürfnis, das zu bestätigen, was man schon weiß, sowie das Bedürfnis, das Selbst in einem positiven Licht zu sehen.
2. Frage nach der Bewertung des Selbst: Sie erforscht die Bedingungen und Konsequenzen der Ausprägung eines hohen oder niedrigen Selbstwertgefühls.
3. Frage nach der Konzeptionalisierung des Selbst im Bewusstsein seiner sozialen Verknüpfungen: Wie stellen sich Personen gegenüber den anderen dar, welche Strategien verwenden sie dabei, andere zu beeindrucken und ihre Ziele zu erreichen?
4. Frage nach der Kontrollfunktion des Selbst als aktive, handelnde Einheit oder Entität: Hier initiiert und agiert das Selbst, setzt sich Ziele und versucht, diese zu erreichen.

Daraus lassen sich für uns konkrete Fragen ableiten, die uns zu dem im weiteren Verlauf dieser Arbeit vertretenen Verständnis des Selbst (und seiner Identitäten) führen. Zum einen: Was umschreibt das Selbst, was weiß es von sich (vgl. 1.) und wie reagiert es auf dieses Wissen (vgl. 4.)? Zum anderen: Wie positioniert es sich im sozialen Kontext (vgl. 3.) bzw. wie versucht es, sein Selbstwertgefühl zu erhöhen (vgl. 2.)? Während wir uns den ersten Fragen direkt im Anschluss widmen, folgen Annäherungen zu sozialen Interaktionsmustern im nachfolgenden Abschnitt über Identität.

In der Erläuterung, was unter dem Selbst verstanden werden kann, folge ich gerne Drew WESTEN (1990, 1991), der es zunächst von den oben erwähnten Bindestrichkombinationen befreit und auf das real existierende Subjekt begrenzt. Es umfasst demnach die Ganzheit der Person, die von sich als *sie selbst* oder *ich selbst* sprechen kann. Da das Selbst somit an die personelle Ganzheit des Subjekts gebunden ist und diese nur individuell existiert, also nur eine Existenz hat, kann das Subjekt auch nur über ein Selbst verfügen. Erst unter dieser Voraussetzung scheinen auch Kombinationen wieder verständlich: ein Selbst-Bild, -Schema, -System, -Konzept oder -Konstrukt ist folglich die Vorstellung, die jenes Subjekt über sich selbst entwickelt hat. Diese kann sich in verschiedenen Kontexten durchaus unterschiedlich gestalten, bleibt aber dennoch die Repräsentanz eines Selbst. Diese Überzeugung teilt auch ELSTER (1987, S. 30f.), der innere Entscheidungs- und Motivationskämpfe als Alltäglichkeit beschreibt, deren Lösung, von pathologischen Fällen abgesehen, keiner Vorstellung multipler Selbste bedarf:

> „Im allgemeinen befassen wir uns mit genau *einer* Person – nicht mehr und nicht weniger. Diese Person mag einige kognitive Koordinationsprobleme haben und einige Motivationskonflikte, aber es ist *ihre* Aufgabe, sie zu lösen. Sie lösen sich nicht von selbst in einer inneren Region, wo mehrere homunculi darum kämpfen, die Oberhand zu behalten" (Hervorhebung im Original, Übersetzung nach KRAUS 2000, S. 88).

Das Selbst verfügt über unbewusstes („I") und bewusstes („me") Wissen und trachtet danach, den Anteil des bewussten Wissens zu erhöhen (JAMES/MEAD). Dazu geht es aktiv auf seine Umwelt zu, will Informationen gewinnen und kontrollierenden Einfluss ausüben. So entwirft es (Teil-)Repräsentationen von sich selbst, die es im Sozialkontakt im Sinne einer Verhandlungsbasis anbietet. Diese Repräsentationen sind nur zum Teil mit dem Selbst identisch, denn sie basieren v. a. auf dessen bewussten Anteilen und zielen zudem antizipatorisch tastend auf eine zukünftige Manifestation, die das Selbst erst noch erreichen möchte. Die sozialen Rückmeldungen, die das Selbst auf seine Teilpräsentationen erhält, ermöglicht es ihm, im Spiegel der andern weitere Erkenntnisse über sich selbst zu gewinnen und entsprechende Anpassungen in seiner Gestaltung vorzunehmen. Diese Anpassungen sollen sein Selbstwertgefühl durch größere Akzeptanz bei als relevant erachteten Bezugsgruppen erhöhen, die sowohl als Möglichkeit der machtvollen Durchsetzung ursprünglicher, verändernder, kreativer Impulse als auch zur sichernden Geborgenheit in der sozialen Gruppe genutzt werden können.

In diesem Verständnis umschreibt das Selbst den Kern oder das Wesentliche des personellen Subjekts. Es steuert und trägt die Handlungen, nimmt dabei vermittelnde soziale Rückmeldungen auf und entwirft seine Repräsentationen, mit denen sich das Selbst gemäß GERHARDT (1999, S. 256, Hervorhebung im Original) exponiert,

> „um von anderen seiner selbst *Beistand* zu erhalten. (...) So setzt man in der praktischen Selbstauszeichnung implizit nicht nur auf den gedanklichen Mitvollzug, sondern auf *tätige Mitwirkung* der Anderen seiner selbst. Das Selbst kommuniziert nicht nur, es *appelliert.*"

Diese an die soziale Gemeinschaft appellierenden (Teil-)Präsentationen des Selbst sind seine Identität bzw. Identitäten. Sie dienen dem Selbst als Kontaktmedium, mittels dem die anderen auf Eigenschaften, Fähigkeiten und sonstiges Identitätsstiftende hingewiesen werden sollen. In der Selbstauszeichnung entwirft das Selbst somit einen Orientierungsrahmen, was andere relativ verlässlich von ihm erwarten können.

Dabei bezieht sich die Gleichheit, auf die die Identität ja abzielt, nicht nur auf die intrapersonale Kohärenz, sondern insbesondere auch auf die Gleichheit des Subjekts, des Individuums bzw. seines Selbst im Hinblick auf die soziale Gemeinschaft, der es sich als Gleicher unter Gleichen präsentiert und anempfiehlt. Diese Angleichung aber kostet ihren Preis: „in der Hineinnahme von Verhaltensweisen anderer" (GEHLEN 1975, S. 147), entfremde sich das Individuum in seinem Identitätsprozess von seinem ursprünglichen Selbst.

Schauen wir, bevor wir uns ausführlicher mit der Identität beschäftigen, aber noch einmal kurz auf das Eingangszitat dieses Abschnitts und die erste unserer vorläufigen Schlussfolgerungen zurück. Dort haben wir festgehalten, das Selbst sei *Ergebnis* der Eigenwahrnehmung. Jetzt können wir diese Aussage spezifizieren: Da das Selbst mit seinen unbewussten Anteilen mehr umfasst als der Eigenwahrnehmung bzw. Selbsterkenntnis zugänglich ist, käme diese Feststellung einer Reduktion des Selbst gleich. Die Eigenwahrnehmung schenkt uns lediglich den Begriff des Selbst und ein zunehmend besseres Verständnis seiner selbst. So muss der Satz vielmehr heißen: Das Selbst *konkretisiert sich* in der Eigenwahrnehmung.

1.2 Identität

„Wer über Identität nachdenkt", so führt KRAUS (2000, S. 13) ins Thema ein, „ist in guter Gesellschaft, wenn er mit dem Ansatz von Eric H. Erikson beginnt." Denn „auf Erikson (...) bezieht sich die gesamte soziologische Diskussion über Identität" (ABELS 2006, S. 271).

Zwar stützt sich ERIKSON auf FREUD, er ergänzt ihn aber entscheidend um die Einflüsse der sozialen Bezüge: Identität erwächst gemäß seinem Modell nicht mehr allein aus dem Individuum, sondern konstituiert sich vielmehr auch durch soziale und kulturelle Vermittlung. So gewinnen die äußeren Faktoren eine besondere Bedeutung für die individuelle Biografie.

Der psychosexuellen Phasentheorie FREUDs fügt ERIKSON psychosoziale Dynamiken hinzu und baut weitere Phasen bzw. Stufen ein. Sein Modell umfasst schließlich acht Stufen, die er in zehn Dimensionen beschreibt. In jeder Stufe müssen Krisen bewältigt werden, es gilt Spannungen zwischen positiven und negativen Tendenzen zu lösen, die Frage nach dem „Wer bin ich?" je neu zu beantworten. Die gewonnene Lösung schlägt sich in einer Grundhaltung zu sich und der Welt nieder, die Integration dieser in jeder Stufe zu erarbeitenden Grundhaltungen formt die Identität. Entscheidende Altersspanne für die Identitätsausbildung ist die Adoleszenz. Hier beginnt der Jugendliche, vermehrt in spezifische gesellschaftliche Rollen zu schlüpfen, die bestimmte, zweckgerichtete Erwartungen an ihn stellen, und verlässt allmählich das primäre Bezugsfeld, das bereit war, ihn ganzheitlich, *um seiner/s Selbst willen* (K. B.) anzunehmen und wertzuschätzen. Nunmehr wird seine Anerkennung an seine Darstellung (für sich und andere, für seine und deren Erwartungen) gebunden. Der Jugendliche präsentiert mit seiner Identitätswahl, was jene anderen relativ verbindlich von ihm erwarten können.

Die Bedeutung des ERIKSON'schen Modells fasst ABELS (2006, S. 271f.) in vier Charakteristika zusammen:

1. Seine Ergänzung der psychosexuellen um psychosoziale Komponenten öffnet den Blick für soziale Bedingungen der Identität;
2. die Vorstellung einer klaren Stufenfolge der „gesunden Persönlichkeit" (Kriterien: meistert ihre Umwelt aktiv, zeigt eine gewisse Einheitlichkeit, ist imstande, sich selbst und die Welt richtig zu erkennen) erlaubt Orientierungshilfe bei eventuellen Fehlverläufen;
3. seine Annahme einer lebenslangen Entwicklung der Persönlichkeit ermöglicht die Überwindung und Veränderung vormalig als relativ fixiert vermuteter frühkindlicher Prägungen und
4. Identität als dynamische Verhandlung zwischen Erinnerungen, sozialen Beziehungen und Vorstellungen über die Zukunft kann so weitgehend eine fixierte Ergebnismanifestation ablösen.

Identität gründet nach ERIKSON (1974) auf dem Bewusstsein des Individuums von sich selbst und seiner Kompetenzen, dem Leben und dessen Herausforderungen gewachsen zu sein. Sie entwickelt sich *epigenetisch* (vgl. a.a.O., S. 57) über den gesamten *Lebenszyklus*. Ihr Kernproblem liegt entsprechend darin, über diese wechselvolle Zeitspanne mit so unterschiedlichen Anforderungen und Bezugssystemen, Gleichheit und Kontinuität zu vermitteln.

Wenn aber das Hervorheben der Bedeutung der sozialen Bedingungen für die Identität des Individuums als ein Hauptverdienst von ERIKSON anerkannt wird, scheint es sinnvoll, deren Strukturen etwas näher zu beleuchten.

1 Annäherung an die Begrifflichkeiten: Selbst und Identität

Nach PARSONS (vgl. 1964, S. 140f.) wird die Gesellschaft durch Institutionen und deren normative Muster geprägt. Sie bieten einen verlässlichen Orientierungsrahmen bezüglich akzeptierter und erwarteter Handlungs- und Beziehungsformen. Indem sie Verhalten reglementieren und Geltung beanspruchen, erlauben sie Berechenbarkeit und Verlässlichkeit. In dieser Sicherheit kann sich eine konforme Wertebindung sozialisieren, die sich in einer hohen Motivation zur Einhaltung vorab definierter Rollenmuster ausdrückt.

DAHRENDORF (vgl. 1977, S. 27) weist nun darauf hin, dass das Persönliche, das Individuelle an solchen auf Rollenerwartungen beschränkten Identitäten nur noch außerhalb dieser Rollen zu finden sei. Im Hinblick auf deren umfassenden Geltungsbereich bleibt dafür jedoch nur noch sehr wenig Raum, weshalb sich die angestrebte Individualisierung mit marginalen Nuancen der Abweichung von der Masse begnügen muss, denen dann allerdings umso größere Bedeutung beigemessen wird: Die vermeintlich unwesentliche Differenzierung wird zum wesentlichen Indikator der eigenen Individualität.

Dieser Verzicht auf größere Individualität wird mit der Akzeptanz der Gesellschaft belohnt. Denn verweigerte sich das Individuum der Gesellschaft, so könnte es nicht mehr mit deren Anerkennung und Unterstützung rechnen. Identität wird so zu einem individuellen Arrangement innerhalb gesellschaftlicher Erwartungen.

Auch RIESMAN (vgl. 1958, S. 40) betont, dass das Individuum nur noch wenig Individuelles aufweisen kann und v. a. tut, was andere auch tun: „dass er sich in der allgemein anerkannten Art und Weise verhalte" (a. a. O.). Dabei verringert die gegenseitige Bestätigung des demonstrierten Lebensstils eine kritische Distanz: Die anderen werden so zum Maßstab des eigenen Handelns. In dieser Außenleitung verliert sich aber eine prioritäre Orientierung zugunsten einer heterogenen, da jene vielfältigen Bezugspunkte Aufmerksamkeit verlangen. In diesem komplexen Konstrukt von losen Beziehungen haben traditionelle oder prinzipielle Haltungen keinen Platz, sie müssen flexibel und kompatibel bleiben, um den verschiedenen Rollenmustern gerecht zu werden. „Das Individuum zeigt nicht mehr, wer es *ist*, sondern was es *kann*" (ABELS 2006, S. 315, Hervorhebung im Original). Damit jedoch *knickt* der Identität, die sich nach ERIKSON ja nicht nur auf die Kompetenzen, sondern eben auch aus seinem Bewusstsein von sich selbst gründen sollte, bildlich gesprochen ihr zweites *Standbein weg*.

Begnügt sich das Individuum damit, seine Kompetenzen zu demonstrieren, so verweist es zwar auf seine Fähigkeiten, verzichtet aber auf den Appellcharakter seiner Identität und gesellschaftlichen Beistand (vgl. GERHARD 1999, S. 256 bzw. A III.1.1). Das Individuum ist auf sich selbst zurückgeworfen, was zwangsläufig in eine Überforderung mündet. Auch wenn das Individuum den Bezug zu sich selbst zunächst womöglich noch freiwillig aufgibt, um den Erwartungen der anderen in jenen vielfältig übernommenen Rollen zu entsprechen, so steigt die Gefahr, ihn auch später, trotz intensiver Suche, nicht mehr zu finden.

Identität, so wollen wir ihren Abschnitt mit ABELS (vgl. 2006, S. 297–304) abschließen, dient uns als Struktur- und Funktionsbegriff. Zum einen fasst sie die Bemühungen des Individuums zusammen, die mannigfaltigen Rollenverpflichtungen in einer zunehmend komplexeren Gesellschaft systematisch zu verknüpfen und so eine individuelle Identität aufzubauen und zu strukturieren; zum andern dient sie dem Individuum als Orientierungsmuster, wie soziale Erwartungen und eigene Bedürfnisse aufeinander abgestimmt werden.

1.3   Selbst und Identität: Zusammenschau

Selbst und Identität, so viel sollte bisher deutlich geworden sein, können kaum auseinanderdividiert werden. Das mag den eingangs erwähnten, oftmals undifferenzierten Gebrauch der Begrifflichkeiten erklären. Dennoch hat ihre Unterscheidung ihre Berechtigung und Notwendigkeit, denn sie beschreiben nicht dasselbe, sondern in ihrer engen Beziehung einen Spannungsbogen, unter dem sich beide weiterentwickeln.

Das Selbst als innerer Wesenskern und die Identität als dessen sozialer Vermittlung bedürfen einander: die Identität, weil sie als (Teil-)Repräsentant dem Selbst entspringt und das Selbst, weil es nur über die Identitätsentwürfe Rückspiegelungen über sich selbst erhält.

Dem singulären Selbst obliegt die Handlungs-, den pluralen Identitäten die Kontrollfunktion auf soziale Verträglichkeit. Über die vom Selbst entworfenen Teilidentitäten, die explorierend und vorwärts tastend neue interpersonelle Beziehungen und Akzeptanzen ausloten, verändert sich auch das Selbst. Dabei können auch ein Wunsch- oder Ideal-Selbst bzw. dessen Gegenteil, ein unbedingt zu vermeidendes Anti-Selbst Orientierung bieten – jedoch explizit nicht als integriertes „Teil-Selbst", sondern lediglich im Sinne eines zwar potenziell möglichen, aktuell aber (noch) fremden Selbst. Da nach unserem Verständnis das Selbst an eine ganzheitliche personelle Existenz gebunden ist und eine Existenz entsprechend nur über ein Selbst verfügt, erlangen Ideal- oder Anti-Selbst nicht mehr oder weniger Bedeutung als andere als relevant erachtete Selbste, mit denen das Subjekt über deren Identitäten in Kontakt steht.

Im nachfolgenden Modellschaubild (Modell A1) sind dennoch gerade diese beiden polaren Extreme als Orientierungsleitplanken angegeben, zwischen denen das Selbst seine Identitätsentwürfe ansiedelt. Vom Standpunkt RS1 hält es die Identitätsvariablen I1, I2 und I3 für geeignet, sich bspw. in Familie, Beruf oder Verein zu positionieren. Die dort gewonnenen Rückmeldungen erlauben ihm ein neues Verständ-

1 Annäherung an die Begrifflichkeiten: Selbst und Identität

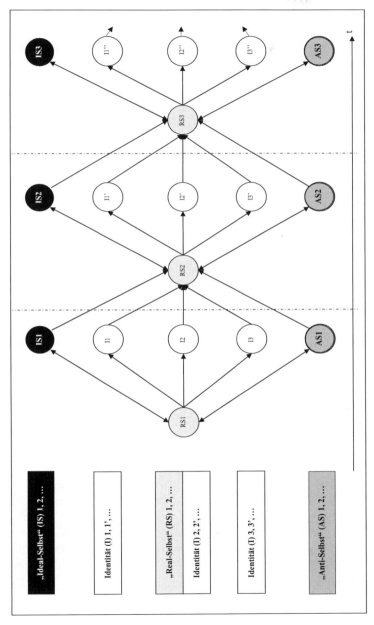

Modell A1: Selbstentwicklung über Identitätsentwürfe

nis seines Selbst (RS2), von wo entsprechend angepasste Identitätsvorschläge eingebracht werden (I1', I2', I3'). Als Beispiel für deren Zielrichtung können statt einer spezifischen institutionellen Rollenübernahme auch eher allgemeine Ausrichtungen im sozialen Bezugsrahmen fungieren. So wären als Identitätsalternativen auch die Varianten (1) wie alle sein, (2) wie einige, wie die besonders relevante Bezugsgruppe, sein oder (3) wie keiner sein. Hier steht I1 für das Bedürfnis nach „Normalität", nach einer Unauffälligkeit, die ein passives Mitschwimmen erlaubt; I2 strebt nach Akzeptanz, nach Teilhabe an einer Gruppierung, in der aktiv mitgeholfen, mitgestaltet werden kann; I3 betont in diesem Fall seine Einzigartigkeit und Bedeutung, hier soll eine zentrale und bestimmende Position dokumentiert werden.

2 Flexibilität in Orientierung und Gestaltung: Kohärenz trotz Teilhaftigkeit?

Wir haben oben die Grundzüge der gesellschaftlichen Bedingungen der sogenannten Postmoderne aufgezeigt, die Orientierung erschweren, dafür aber größere Gestaltungsfreiheit erlauben (A II). Als Konsequenz schien uns die Flexibilität hinsichtlich der Wahl- und Entscheidungsfindung des Individuums notwendig (A II.2.2), was im Anschluss bezüglich der Selbst- und Identitätsentwicklung – bisher zumindest – wieder skeptischer betrachtet wurde: Flexibilität eröffnet Vorteile, da sie den Zugang zu verfügbaren Optionen vergrößert, birgt aber auch Risiken, da sie Stabilität und Konstanz erschwert.

Doch wenn die gesellschaftlichen Bedingungen im Konzept der Postmoderne als unübersichtlich, diskontinuierlich und fließend beschrieben werden, stellt sich unweigerlich die Frage, inwieweit Stabilität und Konstanz überhaupt noch als lohnende Ziele gelten dürfen. Und wenn diese gesellschaftlichen Bedingungen die Teilhabe an pluralen Beziehungsgeflechten anbieten und befördern, muss die Frage erlaubt sein, ob Stabilität und Konstanz dabei nicht sogar eher als Hindernisse zu betrachten wären.

KRAPPMANN (1997) stellt diese Fragen an ERIKSONs Identitätskonzept: Kann es uns aktuell noch als Orientierung dienen oder muss es mittlerweile als nostalgisches Relikt betrachtet werden (vgl. S. 66)? In einer Gesellschaft, die von „Auflösung traditioneller Rollen, Entnormativierung, Wertewandel, Unübersichtlichkeit, Pluralisierung, Individualisierung" (S. 80) geprägt ist, sind die „Erwartungen nicht konsistent" (S. 79), wird Sinn individuell entwickelt und nur selten umfassend mit anderen geteilt, bleiben Rollen diffus und absehbare Entwicklungs-, Lebens- und Berufslaufbahnen nicht vorhersehbar. Damit scheinen die Voraussetzungen für das Vertrauen in ein auf Einheit und Kontinuität, auf Stabilität und Konstanz bezogenes Zukunftsmodell tatsächlich obsolet.

2 Flexibilität in Orientierung und Gestaltung: Kohärenz trotz Teilhaftigkeit?

Doch was heißt das für das Individuum? Zunächst muss es nicht wirklich bekümmert sein, wenn ein Modell, das es beschreiben sollte, als nicht mehr zeitgemäß beurteilt wird, da ja zwischen ihm und dem Modell offenkundig kein Zusammenhang (mehr) besteht. Kann es nun aber andererseits ungezügelter Flexibilität frönen, da deren Begrenzung der legitimierende Boden entzogen ist? Das hieße, sich arglos den Chancen zu verschreiben und die bereits skizzierten Risiken zu ignorieren.

Die mögliche und notwendige Teilhabe an vielfältigen dynamischen Systemen, an zeitlich umrissenen Projekten und der damit verbundene Verlust einer absehbar verlässlichen Perspektive verlangen auch vom Individuum Anpassungsfähigkeit und Dynamik, um im schnellen Wechsel und Wandel von Beziehungen, Anforderungen, Erwartungen und nicht zuletzt auch Örtlichkeiten bestehen zu können.

Die unzähligen Impulse, die Erfahrungsbruchstücke aus einmaligen oder kurzfristigen Einblicken in komplexe Abläufe, die permanenten technischen Neuentwicklungen, die Innovationsdichte oder die zunehmende Kurzlebigkeit wissenschaftlicher Erkenntnisse, mit denen wir uns allgegenwärtig konfrontiert sehen, erschweren oder verunmöglichen eine vollständige Integration in ein etwaiges stabiles und konstantes Selbst- oder Identitätsschema. Das vorab gewonnene und das immer wieder neu zu übernehmende Wissen passen auf Dauer nicht mehr zusammen.

So bezeichnet LACAN ein integriertes Selbst als Imagination, die kultureller Organisation und Wahrnehmung und nicht der Realität entspringt. Die Vorstellung von Ganzheit und Integrität mag für das Individuum tröstlich sein, finde aber in seinen inkohärenten Trieben und Wünschen keine Entsprechung (vgl. BOWIE 1994, S. 28).

Auch HALL (1992, S. 277) betrachtet das subjektive Empfinden einer überdauernden Kohärenz der Identität als Selbsttäuschung und Fantasiegebilde. KEUPP (1988, S. 431) schließlich fordert „den Abschied von Erikson", da es uns nicht mehr gelingen kann, „die ‚inneren Besitzstände' angesichts einer sich immer schneller verändernden gesellschaftlichen Wirklichkeit zusammenzuhalten."

Heißt das in dieser Konsequenz aber nicht, auf einen Zusammenhang der Identitäten, der Teilrepräsentationen des Selbst oder gar auf dieses zu verzichten? Siegt die Flexibilität auf ganzer Linie über die Stabilität und Konstanz? Oder ermöglicht bzw. erfordert Flexibilität nicht viel eher eine neue Kohärenz, die ohne jene beiden offenbar antiquierten Überbleibsel vergangener Tage auskommt? Diesen Fragen wollen wir in den folgenden beiden Abschnitten nachgehen.

2.1 Beliebigkeit der Kompensation

In der pluralistisch angelegten und freiheitlich ausgerichteten Postmoderne kann es keine verbindlichen Vorgaben geben, wie mit ihren maßgeblichen Paradigmen, dem Orientierungsverlust und dem Postulat der Gestaltung, umgegangen werden soll.

Nahezu beliebig viele Optionen stehen in prinzipieller Verfügbarkeit gleichberechtigt nebeneinander. Unter der Prämisse eines zwar diffusen, aber deshalb nicht weniger relevanten und drängenden *anything goes* verliert sich eine absehbare Hierarchisierung: Wenn *alles erlaubt* ist, sind die Alternativen nicht nur gleich*wertig*, sondern auch gleich*gültig* – was getan wird, bleibt somit egal. Diese potenzielle Freiheit ist durch Unverbindlichkeit und Bedeutungsoffenheit gekennzeichnet.

Jene Unverbindlichkeit und Bedeutungsoffenheit befreit das Individuum aber nicht vom Handlungsdruck. Die Optionenvielfalt verlangt und fordert Entscheidungen und Auswahl, was mit wem wie und warum getan werden soll. Für diesen Akt sind Wissen – um Zusammenhänge und Auswirkungen der Entscheidungen abzuschätzen – und Macht – um diese Entscheidungen auch durchzusetzen – notwendig. Beide Komponenten sind jedoch stark vom Gesellschaftssystem und seinen Institutionen abhängig (vgl. LYOTARD 2009, S. 41). So führt LYOTARD (2009, S. 121) aus, dass „die Vermittlung des Wissens das System mit Spielern (versorgt), die in der Lage sind, ihre Rolle auf den pragmatischen Posten, deren die Institutionen bedürfen, erwartungsgemäss wahrzunehmen". In dieser Zweckgemeinschaft besteht ein Konsens zwischen jenen Vermittlern und ihren folgsamen Rezipienten, der jedoch v. a. das System und dessen Macht stützt (vgl. a. a. O., S. 145). Hier sehen wir das bereits von RIESMAN (1958) und DAHRENDORF (1977) skizzierte Rollenverhalten bestätigt, das kaum mehr Handlungs- und Interpretationsspielraum gestattet, da die Rollen durch die vorgegebenen Funktionen und eben nicht durch etwaige Persönlichkeiten definiert werden. Im bloßen Ausfüllen jener Rollen gehen jedoch entscheidende Kriterien der Freiheit verloren: die Möglichkeit des spontanen Tätigseins (vgl. FROMM 2001, S. 187) und die Voraussetzung, „dass die Tat ihm allein – und nicht etwa dem Willen eines Anderen – entspringt" (GERHARDT 1999, S. 258). Die hier institutionell und gesellschaftlich eröffnete Freiheit besteht also nicht in der Gestaltung einer eigenen Rolle, sondern darin, welche Rolle übernommen wird bzw. werden darf.

Die das Kapitel benennende *Beliebigkeit der Kompensation* fokussiert demnach die Interessen des bestehenden Systems, das Mitspieler für bestimmte Spielpositionen sucht, während es selbst als Manager, Trainer, Platzwart und Schiedsrichter fungiert.

Die darin umschriebene Absicht, zuverlässiges Expertenwissen bzw., um im Bild zu bleiben, positionsspezifische Kompetenzen zu garantieren, scheint dabei nicht ausschließlich unvernünftig. Die Vorwürfe LYOTARDs (2009) zielen aber darauf, dass sich so nichts Neues entwickeln könne und sich das System lediglich selbst reproduziere. Es bedarf entsprechend auch keines *selbstverantwortlichen Subjekts*, das eigenes Wissen erworben hat und dieses kreativ zu gestalten sucht, sondern eines *fügsamen Objekts*, dem notwendiges Wissen in den entsprechenden Institutionen verlässlich vermittelt wurde, um den zugewiesenen Sachbereich zu verwalten. Vor diesem Hintergrund ist es aber gleichgültig, wer die nämlichen Rollen besetzt. Als einziges Kriterium verbleibt, ob jener Platzhalter ausreichend flexibel ist, den herrschenden Bedingungen zu genügen.

2.2 Kompensation der Beliebigkeit

Mit jener Beliebigkeit der Kompensation, in der es aus der Sicht der Gesellschaft keine Rolle spielt, wer wie wo und warum teilnimmt, kann sich das Subjekt nur schwer begnügen. Bleibt der vom Individuum aufzubringende Flexibilitätsgrad für den Anbieter unerheblich, da für ihn lediglich die Funktionsbewältigung relevant scheint, muss das Individuum sehr wohl seine diesbezüglichen Möglichkeiten hinsichtlich vorhandener Ressourcen, Bedürfnisse und Konsequenzen abschätzen. Zum einen ist es aufgrund seiner persönlichen Voraussetzungen nicht in der Lage, alle prinzipiell verfügbaren Optionen auch tatsächlich zu nutzen, zum anderen führt eine willkürliche Beliebigkeit zwangsläufig in eine Überforderung des Individuums, das die unterschiedlichsten Bezugspunkte, Rollenmuster, Impulse und Eindrücke in keinen Zusammenhang setzen kann – schlicht und ergreifend deswegen, weil in der Beliebigkeit die oben angesprochene Bedeutungsoffenheit herrscht. Hier endet folglich jene individuelle Beliebigkeit und das Subjekt muss in persönlichen Entscheidungskriterien, Wertehierarchisierungen und Prioritätenbildungen grundlegen, in welches Angebot es Teilhabe investiert. Dabei gilt es, zwischen *Verzicht* und *Auswahl* zu unterscheiden.

In der radikalen Pluralität der Postmoderne treffen schier unendliche Optionen auf die endlichen Ressourcen des Individuums (Kompetenzen, Zeit, Geld, …). Dieses sieht sich aber aufgrund der Vielzahl von Möglichkeiten und der gleichzeitigen Verminderung der traditionellen Sicherheiten – aus Eigen- oder Fremdantrieb – genötigt, möglichst viele Optionen möglichst lange offen zu halten, um potenzielle Chancen nicht zu gefährden.

In diesem Stadium der Entscheidungsfindung scheint der Begriff *Verzicht* absolut treffend, denn er suggeriert jene Gleichwertigkeit der bestehenden Alternativen, die wir im nämlichen Kontext als typisch herausgearbeitet haben. Das bedeutet aber, dass ich damit für meine individuelle Lebensgestaltung keine bedeutsame und damit keine nachhaltige Perspektive gewinne, da ich punktuell und willkürlich verzichte.

Eine tatsächliche, echte Auswahl nach eigenen Entscheidungskriterien ist kein Verzicht, da er nicht durch Bedauern gekennzeichnet ist, sondern dem Bewusstsein der eigenen Bedürfnisse, Wünsche und Ziele entspringt. Hier herrscht eine *begründete Individualität* (vgl. GERHARDT 1999) – und nur in ihr ist m. E. konstruktive Handlungsfreiheit möglich: die Freiheit, aus einem reichhaltigen Angebot zu wählen, sich in ihm differenziert zu orientieren und diesem nicht ausgeliefert zu sein.

Betrachten wir nochmals die Einschätzung ERIKSONs (1974), wonach Identität auf den Säulen Kompetenz *und* Bewusstsein von sich selbst beruht, so scheint die Demonstration der Kompetenzen, wie oben beschrieben, der Beliebigkeit nicht Herr zu werden und diese womöglich sogar noch weiter zu befördern. Steht diesen Kompetenzen jedoch ein Bewusstsein von uns selbst bzw. ein Bewusstsein, dass wir ein Selbst sind, gegenüber, das sich der Beliebigkeit widersetzt, um sich herauszubilden und sich zu profilieren, dann ist Teilhabe und Teilhaftigkeit (auch) ein Auswahlprozess. Damit soll nicht verschwiegen werden, dass wir uns beidem nicht immer bewusst entziehen können, sie werden uns auch aufgedrängt und zugemutet. Doch mit der Besinnung auf uns selbst verfügen wir über eine Ordnungsstruktur, die gezielte Teilhabe an vielem ermöglicht und an allem verhindert.

2.3 Teilhaftigkeit in Kohärenz

Die Forderung, die willkürliche Beliebigkeit, die in der prinzipiellen Gleichwertigkeit der gesellschaftlich akzeptierten und angebotenen Lebens- und Handlungskonzepte droht, anhand eigener Bedeutungs- und Sinnzuschreibungen zu überwinden, führt uns zum anstehenden Klärungsbedarf der eben genannten Ordnungsstruktur und damit zurück zu den Fragen, die wir am Ende des Abschnitts über die Flexibilität in Orientierung und Gestaltung (A III.2) aufgeworfen haben. Dort schien uns die Flexibilität die Oberhand gegenüber Stabilität und Konstanz, gegenüber Einheit und Kontinuität zu gewinnen, was uns auch einen Verzicht auf kohärente Selbst- und Identitätsvorstellungen nahe legte.

In der *Beliebigkeit der Kompensation* (2.1) haben wir die Flexibilität nochmals als Voraussetzung kennengelernt, beliebige gesellschaftsrelevante Rollen aufgrund unspezifischer Kompetenzen auszufüllen. In dieser Teilhabe war das Individuum als Objekt gekennzeichnet, dessen Funktion lediglich im Dienste des Systems und dessen Machterhalt zu finden war. In jener beliebigen Flexibilität unspezifischer Kompetenzen konnte das Individuum keiner einheitlichen Ordnungsstruktur folgen.

In der anschließenden *Kompensation der Beliebigkeit* (2.2) hingegen war jene Beliebigkeit zu überwinden und zu konkretisieren. Auf der Grundlage persönlicher Ressourcen und Bedürfnisse wurde eine bewusste Auswahl der Teilhabe möglich. Hier erlebt sich das Individuum als machtvolles Subjekt. Und just in diesem subjektiven Bewusstsein kann Kohärenz entstehen und gedeihen.

Dabei mag das Selbst durchaus eine „fragile Konstruktion" sein, aber ein Gefühl für es zu erlangen, bleibt für KRAUS (2000, S. 155) ein unbedingt zu bewahrendes Ziel, da es ohne dies, „keinen Kern menschlicher Subjektivität geben kann." Dieser Kern ist es, der der Flexibilität der Möglichkeiten eine Stabilität des Subjekts entgegenstellt, der die Plastizität des Menschen begrenzt, da „Wandel und Kontinuität,

2 Flexibilität in Orientierung und Gestaltung: Kohärenz trotz Teilhaftigkeit? 79

Heimat und Fremde, Eigenes und Anderes, (...) in einem menschlich verkraftbaren Gleichgewicht stehen (muss)" (LÜTZELER 1998, S. 915).[16] Dieses Gleichgewicht hat das Selbst über seine Identitätsentwürfe zu vermitteln und zu entwickeln. Entsprechend können Selbst und Identitäten nicht in dem Sinne stabil und konstant sein, als dass sie keine Veränderungen erfahren würden. Sie sind dynamischen Anpassungen unterworfen, die zwischen Welt und Individuum, zwischen Eigenem und Fremdem verhandelt werden. Aber sie werden verhandelt – und nicht von Welt und Fremdem bestimmt: Das eigene Verhandlungsgeschick entscheidet mit.

Doch dabei reicht es sicherlich nicht aus, sich ausschließlich vom Lauf der Dinge, von der Wucht ihrer Masse auch an widersprüchlichen Einflüssen treiben zu lassen, sondern es gilt, das Ringen um eine – immer wieder neu zu gestaltende – Einheit aufzunehmen. Denn, so legt sich KRAUS (2000, S. 155f., Hervorhebung im Original) fest,

> „nicht der Kampf darum, unter postmodernen Bedingungen ein Selbst zu sein, ist psychotisch, sondern die Verweigerung, Nichtaufnahme dieses Kampfes. *Der Kampf mag schwieriger geworden sein, aber er ist unabdingbar*, um der Gefahr der Auflösung zu begegnen."

STELTER (2006) schreibt dem Selbst Produkt- und der bzw. den Identitäten Prozesscharakter zu. Das Selbst ist aber auch nur in dem Moment kurzfristig ein Produkt, nachdem es sich „aktualisiert", d. h. „verstörende" Rückmeldungen zu einer Neuausrichtung verarbeitet, die Puzzleteile aus neuen Impulsen, Eindrücken und Erwartungen zusammengefügt hat (vgl. Modell A1, S. 73).

Kohärenz liegt nicht (mehr) in einer fortwährenden summativen Integration gewonnener Überzeugungen, die ein stabiles und konstantes Produkt hervorbringen, sondern v. a. in der Treue und Verantwortung zu sich selbst: in der Wertschätzung und Berücksichtigung der eigenen Bedürfnisse, Wünsche und Ziele – die sich aber in der Auseinandersetzung mit Welt und Gesellschaft verändern können. So muss auch ich mich verändern, um ich selbst zu bleiben (vgl. GERHARDT 1999, S. 172 oder auch S. 446 bzw. A II.2.2). Entsprechend gilt die Treue nicht dem, *was* man geworden ist, sondern *wie* man geworden ist, gilt die Verantwortung nicht gegenüber einem eventuellen *Produkt*, sondern gegenüber dem allgegenwärtigen *Prozess*, in dem sich das Individuum samt seinem Selbst und seinen Identitäten befindet. Nur eingedenk dieser Kohärenz kann die Teilhabe an jenen mannigfaltigen Bezugssystemen gelingen, ohne von deren Anforderungen und Impulsen zerrissen zu werden.

„Das kohärente Selbst ist nötig", weiß sich KRAUS mit KEUPP einig, „sei es als Trost gegen die Dissoziation, als Diskursort zur Organisation der Selbst-Narration

---

[16] KRAUS und LÜTZELER schließen hier beide auf eine notwendige Vorstellung eines kernhaften Subjekts zurück, da ihnen die Annahme seiner Abwesenheit unzweckmäßig erscheint.

oder als Bezeichnung des Akteurs in einer individuellen Biographie" (KRAUS 2000, S. 158) bzw. „für die alltägliche Identitätsarbeit (...), (dessen) Fehlen zu schwerwiegenden gesundheitlichen Konsequenzen führt" (KEUPP 2000, S. 121). Das kohärente Selbst ist das Bindeglied zwischen dem Kern des Subjekts und der äußeren Welt, die durch seine Identitätsentwürfe zusammengehalten werden, wie auch HALL (1994, S. 182) bekräftigt:

> „Das Subjekt hat immer noch einen inneren Kern, ein Wesen, das ‚das wirkliche Ich' ist, aber dieses wird in einem kontinuierlichen Dialog mit den kulturellen Welten ‚ausserhalb' und den Identitäten, die sie anbieten, gebildet und modifiziert. (...) Identität vernäht oder (...) verklammert das Subjekt mit der Struktur."

Kohärenz muss und darf also auch im Zeitalter der Postmoderne nicht aufgegeben werden. Allerdings müssen ihre neuen Formen vom Individuum erarbeitet und hergestellt werden, das dafür neue Strategien benötigt.

3 Selbstnarration als konsequentes postmodernes Identitätskonzept

Die Pluralität ist notwendig, die Komplexität der postmodernen Welt und ihrer Erscheinungen zu beschreiben. Sie bedingt jedoch unweigerlich Widersprüche und Gegensätze, die vor dem Hintergrund eines Kohärenzanspruchs vom Individuum zu moderieren sind, wie KRAUS (2000, S. 168, Hervorhebung im Original) festhält:

> „Der Kohärenz*bedarf* hängt zum einen vom Subjekt ab und zum anderen von der gesellschaftlichen Epoche. In dem Maße, wie Gesellschaft nicht mehr kohärenzstützende und -sichernde Biographien und Rollenmodelle bereitstellt, wird die Kohärenzlast für das Individuum grösser."

Doch wie kann das Individuum diese Last tragen, wenn es nicht auf gesellschaftliche Unterstützung hoffen darf? Pluralität und die in ihr schwindende normative Verbindlichkeit erfordern einen Individualisierungsprozess nach eigenen Orientierungspunkten. „Das Individuum wird zum Handlungszentrum, dem eine eigenständige Lebensorientierung" nicht nur ermöglicht, sondern „abverlangt" (KOHLI 1988, S. 36) wird. Es steht nunmehr unter ständigem Zwang „zur Selbstvergewisserung und zur Bestimmung seines sozialen Ortes, den ihm seine ‚Identität' nun nicht mehr fraglos gibt" (BROSE & HILDENBRAND 1988, S. 13).

Identität fällt demnach keinem Individuum mehr per se zu, sondern muss in Arbeitsprojekten erworben werden, in denen die eigenen Erfahrungen den Ausgangspunkt bieten. Dabei wird das Aushandeln „der Bedeutung von Ereignissen in ihrer Beziehung zueinander" (KRAUS, 2000, S. 179) zur primären Aufgabe,

> „weil die narrativen Konstruktionen einer Person nur so lange aufrechterhalten werden können, wie andere ihre stützende Rolle richtig spielen, und weil man andererseits von an-

deren benötigt wird für stützende Rollen in *ihren* Konstruktionen, bedroht jedes Abtrünnigwerden eines Teilnehmers die ganze Palette interdependenter Konstruktionen" (a. a. O., S. 181).

Dieses Aushandeln vollzieht sich in Geschichten, die die ursprüngliche menschliche Form darstellen,

„das eigene Erleben zu ordnen, zu bearbeiten und zu begreifen. Erst in einer Geschichte, in einer geordneten Sequenz von Ereignissen und deren Interpretation, gewinnt das Chaos von Eindrücken und Erfahrungen, dem jeder Mensch täglich unterworfen ist, eine gewisse Struktur, vielleicht sogar einen Sinn" (ERNST 1996, S. 202).

Eigene Erfahrungen werden in Beziehung zu vorherigen Erlebnissen wie zu Konventionen relevanter Bezugspersonen oder -systeme gesetzt, entsprechend gedeutet und bei Bedarf in diesem Spannungsfeld modifiziert und geglättet.

In diesem *narrativen* Identitätsprozess gewinnt die Sprache, mit der jene Geschichten vermittelt werden, konstitutive Bedeutung für die Subjektbildung (vgl. KEUPP u. a. 2006, S. 68). Dient sie im Rahmen *basaler* Identität lediglich der Transformation innerpsychischer Befindlichkeiten, so konstruiert sie im Erzählen *der eigenen Geschichte* einen Identitätsentwurf, der sowohl den persönlichen als auch den Vorstellungen der jeweiligen Bezugspersonen, mit denen er korrespondiert, genügen muss.

Diese Geschichten, die ein gewünschtes Bild des Individuums beschreiben, sollen jene Kohärenz und Kontinuität in der Identitätsbildung herstellen, die in den andauernden Anpassungs- und Neuorientierungsleistungen verloren zu gehen droht oder nur schwer erkennbar bleibt. In dieser Selbst-Narration hat sich das erzählende Individuum jedoch nach KRAUS (2000, S. 172f.) und KEUPP u. a. (2006, S. 229–232) an klare Regeln und Konventionen zu halten, die in der westlichen Kultur eine *wohlgeformte Narration* ausmachen.

1.) Sinnstiftender Endpunkt:
Er dient dem Verständnis der Erzählung und ihrer normativen Ausrichtung.

2.) Einengung auf relevante Ereignisse:
Sie fokussiert die Zielausrichtung der Erzählung. Ist die eigene Geschichte zum Zeitpunkt der Erzählung noch offen, so kann sie nicht zielorientiert erzählt werden. Die Präsentation unfertiger Geschichten aber benötigt Ich-Stärke oder schützende Umgebung.

3.) Narrative Ordnung der Ereignisse:
Noch immer genieße die lineare temporale Sequenz die größte gesellschaftliche Akzeptanz. So seien soziale Normen der Biografie weiterhin verbreitet. Abweichungen der eigenen individuellen Chronologie im Verhältnis zu einer sozialen Norm bedürften unbedingt einer Erklärung.

4.) Herstellung von Kausalverbindungen:
Die kausale Logik gilt als Ideal einer wohlgeformten Narration – andauernde Widersprüche bleiben suspekt, nicht plausibel oder nachvollziehbar. Dadurch werde der Erzähler unberechenbar und verliere Vertrauen bei seinen Zuhörern. Dabei könne jedoch vor dem Hintergrund, dass Lebensentscheidungen vorab nicht als richtig oder falsch, sondern allenfalls als plausibel zu bewerten wären, jene Problematik entstehen, dass anhand von Kausalitätskonstruktionen ein Lebenssinn heraufbeschworen werde.

5.) Grenzzeichen:
Diese rahmen die Erzählung ein, signalisieren Eintritt und Verlassen der Erzählwelt, die sich zwischen Erzähler und Zuhörer entspannt. Dabei könne der Verzicht oder Verlust dieser Grenzzeichen als Charakteristikum der Postmoderne gelten. In dieser Offenheit finden dann unterschiedliche Interpretationsmöglichkeiten Platz.

In diesem hochkomplexen Konstrukt gegenseitiger Stützung und Abhängigkeit bedarf es einer tragfähigen Strategie im Streben nach sozialer Anerkennung, die der Identitätsarbeit zugrunde liegt. Die dazu zur Verfügung stehenden Freiheitsgrade steigen in dem Maße an, wie es gelingt, die eigene Geschichte in einem selbst- wie sozialverträglichen Rahmen zu konstruieren. Denn, so beschreibt LYOTARD (2009, S. 67) die Tradition der Erzählungen als

„jene von Kriterien (…), die eine dreifache Kompetenz definieren, Sagen-Können, Hören-Können, Machen-Können, in der sich die Beziehungen der Gemeinschaft zu sich selbst und zu ihrer Umgebung einspielen. Das, was mit den Erzählungen überliefert wird, ist die Gruppe pragmatischer Regeln, die das soziale Band ausmachen."

Dabei fällt der Plausibilität eine weitaus höhere Bedeutung zu als einer vermeintlichen Objektivität oder Wahrheit. Denn „Wahrheit wird vielmehr ebenfalls narrativ konstruiert durch Verwendung von Erzählkonventionen einer spezifischen Kultur oder Subkultur" (KRAUS, 2000, S. 171). Hier zeigt sich die von LYOTARD (2009, S. 62) skizzierte Pragmatik des narrativen Wissens,

„die über die Bestimmung und Anwendung des einzigen Wahrheitskriteriums (der denotativen Aussagen) hinausgeht und sich auf jene der Kriterien von Effizienz (technische Qualifikation), Gerechtigkeit und/oder Glück (ethische Weisheit), klanglicher und chromatischer Schönheit (auditive und visuelle Sensibilität) usw. ausdehnt."

Dieses narrative Wissen umschließt die Idee des (leiblichen) Könnens und bildet all jene Kompetenzen, anhand derer sich das Individuum konstituiert.

Formal unterscheidet KRAUS (2000, S. 174) zwischen drei anerkannten Formen der Selbst-Narration, in der die Entwicklung des Individuums unter stabilem, regressivem oder progressivem Verlauf betrachtet wird.

„Diese drei Typen spiegeln die Grundfrage jeder Identitätsentwicklung wider, nämlich sich zu ändern und dabei doch gleich zu bleiben, ein anderer zu werden und sich doch kohärent, identisch erzählen zu können."

4 Grenzen der Selbstnarration und Flexibilität

Die Postmoderne mit ihren konkurrierenden Paradigmen und ihren fließenden Bezugsrahmen, mit ihren verschwindenden Verlässlichkeiten und ihren wachsenden Optionen, mit ihren Gegenwartsorientierungen und Spontaneitätsausrichtungen, mit ihren Wahlmöglichkeiten und Entscheidungsnotwendigkeiten verlangt dem Individuum ein Höchstmaß an Flexibilität ab. Flexibilität verstanden als die Fähigkeit, sich immer wieder neu zu positionieren, sich *zu bewegen*, um wieder *gut dazustehen* bzw. dem Lauf der Dinge *nicht im Weg zu stehen*. Wer flexibel bleibt, so wird suggeriert, ist oder wird sich zu den Gewinnern im sozialen Wettkampf um Anerkennung, Konsumfähigkeit, Macht und Einfluss zählen können.

Im Identitätskonzept der Narration wird aufgezeigt, wie das Individuum dieser Anforderung selbst- und sozialverträglich gerecht werden kann: indem es eigene Erlebnisse in plausible, in sozial akzeptierte Geschichten verpackt. Diese als relevant erachteten und somit prägenden Erfahrungen werden entsprechend im Zeitverlauf uminterpretiert, verändert, angepasst, kurz: in aktuelle Umstände, Verhältnisse und Strukturen eingebettet. In ihr wird die individuelle Kontinuität in der Konstruktion von Zusammenhängen und Begründungen narrativ geschaffen, die die zuvor vom Individuum eingeforderte Flexibilität auf eine wiederkehrende Probe stellt.

Die Narration präsentiert zweifelsfrei eine dem postmodernen Flexibilitätsanspruch kompatible Konstruktionsmöglichkeit individueller Identität(en). Offen bleibt jedoch die Frage, inwieweit diese Möglichkeit dem Bedürfnis des Subjekts tatsächlich entspricht und wo ggf. die Grenzen der erwarteten Flexibilität und der diese bändigenden Narration liegen.

4.1 *Beliebige Versprachlichung als kognitivistische Entfremdung: Identitätsdiffusität*

KEUPP u. a. (2006, S. 59) diskutieren die Identitätsarbeit im Epochenwandel und halten fest,

> „dass das Kohärenzprinzip für die Identitätsbildung nicht zur Disposition gestellt werden darf. Aber die soziokulturellen ‚Schnittmuster' für Lebenssinn oder Kohärenz haben sich dramatisch geändert. Die individuellen Narrationen, in denen heute Kohärenz gestiftet wird, schöpfen immer weniger aus den traditionellen ‚Meta-Erzählungen'. Sie müssen in der ‚reflexiven Moderne' individualisiert geschaffen werden" (vgl. auch KEUPP 2000, S. 121).

Der Bedeutungsverlust der traditionellen Metaerzählungen sowie die zunehmende Individualisierung und Kohärenznotwendigkeit ist nun mehrfach erörtert worden. Als Antwort etablieren unter anderen KRAUS (2000) und KEUPP u. a. (2006) die *narrative Identität*, die diese mitunter divergierenden Aspekte versöhnlich zu integrieren imstande ist, ohne widerstreitende Spannungen und Kämpfe im Subjekt zu verheimlichen. Trotz der geschilderten Chancen, die dieses Konstruktionskonzept zur Verfügung stellt, muss die Frage erlaubt sein, ob das Erzählen, das absichtsvolle Sprechen einer gegebenen Sprache, geeignet ist, Bedeutung zu schaffen, Kohärenz zu erhalten und damit Individualität zu fördern und zu schützen.

> „Die Sprache ist erforderlich, damit das Sprechen verständlich sei und seinen Zweck erfülle (*produise tous ses effets*). Das Sprechen aber ist erforderlich, damit die Sprache sich bilde; historisch betrachtet ist das Sprechen das zuerst gegebene Faktum" (SAUSSURE 1916, zitiert nach DERRIDA 1990a, S. 89f.).

Die Notwendigkeit des Sprechens und der Sprache führt GEHLEN (1961, S. 48) auf die Eigenschaft des Menschen als biologisches „Mängelwesen" zurück, der ohne deren symbolische Kraft, nicht in der Lage wäre, in seiner natürlichen Umwelt zu überleben. So gestalte der Mensch die Sprache als Zwischenwelt aktiv gesetzter Symbolik, deren Aufgabe darin bestehe, zwischen seinem Verhalten und der Wirklichkeit zu vermitteln. Die Sprache sei letztendlich eine künstlich bearbeitete und passend gemachte Ersatzwelt, die der Mensch (biologisch) unbedingt benötige, um eine lebensgefährdende Natur in seiner „Kultursphäre" zu überwinden.

Wie schwierig es jedoch ist, zwischen Natur und Kultur des Menschen zu unterscheiden, darauf macht bereits LEVI-STRAUSS (1949, dt. 1993) aufmerksam, als er zwar Natur als universell und unabhängig und Kultur als variabel, von sozialen Strukturen und Normen abhängig charakterisiert, jedoch ihre Differenz am Beispiel des Inzestverbots, das beiden Kategorien angehört, infrage stellt.

Auch MERLEAU-PONTY (1966, S. 224) widerspricht einer strikten Trennung zwischen Natur und Kultur:

> „Es geht schlechterdings nicht an, beim Menschen eine erste Schicht von ‚natürlich' genannten Verhaltungen und eine zweite, erst hergestellte und darübergelegte Schicht der geistigen oder Kultur-Welt unterscheiden zu wollen."

Sprechen, so könnten wir die Kriterien von LEVI-STRAUSS aufnehmen, ist eine dem Menschen natürliche, eine universelle Eigenschaft, die sich dabei entwickelnde Sprache aber ein kulturelles Produkt, das die gegebene Fähigkeit in eine Kunstfertigkeit transformiert. Dabei kommt es zu engen Verknüpfungen und Überlagerungen von Natur und Konventionen, von konkreter Funktion und abstrakter Symbolik. Denn „Sprache", so stellt GRIMM (1995, S. 712) pragmatisch fest, „ist mehr als die einfache Fortsetzung instrumentellen Handelns."

Der Sprecher erlaubt durch sie vielmehr Einsichten in die eigene Subjektivität und Individualität, indem

> „die gesprochene Sprache nicht allein durch die Worte bedeutend ist, sondern auch in Ton, Gesten und Physiognomie (…) nicht mehr nur die Gedanken des Sprechenden offenbart, sondern die Quelle seiner Gedanken und seine fundamentale Weise zu sein (…)" (MERLEAU-PONTY 1966, S. 181).

Hier wird die leibliche Komponente betont, die in der Sprache immer auch mitschwingt und deren interdependentes Verhältnis SEEWALD (1992, S. 189) nachhaltig beschrieben hat.

> „Es bleibt also eine Zwiespältigkeit im Verhältnis von Leib und Sprache. Beide sind aufeinander angewiesen. Es gibt kein Sprechen ohne die sinngebende Funktion des Leibes, und es gibt kein Verstehen des Leibes und erst recht keine Verständigung über den Leib ohne die Sprache. Der Sprachleib ist Leib aus zweiter Hand, aber die Zauberkraft der Sprache schafft es, den Leib, *der wir sind*, hinter dem Leib, *über den wir sprechen*, erscheinen zu lassen."

Sprache dient auf kultureller Seite einer Anpassung, im Sinne einer Angleichung, die uns einen verständlichen Austausch mit dem Gegenüber ermöglicht. Jener verständliche Austausch basiert auf einer übereinstimmenden Codierung der Begrifflichkeiten und auf der Nachvollziehbarkeit der angeführten Begründungen. GERHARDT (2000, S. 46) zeigt die Konsequenzen für das Individuum auf:

> „Begriffe (…) steigern eine praktische Leistung ins Allgemeine. Wir werden durch sie in die Lage versetzt, völlig unterschiedliche Individuen als gleich zu behandeln. (…) In dieser Angleichung werden wir selber allgemein."

Auch SEEWALD (1992, S. 188) hebt explizit die Abnahme der Individualität zugunsten des Allgemeinen heraus, wenn er die objektivierende Funktion der kognitiv zu erschließenden begrifflichen Sprache in ihren Folgen mit GERHARDT übereinstimmend darstellt:

> „Denn dies ist die Kehrseite des allgemeinen Sinns der Sprache: Sie zieht weg (abstrahiert) von der unverwechselbaren Präsenz des Leibes und taucht ihn in ihr Milieu der Allgemeinheit und Vergleichbarkeit."

Die Sprache bedingt also einen Verlust an Subjektbezogenheit, was sie jedoch muss, um als Kommunikationsinstrument ihrer Aufgabe, gegenseitige Verständigung zu ermöglichen, effektiv nachkommen zu können. Doch ungeachtet ihres konkreten oder symbolischen Gebrauchs bleibt unwidersprochen festzuhalten, dass sie als Kommunikationsmedium in der menschlichen Onto- wie auch Phylogenese nicht an erster Stelle steht. Der Mensch kommuniziert schon lange vor seinem Spracherwerb (vgl. z. B. GRIMM 1995, von LÜPKE 2000). Ihre Bedeutung für die natürliche, ursprüngliche Selbst-, Identitäts- und Individualitätserfahrung wird entsprechend, trotz wechselseitiger Verschränkung und Abhängigkeit, hinter die des Eigenleibes zurückfallen, wie wiederum SEEWALD (1992, S. 65) konstatiert:

> „In diesem Sinne ist der Leib das *Apriori unserer Existenz* und auch in der Sprache unhintergehbar, denn das ‚Wissen', Leib zu sein, ist ursprünglicher als sprachlich transformierter Sinn."

Für das Konzept der Narration hat dies weitreichende Folgen, die vor dem Hintergrund der angestrebten und erwarteten Individualisierung umrissen werden müssen. So ist leibliche Erfahrung nicht direkt und verlustfrei in Sprache übertragbar, was leicht nachvollziehbar scheint, jedoch in der Postmoderne an Geltung gewinnt, da die Biografien durch die wachsenden Handlungsoptionen abnehmende Überschneidungen gemeinsamer Erfahrungen aufweisen. Um vom anderen in meiner Motivation verstanden zu werden, bedarf es somit einer ausführlicheren Darstellung meiner prägenden Erlebnisse. Damit verschiebt sich jedoch die identitätsstiftende Bedeutung von der tatsächlichen Erfahrung zu ihrer rekonstruierten Schilderung, wie KRAUS (2000, S. 175) bestätigt:

> „Die dramatische Qualität eines Ereignisses ist allerdings *keine Qualität des Ereignisses selbst*, sondern abhängig von seiner Position innerhalb einer Narration."

Auch wenn die Postmoderne einen gesunden Skeptizismus gegenüber verallgemeinernden Wahrheitsansprüchen lehrt und so auch in der Narration Wahrheit oder Objektivität vermeintlich folgerichtig als narratives Konstrukt (vgl. KRAUS 2000, S. 171) konzipiert ist. Auch wenn sich diese dann je nach Bedarf, Erwartung und Notwendigkeit anpassen lässt, um z. B. soziale Anerkennung zu gewinnen:

> „(…) in unserer Gesellschaft (sind) etwa Selbst-Narrationen, die *ausschliesslich* von Gleichheit, Konstanz und Zirkularität handeln, weitgehend suspekt. Auch ein fades Leben will dynamisch erzählt werden. Denn sozial höher bewertet werden Selbst-Narrationen mit einer hohen Dynamik von Auf- und Abstieg, Kampf und Sieg" (KRAUS 2000, S. 176).

So genießt m. E. doch die individuelle *Wahrheit* des unmittelbaren aktuellen Erlebens zu wenig Beachtung. Die mit ihr verbundenen leiblichen Reaktionen wie Freude, Trauer, Enttäuschung, Herzrasen, Schweißausbruch oder spontane Gesichtsrötung sind real. Sie können zwar im Nachhinein in der narrativen Rekonstruktion relativiert und eingeordnet, ihre direkte und das Individuum spontan prägende Bedeutung aber nicht negiert werden.

Denn Bedeutung entsteht in der unmittelbaren leiblichen Begegnung von Subjekt und Welt, wie MERLEAU-PONTY (1966) an verschiedenen Stellen erläutert:

> „Mein Leib hat seine Welt oder begreift seine Welt, ohne erst den Durchgang durch ‚Vorstellungen' nehmen oder sich einer ‚objektivierenden' oder ‚Symbol-Funktion' unterordnen zu müssen" (S. 170).
> In der (leiblichen) Wahrnehmung „begegnet uns das Wunder einer Klarheit auf den ersten Blick, die alsbald verschwindet, wenn man sie auf die Elemente zurückzuführen versucht, aus denen sie sich zusammenzusetzen scheint" (S. 446).

4 Grenzen der Selbstnarration und Flexibilität

Die sich hier abzeichnende Diskrepanz zwischen basaler, empfundener und narrativer, erzählter Identität, zwischen den leiblich gespürten und erfahrenen Erlebnissen und deren verbaler Verarbeitung mögen sich in die allgegenwärtigen Widersprüche postmoderner Pluralität einfügen. Womöglich bedürfen sie keiner weiteren Erwähnung, sind lediglich der individuell zu bezahlende Preis für die gewonnene Freiheit? Doch während gesellschaftliche Widersprüche unter pluralen Bedingungen notwendig sind, um Heterogenität nicht zu gefährden, können die intrapersonalen Widersprüche zwischen leiblicher Erfahrung und narrativer Vermittlung auch auf eine vermeintlich erwartete Homogenität zielen. Denn in dem Moment, in dem ich mich einer narrativen Glättung bediene, steht nicht mehr mein eigenes Erleben im Zentrum meiner Aufmerksamkeit, sondern der Adressat meiner Erzählung, zu dem ich mich nunmehr positioniere. In meinem narrativen Angebot diene ich – womöglich sogar einer vorauseilenden – Konsensbildung, die konstruiert, aber ursprünglich nicht umfänglich empfunden wurde.[17]

In seiner *différance*[18] verdeutlicht DERRIDA (1990a) die Ökonomie des Gleichen (S. 98), das nicht identisch ist: Eigene Vorstellungen werden in den Begrifflichkeiten der Sprache vereinheitlicht und verallgemeinert. Abweichungen von diesem Verständnis werden – zumindest vom Sprechenden – mitgedacht, jedoch aus Grün-

---

[17] Beispiel: Zwei Kinder fahren Karussell. Das erste berichtet freudestrahlend von intensivem Bauchkribbeln. Das zweite hat nichts dergleichen gespürt, fasst aber die Aussage des ersten als Appell auf, sich mit ihm darüber auszutauschen.

[18] Différance (im Gegensatz zu différence) bezeichnet bzw. symbolisiert in einer Wortneuschöpfung DERRIDAs eine vergessene Bedeutung, den mitschwingenden Sinn, der nur über die Berücksichtigung komplexer Zusammenhänge erahnt werden kann. Sie bezeichnet einen genialen „Kunstausdruck, unter dem man sowohl die angebliche ‚Differenz' zwischen Zeichen und Bedeutung als auch die (…) Verschiebung ihres Vollzugs zu verstehen hat, denn niemals könne man endgültig aus dem Reich der Zeichen herauskommen" (GRONDIN 2009, S. 98).
Nach DERRIDA müsse sich der Leser eines Textes, der Kommunikationspartner, der in der Welt Handelnde, den „Spuren" öffnen, die jenseits der eigenen Interpretation und Zuschreibung liegen. Da Sprache vereinheitlicht, um ihre Aufgabe der gegenseitigen Verständigung gerecht zu werden, gehen in ihr die Differenzen des Gemeinten, die Abweichungen und Unterschiede (in Erfahrungs- und Bildungsgrad, ihre Abhängigkeit von Zeit und Raum) verloren. DERRIDAs Forderung nach Dekonstruktion zielt genau auf die vor diesem Hintergrund notwendige Befreiung eines „Textes" von den eigenen, d. h. von den – bezogen auf den Verfasser/Autor – fremden Konstruktionen. Tatsächliches Verstehen des „anderen" (Textes, Menschen, Gegenstandes, der anderen Erfahrungswelt) mit den eigenen Worten und v. a. mit dem eigenen Verständnis der Begrifflichkeiten scheint so per se nicht möglich. Das Bemühen darum erfordert vielmehr eine Öffnung, eine Hinwendung zum Unbekannten, die nicht durch die Reduktion auf schon Bestehendes beschränkt werden sollte. In dieser Reduktion nämlich spiegelt sich die abstrakte Verallgemeinerung der Sprache, die dem „anderen" nicht gerecht wird.

den der Verständlichkeit der gemeinsam mit anderen geteilten Sprache nicht explizit erläutert. Die implizierten Unterschiede, das Mitgemeinte, das er als Abwesenheit des Gegenwärtigen charakterisiert, werden zwar aktuell nicht vermittelt, sind jedoch nicht verloren, sondern lediglich aufgeschoben.

Im Gegensatz dazu bezeichnet die *différance* in der Ökonomie des Umwegs eine „radikale Andersheit im Verhältnis zu jeder möglichen Gegenwart" (S. 102). Da das Mitgemeinte je individuell verschieden ist, kann es keinen Zugriff eines anderen auf dessen tatsächliche Existenz und Bedeutung geben. In der Fokussierung und Manifestation auf eine Möglichkeit und Ansicht des Mitgemeinten geht eine Alternative verloren (ist abwesend): Mit dem Gewinn des einen verliert man das andere, mit dem Gewinn des anderen verliert man das eine.

Vor diesem Hintergrund von An- und Abwesenheit des Gegenwärtigen und seiner symbolischen Vermittlung ist das Sein nach DERRIDA (1990b) nicht zwingend an eine Präsenz gebunden. Das heißt aber in unserem Fall, dass die Präsenz der ursprünglichen leiblichen Erfahrung sich nicht zwingend in der sprachlichen Schilderung oder Konsequenz aus dieser Erfahrung, dem verbalen Sein, widerspiegeln muss: In der Narration kann demnach eine Identität entstehen, die keiner leiblichen Entsprechung bedarf. Es gibt ein Sein des Nicht-Gegenwärtigen, ein spielerisches Als-ob.

Dies kann zum einen als abwesende Präsenz des Ursprungs, hier der leiblichen Erfahrung, und somit als Verlust des Zentrums empfunden werden (eine behauptete Identität ohne leibliche Entsprechung). Es kann aber auch zum anderen als Anerkennung von existierenden Zeichen ohne Wahrheits- und Ursprungsanspruch interpretiert werden, die somit eine Bedeutungsoffenheit anbieten, die ein Nicht-Zentrum bejaht (die Behauptung, ein guter Fahrradfahrer zu sein, lässt mich im Sinne einer sich selbst erfüllenden Prophezeiung allmählich zu einem werden). Hier findet ein „(Schau-)Spiel ohne Absicherung" statt, ohne vorgegebene, existierende oder präsente Stücke. Die fehlende oder nur punktuelle leibliche Repräsentanz erhöht das Risiko des Orientierungsverlusts (Aufgabe des ursprünglichen Bezugspunkts), gestattet aber in der Befreiung von den strukturellen (leiblichen) Grenzen einen variablen Konstruktionsspielraum (ein neues Selbstbild, das des guten Fahrradfahrers, kann entstehen).

DERRIDA (1990a, S. 108) betont, dass der beständige Bezug zum bereits Anwesenden, das seine Gegenwärtigkeit überdauert, zu einem bloßen Beharren verkommt: Denn in einer lediglich funktional beschreibenden Beschränkung der leiblichen Erfahrungen manifestiert sich das Sein als *das, was ist*. Der Blick auf *das, was sein könnte*, was sich in einer abweichenden Interpretation des Erlebten entwirft, kann nicht entstehen, bleibt abwesend.

In diesem Sinne ist die narrative Glättung einer verbal vermittelten Identität, *als ob* ich diese leiblich erfahren hätte, ein tastendes Entwerfen neuer Bezugspunkte, die

4 Grenzen der Selbstnarration und Flexibilität

mit den „anderen" zu verhandeln sind. Diese Erkenntnis ist uns nicht neu. Doch während die abgeleiteten Identitäten in unseren vorangegangenen Entwürfen je auf das gewordene (und werdende) Selbst Bezug nahmen, offenbart das Konzept der Narration die Möglichkeit zur Präsentation einer unabhängigen Fiktion oder Erfindung, da sie ohne *einverleibte* Erfahrungsbezüge stets neue Wahrheiten initiieren und legalisieren kann:

> „Wie es letztendlich eine Kultur, die der narrativen Form den Vorrang einräumt, nicht nötig hat, sich ihrer Vergangenheit zu erinnern, so bedarf sie auch ohne Zweifel keiner besonderen Prozeduren, ihre Erzählungen zu autorisieren. (…) Die Erzählungen bestimmen (…) Kriterien der Kompetenz und/oder sie illustrieren deren Anwendung. So bestimmen sie, was in der Kultur das Recht hat, gesagt und gemacht zu werden, und da sie selbst einen Teil von ihr ausmachen, werden sie eben dadurch legitimiert" (LYOTARD 2009, S. 69f.).

So sagt die bestehende Möglichkeit dieses riskanten Spiels noch nichts über seine Zweckmäßigkeit aus. Denn die vornehmliche Ausrichtung auf lediglich sprachlich konstruierte Konsensbildung verallgemeinert den Protagonisten und erhöht durch die Aufgabe seines leiblichen Erfahrungsschatzes sukzessive den Druck, sich immer weiter der sprachlichen Verfremdung auszuliefern.

In diesem Zusammenhang wird die Abhängigkeit von gesellschaftlichen Konventionen, in die ich mich in meinen Narrationskonstruktionen begeben muss, umso auffälliger. Ein Großmaß an Bedeutungszuschreibung, das individueller, subjektiver Sinnerfahrung zugrunde liegt und somit die Identitätsentwicklung entscheidend beeinflusst, wird im Narrationskonzept vom Individuum in die von ihm zu erzählende Geschichte verlagert. Nicht die leiblich *wahre* Erfahrung, sondern die gesellschaftlichen und sozialen Erwartungen bestimmen, was als Relevanz für subjektive Handlungsmotivation plausibel und nachvollziehbar sein sollte. Obwohl die Postmoderne Offenheit und Verschiedenheit propagiert, was allgemeine Nachvollziehbarkeit subjektiver Ausrichtung unnötiger werden lässt, scheint die Gesellschaft (noch?) enormes Interesse daran zu haben, diese Pluralität in den Erzählungen ihrer sie tragenden und ausmachenden Mitglieder durch klare Regeln und Konventionen zu bändigen (vgl. dazu auch die erwarteten Eckpunkte einer wohlgeformten Narration im vorangegangenen Abschnitt A III.3, S. 81f.).

Ich hoffe, in diesen umfassenderen Ausführungen deutlich gemacht zu haben, dass das Narrationskonzept, bei all seinen wertvollen Optionen, die es dem trotz Flexibilitätszwang um Kohärenz und Kontinuität kämpfenden Subjekt zur Verfügung stellt, aufgrund seiner Abhängigkeit von transformierten Erfahrungen, die in der Postmoderne geforderte und subjektiv angestrebte Individualität nicht nur fördern kann, sondern diese auch stark einengt und beschneidet. Der verallgemeinernde Anteil der Sprache, die konventionellen Konstruktionsregeln und die einordnende Uminterpretation von unmittelbar prägenden Erlebnissen führen zu einer Entfremdung von der eigenen Leiblichkeit durch die Entfernung von der leiblich erfahrenen Realität. An deren Stelle tritt vermehrt die kognitiv konstruierte Geschichte, die die gesellschaftlich erhoffte Plausibilität eigener Handlungsmotivationen auf Kosten einer Entsubjektivierung oder Entindividualisierung erkauft.

> „So widersetzt sich die Erfahrung des eigenen Leibes der Bewegung der Reflexion, die das Objekt vom Subjekt, das Subjekt vom Objekt lösen will, in Wahrheit aber uns nur den Gedanken des Leibes, nicht die Erfahrung des Leibes, den Leib nur in der Idee, nicht in Wirklichkeit gibt."

Hier verdeutlicht MERLEAU-PONTY (1966, S. 234) die Option einer gedanklichen, einer geistigen, gleichsam einer theoretischen Umdeutung, Transformation oder Interpretation, die jedoch der leiblichen Erfahrung nicht mehr entspricht. Zwar können die Ideen, die Vorstellungen, Hoffnungen oder Befürchtungen, reflexiv erschlossen, gedanklich strukturiert und letztendlich sprachlich formuliert werden, doch entziehen sie sich der ursprünglichen leiblichen Erfahrung und der damit tatsächlich erlebten Realität zwischen Leib und Welt.

4.2 Kompensatorische Anpassung als potenzielle Selbstgefährdung

So wie die Selbstnarration die Gefahr birgt, die leiblich erfahrene und empfundene Realität zu vernachlässigen, so kann auch die Flexibilität zu einer rein reaktiven Anpassungsleistung degradiert werden.

Zwar könnte bei der Schilderung der postmodernen Paradigmen wie Pluralität, Offenheit oder Freiheit vordergründig der Eindruck entstehen, dass die Zeiten konformistischer Anpassung der traditionsorientierten Vergangenheit angehörten. Die Postmoderne verwirft schließlich jeglichen Anspruch auf Allgemeingültigkeit und offenbart stattdessen einen vielseitig chancenreichen Handlungsspielraum, der nur individuell zu entdecken und zu gestalten ist. Doch dieser postulierte Anspruch offenbart sich in der alltäglichen Lebenswelt oftmals als illusorisch:

> „Denn auch, wenn die Wahlmöglichkeiten eklatant gestiegen sind, erweisen sich die Traumwahlen oft als verbarrikadiert (…)" (WELSCH 2002, S. 205).

> „Weiter besteht die *grundsätzliche* Möglichkeit, eine völlig eigene Form zu finden. Dies ist genau die Verheissung der Moderne: sich selbst zu finden, zu erfinden. Aber es ist mehrfach darauf hingewiesen worden: Hier handelt es sich nur um eine *theoretische* Möglichkeit" (KRAUS 2000, S. 238, Hervorhebungen K. B.).

Um die angesprochenen Barrikaden zu bewältigen, die ein als omnioptional beworbenes Selbstverwirklichungsfeld für die allermeisten doch stark beschneiden, und an dem Spiel der Möglichkeiten konstruktiv teilzunehmen, ist das Individuum auf erhebliche Voraussetzungen angewiesen.

4 Grenzen der Selbstnarration und Flexibilität

Auf das unbedingte Vorhandensein eigener Ressourcen hat bereits FROMM (2001) nachdrücklich hingewiesen (vgl. A II.2 bis einschließlich 2.2). Ihre Bedeutung für die individuellen Entwicklungschancen und persönlichen Freiheitsgewinne haben nichts an Aktualität eingebüßt, prinzipielle Verfügbarkeiten auch leben zu können (vgl. KEUPP u. a. 2006, S. 53). Unweigerlich rücken so persönliche Kompetenzen auf der einen sowie soziale Beziehungen auf der anderen Seite in den Fokus.

Fehlende Ressourcen gefährden die eigene Souveränität. Sie verschieben das notwendige Gleichgewicht in der Identitätsentwicklung, das zwischen inneren subjektiven Bedürfnissen und äußeren gesellschaftlichen Anforderungen aufrechterhalten werden sollte (vgl. KEUPP u. a. 2006, S. 28), auf die Seite der äußeren Bedingungen. „Das menschliche Grundbedürfnis nach Anerkennung und Zugehörigkeit" (ebd.), das das Individuum zur Identitätskonstruktion motiviert, schlägt bei mangelnden Ressourcen in eine übermäßige Anpassung um. Flexibilität stellt hier keine *Möglichkeit* mehr dar, sondern unbedingte *Notwendigkeit*. Diese Ausrichtung nach äußeren Parametern verhindert eine Profilierung zu einem *begründeten Individuum*. Seine unbegründete Variante, die nicht nach eigenen Gründen handelt, sieht seine Chancen, den gesellschaftlichen Anforderungen zu genügen, nur noch in selbstaufgebender Konformität.[19] Dass diese Gefahr aktuell wächst bzw. dass der Anteil der betroffenen Bevölkerung weit höher liegt als gemeinhin vermutet, denn Anpassung zielt ja gerade darauf, in einer Gruppe nicht aufzufallen, legt auch KRAUS (2000, S. 155) nahe, der konstatiert,

> „(…) dass viele Fälle von scheinbar ‚normaler' Entwicklung des Selbst tatsächlich einen pathologischen Konformismus darstellen, in dem die realen Bedürfnisse des Subjektes sozial akzeptabel verkleidet sind."

Die Palette etwaiger Kompensationsstrategien neben diesem Konformismus ergänzt FROMM um die Autoritätshörigkeit, die es erlaube, komplexe Zusammenhänge nicht mehr selbst durchdringen zu müssen, sondern sich stattdessen auf die Führungskraft anderer zu verlassen. Hierunter kann auch der von KEUPP (2006, S. 290ff.) beschriebene Fundamentalismus „ewiger Wahrheiten" subsumiert werden, den er zudem noch um die Kompensationsvariante des Narzissmus erweitert.

Beiden Formen gelinge der oben eingeforderte Ausgleich zwischen inneren und äußeren Faktoren nicht: Ignoriere der Narzissmus zivilgesellschaftliches Bewusstsein und riskiere Überforderung und Absturz, so verkaufe sich der Fundamenta-

---

[19] Das Bonmot: „Wer für alles offen ist, kann irgendwo nicht ganz dicht sein", pointiert das Bild eines inneren und äußeren Ungleichgewichts, das entsteht, wenn durch die Öffnung je zu viel Fremdes einfließt und Eigenes entweicht. Die Doppelsinnigkeit des Ausdrucks „nicht ganz dicht sein" verdeutlicht dabei die Skepsis, die einer solchen ungefilterten Permeabilität entgegengebracht wird.

lismus an eine ihm Sicherheit versprechende Gruppierung, die zwangsläufig Ausgrenzung und Intoleranz nach sich ziehe und eigene Reflexivität verhindere. Die angebotene Lösung biete ein *reflexiv-kommunitäres Selbst*, das gekennzeichnet sei durch eine neue Balance von Autonomie und Bezogenheit[20] oder Anerkennung, indem es einzugehende Bindungen selbst wähle, sich der sozialen Verantwortung stelle und der Gemeinschaft mit Solidarität und Respekt begegne.

„Statt Einpassung von Subjekten in vorhandene soziale Zusammenhänge als Ziel und Norm herauszustreichen, (...) wird in diesem Diskurs als wichtiges sozialisatorisches Ziel anvisiert, die Menschen dazu zu befähigen, sich *selbst* die ihnen gemässen Zusammenhänge zu schaffen" (KEUPP u. a. 2006, S. 293).

Für diese kreative Selbstgestaltung erweise es sich jedoch als unabdingbar, „dass die Akteure sich in einem gewissen Maß aus ihrer situativen Verstrickung befreien und über ein gewisses Maß an *Autonomie* verfügen können" (KRAUS 2000, S. 165). Diese Autonomie erwachse „aus der Bereitschaft (und Fähigkeit), sich auf Differenz einzulassen und Ambiguität zu ertragen" (a. a. O., S. 182).

Diese bestehende Mehrdeutigkeit, auf die auch KEUPP u. a. (2006, S. 280) und ABELS (2006, S. 438 in Anlehnung an KRAPPMANN – vgl. dazu auch A IV.2) verweisen, erzeugt Spannungen. Spannungen, die vom Individuum ausgehalten und toleriert werden müssen – ohne sich ihnen reflexartig zu ergeben. Dabei ist Flexibilität zweifelsohne notwendig: Niemand darf der Illusion verfallen, in allen lebensrelevanten Bereichen selbstbestimmt und autonom entscheiden oder handeln zu können. Die individuell zur Verfügung stehende Flexibilität ist geprägt vom Grad der Auswahl, die sie ermöglicht, wie die nebenstehende Tabelle A4 verdeutlichen soll.

Stehen keine oder nur unzureichende Ressourcen zur Verfügung, so bin ich auf andere und deren Führungsmacht angewiesen, die ich zwangsnotwendig tolerieren muss. So können auch eigene Bedürfnisse nicht berücksichtigt werden.

Sind ausreichende Ressourcen vorhanden, kann das Spiel der Möglichkeiten aktiv betrieben werden. Die Auswahl an Handlungsoptionen bleibt so lange von einem bedauernden Verzicht geprägt, bis die Gleichgültigkeit der Alternativen durch eigene Sinn- und Bedeutungszuschreibungen abgelöst wird. Nun steht ein Kriterium der Entscheidungsfindung, der konkreten Auswahl zur Verfügung, das variable Optionen hierarchisch kategorisiert und bestimmte höher bewertet als andere. Damit wird die individuelle Profilierung ausgestaltet.[21]

---

[20] Vgl. dazu auch B III.3.2.2 bzw. ANTOCH 2001 und 2006: das *Selbstsein im Bezogensein*.

[21] Vgl. dazu auch Tabelle C2, S. 248: Flexibilität und Freiheitsgrade; der Verlust an persönlicher Auswahl wird dort in den Kategorien *Überflexibilität* und *fehlende Flexibilität* differenziert, die dortige *bedingte Flexibilität*, die durch die Möglichkeit gekennzeichnet ist, wird hier nochmals in Gleichgültigkeit und Höherwertigkeit genauer unterschieden.

Tabelle A4: Flexibilitätsoptionen und Entwicklungsprognose

Innere Faktoren	Flexibilität der Auswahloptionen	Auswahlkriterien	Charakteristika	Ausrichtung	Entwicklungsprognose
Ressourcen fehlen, individuelle Bedürfnisse irrelevant	Keine Auswahl	Notwendigkeit	Leidliches „Überleben"	Panisch – Isolation vermeiden	Ausschließliche Anpassung
Ressourcen vorhanden, Bedürfnisse unspezifisch	Beliebige Auswahl	Gleichgültigkeit	Bedauernder Verzicht	Punktuell – Teilhabe anstreben	Suche
Ressourcen vorhanden, Bedürfnisse spezifisch	Konkrete Auswahl	Höherwertigkeit	Prioritäre Wahl	Perspektivisch – Autonomie und Gemeinschaft gestalten	Profilierung

Ausschließliche Anpassung an erwartete oder geforderte Konventionen (bestimmter Bezugsgruppen) aber bedeutet Resignation und Selbstaufgabe. Es gilt folglich das individuelle Maß zu finden zwischen persönlichen Bedürfnissen und sozialen Ansprüchen (zwischen Individuum und Gesellschaft, zwischen Autonomie und Gemeinschaft). Die dabei entstehende Spannung konstituiert das eigene Selbst sowie idealerweise die darauf aufbauende(n) Identität(en) und eine individuelle Profilierung. Wird jedoch einer dieser beiden Bezugspunkte, individuelles Bedürfnis oder sozialer Anspruch, aufgegeben, so löst sich auch die zwischen ihnen herrschende Spannung auf. Mit diesem Verlust des Korrelats und Korrektivs aber fallen auch das Selbst und seine Identitäten (in sich) zusammen.[22] Narzissmus oder Konformismus sind die Folge (vgl. dazu auch Modell C1, S. 246f.: *Verhältnis zwischen Autonomie und Gemeinschaft*).

Anpassung kann aus der Position der Stärke, wie einer vorangegangenen Profilierung auf Grundlage erworbener Kompetenzen oder Beziehungen, hervorgehen, oder, im Falle eines Mangels, sich zur unbedingten Notwendigkeit manifestieren.

---

[22] Auch im Sinne von: lassen sich nicht mehr unterscheiden: Nicht mehr das Selbst verwaltet und steuert in selbstverträglicher Spannung mögliche Teilidentitäten, sondern ohne innere Spannung (Profilbildung) kann äußerem Druck nicht mehr standgehalten werden und notwendige (erwartete, geforderte) Identität wird angenommen, was aufgrund der gewachsenen Formbarkeit und Flexibilität, die ohne innere Spannung erreicht wird, besser gelingt. Dabei verliert das Selbst seine Ableitungsfunktion, muss sich, ggf. über nachträgliche Übereinstimmungskonstruktionen, fügen. Äußere Faktoren bestimmen dann die inneren Reaktionen.

Ein Jazz-Freund kann somit gleichwohl die Hip-Hop-Kultur genießen, wenn ihm in diesen Sequenzen bspw. die dazugehörigen Mentalitäten wichtiger sind als die Musik. Er verfügt über die Kenntnis der Alternative, zu der er bei Bedeutungsverschiebung wieder zurückkehren kann. Diese Möglichkeit bleibt dem gänzlich Musikunkundigen versperrt, der sich den herrschenden Gepflogenheiten der Hip-Hopper anpassen muss, will er im Bereich der Musik nicht der Isolationsgefahr anheimfallen.[23]

---

[23] Dieser Umstand der Profilierung wird bei dem zu erstellenden Entwicklungsmodell noch von entscheidender Bedeutung sein.

IV Zusammenfassung und Ausblick

1 Postmoderne Herausforderungen der individuellen Selbst- und Identitätsentwicklung

Die modernen Forderungen nach einer stabilen ziel- und zweckgerichteten Einheit der Person, der auch entsprechende Selbst- und Identitätsmodelle mit einer Normausrichtung untergeordnet wurden, kann in der Postmoderne nicht aufrechterhalten werden (z. B. KEUPP 1988, KRAPPMANN 1997). Deren Charakteristika, die Auflösung definierter Strukturen, die sich in Überlagerungen, Vermischungen, Hybridisierungen, in Brüchen und Diskontinuitäten widerspiegelt, die zunehmende Komplexität und Pluralität, die in Schnelllebigkeit, Wertewandel, Teilhaftigkeit und Verlusterfahrungen zum Ausdruck kommen, verlangen nach größerer Flexibilität, Offenheit und Dynamik (LYOTARD 2009).

Vor dem Hintergrund der Ablösung der Einheit durch die Vielheit (WELSCH 2002) kann sich auch das Subjekt der herrschenden Heterogenität nicht entziehen. In diesem Konglomerat an unterschiedlichen, widersprüchlichen und konkurrierenden Konzepten und Projekten wie Impulsen und Eindrücken muss es in der Lage sein, Spannungen zu tolerieren, die in der Gleichzeitigkeit und Gleichwertigkeit von Gegensätzen entstehen, es muss Offenheit aushalten und zu akzeptieren lernen.

Diese Akzeptanz der Offenheit darf jedoch nicht durch eine Flexibilität in willkürlicher Beliebigkeit kompensiert werden. Das Individuum darf sich selbst nicht egal, nicht einerlei sein, um in jener Offenheit nicht *ausgehöhlt* zu werden. Die gesellschaftliche Gleichgültigkeit darf sich nicht auf das Verhältnis des Individuums zu sich selbst übertragen. Dazu ist es aufgefordert, eigene Bedürfnisse, Wünsche und Ziele wahr- und ernst zu nehmen, d. h. sie zu kommunizieren und in die eigenen Entscheidungskriterien aktiv mit einzubeziehen.

In dieser anspruchsvollen Aufgabe sind jegliche Ideal- und Perfektionsvorstellungen doppelt unangebracht: zum einen, da ihre Abbilder aufgrund geringer „Halbwertszeiten" nicht ausreichend lange überdauern, um eine eventuelle Vollendung zu gewährleisten; zum anderen, da komplexe Gelingensbedingungen nicht ausschließlich selbstverantwortlich kontrolliert werden können. Ein Scheitern muss demnach neben der Erfolgsaussicht als gleichberechtigte Option mitgedacht und einkalkuliert werden.

Unter diesen Voraussetzungen ist das Individuum gefordert, sich immer wieder neu zu orientieren, und zwar an sich selbst und den Bedingungen, mit und unter denen es lebt und wirkt. Seine Kohärenz gewinnt es in einem andauernden Kampf (KRAUS 2000), in einem wiederkehrenden Ringen mit diesen sozialen Bedingungen um den eigenen Weg, der das Labyrinth der Beliebigkeit mit persönlichen Sinn- und Bedeutungsmerkmalen markiert. Diese Sinn- und Bedeutungsmerkmale, die Entscheidungskriterien und Handlungsmotivationen bilden den Kern des Subjekts, der sich in seinem Selbst manifestiert. Das Selbst hingegen entwirft auf deren Grundlage Teilrepräsentationen von sich, Identitäten, mit denen es mit seiner Umwelt in Kontakt und immerwährenden Austausch tritt.

So sind das Selbst und seine Identitäten Veränderungen und Entwicklungen unterworfen, die über soziale Aus- und Verhandlung, über Kommunikation, über einen wechselseitigen Prozess von Angebot, Auswahl, Rückmeldung und Anpassung verlaufen. Angestrebt wird ein gemeinsames Interagieren zwischen Individuum und Gesellschaft, das beidseitig fordernde und fürsorgliche Aspekte umfasst und zwischen einem narzisstischen Egozentrismus und blindem Konformismus vermittelt.

2 Resultierende Anforderungen an eine Entwicklungstheorie

KEUPP u. a. (vgl. 2006, S. 276ff.) wie auch KRAPPMANN (vgl. 1969, S. 132ff.) nennen je vier Fähigkeiten, die die Identitätsarbeit des Individuums positiv unterstützen können. In beiden Ausführungen zeigen sich große Übereinstimmungen.

So verweisen (1.) beide explizit auf eine notwendige *Ambiguitätstoleranz*: das Individuum sollte in der Lage sein, Zwei- oder Mehrdeutigkeiten von Rollenerwartungen und Motivationen, Offenheit und Widersprüchlichkeit von Situationen, Unsicherheit und Inkonsistenz zuzulassen, zu bejahen und zu akzeptieren. Im Auswahlprozess anstehender Entscheidungen seien dabei auch nicht-rationale, *intuitive* Aspekte zu berücksichtigen.

Zudem sei (2.) eine *Rollendistanz* von Nöten (KRAPPMANN in Anlehnung an GOFFMAN): Sie beinhaltet die Fähigkeit, Rollenerwartungen auch infrage zu stellen, was den Ansichten von KEUPP u. a. ähnelt, die die Toleranz von Teilrealitäten anmahnen. Diese Überzeugungen eint die Erkenntnis, dass es keine vollkommenen Übereinstimmungen mit Rollenvorbildern geben kann, dass das Individuum seine eigenen Lebensbedingungen und deren Möglichkeiten ausloten und verhandeln darf bzw. muss. In diesem Zusammenhang räumen KEUPP u. a. (in Anlehnung an SCHMID) auch dem *leiblichen Wissen*, das im subjektiven Gespür des Individuums zum Ausdruck komme, besondere Bedeutung ein.

Auch (3.) die *Identitätsdarstellung* (KRAPPMANN) findet bei KEUPP u. a. ihre Entsprechung. Letztere betonen den Wunsch nach sozialer Integration und Anerkennung, die in selbst zu knüpfenden und zu gestaltenden Beziehungen entwickelt werden. Die Freiheit, vormalige Strukturen zu lösen und neue Bindungen einzugehen, stellt eine (mehr oder weniger) bewusste Auswahl und Partizipation an bestimmten Gemeinschaften dar, mit der die eigene Identität (als *Gleicher unter Gleichen*, GERHARDT 1999) verdeutlicht werden soll. In dieser Profilierung, die sich hier über gewünschte soziale Beziehungen vermittelt, erhöht sich jedoch auch die Isolationsgefahr, wenn bestehende Netzwerke aufgegeben und keine passenden neuen gefunden werden.

Als weitere identitätsfördernde Fähigkeit – allerdings ohne gegenseitige Übereinstimmung – zählen (4.) KRAPPMANN sich in seine Mitmenschen und deren Lebenssituationen einfühlende *Empathie* und KEUPP u. a. notwendige *materielle Ressourcen* auf.

Beide Aspekte verdienen vor dem Hintergrund der grundlegenden Bedingungen der Identitätsarbeit ihre Berücksichtigung: Wenn es darum geht, eine Balance zwischen Individuum und Gesellschaft herzustellen, die die Teilnahme an Interaktionsprozessen erlaubt und ermöglicht, dann müssen die Erwartungen des *signifikanten* und *generalisierten anderen* abgeschätzt werden können (hier bezieht sich KRAPPMANN auf MEAD). In dieser empathischen Rollenübernahme distanziert sich zudem das Subjekt zum Objekt der eigenen Betrachtung und gewinnt so Erkenntnisse über sich selbst, die ihm aus der subjektiven Perspektive nicht zugänglich waren. Diese Erkenntnisse jedoch auch zu leben, d. h. sie in neue, in an diese Erkenntnisse angepasste Identitätsprojekte einfließen zu lassen, sich selbst immer wieder neu zu organisieren, bedarf zweifelsfrei materieller Absicherung.

Abgesehen von diesen materiellen Ressourcen, die den Zugang zum gesellschaftlichen Leben erlauben und so überhaupt erst die Voraussetzung schaffen, am *Spiel der Möglichkeiten* durch Information, Diskussion und Exploration teilzunehmen, zielen die anderen vier aufgezählten Fähigkeiten allesamt auf einen fortlaufenden Differenzierungs- und Vergleichsprozess, den das Individuum zu bewältigen hat. Es muss sich empathisch in andere hineinversetzen, zum einen, um sich besser kennenzulernen, zum anderen aber auch, um über das Nachspüren etwaiger Gefühle der anderen deren Erwartungen abschätzen zu können; es muss auf diesem Weg jedoch Mehrdeutigkeiten und Rollenvarianzen aushalten, um zu einer Darstellungsform eigener Identität zu kommen, die soziale Anerkennung verspricht.

Jede Differenzbildung und Vergleichstätigkeit benötigt nun aber einen Bezugspunkt. Für die verschiedenen Identitätsentwürfe ist jener das Selbst: der Wesenskern, der (in Teilaspekten) über die Identitätsdarstellung dem sozialen Umfeld vermittelt werden soll. Allerdings kann sich die Identitätspräsentation narrativ vom Selbst entfernen, kann sich von ihrem eigentlichen Bezugspunkt flexibel lösen und so eine Identität behaupten, die den Wesenskern vernachlässigt oder gar ignoriert. Dieses Ausblenden kann jedoch die leibliche Wahrnehmung und Sensibilität nicht auslöschen; vielmehr wächst in der gespürten Diskrepanz zum eigenen Wesenskern die Spannung zwischen (teil-)fiktiven Behauptungen und dem erfahrenen und erlebten Sein. So sagt die größtmögliche Flexibilität der Identitätspräsentation noch nichts über deren Zweckmäßigkeit und Sinnhaftigkeit aus. Denn die oben eingeforderten Toleranzen von Ambiguität, Rollenmustern oder sozialen Integrationsbedingungen rechtfertigen keinesfalls eine willkürliche, sondern fordern vielmehr eine gebundene Flexibilität. Erst diese Gebundenheit (1.) an den eigenen Wesenskern, in dem Erfahrungen und Interpretationen, Bedeutungszuschreibungen und Handlungsmuster aufgehoben sind und (2.) an die Eigenleiblichkeit, über die wir die Welt wahrnehmen und ihre Differenzen erspüren, ermöglicht jene Balance zwischen Individuum und Gesellschaft, die sich zu gegenseitig befruchtendem Wachstum auswirkt, ansonsten aber in umfassenden Kompatibilitätsforderungen verloren zu gehen droht.

3 Profilierung anhand originärer Bezugspunkte

Eine Entwicklungstheorie, die den postmodernen Herausforderungen gerecht werden soll, müsste demnach solche Parameter unterstreichen, die die *begründete* Individualität (GERHARDT) gegenüber den irritierenden und vereinnahmenden sozialgesellschaftlichen Bedingungen zu entwickeln und zu stützen in der Lage sind.

Diese Parameter sollten in einer differenzierten und komplexen Welt Orientierung ermöglichen und dabei Gestaltungsfreiheit nicht verhindern, sie sollten in einer hochspezialisierten und leistungsorientierten Welt zwangsläufig auftretende Defizite tolerieren helfen und dabei Stärken weiter ausbauen und fördern, sie sollten in einer Welt separater Erfahrungen, die willkürlich verbal vermittelt und kognitiv abstrahiert werden können, konkrete Unter- und Entscheidungshilfen bieten, um individuelle Entwicklung zu gewährleisten.

Die dafür ins Auge gefassten Parameter – Kernselbst, gebundene Flexibilität und Leiblichkeit – sind oben bereits genannt und werden anschließend näher skizziert.

3.1 *Zur Ohnmacht der erschütterten Einheit: das Kernselbst*

Hier, wie auch im weiteren Verlauf der Arbeit, werden immer wieder die Begriffe *Selbst* bzw. *kernhaftes Selbst* und *Kernselbst* verwendet, die ich wie folgt unterscheide. Das *Selbst* habe ich oben ausführlich erläutert und als singulären inneren Wesenskern bezeichnet, von dem sich die pluralen Identitäten zur eigenen sozialen Vermittlung ableiten (vgl. A III.1.3). In diesem Sinne erinnert das *kernhafte Selbst* lediglich an jene Eigenschaft, die Stabilität und Verbindlichkeit im Entwicklungsprozess vermitteln soll, und kann demnach synonym verstanden werden. Doch während sich das (kernhafte) Selbst gemäß den Rückmeldungen der Identitätsentwürfe aktualisiert, bezeichnet das *Kernselbst* jenen Teil des Selbst, der aktuell als unverhandelbar zu gelten hat, der auch deshalb (noch) nicht aufgegeben werden kann, weil er den noch unerkannten Teil des Selbst beinhaltet, der bisher der identitätsvermittelten Selbsterkenntnis verborgen blieb. Dabei kann sich auch dieses Kernselbst verändern – jedoch nicht direkt durch einzelne zeitnahe Rückmeldungen, sondern erst sukzessive im Verlauf mehrschrittiger Kongruenzverschiebungen zwischen Selbst und Identitäten (vgl. am Ende dieses Abschnitts).

Wir haben die Vielheit und die Freiheit als wesentliche Paradigmen und Lebensweltbedingungen der Postmoderne genannt, die vom Subjekt, vom Individuum, vom Menschen zu bewältigen und bestenfalls zu nutzen sind. Wenn Freiheit bedeutet, von sich aus etwas anzufangen (vgl. GERHARDT 1999, S. 244–249), dann gilt es, aus dem vielfältigen Angebot der bestehenden Möglichkeiten etwas auszuwählen. Mit dieser Auswahlentscheidung und deren handlungstätiger Umsetzung positioniere ich mich im privaten wie öffentlichen Gestaltungsraum: Ich gebe mich als jemand zu erkennen, dem das Getane wichtig ist (vgl. a. a. O., S. 256, 288), was wir auch KRAPPMANNs (1969) Prinzip der notwendigen Identitätsdarstellung zuordnen können (vgl. auch A IV.2). Über diese demonstrierte Tätigkeit kommuniziere ich mit und appelliere an meine soziale Umgebung, denn meine Handlung wird voraussichtlich v. a. von denjenigen verstanden, die ähnliche Erfahrungen teilen. Das Verstehen dieser Handlung umschließt nun aber auch die Kenntnis der mit ihr verbundenen Schwierigkeiten oder Probleme, denen die anderen bereits begegnet sind. Indem ich mich also als jemand zu erkennen gebe, dem ähnliche Werte wichtig sind, schaffe ich eine Gemeinschaft, deren Zugehörigkeit und Unterstützung ich durch jene Handlung anstrebe (vgl. S. 280f.). Dabei konkretisiere ich mich nicht nur selbst, sondern bestärke auch diejenigen, die bereits zuvor ebenso gehandelt haben, indem ich deren Tat durch meine vermeintliche Imitation nachträglich zusätzlich legitimiere. So entsteht eine gegenseitige Versicherung der Rechtmäßigkeit und Wertschätzung gleicher Handlungen (vgl. S. 285–288).

Diese Identitätsdarstellung begnügt sich aber nicht damit, lediglich den anderen gleich zu sein, sondern strebt auch nach individueller Verschiedenheit. Referenzgröße der Identitätsentwürfe ist das Selbst, das sich über seine Identitäten der sozialen Umwelt vermittelt und zugleich über deren Rückmeldungen neue Erkenntnisse über sich selbst erhält. In diesem wechselseitigen Prozess aktualisiert es sich (vgl. A III.1.3).

Dabei hat das Selbst Fürsorge gegenüber den eigenen Wesenheiten zu nehmen und der äußeren Beliebigkeit eine innere Verbindlichkeit entgegenzusetzen. Wohlverstanden nicht als Einschränkung der prinzipiellen Handlungsmöglichkeiten, sondern als Betonung der notwendigen (Ver-)Bindung zum eigenen Selbst – dem Wesenskern, der im individuellen Motiv die Handlung legitimiert.

Da sich *wesentliche* Parameter, wie z. B. intellektuelle Fähigkeiten, Talente, Charakter, aber auch körperliche Merkmale wie Größe, Konstitution oder Physiognomie grundlegenden willentlichen Veränderungen weitgehend entziehen, sind der äußeren Beliebigkeit der Optionen persönliche Grenzen gesetzt. Sie verhindern eine willkürliche Angleichung und befördern hingegen eine individuelle Profilierung und Unverwechselbarkeit.

Mit der Akzeptanz eines Kernselbst wird der illusorischen Utopie des *anything goes* ein Riegel vorgeschoben. Doch was als Entwicklungsbeschneidung erscheinen mag, entpuppt sich als einzige Chance, neben dem „wie alle sein" – einem Aufgehen und Geborgensein in der Masse Gleicher – und dem „wie einige sein" – der Identifikation mit einer spezifischen Bezugsgruppe – eben auch im „wie keiner sonst sein" die eigene Einzigartigkeit zu (er-)leben (vgl. dazu auch A III.1.3 sowie Modell A1, S. 73).

Die den Selbstentwicklungsprozess befördernden Identitätsentwürfe dürfen sich entsprechend nicht ausschließlich den Bedingungen der äußeren Beliebigkeit ergeben,[24] denn der Mangel an ausreichenden Erprobungen und Entwicklungen der eigenen wesentlichen Voraussetzungen „bringt die Gefahr mit sich, dass Fähigkeiten erworben werden, die lediglich der Anpassung an die Umwelt dienen" (v. LÜPKE 2000a, S. 111). Dabei kann der Bezug zum eigenen Selbst verloren gehen, was WINNICOTT (1960) mit dem *falschen* oder FROMM (2001) mit dem *Pseudo-Selbst* umschrieben haben und GOEPPERT (1976) im Falle einer Verdrängung und Gegenbesetzung in eine Strukturveränderung der psychischen Organisation münden sieht.

Die innere Verbindlichkeit bezieht sich also auf die Akzeptanz eines inneren Bezugspunkts, der als Ausgangs- und Ableitungspunkt für die eigenen (Identitäts-)Entwürfe dienen kann. Dieser Rückbezug auf etwas Kernhaftes mag in der Postmoderne der Offenheit, Flexibilität und Verhandelbarkeit den Anschein eines Anachronismus' vermitteln, ein Relikt vergangener Tage, dem mit einer wehmütig-sentimental motivierten Abwehr von Verlustängsten begegnet wird. Doch zum einen gewinnt eine zeitgemäßere Modellvorstellung, wie sie womöglich die Netzmetapher darstellt (vgl. bspw. RORTY 1993, LÜPKE/VOSS 2000), nicht dadurch an Erklärungskraft, dass sie vermeintlich Wünschenswertes behauptet, noch verhindert der Kerngedanke dynamische Entwicklung.

Der flexible Mensch mag eher durch die Ablösung eines „modernen" Kerns durch ein „postmodernes" Netz beschrieben werden können, da er sich so den Anforderun-

---

[24] Es wäre naiv anzunehmen, Beliebigkeit stelle keine Bedingungen: Durch die Gleichwertigkeit der Alternativen wächst die Komplexität und mit ihr die Notwendigkeit der Informations-, Orientierungs- und Entscheidungskompetenzen.

gen und Ansprüchen kompatibler zu zeigen in der Lage wäre. Doch genau jene Kompatibilität entspringt einem Wunschdenken, das die Beliebigkeit und Gleichgültigkeit der äußeren Bedingungen auf den Menschen zu übertragen sucht (vgl. dazu auch SENNET 1998, NEGT 1998) – und dabei aber *Wesentliches* ignoriert.

Dieses Wesentliche, das hier pointiert als Kernhaftes zusammengefasst wird, widersetzt sich allerdings keinesfalls prinzipieller Anpassungsfähigkeit und Veränderbarkeit. In zunehmendem Wissen, Wollen und Können entwirft es Hypothesen über seine aktuellen und zukünftigen Erscheinungsformen. In deren sozialen Verhandlungen gewinnt es wachsendes Selbstbewusstsein, indem es weitere Erkenntnisse über sein Wissen, Wollen und Können sammelt, die sich anschließend in neuen Mutmaßungen niederschlagen. Je nach Rückmeldungen bringt es sozusagen mehr oder weniger Mut auf, sich mit diesem oder jenem Vorstellungsbild zu messen bzw. an diesen sein eigenes Maß zu nehmen.

Dieser Prozess des tastenden Voranpirschens, Zurückziehens und Neuausrichtens entspricht nun durchaus auch dem Bild eines sich selbst konstituierenden Netzwerks – er vollzieht sich aber auf der Ebene der Identitäten und belässt dem Selbst ein aktuell unverhandelbares Inneres, auf das sich die Identitäten jeweils rückbeziehen (vgl. Modell A1, S. 73). Die entscheidende Frage lautet hier somit nicht „Ist es möglich?", sondern „Entspricht es mir?".

Die Differenz zwischen dem kernhaften Selbst und seinen hypothetischen Identitätsentwürfen spiegelt den jeweiligen dynamischen Entwicklungsspielraum wider. So werden die Identitäten von den äußeren (gesellschaftlichen) Bedingungen geformt und das Selbst vom inneren Wesentlichen bestimmt.[25] Das entwicklungsgünstige Verhältnis zwischen beiden möchte ich als *lohnende Kongruenz* zwischen Selbst und jeweiliger Identität bezeichnen. Während *fehlende* Kongruenz im Bezugsverlust das Wesentliche ignoriert und *totale* Kongruenz in völliger Übereinstimmung keine Entwicklungsanreize ermöglicht, beschreibt die *lohnende* Variante jene Differenz, die Bezug und Gestaltungsraum im Spiel hält. In diesem Prozess der zunehmenden Bewusstwerdung des eigenen Wissens, Wollens und Könnens profiliert sich das Individuum (vgl. Modell A2, S. 111).

3.2   Zur Gestaltungsmacht in offener Vielheit: die gebundene Flexibilität

Während die Postmoderne Pluralität predigt, befördert deren Konsequenz, die sich darin zeigt, dass individuelle Lebenswege von verbindlichen und vorherbestimmten

---

[25] Da es sich hier um einen spiralförmigen Prozess handelt, in dem sich beide Seiten wechselseitig bedingen, kann diese Unterscheidung keine absolute sein. Sie verdeutlicht lediglich eine idealisierte „ursprüngliche" Tendenz.

Determinanten befreit werden, gleichzeitig die Unterwanderung der doch angestrebten Heterogenität durch ein zwanghaftes Offenhalten sämtlicher Optionen. Um keine der abstrakten perspektivischen Chancen vorzeitig zu gefährden, müssen die eigenen Ressourcen auf alle nun zur Verfügung stehenden Eventualitäten verteilt werden.

Etwaige Einschränkungen können vor diesem Hintergrund nicht toleriert werden, da die verheißungsvolle Optionenvielfalt damit begrenzt würde. Entsprechend gilt es, diese einschränkenden Mängel und Defizite zu minimieren, zu bekämpfen, was jedoch dem ursprünglichen Gedanken der Wertschätzung „des anderen" zuwiderläuft: statt entspannter Heterogenität, getragen von der Überwindung des Totalitarismus, eine nun zwar freiwillige, aber dafür umso entschlossenere krampfhafte Homogenität, gefangen im Anspruch an eine allumfassende Kompetenz. Denn im Zuge der postulierten Grenzenlosigkeit ist die Überzeugung der Machbarkeit, der Veränder- und Verfügbarkeit auf den Menschen selbst übergegangen. Flexibilität, Funktionalität und Kompatibilität werden von ihm erwartet und verlangt. NEGT (1998, S. 33) und SENNET (1998, S. 26ff.) kritisieren diesen markt- und kapitalhörigen Neoliberalismus scharf, der die Entwicklungsfähigkeit seiner Protagonisten einem falsch verstandenen, jenem von WELSCH (2002) angeprangerten „diffusen" Postmodernismus zu verdanken scheint: das ebenso verheißungsvolle wie trügerische *anything goes* spiegelt nämlich nicht die Wertschätzung der individuellen Unterschiede, sondern erschöpft sich in deren Aufhebung durch relativierende Angleichung. So verliert sich ein potenzielles, in der Konfrontation zu schärfendes Profil in unspezifischer Beliebigkeit, was die Gefahr von Manipulation und Abhängigkeit drastisch erhöht.

Wenn Identität sich aber durch das Besondere auszeichnet, dem jedoch aus Angst vor dem Mangel „des anderen" nur ungenügende Bedeutung zugemessen wird, dann fehlen individualisierende Unterscheidungskriterien, die vor einer Beliebigkeit zu schützen in der Lage sind. Anerkennung resultiert dann aus Verfügbarkeit und Flexibilität eines *willkürlichen* und eben nicht aus der Bedeutung des *konkreten* Individuums.

So entspringt aus der vermeintlichen Prämisse, potenzielle Freiheit möglichst umfassend zu erhalten, die Gefahr, konkrete Individualität zu verspielen.

Haben wir die Postmoderne in Anlehnung an WELSCH (vgl. 2002, S. 39) mit dem Verlust des Ganzen charakterisiert und die Teilhaftigkeit betont, so versuchen wir nun im Bewusstsein dieser Teilhaftigkeit, das uns eine unbedingte Unvollkommenheit verdeutlicht, deren Akzeptanz zu stärken. Diese Akzeptanz kann womöglich jenes Mehr kennzeichnen, welches das Ganze über die Summe seiner Teile erhebt.

Das Individuum darf sich nicht in der Öffnung und unbegrenzten Teilhaftigkeit verlieren, will es selbst als Unteilbares nicht zwischen deren Kräften zerrissen werden. Es muss stattdessen immer wieder innehalten und bestrebt sein, (in reflexiver Standortbestimmung) die summierte Teilhaftigkeit zu integrieren und so wieder ein

3 Profilierung anhand originärer Bezugspunkte

Ganzes zu werden. Erst daraus kann ein konstruktives profilierendes Wachstum entstehen, da einer permanenten Öffnung die verbindende Struktur der individuellen Persönlichkeit fehlt. *Persönlichkeit* sein, *Profil* haben heißt dann: ein Ganzes im Bewusstsein seiner Unvollkommenheit sein. Somit beginnt Persönlichkeit tatsächlich dort, wo der Vergleich mit anderen bzw. vermeintlichen Defiziten aufhört!

Damit sind die Voraussetzungen gegeben, eine propagierte *umfängliche* durch eine *gebundene* Flexibilität abzulösen. Dabei bezieht sich jene Gebundenheit auf die Anerkennung, Akzeptanz und Berücksichtigung des individuell Wesentlichen. Sie beschreibt nichts anderes als die Gebundenheit der Identitätsentwürfe an das Kernselbst. Diese Einschränkung ist nicht nur notwendig, um einen *zielsetzenden Anfang* (vgl. B II.2.3.1) zu finden, sondern auch sinnvoll, da eine größere Gestaltungsfreiheit – ohne Bindung an Wesentliches – bedeutungslos bliebe. Beispielhaft kann hier auch auf v. LÜPKE (2000a, S. 111) verwiesen werden, der die Sprachhülsen autistischer Kinder wie bestimmte erlernte motorische Fertigkeiten bei Kindern mit infantiler Zerebralparese als fremd erlebt beschreibt, die von der realistischen Gefahr bedroht sind, auch wieder verlernt zu werden. Jene im Sinne von Kunststücken erworbenen Verhaltensmodifikationen entbehren des eigenen Motivs. Sie sind eine Reminiszenz an äußere Begehrlichkeiten und Erwartungen.

Die gebundene Flexibilität schafft Verbindlichkeit und Orientierung, grenzt damit aber die potenziellen Freiheitsgrade ein. Doch gerade die Fokussierung auf wesentliche Teilhaftigkeit ermöglicht eine Konzentration der Ressourcen, die in diesem Inhalts- oder Themenbereich in der Ausdifferenzierung von Wollen, Wissen und Können eine Handlungs- und Gestaltungsfreiheit eröffnet, die in der umfassend flexiblen, beliebigen Summation von wesensfremden und unverbundenen Teilaspekten verschlossen bleibt.

Diese Profilierung zielt jedoch nicht auf eine isolierende Ignoranz des anderen, des ihm (womöglich lediglich *noch*) Wesensfremden. Sie stellt vielmehr die Voraussetzung dafür dar, sich selbstbewusst und entspannt mit dem Fremden auseinanderzusetzen, da das profilierte Individuum sich bereits eine Alternative erworben hat. Nur ein profiliertes Individuum kann somit auch an allen anderen Bereichen teilnehmen, ohne sich deren Spielregeln auszuliefern: Es hat die Wahl, der Bezugsgruppe zu folgen, sie zu imitieren oder auch, wenn es für sich Bedeutsames entdeckt und durchdringt, auszudifferenzieren. Diese Optionen bestehen aber nur, weil es bei fehlender Kompatibilität zu seinen Refugien zurückkehren kann, was einem unprofilierten Individuum versagt bleibt und das sich so den entsprechenden Vorgaben angleichen muss. Auch KEUPP u. a. (2006, S. 281) halten fest, dass die (umfängliche, K. B.)

„Flexibilität keineswegs nur im positiven Sinn des grösseren Freiheitsspielraums und der Zeitsouveränität der Menschen [wirkt]. Oft bringt sie das genaue Gegenteil, indem sie Menschen aus ihren Lebenszusammenhängen herausreisst."

Diese gestalteten Lebenszusammenhänge beziehen sich auf das Wesentliche des Menschen und gründen auf der Integration verschiedener Teilaspekte, die in einem individuellen Zusammenhang, eben unter den Bedingungen einer gebundenen Flexibilität, geschaffen wurden. Doch wie bemerkt das Individuum, dass es dessen Boden zu verlassen droht, dass der Bezug zum Wesentlichen verloren geht? KEUPP (2000, S. 120) selbst schreibt der Leiberfahrung die Fähigkeit zu, „ein zentraler Messfühler für Stimmigkeit und Authentizität" zu sein und damit vielfältig offene Entwicklungsoptionen mit individueller Originalität im Einklang zu halten. Dabei gilt es, die eigenen Wahrnehmungen für alternative Befindlichkeiten zu sensibilisieren und so zwischen konkurrierenden Bestrebungen kritisch unterscheiden zu lernen, was SEEWALD (2000a, S. 100) als Differenzerfahrungen bezeichnet: ein leibliches „Aufspüren und Ausdrücken von subtilen Unterschieden", denen auch REINELT (vgl. 1998a, S. 322) in seiner Suche nach Spielräumen und Grenzen subjektiver Körper- und Anatomieerfahrungen im Leiblichen auf der Spur ist.

So erwarten wir denn in der Leiblichkeit die Antwort auf unsere Frage, welche Identitätsentwürfe sich auf der Basis des eigenen Kernselbst als Profil ausgestalten lassen.

3.3 *Zur Orientierungssuche nach individueller Wertigkeit: die Leiblichkeit*

An dieser Stelle soll vorab noch einmal kurz unser Argumentationsweg verdeutlicht werden, der hier in der Leiblichkeit seinen Abschluss findet. Wir haben die radikale Pluralität als Hauptaspekt der Postmoderne charakterisiert. Jene Pluralität konnte sich entwickeln, da der Anspruch auf eine einheitliche Perspektive auf die Welt, auf eine Wahrheit, aufgegeben werden musste. Der daraus folgenden Mehrperspektivität, die in konkurrierenden Erklärungs- und Deutungskonzepten zum Ausdruck kommt, hat sich auch der Mensch zu stellen. Zum einen als Betrachter, der sich den Dingen und Zusammenhängen unter variierenden Blickwinkeln nähert, zum anderen aber auch als Betrachteter, der in seinen unterschiedlichen Lebensbereichen unter deren Kriterien begutachtet wird. Trotz dieser Mehrperspektivität in und unter der das Individuum agiert, muss es versuchen, ein Ganzes zu bleiben bzw. seine Kohärenz immer wieder herzustellen, um als subjektive Einheit erkannt werden zu können und sich nicht als beliebiges Objekt in den wechselnden Fremd- wie Selbstansprüchen und -deutungen zu verlieren. So hat auch eine Entwicklungstheorie dieser postulierten Ganzheit Rechnung zu tragen.

Doch was dürfen wir unter jener Ganzheit verstehen und in welchem Zusammenhang steht die Leiblichkeit mit ihr? Das in seiner populären Verkürzung auf Aristoteles zurückgehende Schlagwort, das Ganze sei mehr als die Summe seiner Teile, bezieht sich auf den Umstand, dass die Struktur des Ganzen Leistungen und Verhaltensweisen erlaubt, die aus der Summe der Leistungen und Verhaltensweisen

3 Profilierung anhand originärer Bezugspunkte 105

der isolierten Teilelemente nicht ableitbar sind. Jedoch können sowohl das Ganze als auch seine Teile nur im wechselseitigen Bezug zueinander definiert werden (vgl. BUHR & KLAUS 1970, S. 1078f.).

Um diesem Anspruch auch auf der Ebene eines ganzheitlichen Subjekts bzw. in einer Entwicklungstheorie, die jene Subjekte zu erfassen versucht, zu genügen, müssen drei Aspekte berücksichtigt werden. Dabei gilt es:
1. Teilelemente mehrperspektivisch wahrzunehmen und zu beschreiben;
2. das *Mehr* des Ganzen gegenüber der Summe der Teilelemente zu finden und
3. aus der Sicht des Ganzen einen Rückbezug zu den Teilelementen herzustellen.

Zu 1.: Teilelemente wären in diesem Zusammenhang bspw. motorische Fähig- und Fertigkeiten, intellektuelle Kompetenzen oder soziale Ressourcen. Beschreiben wir den Menschen anhand dieser Gesichtspunkte, so erhalten wir ein summatives Bild aus Einzelaspekten, das wir, je nach deren Anzahl, grob- oder feinkörniger anlegen können. Dabei werden jene Einzelaspekte sowohl interindividuell an allgemeinen Erwartungen gemessen (schneller oder langsamer als andere, besseres oder schlechteres Verständnis logischer Zusammenhänge bzw. höhere oder niedrigere Integration im Klassenverbund) als auch intraindividuell aufeinander bezogen (der langsame Läufer verfügt über ein gutes logisches Verständnis, jedoch nur über wenige Freunde). Doch was verraten uns diese punktuellen Hinweise über das Individuum und seine Entwicklungsprognose? Tatsächlich so lange sehr wenig, wie wir sie isoliert betrachten und an allgemeinen Erwartungen und Wahrscheinlichkeiten abgleichen. Hat der langsame Läufer nur wenige Freunde, weil diese Schnellere bevorzugen? Schließt er nur mit wenigen Mitschülern Freundschaft, weil nur diese seinen logischen Überlegungen folgen können? Oder bestehen gar keine Zusammenhänge zwischen diesen willkürlich herausgestellten Aspekten: Hat er gar nur wenige Freunde, weil er aufgrund nachlässiger Hygiene unangenehm riecht? Interessiert ihn die Anzahl der Kontakte überhaupt nicht, da er sich in der Intensität der vorhandenen Freundschaften umfänglich geborgen fühlt?

Das geschilderte Beispiel mag ausreichen, den Spekulationsspielraum zu umreißen, den Erklärungsversuche bisheriger oder gar zukünftiger Entwicklungen anhand von Teilaspekten eröffnen. Größere diesbezügliche Sicherheit gewinnen wir nun aber nicht, indem wir mit schärferer Lupe weitere Teilaspekte fokussieren, da sich weder die Ungewissheit „in dem Maße verringert, wie die Exaktheit wächst" (LYOTARD 2009, S. 135 bzw. A II.1.2),[26] noch ein Mehr „desselben die höchste Stufe der Sicherheit verspricht" (ANTOCH 1995, S. 222).

---

[26] Sie wächst in dem Maße mit, wie weitere Teilaspekte die Kombinationsmöglichkeiten etwaiger Abhängigkeiten erhöht, ohne aber über tatsächliche subjektiv bestehende Zusammenhänge Auskunft geben zu können.

Ein alternatives Verstehen des Individuums verlangt vielmehr ein Öffnen der Beobachtungsperspektive, die das ganzheitliche Subjekt in seinem Lebenszusammenhang zu erfassen versucht, in dem es agiert, in dem es in Kontakt, in Beziehung tritt. Denn, so leiten wir mit GOLDSTEIN (1923, S. 162,[27] zitiert nach MERLEAU-PONTY 1966, S. 167, kursiv im Original) zum nächsten Punkt:

> „Wir machen unsere Bewegungen nicht in einem ‚leeren', zu ihnen beziehungslosen Raum, sondern in einem, der zu ihnen in ganz bestimmter Beziehung steht; *Bewegung und Hintergrund sind eigentlich nur künstlich voneinander trennbare Momente eines einheitlichen Ganzen.*"

Zu 2.: Das Ganze, so wird in diesem Zitat deutlich, umfasst die individuelle Bewegung in ihrer Wirkabsicht auf ihre Umwelt. Damit weist sie über die Grenze des Körperraums in ihren Wirkungsraum hinaus und führt uns so auf die Ebene der Leiblichkeit, die nun in ihrem Verhältnis zum Körper kurz skizziert werden soll.

Dabei steht der *Körper* für den objektivierbaren Anteil, dessen Ausdehnung und Funktionen naturwissenschaftlich gemessen und erklärt werden können. In diesem Sinne wird er von DESCARTES als „Gliedermaschine" (1870, S. 29) gekennzeichnet und vereinigt gemäß PLESSNER (1982, S. 80) all jene Eigenschaften, „auf welche das Bedürfnis nach exakter Bestimmung den anschaulich gegebenen Leib reduziert".

Im Umkehrschluss weist das *Leib*verständnis über den Körper hinaus. Denn es umfasst die menschliche Intentionalität, die ihn als Subjekt bestimmt und der völligen Bestimmung durch seine Teileelemente entzieht.

FISCHER (2000, S. 270, Hervorhebung K. B.) bemängelt den auf DESCARTES zurückgehenden Dualismus zwischen den *res cogitans* und den *res extensa*, also den Dingen des Mentalen, Geistigen und den Dingen der (messbaren) Ausdehnung, deren fehlende Verbindung die Einheit des Menschen verletze:

> „Einerseits gehe ich *in* meinem Bewusstsein, das den Leib los ist, spazieren, und der eigene Leib mit seinen Standortänderungen erscheint als Inhalt des Bewusstseins; andererseits gehe ich *mit* meinem Bewusstsein spazieren, dessen ausschnitthafte Perspektiven vom Körper abhängen, der zu den Dingen der Natur gehört."

Demgegenüber entwickelt PLESSNER (1975) die Kategorie der *exzentrischen Positionalität* des Menschen als dessen grundlegendes Wesensmerkmal, das seine Fähigkeit beschreibt,

> „sich von sich zu distanzieren, zwischen sich und seine Erlebnisse eine Kluft zu setzen. Dann ist es (die „Grenzgesetztheit des Mensch genannten Dinges") diesseits und jenseits der Kluft, gebunden im Körper, gebunden in der Seele und zugleich nirgends, ortlos ausser aller Bindung von Raum und Zeit und so ist es Mensch" (S. 291).

---

[27] Goldstein, K. (1923): Über die Abhängigkeit der Bewegung von optischen Vorgängen. Monatsschrift für Psychiatrie und Neurologie – Festschrift Liepmann.

3 Profilierung anhand originärer Bezugspunkte 107

Die exzentrische Positionalität vereinigt entsprechend die Gebundenheit des Menschen als *grenzrealisierendes Wesen* und seine Freiheit, aus diesen Grenzen herauszutreten und sich auf sich selbst zu beziehen. Sie

> „ist also eine Kennzeichnung des Menschen als *konkrete* Subjektivität: als ein in der Natur vorkommendes Wesen, das unter Prinzipien steht, die nicht in der Natur vorkommen (Geist), dabei mit diesen Prinzipien im Verhältnis zur Natur (Körper, Seele) steht" (FISCHER 2000, S. 277, kursiv im Original).

Im Doppelaspekt des Menschen, in seiner fortwährend aufeinander bezogenen Spaltung zwischen *Körperhaben* und *Leibsein*, kann er sich vom zentrischen Leib distanzieren und diesen von außen als handelnden Körper betrachten. In diesem Akt überwindet er jedoch auch dessen Grenzen, was zwar seine Wahl- und Gestaltungsfreiheit ermöglicht, ihn aber auch orientierungslos „in einen ungefüllten Raum" katapultiert (ABRAHAM 2002, S. 95).

Dieser Orientierungslosigkeit im *Nirgendwo* und *Nirgendwann* steht die Orientierungssicherheit des *Hier und Jetzt* der von MERLEAU-PONTY benannten *Situationsräumlichkeit* gegenüber, „jene unmittelbare und nicht weiter abzuleitende Erfahrung des ‚Da', dergegenüber alles andere sich im ‚Dort' befindet" (SEEWALD 1992, S. 34). In dieser Konsequenz kennzeichnet SEEWALD (a. a. O.) den Leib „als Fundament der Existenz schlechthin" und mit HUSSERL als „absoluten Nullpunkt aller Orientierung" (ebd.). Der Leib definiert und setzt den Ausgangspunkt, das unmissverständliche *Hier*.

Zwischen diesem leiblichen Hier, dem vorreflexiven Wissen um meine Orientierung, und dem körperlichen Dort, einer notwendigen Bewusstwerdung und Vermittlung des eigenen Standorts anhand allgemeiner Kriterien, die MERLEAU-PONTY als *Positionsräumlichkeit* bezeichnet, setzt SCHMITZ (1986) seine *Richtungsräumlichkeit* als jenen Raum an, „in den sich der Leib zur Welt hin *in der gekonnten Bewegung* entwirft" (SEEWALD 1992, S. 34, Hervorhebung K. B.).

Mit diesem Bewegungsentwurf sind wir nun wieder bei GOLDSTEINs ganzheitlicher Einheit von Individuum und seiner zu ihm in Beziehung stehenden Umwelt, seinem *Hintergrund*, angekommen. Dabei vollzieht sich die Einheit auf doppelter Ebene: zum einen auf der Ebene des Individuums, bei dem sich unter der gegebenen Zielausrichtung *die Aufgaben unter den beteiligten Segmenten von selbst verteilen* (vgl. MERLEAU-PONTY 1966, S. 179); und zum anderen in eben jener Verbindung zwischen dem Subjekt und seiner Welt, die in der intentionalen[28] Beziehung zwischen beiden begründet liegt.

---

[28] Der Begriff der Intentionalität geht auf BRENTANO zurück und charakterisiert die Struktur des Bewusstseins, das stets auf einen Gehalt, auf Gegenstände oder (reale, mögliche oder fiktive) Sachverhalte gerichtet ist. Nach BRENTANO sind bewusste psychische Zustände
(Fortsetzung auf S. 108)

So ist die Intentionalität des Leibes das *Mehr*, das die Ganzheit des Individuums über die Summe seiner Teilelemente erhebt, da sie im Bewusstsein dieser Einheit entsteht.

MERLEAU-PONTY (a. a. O., S. 167f.) kennzeichnet das Bewusstsein als „Sein beim Ding durch das Mittel des Leibes", was ein intentionales Umschließen, ein Einbeziehen, ein *Einverleiben* des Dinges meint, in dem das intentionale Bewusstsein den gegebenen Körperraum um den Gegenstand oder Sachverhalt der Ausrichtung in einen erschaffenen Leibraum erweitert. Dieses Bewusstsein ist aber „ursprünglich nicht ein ‚Ich denke zu …', sondern ein ‚Ich kann'" (a. a. O., S. 166) und zielt auf ein leibimmanentes Wissen um die subjektive Erkenntnis-, Gestaltungs- und damit Auswahlfähigkeit der (eigenen) Welt.

Da jedoch „die Welt (…) unabtrennbar vom Subjekt (ist), von einem Subjekt jedoch, das selbst nichts anderes ist als der Entwurf der Welt, und das Subjekt (…) untrennbar (ist) von der Welt, doch von einer Welt, die es selbst entwirft" (S. 489), so ist der Leib – als Verbindung zwischen beiden – „dem Kunstwerk vergleichbar" (S. 181f.); einem Kunstwerk, in dem Ausdruck und Ausgedrücktes nicht zu unterscheiden sind, dessen Sinn nur in unmittelbarem Kontakt zugänglich ist und das seine Bedeutung ausstrahlt, ohne seinen zeitlich-räumlichen Ort zu verlassen. Der Leib ist demnach „Knotenpunkt lebendiger Bedeutungen, nicht das Gesetz einer bestimmten Anzahl miteinander variabler Koeffizienten" (S. 182).

In dieser Einheit von Künstler und Kunstwerk, von Leib und Welt, „von Vorfinden und Neuschaffen" (SEEWALD 1992, S. 59) konstituiert sich individueller Sinn.

MERLEAU-PONTY hat mit seiner „Phänomenologie der Wahrnehmung" (1966) einen „dritten" (SEEWALD) oder einen „mittleren" (WALDENFELS) Weg zwischen Rationalismus und Empirismus, zwischen abstrakter Geistigkeit und mechanischer Körperlichkeit beschrieben (vgl. WALDENFELS 2000, S. 65 und SEEWALD 1992, S. 31), der die Unmittelbarkeit der konkreten Lebensführung in den Blickpunkt stellt. In der aktiven Auseinandersetzung, im tätigen Handeln erschließt sich dem Akteur die Welt, die der Reflexion in ihrer künstlichen Aufspaltung der differenzierten Teilelemente verloren geht:

> „Mein Leib hat seine Welt oder begreift seine Welt ohne erst den Durchgang durch ‚Vorstellungen' nehmen oder sich einer ‚objektivierenden' oder ‚Symbolfunktion' unterordnen zu müssen" (MERLEAU-PONTY 1966, S. 170); in seinen Wahrnehmungen „begegnet uns das Wunder einer Klarheit auf den ersten Blick, die alsbald verschwindet, wenn man sie auf die Elemente zurückzuführen versucht, aus denen sie sich zusammenzusetzen scheint" (a. a. O., 446).

---

[28] *(Fortsetzung von S. 107)* immer, nicht-psychische Zustände jedoch niemals intentional. HUSSERL stimmt dem zweiten Aspekt zu, grenzt jedoch den ersten dahingehend ein, dass rein qualitative Empfindungszustände, wie z. B. Schmerzempfindungen, ebenfalls nicht intentional seien (vgl. TEICHERT 2006, S. 102–106).

3 Profilierung anhand originärer Bezugspunkte 109

Das Ganze, so können wir zusammenfassen, lässt sich nicht aus der Summe seiner Teilelemente erschließen. Um uns diesem zu nähern, benötigen wir vielmehr einen Einblick in das, was diese Teilaspekte verbindet: die *leibliche Intentionalität*. Diese ist jedoch nur in der Beziehung des Individuums zu seiner Umwelt zu *verstehen*. Die *Funktionalität des Körpers*, die wir unabhängig von Umweltfaktoren direkt am Objekt *messen*, wird entsprechend auf individueller Ebene des Subjekts nur in dem Maße relevant, wie sie dessen Intentionalität einschränkt.

Zu 3.: Dennoch sind jene Teilelemente bedeutsam: nicht, um aus ihnen das Ganze abzuleiten, sondern, um in ihnen das Ganze wiederzuentdecken.[29] Wenn sich Sinn in der Einheit von Leib und Welt konstituiert, beide jedoch nicht getrennt voneinander gedacht werden können, so ist der Mensch *„verurteilt zum Sinn"* (MERLEAU-PONTY 1966, S. 16, kursiv im Original). Das bedeutet aber nichts anderes, als „dass jede menschliche Geste, jede Äusserung *immer auch* sinngeprägt ist" (MATTNER 2000, S. 8, Hervorhebung K. B.) und somit einen Einblick in jene Konstituierungsbedingungen erlaubt.

„Der Leib", so halten wir in Anlehnung an SCHMITZ mit OGAWA (2001, S. 87) fest, „ist ein ganzheitliches System, das teilheitlich und ganzheitlich erscheinen kann." Dabei können zwar die Teile nicht unabhängig bestehen, sie können sich aber vom Ganzen spürbar abheben und uns ganzheitlichen Erlebnissen zugänglich machen:

> „Schmerz, Jucken, Kitzel, Herzklopfen, Hitzewallung, Kühle im Kopf sind Beispiele solcher teilheitlich leiblichen Regungen. Diese sind stets in so etwas wie ein Klima leiblichen Befindens getaucht, das als ganzheitliche leibliche Regung[30] jeweils mit einem Schlage den spürbaren Leib durchzieht" (SCHMITZ 2008, S. 43).

Hier erweist sich das Spüren am eigenen Leib als elementare Leiberfahrung, da es

> „sich immer im Spüren leiblicher Regungen vollzieht. (…) Die leiblichen Regungen sind ein direktes Erlebnis des Menschen, und zwar meiner selbst, das zwar im Bereich meines tastbaren und sichtbaren Leibes auftritt, aber selbst nie zu betasten und zu besehen ist. Das Erscheinen dieses Erlebnisses in meiner Leiblichkeit heisst das Spüren" (OGAWA 2001, S. 87).

---

[29] Aus quantitativen Messungen körperlicher Parameter, die einem Individuum ausgezeichnete konditionelle Voraussetzungen (Kraft, Schnelligkeit, Ausdauer, Beweglichkeit) sowie ein wiederholt gebrochenes Nasenbein attestieren, lassen sich zunächst kaum einleuchtende Verbindungen, wohl aber zahlreiche Spekulationen bilden. Erst nach der Betrachtung des Individuums in seiner Umwelt, in der ich erkenne, dass es Boxer ist, ergeben die Teilelemente auch für den Betrachter einen Sinn.

[30] Z. B. hier Unbehagen, Wohlgefühl, Aufregung oder Gelassenheit; ähnlich aber auch Hunger, Durst, Müdigkeit, Lebendigkeit, Vorfreude oder Leidenschaftlichkeit.

Dieses Spüren der leiblichen Regung, so führt OGAWA weiter aus, neutralisiere in jener fundamentalen leiblichen Erfahrung „die oppositionelle Beziehung der Ganzheit und der Teilheit des eigenen Leibes" (a. a. O.).
Während wir also unter 1. Teilelemente beschrieben haben, die uns trotz der Summation zahlreicher Aspekte keine ganzheitliche Sicht auf das Individuum erlauben, eröffnete uns anschließend die Intentionalität des Leibes jenes Paradigma, das die Teilelemente individuell sinnvoll integriert und zu der Einheit bringt, die nun unter 3. entweder in der Rückschau auf diese Einheit als deren sinnvoller Anteil verstanden werden kann oder die in der teilheitlichen *Leibinsel* (SCHMITZ) zu erscheinen in der Lage ist.

Das dafür zentrale Spüren, das „Aufspüren der Eigenbefindlichkeit des Leibes" kann mit SEEWALD (2000a, S. 100) auch als *leibliche Differenzerfahrung* bezeichnet werden. Im „Hineinspüren in Ähnlichkeiten und Unterschiede" lassen sich individuelle Erfahrungs-, Orientierungs- und Auswahlprozesse entwickeln und subjektiv absichern:

> „Wenn wir z. B. aufgefordert werden, eine bestimmte Körperstelle anzuspüren, so öffnet unsere leibliche Intentionalität einen Erwartungsraum als Lücke, in die Gefühle, Stimmungen, Bilder einströmen können, die wir im voraus nicht schon alle kennen und die dennoch *unsere* Gefühle, Stimmungen, Bilder sind. Auf diese Weise lassen sich Flexibilität und Gefühl für das Eigene als Mitte zusammendenken" (a. a. O., kursiv im Original).

Dieses dynamische Verhältnis von schon oder noch Eigenem und dem einströmenden Neuen, das leiblich gespürt, differenziert, integriert und verworfen wird, dient uns als Grundlage unserer Identitäts- und Selbstentwicklung, die sowohl die Stabilität des Subjekts gewährleistet als auch dessen Flexibilität erlaubt. So lassen sich die Aufgaben unserer zur Profilierung des Individuums vorgeschlagenen drei originären Bezugspunkte zusammenfassen: (1.) das Selbst organisiert die Ganzheit, (2.) die gebundene Flexibilität eröffnet neue (Identitäts-)Perspektiven und (3.) die Leiblichkeit spürt etwaige lohnende oder gefährdende Abweichungen zum Selbst, das entsprechend jene Ganzheit zu erneuern hat.

4   Schaubild Postmoderne

Als Abschluss der Lebensweltanalyse soll das Schaubild (Modell A2) der folgenden Seite nochmals den Gesamtzusammenhang skizzieren, wie er hier geschildert wurde.
Die radikale Pluralität der Postmoderne (vgl. II.1) erschwert Orientierung und ermöglicht Gestaltungsfreiheit, birgt entsprechend Risiken und Chancen (vgl. II.2). Während sich in der Auflösung trennender Strukturen zunehmende Komplexität ausdifferenziert, gehen Vertrautes, Verbindliches und Einheitliches sukzessive ver-

4 Schaubild Postmoderne

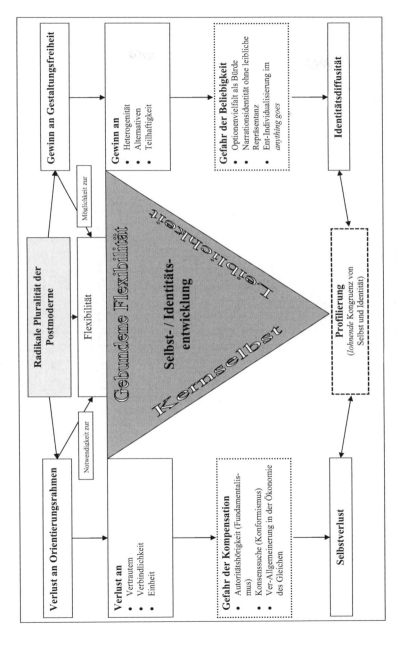

Modell A2: Postmoderne Herausforderungen für die Selbst- und Identitätsentwicklung

loren. An ihrer Stelle gewinnen dafür Heterogenität und Teilhabe an Bedeutung. Flexibilität wird seitens der Verlustbedingungen wie der Gewinnoptionen zum entscheidenden Kriterium (vgl. II.2.2), sich selbst in und zu dieser Welt zu entwerfen; zum einen als existenzielle Notwendigkeit, sich den wechselnden Bedingungen anzupassen, zum anderen als potenzielle Möglichkeit, mit den Gegebenheiten zu spielen (vgl. III.2).

Doch nicht nur die Verlusterfahrungen bergen Kompensationsgefahren, die über verhängnisvolle und doch verlockende, weil Sicherheit versprechende Autoritäts- und Konformitätsausrichtung das eigene Selbst aufgeben (vgl. III.4.2), auch die Gewinnerlebnisse verleiten zu unspezifischer Beliebigkeit (vgl. III.4.1). Denn wo Vielheit und Freiheit die Machbarkeit und damit auch die Funktionalität in den Mittelpunkt rücken, da werden Auswahlkriterien auf ihren einengenden Charakter hin skeptisch beäugt. Doch in der einseitigen Überhöhung des Leistbaren bleibt der Bezug zum Lebbaren, zum Wesentlichen, zurück. Somit steigt mit der prinzipiellen Gleich*wertigkeit* der Alternativen auch die Gefahr der gleich*gültigen* Identitäten: Identifizierende Werte werden nicht mehr deutlich, das (begründet) Individuelle bleibt unkenntlich, unsichtbar, diffus.

Um sich nun in der willkürlichen Freiheit zu orientieren und diese auch konstruktiv zu nutzen, empfiehlt das vorgestellte Modell originäre Bezugspunkte für eine gelingende Selbst- und Identitätsentwicklung (vgl. IV.3). Unter Berücksichtigung eines Wesenskerns des Selbst (IV.3.1), einer an diesen gebundenen Flexibilität (vgl. IV.3.2) und im Bewusstsein der leiblichen Verwobenheit mit der Welt und der damit einhergehenden Fähigkeit, Differenzen zwischen ihr und uns leiblich zu spüren (vgl. IV.3.3), kann das Individuum sich selbst profilieren. In dieser umschriebenen lohnenden Kongruenz zwischen dem eigenen Selbst und der von ihm abgeleiteten Identitäten eröffnen Anpassung und Wachstum wesentliche Freiheit.

B

Grundlagen der Individualpsychologie (IP) und entwicklungstheoretische Ableitungen

I Einordnung in die Fragestellung

1 Antworten auf die postmodernen Herausforderungen in der IP?

Wir haben im vorangegangenen Kapitel versucht, die aktuellen Lebensbedingungen zu beschreiben und daraus charakteristische Herausforderungen zu deren Bewältigung abzuleiten. Die sogenannte Postmoderne gewährt, wenn denn unsere diesbezüglichen Überlegungen zutreffen, ein bisher ungekanntes Maß an persönlicher Freiheit. In dieser Konsequenz jedoch verweigert sie eine allgemein verbindliche Orientierung. Folglich gilt es für das Individuum, diese Freiheit aktiv zu gestalten, um der Gefahr vorzubeugen, in ihr verloren zu gehen. Um die Freiheit also tatsächlich ausnutzen, gestalten zu können, müssen die mannigfaltigen Auswahloptionen gesichtet, beurteilt und entschieden werden. Zur Definition der eigenen Entscheidungskriterien bedarf es jedoch aufgrund der angesprochenen Orientierungsverluste zwangsläufig einer wachsenden Selbstverantwortung. Verantwortung für das eigene Selbst kann aber nur der tragen, der sein Selbst wahrnimmt und entwickelt. Damit ist das postmoderne Dilemma kurz umrissen: Selbstverantwortung ist Voraussetzung und Ziel im individuellen Entwicklungsprozess.

Da uns die völlige Offenheit der Optionen überforderte, konkretisiert die Selbstverantwortung die vormals rein theoretische, die willkürliche Freiheit paradox anmutend gerade indem sie sie in eine eigene Gestaltungs- und Handlungsfreiheit einschränkt. Erst die Suche nach unseren Möglichkeiten, etwas aktiv in ihr zu bewirken, entspannt den persönlichen Orientierungsrahmen, der andernorts eben nicht mehr zu greifen ist. Die eigenen Ressourcen eröffnen und bedingen die selbst zu verantwortende Freiheit. Als Ausgangspunkt und Impulsgeber in diesem wechselseitigen Prozess zwischen Voraussetzung und Ziel dient das ursprüngliche Kernselbst. Das Individuum, das sich in der Auseinandersetzung mit seiner Umwelt entwickelt, muss unter den postmodernen Gegebenheiten höchst flexibel bleiben – und darf dennoch den Kontakt zu diesem ursprünglichen Kernselbst nicht verlieren (das leibliche Spüren der Gebundenheit an das Kernselbst), da nur dieses den Bezug zu seinen Voraussetzungen und Zielen gewährleistet. Verlieren diese die ihnen zustehende Beachtung, so verliert sich auch die (lohnende) Kongruenz zwischen Selbst und abzuleitenden Identitäten, was auf Dauer vom Individuum nicht toleriert werden kann und zu erhöhtem Konfliktpotenzial führt.

Bevor die individualpsychologischen Ansatzpunkte zu den zuvor erörterten und hier kurz wiederholten Problemlagen Kernselbst-Entwicklung, Gestaltungsfreiheit in gebundener Flexibilität und Leiblichkeit erörtert werden, sollen mit einem Blick auf die Entstehungszeit der Individualpsychologie Parallelen zur Jetztzeit aufgezeigt werden.

Ihre Entwicklung und rasche Etablierung kann vor dem Hintergrund der zeitlichen Umstände, in denen sich die individualistische Lebensform durchzusetzen beginnt, verständlich nachvollzogen werden. WIEGAND (1998, S. 94) verweist in diesem Zusammenhang auf den Berliner Philosophen und Soziologen Georg SIMMEL, der 1895 den teleologischen, zielstrebigen Menschen als Gegenpol zum Nachahmenden ausmacht. WIEGANDs Schilderungen zu den Auswirkungen der Industrialisierung ähneln aktuellen Postmoderne-Diskussionen:

„Eine Vielzahl anderer indessen, die aus sozialen, sozialisatorischen oder auch aus Altersgründen nicht ausreichend mithalten und mitprofitieren können, empfinden die Regeln selbstverantwortlicher Lebensführung und die damit verbundene Gefühlsdisziplin eher als eine unvernünftige Plage. Ihre Neigung zur Flucht aus der ungewollten, weil unergiebigen Freiheit nimmt dabei vielfältige Richtung und Gestalt an."

Folgen der Postmoderne – bzw. besser: Folgen der postmodernen Anforderungen und der aus diesen resultierenden Lebensweisen – wie *Entbettung* (vgl. KEUPP 2000), Verlust der sozialen Traditionen, Überwindung verbindlicher Normen oder Brüche in den individuellen wie gesellschaftlichen Erfahrungen, zählen auch CARUSO/ENGLERT (1977, S. 99) in ihrer Spezifizierung der IP auf, die ihr Begründer bereits frühzeitig wahrgenommen, beschrieben und denen er theoretisch wie praktisch entgegengewirkt habe:

„Adler hat eine Phänomenologie der zerbrochenen Einheit von Mensch und Gesellschaft vorgelegt. Er beschreibt die angeschlagene Sozialstruktur der neuzeitlichen Gesellschaft. (…) Die singuläre Sucht nach Macht kündet vom Auszug des einzelnen aus der Gemeinschaft, deren Normen das versprengte Individuum nicht mehr als seine eigenen zu erkennen vermag. (…) Adler ist unserer Interpretation nach ein Theoretiker der brüchigen gesellschaftlichen Verhältnisse."

Die sich damals abzeichnende und nun etablierte Individualisierung der Lebensentwürfe verlangt nach einem individualisierten Zugang zum Menschen mit seinen Motiven und Beweggründen, seinen biografischen, familiären und soziologischen Parametern. Die wachsende Freiheit ermöglicht differenzierte Bewältigungsstrategien, deren Untersuchung nur mehr eine Einzelfallbetrachtung gerecht wird. Die Individualpsychologie bemüht sich in ihrer ideografischen Ausrichtung „um das Verständnis der Einmaligkeit und Einzigartigkeit des Individuums" (RATTNER 1974, S. 12) und berücksichtigt die drei oben für die Postmoderne skizzierten Herausforderungen: Der Aspekt der Leiblichkeit findet sich im *Organdialekt* sowie in der *Ich-Konstitution*, die (Kern)-Selbstentwicklung zeigt sich im *Lebensstil* bzw. dem individuellen *Bewegungsgesetz* samt seinen *Fiktionen*, die notwendige (gebundene)

Flexibilität und freiheitliche Gestaltung unter den individuellen Voraussetzungen wird in der *Schöpferischen Kraft* deutlich. Gerade diese erlaubt die in der Postmoderne verlangten Selbstgestaltungsfähigkeiten, mit denen der Mensch plastisch und flexibel immer wieder neue Antworten auf komplexe Situationen finden muss, weshalb BRUDER-BEZZEL (vgl. 2004b, S. 76f.) ADLERs Ansatz für kompatibel mit den postmodernen Theorieentwürfen des Konstruktivismus und der Narration erklärt.

Die angeführten Kriterien werden später (B II.2) ausführlich besprochen. Nun stellt sich zunächst die Frage, wo sich Motologie und Individualpsychologie – neben den bereits in der Einleitung angeführten Punkten – thematisch begegnen. Wo also lassen sich die motologischen Bezugspunkte Körper, Leiblichkeit und Bewegung explizit innerhalb der Individualpsychologie nachweisen?

2 Motologiebezug der IP: Vom „Organdialekt" zum „Bewegungsgesetz"

Die Überzeugung der Unteilbarkeit des Individuums war namensgebend für die Individualpsychologie: Der Mensch ist diesem Verständnis gehorchend eine ganzheitliche Einheit, die nicht in einen Leib-Seele-Dualismus auseinanderzudividieren ist. Abgesehen von dieser Prämisse werden direkte Bezüge zu Körper- und Leiblichkeit in der Organminderwertigkeit und im Organdialekt sowie im Zärtlichkeitsbedürfnis deutlich. Die Bewegungserfahrung kommt in der Ich-Konstitution und den handlungsrelevanten Bewegungsgesetzen zum Tragen, wenngleich diese auch metaphorisch verstanden werden müssen.

Im Folgenden werden diese vier Aspekte, die direkt auf ADLER zurückgehen, kurz erläutert. Nach einer Zusammenfassung unter dem Gesichtspunkt des Entwicklungsverlaufs von innen nach außen sollen dann weitergehende Betrachtungen aktueller IP-Vertreter angesprochen werden, die diesem Themenfeld besondere Bedeutung beimessen.

2.1 *Organminderwertigkeit und Organdialekt*

ADLER (1870–1937) war Mediziner und hat sich dem menschlichen Körper entsprechend zunächst unter funktionalen Gesichtspunkten genähert. Sein Interesse galt in dieser Zeit v. a. der prophylaktischen Sozialmedizin, in deren Verständnis von Ursache und Wirkung er kausal-naturwissenschaftlich geprägt wurde. Im Kreise FREUDs, dessen Mittwochsgesellschaft er von 1902 bis 1911 angehörte, mag sich diese wissenschaftliche Überzeugung anfangs noch verfestigt haben. ADLER beschäftigte sich jetzt aber verstärkt mit psychiatrischen und psychologischen Fragestellungen und suchte bspw. organisch bedingte Begründungen für die Neurosenbildung. Dabei führte er Krankheitsursachen neben exogenen Faktoren, wie Infektion oder Vergiftung, auch auf endogene zurück. Bestimmte Organe des Organismus, die er als *minderwertig* bezeichnete, zeigten sich anfälliger als andere. Auf besondere Beanspruchung reagierten diese Organe entsprechend ihrer abweichenden Lage, Form oder Funktion nunmehr mit einer im Vergleich zu *vollwertigen* Organen erhöhten Reaktionsbereitschaft. Sie dienten dann entweder als Ort vornehmlicher Krankheitslokalisation oder aber auch als Orte möglicher *Kompensation* und *Überkompensation*, die an anderer Stelle ausführlich besprochen werden (vgl. B III.1.3).

Gemäß ADLER wirken sich andauernde psychische Spannungen und Erschütterungen am Ort des geringsten Widerstands auch funktional aus. Das minderwertige Organ reagiert mit einer Auffälligkeit auf die psychische Irritation, die sich ihrerseits in dieser körperlichen Auffälligkeit ausdrückt. Während RATTNER (1974, S. 24) bereits dieses Phänomen als *Organdialekt* im Sinne ADLERs bezeichnet, präzisiert SCHMIDT (1995, S. 361f.), dass erst eine psychische Barriere, die ein Gefühl als unzulässig und somit unerlebbar blockiert, die Voraussetzung für die gemeinte Körpersprache bildet. Der Organdialekt beschreibe also somatisch, was psychisch nicht zugänglich war. In diesem Prozess der *Konversion* (FREUD 1905/1971, S. 127), der Transformation psychischer Konflikte in körperliche Symptome, prägen sich die individuellen „Blockierungen originärer Lebens- oder Selbstbewegungen" (HEISTERKAMP 1990, S. 86) aus, die tiefenpsychologisch den „körperlichen Phänomenen und Bewegungsmustern Ausdrucks- und Mitteilungscharakter" (REINELT 2004, S. 82) verleihen. Der Organdialekt verweist demnach nicht lediglich auf eine körperliche *Schwachstelle*, sondern kommuniziert mit und appelliert an sich selbst wie seine soziale Umwelt.

Die Unterscheidung der beiden Positionen verdeutlicht ein einfaches Beispiel: Lassen isolierte Ohren-, Hals- oder Stirnhöhlenkatarrhe infolge einer Immunsystemschwächung auf entsprechende besondere individuelle Anfälligkeiten des jeweiligen Organs im Sinne einer Organminderwertigkeit schließen, so betont der Organdialekt eine symbolische Bedeutung. Ohrenschmerzen könnten in diesem Zusammenhang auch so interpretiert werden, dass der Leidende sich gegen Einsichten sträubt und Zuspruch nicht mehr hören will.

Das Organ offenbart darin „etwas je Individuelles eines Menschen", bleibt dabei aber in seiner *Organsprache* „nie vollends objektivierbar" (REINELT 1991, S. 125).

DREIKURS (1969) fasst unter Organminderwertigkeit alles zusammen, „was beim Kind den Eindruck erweckt, körperlich, in seinen Funktionen weniger fähig zu sein als die anderen Menschen um es herum" (S. 39). Sie umschreibe nicht einen absoluten Defekt, sondern eine relative Schwäche, die subjektiv gewisse Funktionen, Fähig- oder Fertigkeiten erschwere. Er zählt ausdrücklich Konstitutionsschwäche, geringe Körpergröße, Übergewichtigkeit oder auch Linkshändigkeit auf, die wie eine Organminderwertigkeit erlebt werden könnten. Die Auswirkungen der empfundenen Beeinträchtigungen sind von der Einstellung abhängig, mit der diesen Erschwernissen begegnet wird: Der Grad der Er- oder Entmutigung entscheide also letztlich über den dynamischen Prozessverlauf (vgl. S. 38f.).

ADLER geht von einer Einheit von Leib und Seele aus, die dadurch zum Ausdruck gelangt, dass somatische Beeinträchtigungen sich psychisch und ebenso psychische Beeinträchtigungen sich somatisch äußern können – wenngleich auch kein zwingender Kausalzusammenhang formuliert wird. Eine Organminderwertigkeit *muss* demnach keine nachhaltige Störung bewirken, sondern kann ausgeglichen *(kompensiert)* oder gar als Initiator einer besonderen Leistungsfähigkeit *(Überkompensation)* dienen (vgl. dazu B III.1, v.a. 1.3).

Die Organminderwertigkeit gilt ADLER also zum einen als Disposition, als erhöhte Wahrscheinlichkeit für die Ausprägung bestimmter (neurotischer) Auffälligkeiten in der Entwicklung des Individuums, und zum andern als prädestiniertes Ausdrucksmedium psychischer Bedrängnis. Letzteres umschreibt das engere Verständnis des Organdialekts:

„Dabei stossen wir auf den Sinn, auf die Meinung der Ausdrucksbewegungen, die Worte, Gedanken, Gefühle und Handlungen sein können. Wie sehr aber auch der Körper unter diesem Bewegungsgesetz steht, verrät der Sinn seiner Funktionen, eine Sprache, meist ausdrucksvoller, die Meinung deutlicher aufzeigend als Worte es vermögen, aber immerhin eine Sprache des Körpers, die ich Organdialekt genannt habe" (ADLER 1933/1973, S. 57).

2.2   Zärtlichkeitsbedürfnis

Bereits ein Jahr nach der Veröffentlichung der *Studie über Minderwertigkeit von Organen* (1907)[31] beschäftigte sich ADLER erneut mit einem körperlichen Phänomen. *Das Zärtlichkeitsbedürfnis des Kindes* (1908)[32] galt ihm als Indiz der sozialen Ausrichtung des Menschen und seine Befriedigung entsprechend als wichtige Voraussetzung für die weitere psychische wie soziale Entwicklung in der Gemeinschaft. ANSBACHER (1981) interpretiert es als Vorläufer des Gemeinschaftsgefühls, das nach 1918 die Theorie der IP prägt (vgl. dazu B III.3.1 und 3.1.2). Das Zärtlichkeitsbedürfnis diente ADLER als soziale Gegenkraft zum egozentrischen Aggressionstrieb, so wie später das genannte Gemeinschaftsgefühl das Machtstreben zu zügeln

---

[31] Alfred Adler (1907): Studie über Minderwertigkeit von Organen. Wien: Urban und Schwarzenberg.

[32] Alfred Adler (1908): Das Zärtlichkeitsbedürfnis des Kindes. In: Monatshefte Pädagogischer Schulpolitik, 1, S. 7–9.

hatte (vgl. ANSBACHER/ANSBACHER 1995, S. 118). Auch BRUDER-BEZZEL (2008), die jenem Aufsatz ADLERs hohe Bedeutung hinsichtlich seiner Theorieentwicklung sowie seiner Denkrichtung attestiert, weist auf diese Zusammenhänge hin und ergänzt sie mit ADLERs pädagogischem Interesse an kindlicher Entwicklung noch durch einen dritten Faktor. Sie fasst das Zärtlichkeitsbedürfnis „als Ergänzung und Entgegensetzung zum Aggressionstrieb" (S. 374) auf, das selbst kein Trieb sei, sondern ein Trieb- bzw Gefühlskomplex, der von verschiedenen Triebregungen ausgelöst werden könne. Bleiben Zärtlichkeitsbedürfnisse hingegen unbefriedigt, so folgen dieser Frustration Aggressionen, die sich somit nicht mehr nur aus einer Behinderung der Befriedigung des Aggressionstriebs ableiten lassen. Der Wunsch nach Zärtlichkeit und Liebkosung zielt von Anfang an auf die soziale Umwelt und fungiert damit – im Gegensatz zu FREUDs *Autoerotismus* oder *primärem Narzissmus* – als Grundlage eines Bedürfnisses an Zusammengehörigkeit und Gemeinschaft. So gilt das Zärtlichkeitsbedürfnis BRUDER-BEZZEL als Beispiel für ADLERs Vorstellungen der gesamten psychischen Dynamik des Menschen, die je interaktiv und kulturell ausgerichtet seien. So rät ADLER auch, das Zärtlichkeitsbedürfnis im Sinne einer pädagogischen Erziehungsmethode nicht unmittelbar zu befriedigen, um die Wünsche des Kindes nicht auf die Ebene der sinnlichen Lust zu beschränken, sondern sie zunächst auf kulturelle und gemeinschaftliche Interessen zu lenken (vgl. dazu BRUDER-BEZZEL 2008, S. 375 und LEHMKUHL & LEHMKUHL 2008, S. 385).

Die unmittelbare Erfüllung des Zärtlichkeitsbedürfnisses wie auch die Erfahrung des Aufschubs seiner Befriedigung werden von ADLER und seinen zeitgenössischen Mitarbeitern diskutiert. BRUNNER (1982, 1995b) macht auf abweichende Erkenntnisse aufmerksam und relativiert die vermeintliche Notwendigkeit des Aufschubs. ADLER führt die *Verzärtelung*, die Verwöhnung des Kindes, wie auch seine Vernachlässigung durch kalte und herzlose Erziehung immer wieder als potenzielle Gefahren für das Kind und die Ausprägung seines Minderwertigkeitsgefühls an und warnt so vor einer ungenügenden Vorbereitung auf die Lebensprobleme. Denn ein Zuviel an Zärtlichkeit befördere Unselbstständigkeit und übergroßes Anlehnungsbedürfnis, ein Zuwenig jedoch Egozentrismus, eingeschränktes Selbstvertrauen, Angst und Aggression.

Obwohl ADLER selbst den Begriff des Zärtlichkeitsbedürfnisses im Anschluss an seinen gleichnamigen Aufsatz kaum mehr verwendete (vgl. BRUDER-BEZZEL 2008, S. 374) und ihn im Konzept des Gemeinschaftsgefühls aufgehen ließ, betonen LEHMKUHL & LEHMKUHL (2008, S. 386) gerade dessen Bedeutung für „die aktuelle Weiterentwicklung der individualpsychologischen Theorie". Anhand ihrer umfangreichen Verweise auf entwicklungspsychologische und neurologische Säuglingsforschung (a. a. O., S. 386f., 389–391) sehen sie sich in ihrem Verständnis frühkindlicher Störungen bestätigt. Denn diese resultierten „als Folge der mangelnden Entwicklung eines positiven Selbst aufgrund unzulänglicher Befriedigung des frühkindlichen Zärtlichkeitsbedürfnisses" (S. 386).

2.3 Das Ich als unmittelbare Handlungs- und Bewegungserfahrung

„Wir müssen hinzufügen, dass wir das Ich als eine Gebundenheit betrachten, die sich *selbstschöpferisch* bildet, unter Gebrauch aller Möglichkeiten, unter Gebrauch der Wertigkeit und des Eindruckes seiner Unvollkommenheit, der Validität der Organe, und die unter Verwendung aller äusseren Eindrücke zu einer Form zu gelangen trachtet, die wir als geronnene Bewegung betrachten können. Dieses Ich kann nur gesehen werden in Bezogenheit, weil dieses Ich immer antwortend ist" (ADLER 1932, S. 242).

WITTE (1991, 1992) sieht ADLERs Ich-Verständnis als spontane Verlaufsgestalt anstatt einer reflexiven Ordnungssubstanz. Er leitet dieses „ursprüngliche Ich" (1991, S. 77) aus der frühkindlichen Entwicklungsphase ab, in der „ein vorbegriffliches Konzept von Gleich und Anders" „ein rudimentäres Erkennen des Ichselbst und des Anderen", „eine unbedacht-unbewusst-bildlos-unbegreifliche Icherfahrung" (1991, S. 76) ermöglicht. Diese Ich-Erfahrung erschöpft sich im Tun und Erleben aus eigener Perspektive, ist unmittelbar handlungsorientiert (WITTEs Beispiel: Das Auge sieht sich nicht selbst; so ist das Ich nichts Sichtbares, sondern das Sehen selbst – die Sehkraft an sich). Dieses „ursprüngliche Ich", auf das sich ADLER beziehe, sei eben „kein ,Ding', keine ,Entität', keine Substanz", sondern lediglich eine hilfreiche Vorstellung, eine Personifizierung, eine Verdinglichung („Hypostasierung", ADLER 1912/1972, S. 37) der eigenen Aktivität, weshalb er es auch synonym mit seinen bevorzugten alternativen Bezeichnungen (Lebens)Stil und (Schöpfer)Kraft verwende, die sich in ihrer Dynamik einer strukturierten Abgrenzung widersetzten (vgl. a. a. O., S. 77). Das Ich sei nur in der Bewegung vorstellbar, nicht als Bewegtes und vor diesem Hintergrund streng genommen nur als Verb zu verwenden, das in der konjugierten 1. Person lebt (vgl. 1991, S. 77 und 1992, S. 58f.). So lebt und existiert das Ich im Tun – oder anders ausgedrückt: Das Ich konstituiert sich selbst in seinem Handeln.

Dieses Handeln und Tun entspringt nun nach KÜHN/TITZE (1991, S. 206f.) einer intuitiven Vorstellung des eigenen Könnens bzw. Nicht-Könnens, das sich aus den direkten leiblichen Erfahrungen („leibidentische Apperzeptionen") und unabhängig eines bewussten Wissens ableitet. So wird im Verweis auf WEXBERG in der frühkindlichen Entwicklung der eigene Körper noch nicht am eigenen Leib identifiziert. Das Kind erlebt zwar bereits seine affektive und motorische Körperlichkeit, in der sich das *Ich* als lebendige Potenzialität, als spontane Aktivität konstituiert, kann sie jedoch noch nicht verorten. Sie erschließt sich ihm erst sukzessiv in einer Summation jener Erfahrungen, die sich dann in einem bewussten Körperschema niederschlagen.

KÜHN/TITZE gründen die prägenden Ich-Erfahrungen auf leiblichen Wahrnehmungsnuancen und spezifischen Empfindungen, die sich einer vollständigen Reflexion entziehen. Leib- und Lebenserfahrungen seien identisch: „Ich *bin* reflexiv uneinholbar *dieser* Leib" (1991, S. 207, kursiv im Original).

In diesem Verständnis dient der Leib als Quelle der Selbstinterpretation und Selbstgestaltung. Seine unmittelbaren affektiven Erfahrungen, die nur ihm in dieser subjektiven Einzigartigkeit zugänglich sind, bedingen und konstituieren das individuelle Bewegungsgesetz, dem das Ich bei den Herausforderungen der Welt anhand seiner Vorstellungen bezüglich des Könnens oder Nicht-Könnens folgt.

„Die Leiblichkeit ist dann jene Ursprünglichkeit, wo die Welt sich als ein ‚Ich bin' bildet (…). In dynamischer Hinsicht ist solche Gleichzeitigkeit von Welt und Ich die Leiblichkeit selbst als unmittelbar erfahrenes Bewegungsgesetz" (KÜHN/TITZE 1991, S. 208).

2.4 Lebensplan, Lebensstil, Bewegungsgesetz

„Der Lebensstil wird nach unseren Erfahrungen in der frühsten Kindheit ausgestaltet. (…) Das Kind erlebt in seinen anfänglichen Bewegungen und Leistungen die Validität seiner körperlichen Organe. *Erlebt* sie, hat aber noch lange *weder Worte noch Begriffe* dafür" (ADLER 1973, S. 56, Hervorhebung K. B.).

Lebensplan, Lebensstil und Bewegungsgesetz umschreiben, wie die frühen Ausdrücke Leitlinie oder Leitbild, dasselbe Phänomen einer einheitlichen und zielgerichteten Ausrichtung des Individuums. 1926 führt ADLER den Begriff des Lebensstils ein, den er zunächst gleichrangig und danach bevorzugt verwendet (vgl. BRUDER-BEZZEL 1991a, S. 178). In den 1930er-Jahren hingegen übernimmt das Bewegungsgesetz die führende Rolle und wird mit dem Lebensstil synonym verwendet (vgl. HEISTERKAMP 1995, S. 63–66), den BRUDER-BEZZEL (1991a, S. 178) definiert:

„Im Lebensstil sind alle früheren Erfahrungen und Entscheidungen des Individuums aufgehoben,[33] er legt die gegenwärtigen und zukünftigen Wahrnehmungen, Erinnerungen und Gefühlserlebnisse nahe. Der Lebensstil ist Produkt der ‚Schöpferischen Kraft' des Kindes, aber auf der Grundlage und ‚in Abhängigkeit von bestimmten Umweltbedingungen' (…). Der Lebensstil ist ein ‚Schema' und stellt als solches im Grunde eine Abstraktion von der Vielfalt der konkreten Erlebnisse, eine Selektion von aktiven und perzeptiven Reaktionsmöglichkeiten und eine Generalisierung über Personen und Situationen hinweg dar."

Der Lebensstil, so fasst ihn REINELT (1996, S. 304) prägnant zusammen, „ist die individualtypische Art, mit den Problemen des Lebens umzugehen." Er bleibe, gemäß BRUDER-BEZZEL und HEISTERKAMP (vgl. je a. a. O.), aber noch statisch

---

[33] Dieses Aufgehobensein darf durchaus im Sinne der dreifachen Bedeutung der HEGEL'schen Synthese verstanden werden (vgl. B II.2.1.1 bzw. S. 139f.).

konzipiert und halte an früh gewonnenen Handlungsausrichtungen fest, berücksichtige aktuellere Erfahrungen nur ungenügend. Damit diene er v. a. als Abwehrmechanismus dem Sicherheitsbedürfnis des Subjekts. Erst im Bewegungsgesetz werde die Dynamik des Wandels hervorgehoben. Der Lebensstil als starre wie auch abstrakte Orientierungsform erfahre seine Ablösung in einer stärkeren Betonung der entwicklungsbedingten Prozesshaftigkeit. Damit gewinne das Individuum ein deutlich größeres Maß an Freiheit zur Veränderung, was ADLERs in diesen Jahren propagiertem Vollkommenheitsstreben eher zu dienen scheine.[34]

Im Lebensstil greift das Individuum explizit wie implizit auf die eigenen realen und fiktiven Ressourcen zurück, die sein Handeln prägen. HEISTERKAMP/KÜHN (1995, S. 292f., vgl. dazu auch KÜHN/TITZE 1991, S. 205–208) benennen diese Orientierung anhand der eigenen Kompetenzen passend als „Identität des ‚Ich kann'". In ihr können leibliche und seelische Komponenten nicht unterschieden werden, „weil alles Tun von diesem fundamentalen ‚Leibwissen' begleitet ist".

Die Zielausrichtung des Lebensstils bzw. des Bewegungsgesetzes entspricht somit der Intentionalität des Leibes, der wir uns mit einem längeren Zitat ADLERs (1973a, 76f., kursiv im Original) widmen wollen:

> „Auf viel sichererem Boden befindet sich der Untersucher, wenn er an die *Sinnfindung der Bewegung* geht. Viel bleibt auch hier dem Erraten vorbehalten, und man wird jedes Mal aus dem ganzen Zusammenhang Bestätigung holen müssen, ob man auch richtig geraten hat. Damit sagen wir zugleich, wie es die Individualpsychologie immer betont, dass jede Bewegung der Gesamtpersönlichkeit entspringt und ihren Lebensstil in sich trägt, dass jede Ausdrucksweise der *Einheit der Persönlichkeit* entstammt, in der es keine Widersprüche gegen sie, keine Ambivalenz, keine zwei Seelen gibt. Dass jemand im Unbewussten ein anderer wäre, als im Bewussten – eine künstliche Teilung übrigens, die nur dem Analysefanatismus entspringt –, wird jeder leugnen, der die Feinheiten und Nuancen des Bewusstseins begriffen hat. Wie einer sich bewegt, so ist sein Sinn des Lebens."

ADLER unterstreicht hier die Einheit von Individuum, Sinn und Bewegung. Dabei bewegt sich das Individuum gemäß seinen Sinnzuschreibungen, während sich in der Bewegung für das Individuum wieder neue Sinnkonstitutionen erschließen. Das individuelle Bewegungsgesetz ist demnach ein sinngeprägtes und zielgebundenes Problemlösungsschema, das sich implizit aus der leiblichen Intentionalität begründet.

---

[34] Die Autoren verweisen selbst auf den spekulativen Charakter ihrer Unterscheidung zwischen Lebensstil und Bewegungsgesetz, den ADLER zwar einführt, aber nicht explizit erläutert. Auch der *Lebensstil* erlaubt bereits Anpassungen, die in einer strengen Auslegung etwaiger *Gesetze* womöglich sogar schwieriger wären. So soll das *Bewegungsgesetz* wohl Dynamik und Gebundenheit vermitteln, wobei nicht der Begriff die Anpassungs- und Wandelfähigkeit bestimmt, sondern die individuelle Zufriedenheit mit sich und seinem Leben sowie die Überzeugung, daran auch selbst etwas verändern zu können.

"Zur generellen Struktur von Problemen gehört", so führt GERHARDT (1999, S. 47, kursiv im Original) aus, "*dass sie uns etwas angehen* (…)." Sie fordern eigene Anstrengungen heraus, tangieren unsere Empfindlichkeiten und Bedürfnisse, beziehen sich auf unsere Ansprüche "und stehen in direkter Korrelation zu unserem *Selbstverständnis*. Denn Probleme werden auf dem Niveau wahrgenommen, auf dem *wir uns selbst* begreifen." Die angesprochene Wahrnehmung der Empfindlichkeiten verweist darauf, dass die Probleme uns *leiblich begegnen*, denn wir erfassen und erkennen gemäß MERLEAU-PONTY (vgl. 1966, S. 169) nichts, was nicht für unseren Leib gegenwärtig wäre. Die Vergegenwärtigung entsteht in der Folge einer intentionalen Beziehung mit unserer Welt – und zwar genau dann, wenn wir uns von ihr *berühren* lassen, wenn uns bestimmte Konstellationen in ihr *etwas angehen*. Jenes Berührenlassen von der Welt impliziert ein Spürenkönnen der Welt. Hierauf gründet die intentionale Einheit zwischen dem Individuum und seiner Welt, auf die ADLER sich auch in seinem Minderwertigkeitsgefühl bezieht. Spricht er von dessen *Stimmungslage* (vgl. 1982b, S. 169), so umschreibt er damit die umfassende Befindlichkeit des Individuums – im Sinne der *ganzheitlichen leiblichen Regung* (SCHMITZ 2008, S. 43) –, in der bereits eine (intentionale) Reaktionsdisposition mitschwingt. Diese zielt auf die Kompensation der in diesem Minderwertigkeitsgefühl erschütterten Einheit. Dabei ist die Bewegungs*richtung*, die *intentionale Gerichtetheit* des Individuums, durch sein Bewegungs*gesetz*, seine *erfahrenen Sinnkonstruktionen*, vorgeprägt. Die eigentliche Kompensationsbewegung kann dann als ein *Einverleiben* (MERLEAU-PONTY 1966, S. 168) neuer Problemlösungsstrategien verstanden werden, die die Einheit der Persönlichkeit stärken und stabilisieren. Entsprechend charakterisiert KUMMER (1984, S. 149, Hervorhebung K. B.) Minderwertigkeitsgefühle als "Gefühl, ‚no*body*' zu sein, sich nicht zu verkörpern, vom eigenen Körper abgeschnitten zu sein, sich zu vermindern." Als jene Verminderung oder Verengung beschreibt sie die Beschneidung der eigenen Lebendigkeit und Selbstgestaltung, der wir im hier geschilderten Zusammenhang durch die intentionale leibliche Hinwendung zur Welt begegnen.

2.5 Zusammenfassung und Interpretation

Die vier bisher behandelten Aspekte von Körper, Leiblichkeit und Bewegung in der IP können in der vorgestellten Reihenfolge auch eine Entwicklung von einer spezifischen Innerlichkeit zu einer verallgemeinerten Äußerlichkeit, vom gefühlten Selbst bis zur interpretierten Welt, dokumentieren.

In der objektiven Prädisposition einer etwaigen Organminderwertigkeit richtet sich der Blick auf das Innere des Körpers, der sich ggf. in der subjektiven Intention des Organdialekts seiner Umwelt (und sich selbst) leiblich mitteilt. Hier werden re-

2 Motologiebezug der IP: Vom „Organdialekt" zum „Bewegungsgesetz"

lative Anfälligkeiten wahrgenommen und in einem Kommunikationsappell der Außenwelt vermittelt, von der so Hilfe erhofft wird. Auch das Zärtlichkeitsbedürfnis benötigt zur Befriedigung die soziale Außenwelt, den anderen seiner selbst. Es wird an der Haut gestillt, die die Grenze zwischen Innen und Außen des Individuums bildet. Die konkrete Bewegungs- und Handlungserfahrung, mit der das Individuum in die äußere Welt hineinwirkt, konstituiert das Ich. Und unter dem Eindruck und der Bewertung all dieser Erlebnisse des Leibes und mit dem Körper, ihrer Erwartungen, Befriedigungen und Versagungen gestaltet sich eine Abstraktion, eine verallgemeinerte Erwartung, wie sich das eigene (verletzliche) Innere in der (mitunter auch bedrohlichen und riskanten) Außenwelt behaupten kann. Das Bewegungsgesetz dient dann als Orientierungsrahmen und Zielrichtung, das eine leibverträgliche individuelle Entwicklung verspricht.

HEISTERKAMP/KÜHN (1995) konstatieren ADLER eine phänomenologische Leibauffassung, die den Leib-Seele-Dualismus über die postulierte Einheit der wechselseitigen Beeinflussung beider Faktoren zur radikalen Subjektivität der Leiblichkeit überwindet. Sie unterscheiden in diesem Prozess fünf verschiedene Leiblichkeitsauffassungen bei ADLER, die sich äußern in ihrer Fähigkeit zur:

1. Kompensation: Organminderwertigkeit initiiert Überwindung;
2. Wechselwirkung zwischen Körper und Geist (Autoren weisen auf unglückliche Behelfslösung hin, in der die postulierte Einheit bereits durch die Benennung von Teilelementen verloren gehe);
3. Ausdrucks- und Sicherungsvermittlung: Organdialekt;
4. Ausdrucksbewegungen des Lebensstils/Bewegungsgesetzes: Emotionen, Kognitionen, Affekte, Motorik, Handlungen dienen als Ausformungen des Lebensstils der individuellen Sinn- und Zielausrichtung;
5. Formgebung: Konstituierung eines ganzheitlichen Selbstseins, in dem sich das Ich anhand seiner leiblichen Erscheinungsformen unmittelbar ausdrückt, darstellt und offenbart (vgl. S. 293f.).

ADLER misst also der Leiblichkeit eine zunehmende Bedeutung bei. Sie wächst von einer punktuellen Reaktionsbereitschaft zu einer umfänglichen Grundlegung des individuellen Seins. HEISTERKAMP/KÜHN (a. a. O.) bezeichnen diese „Leibfundierung alles Seelischen", in der die Bewegung als Erkenntnisquelle besonders hervorgehoben wertgeschätzt wird, als noch kaum beachtete „morphologische Wende" in seinem Werk. Sie empfehlen nun auf der Grundlage der subjektbezogenen Formgebung, in der die leiblichen Ausdrucksbewegungen das Ich repräsentieren und Rückschlüsse auf die sich gestaltende Ganzheit zulassen, behandlungsmethodische Alternativen in der psychoanalytischen und psychotherapeutischen Praxis, die ihren Erkenntnissen zur Leiblichkeit und Bewegungserfahrung verstärkt Rechnung tragen:

- Offenhalten der therapeutischen Situation für die Herausbildung des individuellen Bewegungsgesetzes;
- nur in der Bewegung ist Wahrheit: in der therapeutischen Situation die Wahrheit des Klienten lebendig werden lassen;
- Führung der therapeutischen Situation dem Klienten überlassen (und für ihn mütterliche Funktionen übernehmen: Sorge, Wertschätzung);
- Notwendigkeit des leibhaftigen Mitschwingens des Therapeuten;
- besonderes Augenmerk auf die nonverbalen Ausdrucksbewegungen des Klienten legen;
- leibliche Manifestationen des Seelischen gelten als Kommunikationsformen von besonderer Eindringlichkeit und Resonanz.

Entsprechend plädieren HEISTERKAMP/KÜHN (1995, S. 295–297) für den Einsatz leibhaftiger und leibnaher Therapiekonzepte, die die psychoanalytischen Behandlungsmethoden erweitern und das Verständnis der eigenen Fachbegrifflichkeiten (wie aber sicherlich auch des Menschen selbst) vertiefen könnten. Sie fügen zehn auf HEISTERKAMP (1993) zurückgehende Faktoren der Körper-, Leib- und Bewegungsarbeit an, die sich bereichernd auf die therapeutische Arbeit auswirkten:

1. Erweiterung der Erlebensdimension
2. Orientierung im seelischen Gesamtgeschehen
3. Durchgliederung des Erlebensstroms
4. Mit-Bewegung
5. Vertiefung des aktuellen Erlebens
6. Verlebendigung des Wider-stehens und der Selbst-bewegung
7. Nacherfassung primärer Erfahrungsniederschläge
8. Vereindeutigung des Beziehungsgeschehens
9. Unterstützung der Selbstheilungstendenzen beim Patienten
10. Belebung der Lebensfreude

Sowohl die IP als auch die Motologie erhoffen sich demnach in ihren Betrachtungen des Leibes entscheidenden Erkenntnisgewinn. Er wirkt in der Welt durch sein Können, seine Sinnzuschreibungen und seine Beziehungen. In seiner Intentionalität bleibt der Leib in diesem Verständnis jedoch zweifelsfrei an die Welt gebunden: sowohl da seine Intentionen auf die Welt gerichtet sind als auch da er seine Welt gemäß seinen Intentionen konstituiert. In dieser Bezogenheit aber, ohne die seine Intentionen ins Leere liefen, bleibt er Teil und somit auch Objekt der Welt.

Gemäß HEISTERKAMP und KÜHN (vgl. 1995, S. 292) entziehe sich erst der *originäre Leib* im Sinne HENRYs (1992) in seiner radikalen Subjektivität einer kategorialen Objektivierbarkeit. Er repräsentiere die absolute Leiblichkeit, in der sich der Leib selbst all seiner Optionen bemächtige und in seiner eigenen Affektivität aufgehe. Mit ihm eröffne sich das tatsächliche Eigenwesen der Leiblichkeit, deren rein subjektive Erfahrung jede individuelle Wahrheit und Erkenntnis begründe.

Diese konsequenten Weiterführungen der ADLER'schen Ansätze, ihre kenntnisreiche Ausdifferenzierungen und Systematisierungen durch die genannten Autoren erweitern und beflügeln das theoretische Verständnis der leiblichen Aspekte innerhalb der IP.

Jene Vorstellungen zum *originären Leib* mit seiner radikalen Selbstbezogenheit und ursprünglichen Intentionslosigkeit wären ADLER selbst aber wohl eher fremd. Sein Mensch ist auf die ihn umgebende Welt bezogen, sein Mensch hat ein Ziel, das es zu verfolgen gilt, sein Mensch lebt und wirkt in der Gemeinschaft.

II Das Menschenbild der Individualpsychologie

In diesem Kapitel soll zunächst ein kurzer und nur grober Abriss der Theorieentwicklung ADLERs sowie verschiedener Autoren, die ihn auf diesem Weg beeinflusst haben, vorgestellt werden. Im zweiten Abschnitt stehen dann insbesondere die Aspekte im Zentrum, die uns im Hinblick auf die herausgearbeiteten Anforderungen an eine Entwicklungstheorie besonders interessieren, die sich womöglich gegenüber den Bedingungen der sogenannten Postmoderne als günstig erweisen: die Anerkennung eines Kernselbst, um der Ohnmacht der erschütterten Einheit zu begegnen, die gebundene Flexibilität, um sich in der offenen Vielheit Gestaltungsmacht zu bewahren und die Wertschätzung der Leiblichkeit als individuelles Orientierungsraster.

Welche Vorstellung des Menschen, des Individuums in seiner Umwelt, liegt dieser Entwicklungstheorie zugrunde?

1 Allgemeine psychologische, medizinische und philosophische Einflüsse

1.1 Von der Natur- zur Geisteswissenschaft, von der Triebabhängigkeit zur zielgebundenen Freiheit einer Wertepsychologie

LÜCK (1990) weist darauf hin, dass die Psychologie erst in den 1920er-Jahren ihre ersten eigenständigen Lehrstühle gewinnen konnte. In der Konstituierungsphase der IP hingegen war sie als experimentelle Wissenschaft vielmehr der Medizin (Physiologie) und der Philosophie angegliedert. So sind die hier zu suchenden Einflüsse nicht immer fachspezifisch zu differenzieren. Überhaupt bewegt sich der Versuch einer konkreten und direkt ableitbaren Zuordnung von Ideen und Zusammenhängen, „da das Werk *Adlers* hierfür keine ausreichenden Hinweise gibt" (HÖCHER 1987, S. 3, kursiv im Original), mitunter auf eher spekulativem Boden. Auch KÜHN (1996) belegt ADLERs allgemeinen und freien Umgang mit seinen Quellen.

Als gesichert kann jedoch seine ambivalente Haltung gegenüber der akademischen Psychologie gelten. Auf der einen Seite zeigte er sich ihr gegenüber als uninteressiert oder ablehnend, was in vierfacher Hinsicht deutlich wird:

1. ADLER hat sich während seines Studiums kaum mit Psychologie oder Psychopathologie beschäftigt (vgl. HANDELBAUER 1984, S. 289);
2. in der Zusammenarbeit mit FREUD haben beide die Überzeugung gewonnen, dass ihre eigenen Methoden denen der herkömmlichen Psychologie überlegen seien;

3. die Ablehnung seines Habilitationsvorhabens verbitterte ADLER[35].
4. Zudem entwickelte sich eine berufspolitische Konkurrenz um gesellschaftliche Anerkennung der Lehrmeinung und Vortragstätigkeit vor umkämpften Auditorien (vgl. dazu LÜCK 1990).

Auf der anderen Seite jedoch demonstrierte er mit seinem Versuch, sich in ihr zu etablieren, auch ein Bedürfnis der Zugehörigkeit, das sich auch in seiner Genugtuung bei wohlwollenden Rezensionen und Erwähnungen widerspiegelte – wenngleich seine Motivation nach dem Bruch mit FREUD auch von dem Gedanken der Neuorientierung begleitet sein mochte. Die Anerkennung der akademischen Psychologie hätte ihm auch einen Sieg gegenüber FREUD verschafft, dem Ähnliches verwehrt blieb.

Doch zunächst war FREUD ein wichtiger Bezugspunkt für ADLER. Er diente ihm in den gemeinsamen Diskussionen der Mittwochsgesellschaft von 1902 bis 1911 zur Identifikation und Abgrenzung, inspirierte ihn für die Thematik der Psychoanalyse und gab so den Anstoß für ADLERs eigene Neurosenlehre.

FREUD betätigte sich ursprünglich in der Physiologie und der Neuroanatomie (vgl. WENGLER 1990, S. 266) und stand von daher in einer Tradition der kausal orientierten Naturwissenschaften, die er auch in seiner Trieblehre nie verlassen hat. Im Umkreis dieser Überzeugungen war auch der Mediziner ADLER zunächst bestrebt, naturwissenschaftlich (und trieborientiert) zu argumentieren (vgl. dazu B III.1.1). Noch vor seinem Kontakt mit FREUD zeigte ADLER besonderes Interesse an der Sozialmedizin, in deren Bedeutung ihn VIRCHOW, der uns später noch unter einem anderen Aspekt begegnen wird (B II.2.1.1), zweifelsfrei stark beeinflusst hat. VIRCHOW vertrat ein umfassendes humanistisch-anthropologisches Medizin- und Menschenbild, in dem die Medizin alle Aspekte des menschlichen Lebens in seiner Individualität berücksichtigen sollte. Dafür war es notwendig, über die vermeintlich objektiven naturwissenschaftlichen Methoden hinauszugehen und sich dem subjektiven, instinktiven oder intuitiven Wissen der Geisteswissenschaften zu öffnen. WENGLER (1990, S. 261) sieht darin die Möglichkeit für ADLER, „sich vom kausaldeterministischen Denken hin zur finalteleologischen Erkenntnis zu bewegen, ohne sein medizinisches Grundverständnis (...) aufgeben zu müssen."

Die Abgrenzung von der herkömmlichen akademischen Experimentalpsychologie, die entsprechend der geschilderten Überzeugungen keine dem einzelnen Indi-

---

[35] Die Ablehnung muss ADLER doppelt getroffen haben, denn sie gründete v. a. auf seiner vermeintlichen Zugehörigkeit zur psychologischen Schule FREUDs, mit dem er doch gebrochen hatte und in z. T. erbitterter Konkurrenz stand.

viduum wesentlichen Informationen bieten konnte,[36] und die Hinwendung zum humanistisch-anthropologischen Menschenbild erfordert nunmehr die Untersuchung individueller Biografien. Diese findet ADLER u. a. in den Beschreibungen der Künstler, Literaten und Dichter, wie bspw. SHAKESPEARE, GOETHE oder DOSTOJEWSKI, von denen er immer wieder bewundernd und euphorisch spricht. Wenn HANDELBAUER (vgl. 1984, S. 285) dies leicht polemisch kommentiert, so verkennt er die Möglichkeit, in jenen Schilderungen trotz ihrer Fiktionalität anschaulich lebendigen menschlichen Regungen zu folgen, die ADLER zweifelsohne in „den blutleeren Abstraktionen der alten Vermögenspsychologie" (WEXBERG 1928, S. 6) vermisste.

Doch kehren wir nochmals zur Sozialmedizin VIRCHOWs und deren Einfluss auf ADLER zurück, um einen zweiten Argumentationsfaden aufzunehmen. Nach WENGLER (1990, S. 262) umfasst deren soziale Dimension drei Aspekte: die Anerkennung des Menschen als soziales Wesen, die aktive Teilhabe des Menschen am gesellschaftlichen und politischen Leben sowie die Übernahme sozialer Verantwortung für Hilfsbedürftige. Daraus werden konsequent die Notwendigkeit einer Präventivmedizin und Prophylaxe abgeleitet.

ADLER verknüpft jene Hilfsbedürftigkeit und Benachteiligung dann mit einer potenziellen Gefährdung durch eine bereits ausgeprägte oder drohende objektive oder fiktive Minderwertigkeit (vgl. B III.1). Als besonders anfällig erachtet er hierfür Kranke, untere soziale Schichten, Frauen und Kinder. ADLER prangert in seiner Gesellschaftskritik, womöglich auch unter dem Einfluss MARX' (vgl. HANDELBAUER 1984, S. 287), die Demütigung und Ohnmacht (vgl. BRUDER-BEZZEL 1985) der genannten Personengruppen an und propagiert pädagogische Verantwortungsbereitschaft der IP, die auf Kompensationskompetenz jedes Einzelnen, auf Gleichstellung der Frau oder Ermutigung des Kindes abzielt. Ein zunehmendes Verständnis von grundsätzlicher Gleichwertigkeit und Zugehörigkeit, von Gemeinschaft, soll ein in den gesellschaftlichen Verhältnissen angelegtes Minderwertigkeitsgefühl überwinden. Doch statt unterstützender Kooperation herrsche unterdrückende Konkurrenz, in der sich Macht und Ohnmacht ritualisiert gegenseitig aufschaukeln, verstärken und überhöhen.

---

[36] NEUER kritisiert die naturwissenschaftliche Ausrichtung der Psychologie als „Laboratorienpsychologie", da sie den Bezug zur menschlichen Realität den scheinbar exakten Methoden ihrer Datenerhebung geopfert habe [vgl. NEUER, A. (1913/1914): Heilen und Bilden. In: Zeitschrift für angewandte Psychologie und psychologische Sammelforschung, 8, 311–316]. Demgegenüber die IP „ja das Spezifische am Individuum bewältigen (will), weil sie glaubt, dass es der Schulpsychologie entgangen ist, während das Individuelle nie in Gesetze eingehen kann (…)." [NEUER, A. (1914): Ist Individualpsychologie als Wissenschaft möglich? In: Zeitschrift für Individualpsychologie, 1, 3–8]. Beide Literaturangaben nach HANDELBAUER (1984).

Doch ungeachtet dieser Gefahr einer Überhöhung in fortgesetzter Kompensationskonkurrenz, in der letztendlich der Selbstbezug verloren geht, da nicht mehr das eigene affektive Erleben, sondern ausschließlich der neidvolle Vergleich mit dem anderen auslösend wirkt, beinhaltet das Minderwertigkeitsgefühl bereits den Widerstand gegen die einengenden Bedingungen. In diesem Impuls liegt das Aufbegehren gegen den Determinismus, für Veränderungsbereitschaft und für individuelle Freiheit begründet.

ADLERs diesbezügliches Verständnis orientiert sich nach VETTER (1991, S. 197, kursiv im Original) an „*Kants* Freiheit des moralisch qualifizierbaren Handelns". Die von FREUD vertretene kausale Abhängigkeit auch des Seelischen von den allgegenwärtig bestimmenden Naturgesetzen, die entsprechend nur eine psychologische Scheinfreiheit gewährten, kann mit KANTs Unterscheidung zwischen *Kausalität der Natur* und *Kausalität durch Freiheit* überwunden werden. Letztere entstammt der praktischen Philosophie und kann in ihr – im Gegensatz zur theoretischen Philosophie, in der ihre Möglichkeit zunächst bewiesen werden müsste – als Ausgangfaktum gesetzt werden. Untersuchungsgegenstand ist dann deren Auswirkungen auf die Wirklichkeit. Die angesprochene *Kausalität durch Freiheit* beleuchtet nun das aus einem Anfang resultierende folgerichtige Handeln. Während die Folgerichtigkeit also kausal aus dem Anfang erwächst, kann jener aufgrund veränderlicher Motivationen und Zielvorstellungen immer wieder individuell neu gesetzt werden.

Diese Freiheit charakterisiert VETTER (1991, S. 199) als „Selbstfreigabe", als „freie Bindung an ein Ziel", was später (B II.2.2.1) nochmals aufgegriffen werden wird. Diese Konkretisierung der gebundenen Freiheit findet sich bei ADLER explizit in seinem Lebensstil bzw. seinem Bewegungsgesetz wieder, wie wir sie bereits oben (vgl. B I.2.4) kennengelernt haben.

Im Lebensstil verbinden sich die zielgebundene Freiheit und die aus ihr abzuleitenden selbstbestimmten Aktivitäten zur Einheit und Einmaligkeit der individuellen Persönlichkeit. Der (womöglich) durch VIRCHOW initiierte Aspekt der Unteilbarkeit des Subjekts, des *In-dividuums*, seine Hinwendung zum subjektiven Wissen und KANTs Befreiung des menschlichen Willens aus den Zwängen der naturwissenschaftlichen Kausalität und Determination ließen nun keinen Platz mehr für Triebabhängigkeiten und Aufspaltungen der Persönlichkeit, wie sie ADLER in Anlehnung an FREUD zunächst noch vertrat.

Der Lebensstil entspricht einer persönlichen Stellungnahme zu den spezifischen Anforderungen und Herausforderungen des Lebens, hält Antworten auf die erfahrenen und erwarteten Problemlagen bereit. Doch seine ursprüngliche Subjektivität beinhaltet drohende Fehlbarkeit, Ohnmacht und Minderwertigkeitsgefühle. Aber der Mensch kann sich verändern und anpassen, er kann Hindernisse und Beschneidungen überwinden, sich neue Ziele setzen. Dafür benötigt er Vertrauen, sowohl in seine Fähigkeiten wie auch in die unterstützende und tragende Gemeinschaft, der er als aktiv Teilnehmender unbedingt angehört.

Vor diesem Hintergrund betrachtet HÖCHER (1987, S. 10) die „Achtung vor dem Menschen, der seinem natürlichen Wesen nach den virtuellen Mut besitzt, diese seine existentielle Gefährdetheit im Sinne des Gemeinschaftsgefühls zu kompensieren" als den Kern des individualpsychologischen Menschenbilds.

1.2 Selbst- und Fremdzuordnung der IP sowie deren Problematik

Der Name der Individualpsychologie (IP) war nach TITZE (1979, S. 13–17) stets umstritten. Die Unteilbarkeit des Individuums, auf die er programmatisch hinweisen sollte, schien den Kritikern nie als hervorstechende spontane Assoziation Außenstehender. Für diese Laien, wohl aber auch für Fachleute außerhalb der Individualpsychologie, wurde die proklamierte Überwindung der FREUD'schen *Analyse*, der mechanistischen Aufspaltung und Zergliederung des Menschen, nicht hinreichend deutlich. Viel näher stand die Vorstellung einer psychologischen Richtung, die sich vermeintlich mit dem Einzelnen beschäftigte und einen Gegensatz zu einer Sozial- oder Gruppenpsychologie verkörpern mochte.

So wurden in internen Diskussionen immer wieder alternative Vorschläge zur Umbenennung vorgebracht, die sich jedoch allesamt nicht durchgesetzt haben:

– Holistische Psychologie (DREIKURS)
– Individualanalyse (KÜNKEL)
– Finalanalyse (FISCHL)
– Teleoanalyse (DREIKURS)

Im englischen und französischen Sprachraum benannten sich ihre Vertreter schlicht nach dem Begründer „Adlerian Psychology" bzw. „Psychologie Adlerienne".

ADLER selbst beschrieb seine individualpsychologische Methode auch als *wissenschaftliche Menschenkenntnis*. In dieser Wortverbindung zeigt sich jedoch eine Grundproblematik der IP: einerseits die Fokussierung eines populären Interesses, das sich im Lebensalltag durch subjektive Erfahrung bzw. instinktives und intuitives Wissen speist, und der gleichzeitige Anspruch an Wissenschaftlichkeit, der nach Methodentransparenz, Nachvollziehbarkeit und Differenzierungsfähigkeit verlangt. Dieser Spagat ist ADLER und seiner IP, zumindest in den Augen seiner Kritiker, nicht immer gelungen.

Dabei schienen ADLERs ursprüngliche Bestrebungen durchaus auf ein ausgewogenes Verhältnis der Bedeutung von Theorie und Praxis seiner Lehre zu zielen. Sowohl die Grundlegung einer einwandfreien Wissenschaft als auch die Ausrichtung auf die notwendigen praktischen pädagogischen Fähigkeiten galten der Individualpsychologie als gleichrangig wichtig. Diese Gewichtung hat sich jedoch mit den 1920er-Jahren im Zuge der Mitarbeit an der Wiener Schulreform und der Etablierung der individualpsychologischen Beratungsstellen zugunsten der direkten Anwendbarkeit verschoben. Bald nahm ein gewisser Pragmatismus überhand, der sich u. a. auch in einer volkstümlichen Sprache ausdrückte. Damit konnten zwar größere Bevölkerungsschichten erreicht werden, die wissenschaftstheoretische Vereindeutigung und Prägnanz von Begrifflichkeiten und argumentativen Zusammenhängen litt jedoch (vgl. HANDELBAUER 1984, S. 266f., 279–281, BRUDER-BEZZEL 1991, S. 43–47, BRUDER-BEZZEL 1983).

Vor diesem Hintergrund der angestrebten Alltagstauglichkeit und dem Selbstverständnis der Interdisziplinarität (Psychologie, Philosophie, Medizin, Literatur) gestaltete sich die Einordnung der Individualpsychologie im Verhältnis zu anderen psychologischen Schulen und Teilgebieten als schwierig. BIRNBAUM (1937, S. 99) stellte bei seinen Orientierungsversuchen anhand der von Karl BÜHLER aufgestellten Ordnungsgesichtspunkten nach einem Erlebnis-, Verhaltens- und geisteswissenschaftlichen Aspekt fest, dass die IP an sämtlichen Bereichen Anteil hat, was die Zuordnungsproblematik erkläre:

„Es ist nun verständlich, weshalb die Individualpsychologie sich selbst ein Koordinatensystem konstruieren musste, das, von dem der anderen aus gesehen, den Eindruck der Willkür macht."

Vergleiche wurden z. B. gezogen mit der Ganzheitspsychologie (DRIESCH), der Gestaltpsychologie, die gemeinsam mit der IP als *Sinndeutende Psychologien* zu verstehen seien, mit der Psychoanalyse, mit der sie als Tiefenpsychologie firmiere, mit der Verstehenden Psychologie (DILTHEY, JASPERS, SPRANGER) oder der personalistischen Psychologie (STERN). Zudem gab es mehr oder weniger stark ausgeprägte Verbindungen zur Würzburger Schule der Denkpsychologie (KÜLPE), zur Entwicklungspsychologie (Charlotte und Karl BÜHLER), zur Humanistischen Psychologie (GOLDSTEIN, MASLOW) sowie zu den amerikanischen Psychologen und Psychiatern Stanley HALL und Morton PRINCE.

ADLER selbst habe jedoch zum problemgeschichtlichen Standort der IP kaum Stellung bezogen und dies v. a. seinen Mitarbeitern überlassen (vgl. HANDELBAUER 1984, S. 290–305).

2 Themenspezifische Grundlagen im Hinblick auf die vorgestellten originären Bezugspunkte

Im Folgenden wollen wir versuchen, verschiedene Ideen und Überlegungen der von ADLER angeführten Philosophen unter den themenrelevanten Gesichtspunkten Kernselbst, gebundene Flexibilität und Leiblichkeit zu beleuchten. ADLERs Verweise sind oft unspezifisch und beziehen sich nur selten auf die umfassenden Konzepte oder Theorien ihrer Begründer oder Vertreter. Er wählt aus, was ihm für das Verständnis seiner Individualpsychologie wertvoll und nützlich erscheint. Das mag man, ihm wohlgesonnen, pragmatisch nennen, könnte ihm kritisch aber auch als unstrukturiert ausgelegt werden. Nicht immer scheint klar, ob ADLER die adaptierten Gedanken tatsächlich vorab studierte, um sie als Impulse für eigene Entwicklungen zu nutzen, oder ob er sie nicht vielmehr erst im Nachhinein seinen Überzeugungen zugeordnet hat.

Dieser Umstand erschwert eine systematische Darstellung, die dennoch in Angriff genommen werden soll, um eine erste Orientierung im Geflecht zwischen den uns hier interessierenden Grundlegungen der später vorgestellten Entwicklungstheorie, den allgemeinen philosophischen Konzepten und den spezifischen Aspekten bestimmter Autoren, deren sich ADLER mehr oder weniger transparent bedient, zu ermöglichen.

ADLER schätzt die Philosophie, auch wenn sich seine Bezüge zu deren Vertretern nicht immer direkt erschließen. Gerade nach dem Bruch mit FREUD sucht er seine Lehre neu zu verorten und weiter abzustützen. Das gemeinsame Interesse der Erkenntnisgewinnung des Menschen und über den Menschen mag ihn zu der Ansicht einer umfassenden philosophisch-theoretischen Durchdringung der Individualpsychologie verleiten:

> „Wer sich auch nur teilweise mit Philosophie beschäftigt hat, wird mit *William Stern* übereinstimmen: Individualpsychologie *ist* Philosophie" (ADLER 1932, S. 241, Hervorhebung im Original).

Die vorgenommene Einteilung erhebt weder Anspruch auf Vollständigkeit noch auf Ausschließlichkeit: So können verschiedene philosophische Impulse bzw. Autoren – hier wären v. a. NIETZSCHE und VAIHINGER zu nennen, auf die sich ADLER explizit und häufig beruft und die ich hier entsprechend ausführlicher vorstelle – durchaus mehreren individualpsychologischen Bezugspunkten zugeordnet werden. Die gewählte Zuordnung gehorcht somit eher den Kriterien der Übersichtlichkeit als der tatsächlichen Mehrperspektivität der jeweiligen Ideen und ihrer belegten wie vermuteten Rezeptionen.[37] Genau *diese* stehen nun im Zentrum unseres Interesses: Welche Überlegungen haben aus Sicht der IP ADLER beeinflusst bzw. in welchen sah er selbst Übereinstimmungen mit seiner Lehre? Wir nähern uns den philosophischen Grundlagen also v. a. über den individualpsychologischen Fachdiskurs und nur dann über das Original, wenn grundlegende Ergänzungen zum besseren Verständnis notwendig sind.

---

[37] Im Text wird auf explizite Verweise jener weiteren Bezugspunkte verzichtet. Der Leser wird diese im behandelten Themenkreis unschwer selbst erkennen.

2.1 Zur Ohnmacht der erschütterten Einheit: das Kernselbst

Der Herausforderung einer Ohnmacht der erschütterten Einheit begegnen wir mit der Vorstellung eines unverhandelbaren Kernselbst, das als Organisator unserer immer wieder neu zu konzipierenden Einheit fungiert (vgl. A IV.3.1). Die Individualpsychologie sieht im Konstrukt der Schöpferischen Kraft (vgl. B III.1.4) die Fähigkeit des Individuums begründet, diese Einheit je neu herzustellen. Dabei dienen ihr die individuelle Ziel- bzw. Sinn- und Werteausrichtung als einheitsstiftender Bezugspunkt des Subjekts: unter dem Fokus der teleologischen Finalität wirken alle intentionalen Bestrebungen zusammen. Philosophische Impulse zu diesen Aspekten finden sich im Holismus und der Hermeneutik, die wir nun näher in Augenschein nehmen wollen.

2.1.1 Holismus

Ganzheitlichkeit war als Paradigma der neuzeitlichen Wissenschaftstheorie seit DESCARTES unter dem Anspruch der Universalität im 17. Jahrhundert eingeführt (vgl. dazu auch WELSCH 2002, S. 66–72). Bald schon brachte die Philosophie ganzheitliche Denkmodelle hervor, die die geisteswissenschaftliche Psychologie besonders inspirieren und die naturwissenschaftliche kritisieren sollte. So beeinflussten SCHOPENHAUER, NIETZSCHE und DILTHEY mit ihren Theorien und Anschauungen die Tiefenpsychologie in besonderem Maße. Deren Ausführungen zu Dynamik und Prozesshaftigkeit des Lebens verlangten nach alternativen Erfassungsmethoden, da zergliedernde, analytische, sequenzielle Betrachtungen dem kontinuierlichen Werden, Fließen und Verändern nicht gerecht zu werden schienen. Um den Anspruch aufrechtzuerhalten, diese Lebendigkeit tatsächlich erfassen zu wollen, musste somit der Fokus vom Teilaspekt auf die Ganzheit geöffnet werden.

Während wir DILTHEY im Anschluss und NIETZSCHE an anderer Stelle würdigen (B II.2.3.1), beginnen wir unsere Betrachtungen mit SCHOPENHAUER (1788–1860)[38] zu erweitern. Feierte vor ihm die abendländische Philosophie stets v. a. die menschliche Vernunft als oberste Führungsinstanz, so kennzeichnete sie SCHOPENHAUER (*Die Welt als Wille und Vorstellung*, hier 1986) als Spielball des irrationalen, von Affekten, Emotionen und Trieben bestimmten Willens. Er prägt das Bild des Willens als blindem Riesen, der den sehenden Zwerg der Vernunft auf Schultern trägt und so die gemeinsame Richtung bestimmt (vgl. Band 2, Kapitel 19).

---

[38] SCHOPENHAUERs Philosophie können wir der Lebensphilosophie zurechnen oder in der Nachfolge KANTs als subjektiven Idealismus bezeichnen. Lediglich die hier genannten Aspekte daraus dienen uns zur Abstützung der holistischen Vorstellungen der IP.

RATTNER (1977, S. 22–24) hebt SCHOPENHAUERs Bedeutung für die Tiefenpsychologie insgesamt, für deren Traum- und Psychosentheorie, die Relevanz der Sexualität und des Unbewussten sowie seine Ideologiekritik hervor. Aus Sicht der Individualpsychologie besonders interessant sind seine Ansichten bezüglich der menschlichen Biografie. Denn im Rückblick auf das eigene Leben erschließe sich dessen Verlauf als „eigentümliche Ganzheit", die einen „geheimen Plan" zu verfolgen scheint, der zwar in uns angelegt, unserer Erkenntnis jedoch entzogen bleibe (a. a. O., S. 23). Hier zeigen sich deutliche Parallelen zu dem von ADLER formulierten *Lebensstil* (vgl. B I.2.4), der den Lebenslauf des Individuums ähnlich einheitlich formt und prägt.

ADLERs Verständnis der Einheit und Ganzheit der Persönlichkeit lässt sich nach BRUDER-BEZZEL (1991a, S. 173) in zwei Kategorien unterscheiden, wenngleich ADLER selbst eine strikte begriffliche Trennung nicht aufrechterhalten habe:

„Einerseits versteht er darunter die intrapsychische Einheit im Individuum, in der alle seine Manifestationen auf ein Ziel hin ausgerichtet sind, also eine zielgerichtete Einheit. Andererseits meint es die interpsychische Einheit oder Ganzheit des Zusammenhangs des Individuums mit seiner sozialen und kosmologischen Umwelt."

ADLER entwickelt den Einheits- bzw. Ganzheitsgedanken erst allmählich und dann in expliziter Abgrenzung zu FREUD, der bekanntermaßen eine Aufspaltung und Teilanalysen befürwortete. Gemäß BRUDER-BEZZEL (a. a. O.) sei ADLERs Idee 1907 zwar schon im Kompensationsbegriff angelegt, da die Kompensation das gesamte Individuum aktiviere und in ihr somatische wie psychische Kräfte zusammenwirkten, doch greife er dort weiterhin auf widerstreitende Teilaspekte, wie Triebe, Gegensätze zwischen bewusst/unbewusst und Konflikthaftigkeit des Menschen zurück, auf die er erst allmählich zugunsten der postulierten Ganzheit verzichte. Diese geht insbesondere, neben den damals aktuellen und oben erwähnten philosophischen wie psychologischen Strömungen, auf VIRCHOW zurück, der sich neben der bereits vorgestellten Sozialmedizin intensiv und äußerst erfolgreich der Zellularpathologie widmete. Sein Einfluss auf ADLER ist unbestritten, zitiert er ihn doch ausgiebig oder verweist auf ihn (vgl. WENGLER 1990). VIRCHOW beschreibt die Zelle als Individuum, in der die einzelnen Teile als Einheit in organischer Gemeinschaft zu einem gleichartigen Zweck zusammenwirken.

Im späteren *Lebensplan* oder *Lebensstil* sieht ADLER diese Einheit der Persönlichkeit repräsentiert. In ihr gebe es weder Widersprüche noch Ambivalenzen. Mögliche Spannungen zwischen zwei gegensätzlichen Tendenzen sieht er dadurch überwunden, dass diese sich wechselseitig bedingen und ergänzen. Da die eine aus der anderen kompensatorisch erwachse, bildeten sie gemeinsam eine Einheit, die im subjektiven Zusammenhang zu erschließen sei (vgl. BRUDER-BEZZEL 1991a, S. 173–175).

Der aus der Skepsis vor immer weiterer Aufspaltung des Menschen und seiner Beweggründe erwachsene holistische Einheitsgedanke beinhaltet jedoch die immanente Gefahr, „dass die Einzelkomponenten, die die Kompensation einleiten, nicht mehr gesondert wahrnehmbar sind", wie HANDELBAUER (1984, S. 314) betont. Er macht jedoch auf die entscheidende Frage in der Diskussion um die propagierte Ganzheitlichkeit aufmerksam: Wird sie verstanden als anthropologisch existierende Realität, die dem Menschen unabänderlich zu eigen ist, oder drückt sie viel eher ein erlebnispsychologisch orientiertes menschliches Streben, eine Sehnsucht oder ein Verlangen aus, sich als einheitliche, unversehrte Ganzheit zu erfahren und darzustellen?

> „Ist also die Betonung von Harmonie, Ganzheit, Vollkommenheit usw. als Bekräftigung einer bestehenden Tatsache gemeint, oder als Hinweis auf ein im Menschen tätiges Ziel? Die zweite Betrachtung würde es nämlich erlauben, den Menschen trotz seines Strebens nach Vollkommenheit auch als bedrängte, zerrissene, zum Schlachtfeld unterschiedlicher gesellschaftlicher und persönlicher Interessen gewordenen Wesen zu betrachten" (a. a. O., S. 315).

RATTNER (1974) hat diese Frage bereits beantwortet. Für ihn ist „*Adlers* Lehre eine Theorie der autonomen Persönlichkeit, die durch ihre Ziele und Zwecksetzungen durchaus *dahin strebt, ‚ein Ganzes zu werden'*" (S. 21, Hervorhebung K. B.).

WIEGAND (1990) folgt diesem Gedanken und sieht in ADLERs permanenter Betonung der Ganzheit weniger die Schilderung einer tatsächlichen Begebenheit als vielmehr eine perspektivische Forderung. Er geht über das unterstellte Ziel der Abgrenzung von FREUD hinaus und betont die historische Dimension, die im Streben nach individueller Ganzheit zum Ausdruck komme: Hier spiegle sich der Übergang von der theokratischen Ordnung des Mittelalters, in der die Teilhaberschaft als Sinnkonstrukt wirke, zum neuzeitlich-modernen Individuum, das in der Auflösung traditioneller Strukturen Verhaltenssicherheit verliert und dafür Handlungsspielraum gewinnt.

Diesen Übergang von einer statischen zu einer dynamischen Weltanschauung thematisiert auch SMUTS (1932) ausführlich in der *Internationalen Zeitschrift für Individualpsychologie*. RATTNER (1972, S. 125) wie auch HANDELBAUER (1984, S. 289) weisen darauf hin, dass SMUTS' (1870–1950) Hauptwerk (Wholeness and Evolution/Holismus und Evolution) mitverantwortlich für ADLERs spätere metaphysische Ausrichtung und die Einführung des Vollkommenheitsstrebens sei.

SMUTS betrachtet die vormals im traditionellen Verständnis unvereinbaren Wesenheiten von Stoff, Leben und Geist nunmehr nach den Erkenntnissen von DARWIN und EINSTEIN als verwandte Organisationsprinzipien, die die Welt in gemeinsamer Aktivität in Richtung einer höheren Qualität und komplexeren Organisation führten. Sie dienten als Organisation, Organismus und Organisator dem schöpferischen Fortschritt, der die kausale Notwendigkeit des Materialismus überwindet und ein weiter zunehmendes Maß an freiheitlicher Gestaltung und Selbstverwirklichung eröffnet.

„Wir sehen den geheimnisvollen schöpferischen Aufstieg des Höheren aus dem Tieferen, des Mehr aus dem Weniger, das Bild in seinem Rahmen, den geistigen Kern innerhalb der phänomenalen Hüllen des Universums. Statt des animistischen, mechanistischen oder mathematischen Universums erblicken wir das genetische, organische, holistische Universum, in welchem der Abstieg der früheren physikalischen Schablonen den Anlass für das Auftauchen höher entwickelter, vitaler und rationaler Schablonen beistellt" (SMUTS 1932, S. 261).

Doch bleibt festzuhalten, dass SMUTS' Fortschrittsglaube auf der organischen Evolution und damit auf dem Boden naturwissenschaftlicher Biologie basiert. Er stellt DARWIN in die Tradition KOPERNIKUS' und weist so dem Menschen „den ihm gebührenden Platz im Universum als Teil der natürlichen Ordnung" (SMUTS 1932, S. 250) zu. Auch wenn er also die Schlüsselstellung des Geistes (als Organisator) der menschlichen Persönlichkeit betont und sie als Krönung der Evolution herausstellt, so ist die sukzessive Überwindung von Bedingtheiten bei ihm ein allgemeiner natürlicher Prozess und eben kein Ausdruck individuell subjektiver Entscheidung hinsichtlich besonderer Ziel- und Wertvorstellungen.

Diese biologische Orientierung mag dann auch in der Ablehnung einer transzendental begründeten Ethik der naturwissenschaftlich ausgerichteten Vertreter der Individualpsychologie verantwortlich zeichnen, die BRUDER-BEZZEL (1991b, S. 171) zusammenfasst. Diese Auffassung steht jedoch im Widerspruch zu den angenommenen spezifischen Fähigkeiten des Menschen, die den kategorischen Imperativ KANTs ermöglichen: Der Mensch könne sich selbst als Wesenheit betrachten, die sich aus der Kausalität der Phänomene herauszulösen und so als moralisch Handelnder gemäß eigener Zielsetzungen und Wertvorstellungen seine Freiheit zu begründen in der Lage sei. Folgen wir VETTER (1991), so bezieht sich ADLER aber genau auf diese Freiheit, um seine Ablehnung der vermeintlichen Determinationen menschlichen Tuns und Werdens zu rechtfertigen (vgl. dazu auch ausführlich B II.2.2.1).

Bevor wir unsere Betrachtungen des Holismus abschließen, sei uns noch ein zumindest kurzer Blick auf HEGEL (1770–1831) und dessen holistische Dialektik gestattet (vgl. HEGEL 1840, S. 146–160, § 79–§ 82). In seiner kritischen Erkenntnissuche nach der Wahrheit begibt er sich über die drei Stufen von These, Antithese und Synthese von einem konkreten Ausgangspunkt in einen Beschränkungs- und Korrekturprozess, an dessen Ende das Wissen um begrenzte Einsichten bereits die Wiederaufnahme der Erkenntnisschleife mit einem neuen Anfang in sich trägt.

In jeder formulierten Einsicht (These), in jeder Negation dieser (Teil-)Einsicht (Antithese) und in jeder Überwindung dieser Gegensätze (Synthese) gewinnt das

Ganze an Kontur und Gehalt. In der Synthese HEGEL'scher Prägung werden die vorangegangenen Teileinsichten bekanntermaßen nicht ausschließlich eingeschränkt, sondern in dreifachem Sinn *aufgehoben*: Sie werden beseitigt, bewahrt und erhöht (vgl. POPPER 1968). Erst dieser gesamte Erkenntnisweg, die Ganzheit des umfänglichen Gedankengangs eröffnet die Wahrheit. Damit bleibt die Bedeutung der vormaligen Teilaspekte erhalten: Einsichten werden in ihren Beschränktheiten und ihrer Abhängigkeit von Kontext und Zusammenhang respektiert und werden so nicht durch eine letzte, ausschließende Wahrheit eliminiert. HÖCHER (1987, S. 6) zitiert dazu HORKHEIMER:

> „Jede negierte Einsicht wird im Fortgang der Erkenntnis als Moment der Wahrheit aufbewahrt, bildet einen bestimmten Faktor in ihr und wird mit jedem Schritt weiter bestimmt und verändert."

So erhalten sich in diesem Prozess wachsender Erkenntnisse die jeweils punktuellen Wahrheiten als konkrete Orientierungsstrukturen des Menschen, was HÖCHER im Hinblick auf die besondere Bedeutung, die die Individualpsychologie der (frühen) Kindheit beimisst, als Ansatz mit hohem Erklärungs-, Verständnis- und Therapiewert herausstellt.

2.1.2 Hermeneutik

Wir haben DILTHEY (1833–1911) im Zusammenhang mit SCHOPENHAUER und NIETZSCHE bereits als bedeutenden Ganzheitstheoretiker erwähnt (vgl. B II.2.1.1), der die Geisteswissenschaften durch die von ihm vorangetriebene Emanzipation von der Naturwissenschaft im Allgemeinen und die Psychologie durch seine von den Kulturwissenschaften entlehnte Methodik im Besonderen nachhaltig beeinflusst hat (DILTHEY 1922).

DILTHEY, ähnlich wie ADLER ein Liebhaber und Kenner der klassischen Literatur (vgl. DILTHEY 1906, WENIGER 1936), nimmt deren Werke und Beschreibungen psychologischer Motivationslagen als Ausgangspunkt seiner Kritik an der damaligen Vermögenspsychologie. Während diese Schriftsteller in der Lage seien, Zusammenhänge zu verdeutlichen, so dass der Mensch hinter dem beschriebenen Verhalten und seiner Symptome leibhaftig hervortrete, sammle die akademische Fachwissenschaft lediglich eine Vielzahl isolierter Einzelaspekte ohne relevante Aussagekraft zu dessen ganzheitlichem Streben und Wirken. Daraus leitet DILTHEY zwei Forderungen ab: Zum einen sollte die Psychologie seelische Erfahrungen umfassend beschreiben und zum anderen müsse sie, um die seelische Realität verstehen zu können, psychische Strukturen herausarbeiten, die sich an sinngliedernden Ganzheiten orientierten. DILTHEY setzt das Verstehen von Sinnzusammenhängen gleichberechtigt neben das Erklären von Kausalzusammenhängen, schätzt Ersteres aber im Hinblick auf die wirklichen Lebensvorgänge als wesentlicher ein.[39]

Die erwähnte strukturelle Organisation des Seelischen fordert eine ganzheitliche Betrachtung, da eine abtrennende Aufspaltung eben jene Struktur zerstörte, die es zu untersuchen gelte. Aus dieser Vorgabe folgt eine zeitlich andauernde Beschreibung, die ihn zur Methodik der Biografie und in den Historismus führt. In diesem spiegeln sich seine dynamischen und prozesshaften Überzeugungen wider,[40] die sich konsequenterweise dann auch in seiner Betonung der Relativität aller menschlichen Erkenntnisfähigkeit und Wirkmächtigkeit niederschlagen.

DILTHEY begründet so die *Verstehende Psychologie*, die von der Totalität des Seelenlebens ausgeht, dessen Gesetzmäßigkeiten beschreiben und die individuellen Abweichungen und Differenzen anhand von Vergleichen aufzeigen möchte.

Grundlage seines (Selbst-)Verstehens ist das Erlebnis. Die Erfahrungen aus den verschiedenen Gefühlslagen, die aus diesen Erlebnissen resultieren, werden von uns in einen Zusammenhang gestellt und gewinnen damit spezifische Bedeutung. In dieser Gliederung der Erlebnisse und Zusammenhänge verstehen wir unser eigenes Leben, was DILTHEY als die Voraussetzung zum Verstehen anderer gilt.

Dies kann uns durch Analogie- oder durch Induktionsschluss gelingen: also entweder durch Deutung des Ausdrucks anhand von uns bekannten Ähnlichkeiten oder durch Rückschluss von dem Ergebnis einer beobachteten Handlung auf die Motivation des Handelnden.

Als weitere Verstehensform führt DILTHEY das Verstehen geistiger Schöpfungen an, das dann über das nämliche Werk auch ein Verstehen des kreativen Schöpfers ermöglichen könne.

Jegliches Verstehen jedoch basiert für ihn auf der Fähigkeit, das Eigene im anderen zu erkennen und nachzuspüren. Erst die eigenen Erlebnisse, Erfahrungen, die damit verbundenen Gefühle und Bedeutungszuschreibungen eröffnen die Möglichkeit, die uns zwar nicht angehören, aber dennoch nicht unbekannten Emotions- und Motivationszustände unseres Gegenübers nachzuerleben und nachzufühlen.

Alle Handlungen eines Menschen und entsprechend somit auch alles Verstehen dieser Handlungen und der diese begründenden Motive entspringen nach DILTHEY unseren Vorstellungen bezüglich der Auswirkungen unserer gestaltenden Aktivität.

---

[39] „Die Menschheit wäre, aufgefasst in Wahrnehmung und Erkennen, für uns eine physische Tatsache, und sie wäre als solche nur dem naturwissenschaftlichen Erkennen zugänglich. Als Gegenstand der Geisteswissenschaften entsteht sie aber nur, sofern menschliche Zustände erlebt werden, sofern sie in Lebensäußerungen zum Ausdruck gelangen und sofern diese Ausdrücke verstanden werden" (DILTHEY 2006a, S. 87).

[40] „Die Relativität jeder Art von menschlicher Auffassung ist das letzte Wort der historischen Denkanschauung, alles im Prozess fließend, nichts bleibend" (DILTHEY 2006b, S. 76).

Diese stehe unter der allgemeinen Prämisse der Schmerzabwehr und Bedürfniserfüllung. Dieses Streben bilde die uns zusammenhaltende, verbindende Struktur, die Struktur unseres Seelischen, die Struktur unseres psychophysischen Wesens und sei teleologisch orientiert.

Über diese formale Teleologie der Zweckmäßigkeit hinaus habe jedoch unser Strukturzusammenhang die Aufgabe, die Entwicklung des Individuums anhand feinerer Differenzierungen zu fördern, es von elementaren zu höheren Motiven und Bedürfnissen zu führen, die für DILTHEY am deutlichsten in der Selbstbiografie zum Ausdruck kommt, in der Besinnung auf und über das eigene Leben. In dieser fortschreitenden Differenzierung ist die Idee der Vervollkommnung angelegt, die sich für DILTHEY am *objektiven Geist* orientiert.

SEELBACH (1932), auf dessen ausführliche Gegenüberstellung der Verstehenden Psychologie mit der Individualpsychologie sich auch HANDELBAUER (1984), BRUDER-BEZZEL (1991b) oder BRUNNER (1995a) in ihren zusammenfassenden Einschätzungen bezüglich Parallelitäten und Einflüsse DILTHEYs auf ADLER stützen, betont den entscheidenden Unterschied zwischen beiden. DILTHEYs Verstehen und seine Teleologie zielten letztlich auf den Vergleich *objektivierbarer* und damit auch statischer Zustände, nach denen sich unsere leitenden Vorstellungen ausrichteten. ADLER hingegen sucht die *subjektive* Leitlinie des Individuums, die in ihrer Zielstrebigkeit ein fiktives Endziel fokussiert. Dabei orientiert sich ADLERs Mensch nicht an einer übergeordneten statischen Idee, sondern vielmehr an der wechselnden Bezogenheit zur Gemeinschaft. Leben, Entwicklung und Verstehen derselben bleiben für ihn durchgängig dynamisch.

Die Persönlichkeit des Individuums fungiert als zielgerichtete Einheit. Frühkindliche Erfahrungen prägen das aus ihnen abgeleitete Weltbild. In ihm werden die eigenen Potenziale mit den erwarteten Herausforderungen in Beziehung gesetzt. Angeregt durch erlebte wie interpretierte Diskrepanzen entwickelt das Subjekt Sicherungsbestrebungen, die in einer Zielvorstellung münden. Diese Zielvorstellung wiederum prägt und initiiert den persönlichen Lebensstil, der darauf ausgerichtet wird, dieses gleichwohl imaginäre Ziel zu erreichen bzw. sich ihm zumindest zu nähern. Auf diesem Weg werden weitere Erfahrungen im Sinne des gewählten Lebensentwurfs subjektiv bearbeitet, umgedeutet und arrangiert, sodass sie den eigenen Weg zu bestätigen scheinen. Somit kann ein tieferes Verständnis des Menschen nur dann gelingen, wenn die situative Handlung in Zusammenhang mit dem vermuteten Lebensziel gesetzt wird. Erst unter dessen Berücksichtigung erhält die Aktion individuelle Bedeutung.

„Die Zielstrebigkeit der Person" ist nach RATTNER (1974, S. 20) „die eigentliche übergeordnete Instanz im Menschen". Und auch wenn seine Formulierung unglücklich gewählt scheint, da sie dieser Instanz ein dem Trieb ähnliches Eigenleben suggeriert, so wird doch ihre einheitsstiftende Funktion deutlich, die die Konflikthaftigkeit des Menschen konzeptverträglich einbettet. So müssen intrapersonale Ambivalenzen, Widersprüche, Unentschiedenheit nicht zwangsläufig als Ausdruck unvereinbarer Gegensätzlichkeit grundsätzlich widerstreitender Teilidentitäten aufgefasst, sondern können als Strategie einer Verzögerungstaktik verstanden werden. Das einende Ziel, das sich hinter dieser vermeintlich geteilten Auffassung verbirgt, liegt eben gerade im Entscheidungsaufschub, in der Nicht-Handlung, sodass keine Veränderung umgesetzt wird.

> „Wenn einmal das Ziel der Überlegenheit konkretisiert worden ist, werden keine Fehler im Lebensstil mehr gemacht. Die Gewohnheiten und Symptome sind genau richtig, um das konkrete Ziel zu erreichen, denn sie sind jenseits jeglicher Kritik. Jedes schwer erziehbare Kind, jeder Neurotiker, jeder Trinker, Verbrecher oder sexuell Pervertierte macht die richtigen Bewegungen, um das zu erreichen, was er für seine überlegene Position hält. Es ist unmöglich, seine Symptome als solche anzugreifen; es sind nämlich genau die Symptome, die er für ein solches Ziel braucht" (ADLER 1979, S. 57).

Das von DILTHEY grundgelegte Verstehen des Individuums über dessen Ausdruck findet sich auch bei ADLER, wenngleich diesem etwaige allgemeingültige Konsequenzen individuellen Erlebens fremd sind. In dessen final-verstehender Teleologie, die sich gegen kausal-erklärende Ansätze richtet, fokussiert sich der subjektiv erlebte Sinn in jener einheitsstiftenden Zielausrichtung.[41] So muss das Individuum von seinem subjektiven Ziel her verstanden werden, da nur dieses den Sinn der indivi-

---

[41] Während die eine Abhängigkeit suggerierende Kausalität Satzkonstruktionen mit *weil* bildet – „Ich esse, weil ich Hunger habe" – stellt die Finalität das zu erreichende Ziel in den Mittelpunkt, was sich in der Formulierung mit *um zu* ausdrücken lässt – „Ich esse, um das Gefühl der Sättigung zu erreichen." Damit bewerte ich das Ziel der Sättigung höher als alternative Ziele, bspw. den Wunsch nach einem besseren Körpergefühl oder nach größeren politischen Rechten, für die ich auf das Essen, sei es als Diät oder Hungerstreik, auch verzichten kann. Wiederkehrend wird von den Kritikern jedoch darauf hingewiesen, dass eine explizite Trennung von finalen und kausalen Begründungen wenig stichhaltig sei, da Motiv und Ziel in so engem Zusammenhang stehen, dass sie sich je nach gewählter Formulierung gegenseitig bedingen können (vgl. z.B. HANDELBAUER 1984, S. 309). Dazu lässt sich anmerken, dass unsere Sprache selbstverständlich solche Umformulierung erlaubt – wovon allerdings die Qualität der Aussage keinesfalls beeinträchtigt wird: Noch immer bleibt die Wertorientierung entscheidend für die infrage stehende Handlung.
Bleiben wir beim oben angeführten Beispiel des Verzichts der Nahrungsaufnahme. Auch die Aussage: „Ich esse nicht, weil ich abnehmen will" erweckt den Eindruck einer Kausalität, die nicht besteht. Denn das Ziel abzunehmen könnte auch mit intensiverer sportlicher Aktivität erreicht werden. Die Formulierung der Aussage entspricht somit lediglich einer grammatikalischen Sprachspielerei, deren psychologische Konsequenz aber in der Betonung der bestehenden Entscheidungsmöglichkeit zum Ausdruck kommt: Nicht vermeintlich naturgegebene kausale Determinationen bedingen mein Tun, sondern eigene Ziele und Werte. In deren Differenzierung liegt Freiheit begründet – und die Notwendigkeit, (Selbst-)Verantwortung zu übernehmen, was sich auch für den Therapieprozess als von besonderer Bedeutung erweist.

duellen Handlungen eröffnet, die ansonsten unspezifisch auch alternativen Zielen zugeordnet werden könnten. Die Erkenntnis „A. treibt viel Sport" zielt so möglicherweise auf Leistungszuwachs, Gewichtsreduktion oder Frustrationsbewältigung ab.

Das teleologische Verstehen der Individualpsychologie, sei es intuitiv oder rekonstruktiv begründet (vgl. BRUDER-BEZZEL 1991b, S. 167f.), basiert auf der ideografischen Methode der Einzelfallbeschreibung – und nicht auf dem Anspruch einer objektivierbaren Vergleichbarkeit. Als Gegenstand dient die Stellungnahme des Individuums zur Gemeinschaft und zu anfallenden Problemlagen. Dabei mag es sich, falls es sich die Lösung nicht zutraut, zögernd, distanzierend, ausweichend oder „in verkürzter Aufmarschbreite"[42] (ADLER 1932, S. 243) bewegen. Aber seiner Bewegungsrichtung folgt es als Einheit und nach eigenen Sinnkonstruktionen.

2.2   Zur Gestaltungsmacht in offener Vielheit: die gebundene Flexibilität

Die Gebundenheit der Flexibilität bezieht sich auf jene soeben hervorgehobene Einheit des Individuums und seiner Sinnkonstruktionen. Sie soll die potenzielle Gestaltungsfreiheit, die die Postmoderne in ihrer offenen Vielheit zur Verfügung stellt, so weit strukturieren, dass die Flexibilität als persönliche Entwicklungschance interpretiert werden kann und nicht als Zwangslage erlebt wird (vgl. A IV.3.2).

Sie findet sich in der IP in der Determination und Kreativität des Bewegungsgesetzes (vgl. B I.2.4) und in der Dynamik des Sicherheits- und Selbstwertgefühls (vgl. B III.3, v. a. 3.2.1 und 3.2.4), die sich in der Veränderbarkeit eigener Überzeugungen nach Nützlichkeitskriterien widerspiegelt. Denn während die Flexibilität die Kreativität und die Dynamik erlaubt, fokussiert die Gebundenheit jene Determination der eigenen Überzeugungen *(Ideen)*, die zwar nicht willkürlich ersetzt, aber allmählich zwischen den Ebenen der *Fiktion*, der *Hypothese* und des *Dogmas* verschoben werden können *(VAIHINGER)*. Philosophische Impulse dazu entnehmen wir den Vorstellungen KANTs und des Pragmatismus, unter dem auch VAIHINGER behandelt wird.

Die Individualpsychologie sieht also den Menschen zur persönlichen Stellungnahme aufgerufen. In dieser Positionierung zur Welt entscheidet er über seine Verantwortungsbereitschaft – für sich und die Gemeinschaft. Erst diese Entscheidungsfähigkeit bedingt überhaupt Individualität, die sich ja dadurch auszeichnet, aufgrund eigener Beweggründe zu handeln. Diese Prämisse jedoch verlangt zweifelsfrei ein bestimmtes Maß an Freiheit, zwischen Alternativen zu wählen. Ob diese Freiheit aber nur eine abstrakte Idee oder eine konkrete Möglichkeit darstellt, kann aus ver-

---

[42] ADLER meint damit, sich nicht dem gesamten Problem zu widmen, sondern Teilbereiche auszublenden (vgl. a. a. O.).

schiedenen Perspektiven diskutiert werden. In der Philosophie ist die Vorstellung der Freiheit eng mit dem Erkenntnisvermögen der Wahrheit(en) verknüpft und erhöht sich, je relativer und subjektiver Wahrheit gedacht werden kann.

Aus der Sicht der Individualpsychologie kritisiert LOUIS (1976) die philosophischen Bemühungen, den Freiheitsbegriff zu fassen, da es ihnen kaum gelungen sei, sich vom vermeintlichen Absolutheitsanspruch der Freiheit zu lösen und sich stattdessen auf ihre Relativität einzulassen. Dass diese Relativität der Freiheit existiert, legt er anhand unterschiedlicher Möglichkeiten der Reaktionsmusterauswahl bei überschwelligen Reizen dar. So führe auch das Instinktsystem des Tiers dieses nicht automatisch in eine Abfolge von Zwangshandlungen, sondern gewähre auch ihm eine gewisse Autonomie, die wir beim Menschen als Freiheit bezeichneten.

Auch in seinen psychologischen Betrachtungen zum Thema betont er die Relativität der Freiheit: Sie werde prinzipiell von artspezifischen, rationalen und persönlichen Grenzen bedingt. Darüber hinaus entschieden unsere Bindungen über die uns zur Verfügung stehenden Auswahlmöglichkeiten. Die Freiheit des Menschen liegt gemäß LOUIS also darin begründet, welche Bindungen wir eingehen. Dafür wiederum zeichneten unsere Werte verantwortlich.

Hier lassen sich deutliche Ähnlichkeiten mit VETTERs (1991) *zielsetzendem Anfang* erkennen (vgl. B II.1.1 und im Anschluss), der auf KANTs *Kausalität durch Freiheit* basiert. So mag die Freiheit des Menschen zwar durch Bindung an Werte und Ziele relativ sein, aber gerade diese Konkretisierung, diese Ausrichtung auf eine Handlungspraxis und -konsequenz macht sie überhaupt erst leb- und erlebbar. In diesem Sinne kann der Begriff der *Gestaltungs*freiheit immer nur relativ verstanden werden, da ihm bereits immanent ein formgebendes Handlungsziel innewohnt, das ihn aus der Abstraktion herauslöst.

2.2.1 Idealismus

Als Ursprungsimpuls der kritischen Philosophie KANTs (1724–1804) können zwei gegensätzliche Erkenntnistheorien angesehen werden: zum einen der Rationalismus (Erkenntnisvermögen liegt in der Vernunft begründet, Erfahrung ist keine notwendige Bedingung) in der Tradition von LEIBNIZ und WOLF und zum anderen der Empirismus (nur die Erfahrung bietet die Grundlage unsere Erkenntnisfähigkeit, denn unsere Vernunft kann sich nur mit dem beschäftigen, was zuvor von unseren Sinnen aufgenommen wurde) der zur damaligen Zeit aktuellen Vertreter LOCKE und HUME. Während die Empiristen vor diesem Hintergrund eine wissenschaftlich orientierte Metaphysik ablehnten – da ja die Erkenntnis nur durch sinnlich Erfahrenes möglich ist, Übersinnliches aber nicht erfahren werden kann –, bestand für die Rationalisten kein Grund, an der Existenzberechtigung einer Wissenschaft jenseits einer sinnlichen Erfahrung zu zweifeln, da die Vernunft erfahrungsunabhängig

Schlüsse ziehen und Erkenntnisse gewinnen kann (vgl. STÖRIG 1991, RUSSELL 1996, EISLER 1930/2008).

KANT (vgl. 1998, 2001)[43] untersucht nun das Erkenntnisvermögen der Sinnlichkeit *(transzendentale Ästhetik)* und des Denkens *(transzendentale Logik,* die er wiederum unterscheidet in *Analytik* und *Dialektik).* Erstere beschäftigt sich mit den sinnlichen Erscheinungen, den Phänomenen, Letzteres mit den Dingen an sich. Für die angestrebte Differenzierung muss er beide Bereiche voneinander trennen: Empirische Erkenntnis gewinnen wir immer aus der Erfahrung *(a posteriori),* aber über welche Erkenntnis verfügen wir vor jeder Erfahrung *(a priori)*?

Diese *reine* Form der Erkenntnis kennzeichnen nach KANT zwei Merkmale: zwingende Notwendigkeit und strenge Allgemeinheit. Denn Erfahrungswissen basiere stets auf Einzeluntersuchungen, von denen nicht auf weiterführende Verbindlichkeiten zu schließen sei.

Diese Überlegungen greift KANT auch in seiner Ethik[44] auf: Setzt unser Wille aufgrund eigener Vernunft sein Handlungsgesetz, agiert er also *autonom*? Oder wird unser Wille durch ein fremdes Gesetz außerhalb unserer Vernunft bestimmt, agiert also *heteronom*?

Da unser Handeln von der persönlichen Erfahrung geprägt ist, kann daraus kein notwendiges und allgemeines Prinzip abgeleitet werden. Diese Form der subjektiven Gültigkeit bezeichnet KANT als *Maxime*. Im Gegensatz dazu nennt er notwendige und allgemeingültige Handlungsprinzipien ein *praktisches Gesetz*, das unbedingt unabhängig von jeder Erfahrung aus der Vernunft gewonnen werden muss. Das heißt aber, dass jenes Gesetz sich nicht auf die erfahrbaren Phänomene beziehen darf, sondern auf die unabhängigen Formen, die Dinge an sich, die jenseits unserer Erfahrung liegen. Sein allgemeines Sittengesetz, der *kategorische Imperativ* („Handle so, dass die Maxime deines Willens jederzeit zugleich als Prinzip einer allgemeinen Gesetzgebung gelten könne", 2003, S. 54), basiert lediglich auf einer formalen Abstraktion und verzichtet auf konkrete und damit anschauungsabhängige Inhalte. Unter dieser Prämisse ist der *gute Wille* eine Idee, die außerhalb der Phänomene und damit auch außerhalb der diese bestimmenden sinnlichen Auffassungsweisen liegt. Aber nur in dieser phänomenologischen Welt der Erscheinungen gelten die Bedingungen von Raum und Zeit und mit ihr von Ursache und Wirkung. Der *gute Wille* als Idee, als Ding an sich, als notwendiges und allgemeines formales Gesetz ist damit von kausaler Determination befreit (vgl. VORLÄNDER 1924/2003, EISLER 1930/2008, STÖRIG 1991, RUSSELL 1996). Damit sind wir nun bei der entscheidenden Feststellung angelangt:

---

[43] Im Original 1781 (Kritik der reinen Vernunft) und 1783 (Prolegomena) erschienen.

[44] V. a. in „Grundlegung der Metaphysik der Sitten" (1785) und in „Kritik der praktischen Vernunft" (1788), vgl. VORLÄNDER (1924).

„Sofern der Mensch der phänomenalen oder Erscheinungswelt angehört, wird er von ihren Gesetzen bestimmt. Aber als moralisch Handelnder ist er noumenal, d. h. nicht den Kategorien und vor allem nicht der Kausalität unterworfen, besitzt er freien Willen" (RUSSELL 1996, S. 348).

ADLERs Freiheitsbegriff bezieht sich nach VETTER (1991, S. 197) stets auf „Kants Freiheit des moralisch qualifizierbaren Handelns". Der freie Wille, die Motivation, die Intentionalität des Menschen befreit ihn von den Zwängen der Natur und deren (kausal) vorgegebenen Abläufen. An ihre Stelle tritt eine Zielausrichtung, die sich jedoch immer wieder verändern kann. So besteht die Freiheit in der Möglichkeit, sich immer wieder neue Ziele zu setzen. Mit diesem *zielsetzenden Anfang* aber binde ich mich an jenes angestrebte Ziel und entscheide mich diesem entsprechend für folgerichtiges Handeln (Kausalität durch Freiheit, vgl. auch B II.1.1). Diese Überzeugung repräsentiert eine final-teleologische Ausrichtung der Individualpsychologie, die die umfassende kausal-deterministische Abhängigkeit des Menschen, wie sie von FREUD und seinen Anhängern vertreten wurde, verneint.

HÖCHTER (1987, S. 5, kursiv im Original) verweist, wie bereits KÜHN (1985, S. 264) und TITZE (1984, S. 117) auf den Umstand, dass „die Gruppe der ‚freien Psychoanalytiker' [so nannten sich ADLER und seine Anhänger zunächst, K. B.] kurz nach dem Bruch *Adlers* mit *Freud* 1912 geschlossen in die Kant-Gesellschaft eintrat." Dieser Schritt mag die Bedeutung dokumentieren, die KANT für die Entwicklung der Individualpsychologie zugemessen werden darf. Neben dem nun ausführlich behandelten Aspekt der Freiheit vermutet HÖCHTER (a. a. O.) KANT'sche Einflüsse auf den Relativismus und Subjektivismus ADLERs, der sich in einem persönlichen Anschauungs- oder Wahrnehmungsschema, der *tendenziösen Apperzeption*, widerspiegelt und die individuelle und subjektive Erkenntnisfähigkeit jedes Menschen bestimmt und bahnt.

2.2.2 Pragmatismus

TITZE und KÜHN (1995) vermuten, dass ADLERs „Affinität zum Pragmatismus" (S. 117) über einen Wiener Philosophiedozenten (JERUSALEM)[45] vermittelt wurde, dessen Zeitschriftenartikel „Adler mit einiger Wahrscheinlichkeit gekannt haben dürfte" (ebd.). Diese Formulierung mag den spekulativen Boden ausreichend beschreiben, den wir hier betreten. ANSBACHER und ANSBACHER (1995) fassen die Bedeutung von JAMES, DEWEY und VAIHINGER für ADLER dahingehend zusammen, „dass sie das Denken als eine Aktivität deuten, das die Funktion erfüllt, dem Organismus bei der Anpassung an seine Umwelt zu helfen" (S. 74). Im indivi-

---

[45] Vgl. zu dessen (etwaigem) Einfluss auf ADLER auch: KÜHN 1996, S. 251–253.

dualpsychologischen Fachdiskurs wurden meines Wissens bisher nur punktuelle Bezüge zum amerikanischen Pragmatismus herausgestellt (vgl. TITZE/KÜHN 1995). Wir begnügen uns also auch hier mit einer kurzen allgemeinen Charakteristik, die etwaige Beeinflussungen oder zumindest Ähnlichkeiten oder Parallelen aufzeigen soll.

Der Pragmatismus, ein Ausdruck KANTs, den der Amerikaner Charles PIERCE (1839–1914) aufnimmt, verabschiedet sich von dem Anspruch, eine „letzte", unumstößliche Wahrheit zu offenbaren. Nicht ein abstraktes Wesen der Dinge steht für ihn im Vordergrund, sondern deren konkrete Auswirkungen in der alltäglichen Lebenspraxis. Entsprechend dieser Ausrichtung lassen sich auch Verbindungen zur Lebensphilosophie (vgl. B II.2.3.1) aufzeigen. Als wahr wird angesehen, was sich in seinen praktischen Konsequenzen als nützlich erweist und bewährt.

Gemäß PIERCE liegt der persönlichen Wahrheitsfindung je zunächst ein Impuls der Unzufriedenheit, des Unbehagens zugrunde. In der Überwindung dieses Gefühls gelangen wir zu einem Gleichgewicht, das uns Erkenntnis gestattet und unsere Wahrheit darstellt. Jedoch ist dieses erkenntnisgewährende Gleichgewicht stets durch äußere Störungen oder eigene Fehlbarkeit *(Fallibilismus)* gefährdet. Wahr sei demnach letztlich erst das, worauf sich die Gemeinschaft geeinigt habe (vgl. RUSSELL 1996, S. 395–398).

Nach William JAMES (1842–1910) gewinnen Erkenntnisse nur dann tatsächliche Bedeutung für den Menschen, wenn sie ihm einen Mehrwert eröffnen und einen nachvollziehbaren Bezug zur eigenen Erfahrung bieten. JAMES vertritt einen radikalen Empirismus, der sich gegen rationalistische Abstraktionen wendet: Wir können nichts erkennen, was über unsere reinen Erfahrungen, die das tatsächliche konkrete Leben repräsentieren, hinausgeht. Unter dieser empiristischen Perspektive führt ihn die Methode des Pragmatismus zur Ansicht, dass Differenzierungen nur dann überhaupt sinnvoll sind, wenn sie unterschiedliche praktische Konsequenzen verlangen oder nach sich ziehen (vgl. RUSSELL 1996, S. 398ff.). Der Verzicht auf weiterführende Unterscheidungen und damit auf die Suche nach endgültigen Urteilen eröffnet einen Interpretationsspielraum, der ein dynamisches und individualisierendes Menschenbild stützt. JAMES betont die Prozesshaftigkeit und Pluralität der Welt und der in ihr lebenden Menschen. Der Mensch könne seine Kräfte nutzen und gestaltend einbringen. Dabei habe er sich eine „skeptische Unbefangenheit" (STÖRIG, 1991, S. 577) zu bewahren: Er könne und müsse nicht alles verstehen, dürfe sich daher aber auch konkurrierenden Erkenntnissen nicht verschließen, um sich so eine größtmögliche Optionenvielfalt offen zu halten.

Auch John DEWEY (1859–1952) betont die Möglichkeit und Notwendigkeit des Menschen zu Wachstum und Entwicklung. Er sieht den Menschen als ethisch verpflichtet, sich der Herausforderung der eigenen lebenslangen Vervollkommnung zu stellen, und erhofft sich aus der philosophischen Anthropologie konkrete Werte, die das Zusammenleben der Menschen fördern (vgl. PAPROTNY 2009, S. 61). In diesem Prozess könne er sich auf die Erkenntnisse der Naturwissenschaften und die individuellen praktischen Erfahrungen stützen, die sein Denken und v. a. sein Handeln leiten sollten. Dem Denken schreibt DEWEY lediglich instrumentellen Wert zu, praktische Relevanz erlangt für ihn nur die Tat selbst. Entsprechend konsequent galt sein besonderes Interesse, in Analogie zu ADLER, „der Erziehung und sozialen Reform" (TITZE/KÜHN 1995, S. 117).

Hans VAIHINGER (1852–1933) hingegen streicht gerade die Bedeutung der menschlichen Vorstellungen heraus, die – unabhängig von ihrem tatsächlichen Wahrheitsgehalt – die Entscheidungen und Handlungen eines jeden Menschen prägen. Sein Fiktionalismus geht sogar davon aus, dass sie das Leben eines jeden Menschen bestimmen, obwohl sie als falsch oder nicht der Wirklichkeit bzw. Wahrheit zugehörig erkannt sind. Als einziges Kriterium ihrer Relevanz gilt ihre praktische individuelle Nützlichkeit.

Doch bevor wir uns dem (europäischen) Pragmatismus VAIHINGERs etwas ausführlicher zuwenden, scheint es angebracht, mögliche Einflüsse des amerikanischen Pragmatismus der drei kurz vorgestellten Autoren zusammenzufassen bzw. Parallelen zu ADLERs Überzeugungen aufzuzeigen.

1. Die Bedeutung der Theorie richtet sich nach deren Aussagekraft bzw. deren Auswirkungen für die Praxis des menschlichen Lebens.
2. Der Mensch ist in seiner Entwicklung und Zufriedenheit von äußeren (sozialen Herausforderungen) wie inneren (individuellen Fehlbarkeiten) Störungen gefährdet.
3. Wahrheit als Übereinkunft der Gemeinschaft wird als bedeutsamer Faktor anerkannt – ohne jedoch deren Überzeugung als Tatsache zu verklären; d. h. die Anerkennung der Bedeutung wird aus der Quantität ihrer Anhänger, nicht aber aus der Qualität ihrer Aussage abgeleitet.[46]
4. Die Frage nach dem individuellen Nutzen einer Handlung wird betont.
5. Bestimmend für die eigenen Überzeugungen und Handlungen sind die individuellen Erfahrungen bzw. deren Interpretation.
6. Der Mensch kann (und soll) sich und seine (Um-)Welt gestalten. Dabei strebt er nach Wachstum und Vervollkommnung.
7. Die Wahrheitsfindung ist ein unabschließbarer individueller Prozess.

Der dritte Punkt dieser Auflistung darf nochmals aufgegriffen werden, da sich aus ihm die Abgrenzung ADLERs zu den arglos-optimistisch scheinenden Ansichten

---

[46] Vgl. dazu auch LYOTARD (2009, S. 73): „Nicht jeder Konsens ist ein Indiz der Wahrheit; aber man nimmt an, dass die Wahrheit einer Aussage unweigerlich den Konsens hervorruft."

des Pragmatismus aufzeigen lassen. Dieser spiegelt nämlich eine unkritische Haltung zu den gesellschaftlichen Bedingungen, in dem er auf die Selbstregulation der bestehenden Verhältnisse vertraut (vgl. dazu auch PAPROTNY 2009, S. 52). Die Idee, dass lohnendes Denken auch wahr sein müsse und nur der Erfolg als einzig geltendes Kriterium akzeptiert wird, manifestiert die herrschende Wirklichkeit und verhindert eine umfassendere Betrachtung, in der Wahrheit als für alle lebensfördernd wirken kann.[47] HÖCHER (1987, S. 9) vermutet, dass ADLERs abweichende Haltung auf seinen sozialpolitischen Erfahrungen beruht, die ihm ein anzustrebendes Ideal als Alternative zu den aktuellen Lebensumständen auferlegt – eine metaphysische Konsequenz, die dem Pragmatismus fremd sei.

VAIHINGERs erkenntnistheoretisches Werk „Die Philosophie des Als Ob" (1911) hat ADLER nachweislich stark beeinflusst und „lässt sich bis in einzelne Formulierungen hinein verfolgen" (WIEGAND 1995, S. 153). Das darin erläuterte und grundgelegte Wirkprinzip ermöglichte ADLER die Annahme, dass normal-gesundes, neurotisches und psychotisches Verhalten voneinander nicht grundsätzlich verschieden sind, sondern denselben Gesetzmäßigkeiten und Einflussfaktoren unterliegen. Somit stellt ADLER, entgegen der zeitgenössischen psychiatrischen Lehrmeinung, einen fließenden Übergang zwischen (psychischer) Gesundheit und Krankheit heraus (vgl. RATTNER 1978, S. 45), der einerseits die Prozesshaftigkeit und das Werden des Menschen unterstreicht und somit andererseits auch seine Veränderbarkeit und Anpassungsfähigkeit betont. So wird auch hier ein umfassendes Freiheits- wie ein optimistisches Therapieverständnis deutlich.

> „Ein günstiger Zufall machte mich mit Vaihingers genialer ‚Philosophie des Als-Ob' (Berlin, 1911) bekannt, ein Werk, in dem ich die mir aus der Neurose vertrauten Gedankengänge als für das wissenschaftliche Denken allgemein gültig hingestellt fand" (ADLER 1972, S. 58).

Während sich für KANT die Welt aus den *Dingen an sich* konstituiert, die jedoch vom Menschen lediglich als *Dinge für uns* erfasst werden können, als mehr oder weniger durch die individuelle Perspektive verzerrte Erscheinungen, so legt VAIHINGER (1911/1913) den Fokus auf den Menschen.[48] Das Ding an sich wird bei ihm zu einer menschlichen, zu einer individuellen Fiktion, die nicht den Anspruch erhebt, das ursprüngliche und tatsächliche Wesen dieses An-sich-Seienden zu erkennen, sondern eine bewusst gewählte Hilfskonstruktion darstellt, um sich in der Welt überhaupt zu orientieren. Seine Erkenntnistheorie zielt demnach nicht auf die bzw. eine

---

[47] Auch hier in Übereinstimmung mit LYOTARDs (1979/2009) Ablehnung systemstabilisierender Normen und Ordnungsregeln, die abweichende Sichtweisen verhindern und unterdrücken.
[48] Zur Auseinandersetzung mit KANTs „Ding an sich" vgl. VAIHINGER 1913, S. 109–114.

Abbildung der Wirklichkeit, sein Interesse richtet sich vielmehr auf ihren lebenspraktischen Nutzen.[49]

RIEKEN (1996, S. 285) sieht die Fiktion in drei entscheidenden Bereichen der Ich-Entwicklung ADLERs berücksichtigt:

1. in der Imitation: des Rollenspiels, der Übernahme von Erwartungshaltungen oder der Verfolgung eigener Idealvorstellungen;
2. in der Identifikation mit einem Vorbild, die ja nicht dem tatsächlichen Wesen des Vorbilds gilt, sondern den fiktiven subjektiven Annahmen über diesen Menschen, die uns eher als Projektionsfläche eigener Wünsche und Vorstellungen dient; und
3. in der Identität, die je zeitlich befristete Gültigkeit, also eher vorläufigen statt endgültigen Charakter besitze. Sie diene als *leitende Fiktion* einer Zielvorstellung, nach der man sich ausrichte, die man aber nie erreiche.[50]

OBEREISENBUCHNER (1992) geht davon aus, dass VAIHINGER das – zur damaligen Jahrhundertwende vorherrschende – naturwissenschaftlich-mechanistische Weltbild bzw. dessen empirische Begründung infrage stellen wollte. Basis der menschlichen Erkenntnis seien einzig und allein die *eigenen* Erfahrungen, die auf den Empfindungen der sinnlichen Wahrnehmung beruhen. Ihre Bedeutungen seien entsprechend ebenfalls nur individuell zu bewerten, woraus sich auch ein pragmatisches, zweckgerichtetes Denken ableiten lässt, das jene Erfahrungen und Wahrnehmungen anpassend strukturiert.

Vor diesem Hintergrund sieht VAIHINGER die menschliche Seele (Psyche) nicht mehr lediglich als passiv reagierend, sondern als aktiv, aufnehmend und konstituierend: „In diesem Bildungsprozess erweist sich die Psyche als eine selbsttätig gestaltende, als eine (relative) schöpferische Kraft" (VAIHINGER 1986, S. 3f., zitiert nach OBEREISENBUCHNER a. a. O., S. 28). Anhand dieser Fähigkeiten konstruiert das menschliche wie das individuelle Denken die *Fiktionen*: Ideen, Vorstellungen, die so tatsächlich in der Realität nicht vorkommen, die uns aber helfen, die Realität besser zu verstehen, uns besser in ihr zu orientieren (bspw. Längen- und Breitengrade zur Vermessung der Welt). In diesem Sinne sind Fiktionen als Hilfskonstrukte sinnvoll und nützlich – jedoch nur unter der Option, sie nicht mit der Wirklichkeit zu verwechseln.

---

[49] „Das menschliche Vorstellungsgebilde der Welt ist ein ungeheures Gewebe von Fiktionen voll logischer Widersprüche, d. h. von wissenschaftlichen Erdichtungen zu praktischen Zwecken bzw. von inadäquaten, subjektiven, bildlichen Vorstellungsweisen, deren Zusammentreffen mit der Wirklichkeit von vornherein ausgeschlossen ist" (VAIHINGER 1913, S. 14).

[50] In unserem Begriffsverständnis eher das antizipierte, wiederkehrend zu aktualisierende „Idealselbst", von dem die jeweiligen Identitäten abgeleitet werden (vgl. Modell A1 in A III.1.3, S. 73).

In seinem *Gesetz der Ideenverschiebung* beschreibt VAIHINGER (1913, S. 219–230) nun den Umstand, dass besagte Ideen bestimmte Stadien der Veränderung durchlaufen *(Fiktion – Hypothese – Dogma)*, die Auswirkungen auf die Stabilität des individuellen Sicherheitsgefühls nach sich ziehen: die Fiktion kann in ihrer Als-ob-Vorstellung, die die Wirklichkeit zwar erklärt, ihr aber nicht angehört, nur instabile Sicherheit vermitteln; die Hypothese repräsentiert die Hoffnung oder Erwartung, sich perspektivisch anhand der eigenen Wahrnehmung in der Wirklichkeit zu verifizieren und kann so ein erhöhtes Sicherheitsgefühl begründen; das Dogma schließlich bietet je aktuell die höchste Sicherheit, da es schlichtweg nicht hinterfragt wird. Nach VAIHINGER neigt die menschliche Psyche dazu, den inneren Spannungszustand zu stabilisieren und entsprechend Fiktionen und Hypothesen möglichst in Dogmen zu verwandeln. Doch gerade der umgekehrte Weg, vom Dogma zur Fiktion, repräsentiert den Prozess der (psychischen) Gesundung, da nur die Fiktion eine flexible (Neu-)Orientierung erlaubt.

Aus diesen Einflüssen leitet OBEREISENBUCHNER (1992, S. 31–34) verschiedene Wiedererkennungsmerkmale in ADLERs Theorie ab, die sich in den folgenden Punkten zusammenfassen lassen:

1. ADLER verlässt seine zuvor noch verwendeten naturwissenschaftlich orientierten Modelle und mechanistischen Metaphern und verschreibt sich einem *phänomenologischen Ansatz* und einer Sprache, in der sich individuelle Erfahrungen widerspiegeln können.
2. ADLER entwickelt in seinem *Lebensstil* ein souveränes, von anderen Instanzen oder Strukturen (weitgehend) unabhängiges *Ich*, das sich in einem Prozessgeschehen manifestiert.
3. Dieser Lebensstil basiert auf *Fiktionen*, die sich in der Orientierungssuche herausbilden und dem Individuum helfen, seine Welt zu ordnen und seinem Streben in ihr eine Richtung zu geben. Damit gestaltet er sich selbst gemäß seiner individuellen eigenen *Meinung* (seiner subjektiven Stellungnahme) über sich und die Welt.
4. Ziel des Lebensstils ist es, eine *positive Meinung vom eigenen Selbstwert* zu sichern. Bei größerer Unsicherheit steigt entsprechend der Bedarf an Dogmen, der jedoch notwendigerweise die *Flexibilität des Lebensstils einschränkt* und Modifizierungen erschwert.[51]
5. Die schöpferische Kraft bietet dem Menschen die Möglichkeit, Ohnmacht zugunsten relativer Freiheit zu überwinden.
6. In der *Therapie* sollen fiktive Verzerrungen der eigenen Wahrnehmung erkannt werden, um eine *realistischere Orientierung* zu ermöglichen. Dabei gehe es da-

---

[51] Vgl. dazu die Erläuterungen zur fixierten Prioritätsausprägung unter B III.2.2.

rum, „dass *an die Stelle der Abwehr von – realer und phantasierter – Ohnmacht die Wahrnehmung realer Freiheiten und Handlungsmöglichkeiten tritt*" (a.a.O., S. 34, Hervorhebung K.B.).

2.3 Zur Orientierungssuche nach individueller Wertigkeit: die Leiblichkeit

Als dritten Treffpunkt zwischen Postmoderne und Individualpsychologie hatten wir die Orientierungssuche nach individueller Wertigkeit herausgestellt (vgl. Einleitung: Begegnungen) und zur Bewältigung jener Herausforderung die Leiblichkeit als originären individuellen Bezugspunkt vorgeschlagen (vgl. A IV.3.3). ADLERs Nähe bzw. die der IP zu Körper, Leib und Leiblichkeit wurde ebenfalls bereits skizziert (vgl. B I.2):

„In Zorn, Angst, Trauer oder jeder anderen Emotion, immer spricht der Körper; und der Körper jedes Individuums spricht in seiner eigenen Sprache" (ADLER 1979, S. 42).

Entsprechend sehen HEISTERKAMP und KÜHN (1995) in ADLERs leiblich aufgefasstem Individualitätsprinzip die Überwindung des Leib-Seele-Dualismus und einen „Vorläufer der Subjektivitätsphänomenologie" (S. 293). Philosophische Impulse zur ADLER'schen „Leibrealität" (ebd.) entnehmen wir im Folgenden der Lebensphilosophie und der Phänomenologie.

2.3.1 Lebensphilosophie

Die Lebensphilosophie gründet auf SCHOPENHAUER und NIETZSCHE, die sich mit ihr den im Zuge KANTs etablierten und vernunftbestimmten Lehrmeinungen der Aufklärung und des Rationalismus widersetzten. Sie sucht das tatsächliche, das *lebendige* Leben zu verstehen, das sich ihrer Meinung nach dem bloßen Denken nicht erschließt.

Als charakteristische Merkmale dieser Strömung können nach STÖRIG (vgl. 1991, S. 565) gelten:

– *Aktualistisches* Denken: Prozesshaftigkeit, Entwicklung, Bewegung, Werden stehen im Mittelpunkt der Betrachtungen und überwiegen die Bedeutung des starren Seins.
– Die Wirklichkeit ist *organisch* geprägt. Als erste Bezugswissenschaft gilt häufig die Biologie.
– Verstärktes Interesse an allem *Irrationalen*, Intuitiven, an der unmittelbaren Anschauung, am Erleben und *Verstehen*: Formstrukturen, Gesetze der Logik und deren Begrifflichkeiten begegnet die Lebensphilosophie mit Skepsis.
– Erkenntnistheoretisch wenden sie sich *gegen einen reinen Subjektivismus*: Es gibt eine von unserem Denken unabhängige Wirklichkeit.
– Ihre Vertreter propagieren zumeist einen *Pluralismus*: Neben dem *Leben* steht mindestens ein weiteres Prinzip diesem gegenüber.

NIETZSCHE (1844–1900) kann nicht als Philosoph im herkömmlichen Sinne verstanden werden, da er keine systematischen Zusammenfassungen bspw. zu seinen psychologischen, ethischen, religiösen, politischen oder erkenntnistheoretischen Ansichten aufgestellt hat (vgl. RATTNER 1982, S. 66). Seine Überzeugungen und Erkenntnisse sind über sein umfassendes literarisches Werk verstreut, in dem er die menschlichen Begierden, Leidenschaften und Triebe, die im Ziel nach Stärke und Herrschaft, nach Verbesserung und Vervollkommnung des Einzelnen wie der Menschheit gipfeln sollten. In seiner Ablehnung der menschlichen Schwäche widersprach er zwar nach RUSSELL (1996, S. 368) dem herkömmlichen Sittenkodex, allerdings nicht zwangsläufig den tatsächlichen Verhältnissen.

STÖRIG (1991, S. 531) sieht in NIETZSCHEs *Zarathustra* die drei Stufen der menschlichen Entwicklung beschrieben, die als zu unterscheidende Schaffensperioden auch auf sein Werk bezogen werden können (ähnlich auch der erstmalig von ANDREAS-SALOMEs 1894 vorgeschlagenen Einteilung): Abhängigkeit von Autoritäten und Meistern (für NIETZSCHE persönlich: WAGNER und SCHOPENHAUER, 1872–1876), Überwindung dieser Abhängigkeit und Erkämpfen einer negativen *Freiheit von* (freigeistige Zeit 1876–1882) und zuletzt Hinwendung zu eigenen Werten und Zielen, Gestaltung der positiven *Freiheit zu* (Haupt- und Spätwerke 1883–1888). In diesem Prozess durchwirke der *Wille zur Macht – und nichts außerdem* die Welt und das Leben des einzelnen Menschen.

> „‚Willen zum Dasein': – diesen Willen gibt es nicht! Denn: was nicht ist, das kann nicht wollen: was aber im Dasein ist, wie könnte das noch zum Dasein wollen!" (*Also sprach Zarathustra*, 2. Teil, Von der Selbstüberwindung, NIETZSCHE 1994b, S. 372).

So ist die Intention des lebendigen Menschen nicht lediglich auf das Leben an sich gerichtet, sondern notwendig auf ein Mehr. Der Wille des Lebendigen zielt auf etwas, was noch nicht gegeben ist, zielt auf ein Mögliches, das den aktuellen Mangel überwindet – und „diese im Willen gewollte reale Möglichkeit (...) nennt Nietzsche ‚Macht'" (GERHARDT 1996, S. 187).

> „Nur wo Leben ist, da ist auch Wille, aber nicht Wille zum Leben, sondern – so lehre ich's dich – Wille zur Macht. Vieles ist dem Lebenden höher geschätzt, als Leben selber; doch aus dem Schätzen selber heraus redet – der Wille zur Macht!" (*Also sprach Zarathustra*, 2. Teil, Von der Selbstüberwindung, NIETZSCHE 1994b, S. 372).

NIETZSCHEs Konzept von eben jenem Willen zur Macht wird weiterhin stark diskutiert (vgl. KRAUSE 2009), denn „alsbald entdeckt ein jeder (...) aber auch Widersprüche und Gegensätze (PAPROTNY 2009, S. 13). Für uns entscheidend ist jedoch seine Werteorientierung, die in ihm zum Ausdruck kommt: Der Mensch strebt nach mehr als seinem bloßen Dasein:

> „Wo ich Lebendiges fand, da fand ich Willen zur Macht; und noch im Willen des Dienenden da fand ich den Willen, Herr zu sein" (*Also sprach Zarathustra*, 2. Teil, Von der Selbstüberwindung, NIETZSCHE 1994b, S. 371).

NIETZSCHE fokussiert damit die Bedeutung der *diesseitigen* Welt und leitet daraus die Forderung ab, sich ihr aktiv gestaltend zu stellen, sie wirkmächtig zu beherrschen. Die von Religion und verbreiteter Philosophie begünstigte Vorstellung einer metaphysischen idealisierten *jenseitigen* Welt lehnt er als ängstigende, kleinmütige und bevormundende Illusionen ab, die nur darauf zielten, den Menschen gefügig, unfrei und schwach zu halten. Hier sieht RATTNER deutliche Bezüge in ADLERs (Haupt-)Werk *Über den nervösen Charakter* (1912), in dem dieser eben auch die notwendige Überwindung propagiert. So zitiert er (RATTNER 1977, S. 25) NIETZSCHE mit: „Ich schliesse vom Ideal auf den, der es nötig hat!",[52] worin er einen in Religion und ihrer Moral an die Macht gekommenen Menschentypen beklage, der den Menschen und das Leben verkleinern und erniedrigen müsse, um selbst an der Macht zu bleiben.

In seiner Wertekritik vertritt NIETZSCHE nun neben diesen antichristlichen und antimoralistischen u. a. auch antipessimistische Standpunkte, die hier von besonderer Relevanz sind. Allerdings gründet sich sein Optimismus nicht auf einen euphorischen idealistisch-idyllischen Entwicklungsglauben, sondern auf die Notwendigkeit der trotzigen Konfrontation mit den Widrigkeiten der Welt und des Lebens, denen mit einem starken Willen zur Überwindung begegnet werden müsse. So fordert er einen Menschen, der zu sich und seinem Herrschaftsanspruch steht, der sich aus dem Herdentrieb und der Unscheinbarkeit der Masse befreit, der Mangelzustände überwindet und sich gegen Widerstände durchsetzt. Bewusstsein, Vernunft und Intellekt böten dabei nur oberflächliche Hilfe, sie fungierten allenfalls als Diener dieses instinktiven Willens, der sich im *Leib* (im *Selbst* oder der *menschlichen Totalität*) ausdrücke. Ein solcher Mensch bejaht das Leben samt seiner wiederkehrenden Herausforderungen. Wer dem Leben Sinn und Wert abspreche, entwerte sich selbst.

„Aber der Erwachte, der Wissende sagt: Leib bin ich ganz und gar, und nichts ausserdem; und Seele ist nur ein Wort für ein Etwas am Leibe. (…) Der Leib ist eine grosse Vernunft, eine Vielheit mit *einem* Sinne (…). Hinter deinen Gedanken und Gefühlen, mein Bruder, steht ein mächtiger Gebieter, ein unbekannter Weiser – der heisst Selbst. In deinem Leibe wohnt er, dein Leib ist er" (*Also sprach Zarathustra, die Reden Zarathustras, Von den Verächtern des Leibes*, NIETZSCHE 1994b, S. 300, kursiv im Original).

BRUDER-BEZZEL (2004c, S. 156) verweist auf den engen Zusammenhang zwischen dem Willen zur Macht und dem Willen zum Schein:

„Wille zur Macht ist zugleich Wille zum Schein."

---

[52] Leider verzichtet RATTNER auf den Beleg des Zitats im Original. Vgl. dazu aber: „Unsere Mängel sind die Augen, mit denen wir das Ideal sehen" (Menschliches, Allzumenschliches. Ein Buch für freie Geister, zweiter Band, Vermischte Meinungen und Sprüche, 86: Womit wir das Ideal sehen, NIETZSCHE 1994a, S. 769).

Sie kennzeichnet ihn mit NIETZSCHE als „Trieb der Ohnmächtigen" (ebd.), die sich über Selbsterniedrigung und ihre Mitleidsappelle zu erhöhen suchen, denn

> „der Wille zum Schein, zur Illusion, zur Täuschung, zum Werden und Wechseln ist tiefer, ‚metaphysischer' als der Wille zur Wahrheit, zur Wirklichkeit, zum Sein (…)" (*Nachgelassene Fragmente, Geburt der Tragödie, Frühjahr 1888*, NIETZSCHE 1972, S. 21).

Die Forderung NIETZSCHEs, dass sich der Mensch anhand seiner Prämissen *Willen zur Macht* und *Willen zum Schein* auszurichten habe,[53] offenbart die Anerkennung der sozialen Bedingungen des Menschen: Nur im Kontext mit anderen kann um Macht, Ansehen, Einfluss oder Bestätigung gerungen werden. Damit zeigt sich dieser *Willen* erneut als wertorientiert, da er über die reine (lebens- und arterhaltende) Triebbefriedigung im Sinne SCHOPENHAUERs auf (biografische und subjektive) Ziele und Zwecke hinausweist, die individuell variieren und zudem gesteuert werden können. Diese Steuerung richtet sich nach Erfolg respektive Misserfolg in der angestrebten Machtoptimierung. So gewinnt der persönliche Nutzen besondere Bedeutung in der Wirklichkeits- oder Wahrheitsauffassung NIETZSCHEs: Wahr ist, was der Steigerung des Machtgefühls dienlich bzw. was der Existenz des Menschen zweckmäßig erscheint (vgl. HÖCHER 1987, S. 8). Damit betont er die selbst geschaffene Welt des Individuums, das diese anhand von Fiktionen, Fantasien und Interpretationen konstruiert. Jene unterschiedlichen Perspektiven, unter denen sich die Welt zeige, so fasst RATTNER (1982, S. 67) zusammen, eröffneten „ebenso viele Sinn-Horizonte, wie es Individuen, Gruppen, Völker usw. gibt." So habe ADLER womöglich auch von NITZSCHE gelernt, „dass jedes Individuum eine ‚Welt für sich' ist" (a. a. O., S. 69).

In diesem Sinne fasst KÜHN (1996, S. 242) den *Willen zur Macht* (bzw. auch den zum Schein) als Anspruch des Menschen zur Deutungshoheit seiner (Um-)Welt auf: Der Mensch wolle und müsse die Welt unvermeidlich interpretieren, um sich überhaupt in ihr zu orientieren. Dabei aber entsteht die angesprochene Perspektivenvariabilität bzw. auch -diffusität, die darin begründet liegt, dass eine vermeintliche Realität sich lediglich in den individuellen Eindrücken, dem *Schein* oder der *Fiktionalität*, widerspiegelt.

KÜHN weist gerade anhand dieser Begrifflichkeiten auf die nahe liegende Vermutung hin, dass die Bedeutung der Ansichten NIETZSCHEs – und auch KANTs – für ADLER über die Vermittlung VAIHINGERs (1913, S. 345–364[54]) zugenommen

---

[53] „Diesem Willen zum Schein, zur Vereinfachung, zur Maske, zum Mantel, kurz zur Oberfläche – denn jede Oberfläche ist ein Mantel – wirkt jener sublime Hang des Erkennenden entgegen, der die Dinge tief, vielfach, gründlich nimmt und nehmen will: als eine Art Grausamkeit des intellektuellen Gewissens und Geschmacks (…)" (*Jenseits von Gut und Böse*, NIETZSCHE 1994b, S. 695f.).

[54] Dritter Teil, Historische Bestätigungen, Kapitel D: Nietzsche und seine Lehre vom bewusstgewollten Schein (der „Wille zum Schein").

habe, in dessen „Philosophie des Als-ob" (vgl. B II.2.2.2) deren Vorstellungen umfassend gewürdigt werden. Ähnliches bemerkt auch BRUDER-BEZZEL (2004, S. 142):

> „Vaihinger könnte damit Adler als seriöse Abstützung seiner nietzscheschen Gedanken gedient haben, sodass auch Adler mit Vaihingers Fiktionsbegriff nur eigentlich Nietzsches Willen zum Schein einführen wollte."

Dieser Wille zum Schein als abstrakte oder konkrete Machtvorstellung prägt ADLERs Lebensstil, der als eine vereinheitlichte Bewältigungs- oder Problemlösungsstrategie auf der Grundlage von individuellen Fiktionen und Apperzeptionsschemata fungiert. Doch während der Wille zum Schein für ADLERs Neurotiker mit dem Willen zur Macht identisch sei, so fügt KÜHN (1996, S. 245) an, „wird der [für den Gesunden bzw. den Nicht-Neurotiker, K. B.] augenscheinliche Gegensatz von Macht und Schein durch die ‚Kompensation' aufgehoben." Das heißt, dass die erlebte Diskrepanz zwischen nur anscheinender und tatsächlicher Macht als Antriebsmotor einer auf Wachstum ausgerichteten Entwicklung wirkt. Dabei, so folgert BRUDER-BEZZEL (2004c, S. 156) in enger Anlehnung an ADLER (Über den nervösen Charakter, 1912), geht „der Neurotiker (...),Umwege' oder strebt ‚Teil und Scheinerfolge' an. Und immer wieder steigert sich (...) bei Misserfolgen dieser ‚Wille zum Schein' als ausweichende Linie, weil ihm ‚der Glaube an sich selbst' fehlt."

Sie (2004c, S. 143) unterscheidet vier Zeitabschnitte, in denen ADLERs Umgang mit NIETZSCHE variiert:

> „1. Mögliche, meist ungenannte Einflüsse Nietzsches auf Adlers Grundlegung seiner Theorie 1908–1911
> 2. Bekenntnisse zu Nietzsche, besonders im ‚Willen zur Macht' 1912/13
> 3. Zitierpause und ihre Ausnahmen mit der Einführung des Gemeinschaftsgefühls 1918–1928
> 4. Explizite Abgrenzung von Nietzsche 1928–1933".

Sie führt an (vgl. a. a. O., S. 138), dass ADLER zumeist sinngemäß oder in Schlagwörtern auf NIETZSCHE verweise, jedoch selten wörtliche Zitate verwende. In all seinen Schriften bezöge er sich jedoch ausdrücklich bei den Begrifflichkeiten Wille zur Macht/zum Schein, Sublimierung, Gewissen, Lustprinzip und Übermensch auf ihn. Bei den Nachfolgenden seien seine Einflüsse wahrscheinlich, würden aber von ADLER nicht benannt: im Grundkonzept von Minderwertigkeitsgefühl und Kompensation, dazu ähnlich die Überwindung von Schwäche und das Überlegenheitsstreben, Irrtum oder Fiktion, schöpferische Kraft, Triebschicksale, Haltung zur Kausalitätsabhängigkeit, Distanz und Hemmung.

NIETZSCHE, so können wir festhalten, hat ADLER in verschiedenen Phasen seines Schaffens stark beeinflusst: direkt oder indirekt, als genannte Quelle oder verdeckt, als Identifikations- oder Abgrenzungsobjekt. BRUDER-BEZZEL (2004,

S. 137) vermutet sogar, dass NIETZSCHE (mit-)verantwortlich für ADLERs Bruch mit FREUD war, denn es sei wohl „das Nietzscheanische an Adler (...), was Freud unerträglich fand." Denn gerade in dem zwischen FREUD und ADLER strittigen Themenkomplex von Lust, Macht und Aggression stehen sich ADLER und NIETZSCHE nahe und sah FREUD seine eigenen Ansichten isoliert, konfrontiert und herausgefordert. Denn während er dem Sexualtrieb primäre Bedeutung im menschlichen Leben und Erleben beimisst, so verweigerten NIETZSCHE und ADLER dem Lustprinzip den Status eines eigenständiges Triebs (vgl. a. a. O., S. 148) oder eines autonomen Ziels und akzeptierten es lediglich als Symptom eines gesteigerten Machtgefühls, d. h. als Ausdruck eines persönlichen Erfolgs, das eigene Machtniveau zu erhöhen (vgl. S. 157ff.).

Folgen wir Ansbacher (1995), der FREUDs Entwicklung gemäß dessen vertretenem Menschenbild in drei Perioden unterteilt (grob skizziert: 1. 1886–1900: humanistisch; 2. 1901–1922: mechanistisch; 3. 1923–1939: Versuch der Vereinigung beider Menschenbilder), so lag der angesprochene Bruch mit ADLER in jener Periode seines mechanistischen Weltbilds, das sich in seinen theoretischen wie methodischen Überzeugungen gespiegelt habe. In FREUDs Schriften dominierte das *Es*, während das *Ich* entmachtet war. BRUDER-BEZZEL (2004c, S. 131) legt nahe, dass FREUDs Weigerung, sich auf NIETZSCHE zu beziehen, „weit vor seiner Konfrontation mit Adler" manifestiert war. Er habe wohl dessen intuitive, machtorientierte und allgemein dessen philosophische Ausrichtung als unwissenschaftlich abgelehnt und gerade die Aspekte der Aggression und der Macht (damals noch) ausgeblendet, mit denen er dann über ADLER erneut konfrontiert wurde. So konstatiert auch JUNG (1962, S. 157):

> „Das Problem lautete offenbar nicht ‚Freud versus Adler', sondern ‚Freud versus Nietzsche'. Es schien mir viel mehr zu bedeuten als ein Hausstreit in der Psychopathologie."[55]

Nach dieser ausführlicheren Schilderung NIETZSCHEs wollen wir noch einen kurzen Blick auf BERGSON werfen, dessen *Elan vital* gemäß KÜHN (1995, S. 545), ähnlich wie NIETZSCHEs Interpretation der geistigen Fähigkeiten, biologische Funktionen aufweise.

Die bei BERGSON (1859–1941) widerstreitenden Prinzipien (oder Bewegungen) sind die unbelebte Materie (fallend) und die Lebenskraft, der *Elan vital* (aufsteigend). In ihrem Kampf bedingt zwar die Materie die Lebenskraft, stellt ihr Hindernisse in den Weg, formt und prägt sie, dennoch behält Letztere „den grundlegenden Charakter ihrer Handlungsfreiheit" (RUSSELL 1996, S. 419) bei. Sie wirkt schöpferisch, kann Neues hervorbringen, bekämpft und überwindet mechanistische und

---

[55] Jung, C.G. (1962): Erinnerungen, Träume, Gedanken. Herausgegeben von Aniela Jaffé. Zürich, Stuttgart: Rascher (zitiert nach BRUDER-BEZZEL 2004c, S. 137).

beengende Strukturen und vermeintliche Gesetzmäßigkeiten. In diesem kontinuierlichen, immer fortlaufenden Prozess gestalten sich das Leben und die Wirklichkeit (vgl. TOPAKKAYA 2009, S. 76ff.).
Der Verstand jedoch kann diese Wirklichkeit nicht erfassen. Er ist dem homogenen Raum und der materiellen Welt zugeordnet. In ihr verändert sich lediglich die räumliche Lage der Körper, wobei man allerdings zwischen diesen beliebig hin und her wechseln kann. Die Naturwissenschaften beleuchten nur diesen diskontinuierlichen Raum, der anhand des Intellekts zu messen, zu zergliedern und zu analysieren ist:

> „Mit Methoden, die bestimmt sind, das absolute Fertige zu erfassen, vermag die Wissenschaft im Allgemeinen nicht in das einzudringen, was erst wird, vermag sie nicht der Bewegung zu folgen, das Werden zu erfassen, das Leben der Dinge ist" (BERGSON, zitiert nach PAPROTNY 2009, S. 48[56]).

Hier wirkt der *homo faber*, der mit Werkzeugen tätig und handelnd auf die Natur einwirkt und ihr, trotz seines eingeschränkten Verständnisses, seine Begrifflichkeiten und Kategorien aufdrängt, die ihre wahres Bild verzerren. So behindert der intellektuelle Zugang das tatsächliche Verstehen des Lebens.

> „Das Wesen des Intellekts ist es, uns in den Kreisen des Gegebenen einzusperren. Die Tat aber durchbricht diesen Kreis" (BERGSON 1969, S. 197).

Dies kann nur über den Instinkt bzw. die Intuition, in der sich das erkennende Subjekt über die entgegengebrachte *Sympathie* in das Objekt hineinversetzt, im unmittelbaren Einklang mit der Welt gelingen (vgl. TOPAKKAYA 2009, S. 101f.). Denn nur das Erkenntnisvermögen der Intuition entspricht der Zeit. Sie ist, nach BERGSON und im Gegensatz zu KANT,[57] vom Raum dahingehend verschieden, dass sie eben nicht homogen ist, sondern eine unumkehrbare Reihe einmaliger, unwiederholbarer Momente darstellt. In ihr ist ein beliebiges Wechseln der Punkte unmöglich. Sie erstreckt sich in einem einzigen unteilbaren Fließen und Werden. Dieser reinen Dauer *(durée)* ist der zergliedernde Verstand nicht gewachsen.

> „Die ganze reine Dauer ist die Form, die die Sukzession unserer Bewusstseinsvorgänge annimmt, wenn unser Ich sich dem Leben überlässt, wenn es sich dessen enthält, zwischen dem gegenwärtigen und den vorhergehenden Zuständen eine Scheidung zu vollziehen" (BERGSON 1949, S. 85).

Das Organische der Zeit gilt es anschauend intuitiv zu erfühlen. Darin zeigt sich der *homo sapiens*, der erkennende und verstehende Mensch.

---

[56] Verweis auf das Original fehlt. Vgl. dazu aber: „Ihn [den Mechanismus, K. B.] beherrscht das Gesetz, dass in der Natur nur Gleiches aus Gleichem entstehe" (BERGSON 1969, S. 51).
[57] Zu BERGSONs Kritik an der Zeitlehre KANTs vgl. TOPAKKAYA (2009, S. 127–134).

Die Vermittlung von intuitiv Erkanntem und Verstandenem kann aus dieser Argumentationsweise nicht über Ratio und Logik erfolgen, sondern muss versuchen, über anschauliche Bilder und Metaphern zu gleichen Intuitionen zu verhelfen (vgl. dazu STÖRIG 1991, S. 566–569, RUSSELL 1996, S. 418–422, TOPAKKAYA 2009).

2.3.2 Phänomenologie

TITZE und KÜHN (1995) weisen darauf hin, dass ADLER in seiner geisteswissenschaftlichen Ausrichtung die Phänomenologie HUSSERLs nur indirekt rezipierte. Dennoch trage sie zum Verständnis seines Theorieentwurfs bei, der sich auf die Bedeutung ganzheitlicher, sozialer und teleologisch-sinnorientierter Zusammenhänge für die individuelle Entwicklung stützt. Im Ansinnen, den anderen zu verstehen, gehe die Individualpsychologie mit ADLER davon aus, dass es „letztendlich keine Realität, auch nicht die Totalität der Welt (gibt), die nicht durch subjektive Leistungen des ‚Ich' (‚Konstrukte', ‚Fiktionen', ‚Idealisierungen') vermittelt wäre (S. 114). Auch WEXBERG (1928) betont in seinem Überblick zur Geschichte der Individualpsychologie bereits deren Nähe zur Phänomenologie, die endlich die „Einheit des Erlebnisses geltend gemacht" (S. 6) habe und so in den Beschreibungen des subjektiv Wesentlichen größere Lebensnähe bewiesen hätte als jene zergliedernden „blutleeren Abstraktionen der alten Vermögenspsychologie, die sich von ihrem Einteilungsschema (…) nicht freimachen konnte" (ebd.).

HUSSERLs (1859–1938) philosophische Absicht lag in einer kritischen Abstraktion jedweder Erkenntnis. Diese vollzieht sich für ihn in Bewusstseinsakten und erlaube letztlich auch eine reine, von jedem Vorwissen befreite Beschreibung der in diesem Prozess gewonnenen Phänomene.

Dazu stellt er die Intentionalität des Subjekts ins Zentrum seiner Überlegungen und geht davon aus, dass das menschliche Bewusstsein stets auf etwas – einen Gegenstand, einen Sachverhalt, einen inhaltlichen Bezugspunkt – gerichtet ist. Dieser muss allerdings keiner Realität entsprechen, sodass der „Gehalt des Bewusstseins nicht auf die Sphäre der Tatsachen und realer Objekte einzugrenzen" ist (TEICHERT 2006, S. 104) und „es viele intentionale Zustände gibt, die nicht auf reale Objekte oder Sachverhalte gerichtet sind und doch einen intentionalen Gehalt haben" (ebd.).

So kann demnach weder von der Intentionalität des Bewusstseins auf eine vermeintliche Wirklichkeit geschlossen werden, noch lassen sich von deren womöglich unterstellten Objektivität etwaige Intentionalitäten des menschlichen Subjekts als kausale Folgekonsequenzen ableiten.

Die Phänomenologie, die Wesensschau, die unmittelbar das Eigentliche der Erscheinungen, die raum- und zeitlosen Wahrheiten, zu erfassen sucht, zielt auf die von der Welt unabhängige Intentionalität und Affektivität des Bewusstseins. Ausgangspunkt der Betrachtungen ist eine reine Subjektivität, die sich ihre Sinnzusammenhänge und Bedeutungszuschreibungen gemäß ihrer Erfahrungen, Bewertungen und Fantasien selbst schafft. So konstituiert sich eine eigene (subjektive) Lebenswelt, in der das *Ego* (die angesprochene reine Subjektivität) sich den selbst vermittelten Bezugspunkten aktiv zuwendet und sie intentional beseelt, d. h. ihnen anhand von Erwartungen und Absichten Bedeutung beimisst. Intersubjektive Kommunikation kann dann entsprechend nur über unabhängige Ideen, Wesenheiten, Phänomene gelingen, auf die die gemeinsame Intention gerichtet ist, deren individuelles Bild, deren Erscheinung jedoch bei den Kommunikationspartnern voneinander abweicht (vgl. dazu STÖRIG 1991, S. 594–597 und TITZE/KÜHN 1995, S. 115f.).

HEISTERKAMP und KÜHN (1995) bzw. KÜHN und TITZE (1991) sehen in ADLERs Lebensstil bzw. seinem Bewegungsgesetz jene phänomenologischen Aspekte berücksichtigt. In ihm drücke sich das *fundamentale Leibwissen* des Subjekts aus, das in der intentionalen Bezogenheit zwischen dem Individuum und seiner Welt entsteht. Im Bewusstsein des „Ich kann" spiegeln sich zum einen die aktive Gestaltungsmacht der eigenen Welt- und Sinnkonstruktionen sowie zum anderen die Einheit des Erlebnisses, die die Phänomenologie für die erkenntnistheoretische Grundlegung der Individualpsychologie so bedeutsam macht.

SCHELER (1874–1928) überträgt die phänomenologische Methode der Wesensschau von der Erkenntnislehre auf die ethischen Werte. Diese entsprechen den unveränderlichen Wesenheiten, sie bestehen unabhängig und absolut. In seinem Streben nach Zielen strebt er auch nach Werten, die er mit diesem Ziel verbindet. Doch weder die Ziele noch die hinter ihnen erhofften Werte sind stets umfänglich bekannt. Unsere veränderliche Erkenntnis wie unser alternatives Verhalten ihnen gegenüber bedingt unsere Motivationen.

Gleichwohl verneint er eine relativierende oder subjektivierende Beschneidung der Werte, sondern betont ihre ideelle unveränderliche Stellung, die er in einer Rangfolge von den niedrigen Werten des sinnlichen Fühlens (angenehm – unangenehm), über die vitalen Werte (die Lebenswerte, wie edel – gemein), zu den geistigen Werten (recht – unrecht, wahr – falsch), bis zu den höchsten Werten der Religiosität und Heiligkeit konkretisiert (vgl. STÖRIG 1991, S. 597–599).

In seinen *Philosophischen Weltanschauungen* (vgl. SCHELER 1976, S. 85–120) definiert er die Würde des Menschen in Abgrenzung zum Tier. Der Mensch könne sich unabhängig von seinen Funktionsabhängigkeiten eigene Werteorientierungen schaffen und ihnen gemäß leben:

> „Die wahre Würde und Bedeutung des Menschen (…)" liegt darin, dass er im „Besitz von Akten einer autonomen Gesetzlichkeit gegenüber aller psychischen Vitalkausalität (ist) – eine Gesetzlichkeit, die nicht mehr analog der und parallel geht den Funktionsabläufen im

Nervensystem, sondern parallel und analog der *objektiven Sachstruktur und Wertestruktur der Welt selbst*" (a. a. O., S. 99, kursiv im Original).

So lassen sich bei SCHELER folgende Merkmale festhalten, die den menschlichen Geist auszeichnen:

1. Die Ausrichtung des Menschen orientiert sich an kulturellen Werten und nicht an Trieben oder Bedürftigkeiten des Organismus;
2. der Mensch überwindet die Triebbezogenheit auf die Dinge, indem er zu begierdefreier Liebe zur Welt fähig ist und
3. der Mensch kann zwischen seinem Wesen und seinem Dasein unterscheiden und so anhand seines Wesens Einsichten gewinnen, die über die individuellen Einzelfälle seines Daseins hinaus Geltung beanspruchen.

In ADLERs Theoriegebilde können wir aus dem skizzierten phänomenologischen Gedankengut drei Anknüpfungspunkte für die hier relevanten Aspekte der Leiblichkeit und Orientierungsmöglichkeit anhand individueller Wertigkeiten wiederfinden:

1. Der Leib ist die unmittelbare Ausdrucksform der subjektiven Intentionalität. Seine Aktivität, sein Können, seine Wirk- und Gestaltungskraft konstituiert die eigene Lebenswelt. In diesem schöpferischen Akt wird das Ego durch sein leibhaftiges Tätigsein erkennbar. Damit können aus beobachteten und erfragten Erhebungen der individuellen Stellung (und Bewegungen) zu den Problemen und Aufgaben des Lebens Rückschlüsse auf Motivationen und zugrunde liegender Lebenswelt gezogen werden. Hier liegt die Deutungsmöglichkeit des individuellen Bewegungsgesetzes begründet.

Die Leibhaftigkeit der Bewegungen erlaubt zudem Erkenntnisse zu den beiden nächstgenannten Punkten.

2. Die subjektive Intentionalität, die die Bezugspunkte der eigenen Welt mit Bedeutung versieht, ermöglicht (oder erzwingt) die von ADLER sogenannte *tendenziöse Apperzeption*, ein durch subjektive Erwartungshaltung und Interpretationsbereitschaft gefärbtes Wahrnehmungsschema zur eigenen Orientierung.
3. SCHELERs Vorstellungen von den noch unentdeckten oder noch unerkannten Zielen und Werten eröffnet ADLER die Veränderungsfähigkeit des Individuums bei zunehmender Erkenntnis seiner Motivationen, was Auswirkungen auf die therapeutische Perspektive mit sich bringt. Seine Hierarchisierung der Werte und ihre unbedingte Verabsolutierung kommen dem späten ADLER zur Postulierung seines Vollkommenheitsstrebens entgegen.

Die bis hierher gesammelten philosophischen Einblicke, die mitunter differenzierter oder oberflächlicher, ausführlicher oder skizzenhafter, umfassender oder punktueller vorgestellt wurden, sollen einen Eindruck vermitteln, von welchen Impulsen

2 Themenspezifische Grundlagen

Tabelle B1: Philosophische Impulse zum Menschenbild der IP

Treffpunkte zwischen IP und Postmoderne	Originärer individueller Bezugspunkt	Philosophische Richtung	Vertreter	Individualpsychologische Repräsentanz der Impulse bzw. Parallelen
Ohnmacht der erschütterten Einheit	Kernselbst	Holismus	Schopenhauer	Einheit des Lebensstils
			Smuts	Metaphysisches Vollkommenheitsstreben
			Hegel	Punktuelle Wahrheiten sind im Individuum aufgehoben und wirken sich im Lebensstil aus
		Hermeneutik	Dilthey	Verstehen der individuellen Beweggründe
Gestaltungsmacht der offenen Vielheit	Gebundene Flexibilität	Idealismus	Kant	Final-teleologische Ausrichtung in der Freiheit des zielsetzenden Anfangs
		Pragmatismus	Pierce	Unzufriedenheitsimpuls regt Suche nach eigener Wahrheit und Nützlichkeit an / Bedeutung des *common sense*
			James	Wahrheit liegt in der praktischen Konsequenz für das eigene Leben; ihr Kriterium ist die Nützlichkeit
			Dewey	Ethische Verpflichtung zum individuellen Wachstum impliziert Vollkommenheitsstreben
			Vaihinger	Fiktionen als Grundlage des individuellen Sicherheitsgefühls
Orientierungssuche der individuellen Wertigkeit	Leiblichkeit	Lebensphilosophie	Nietzsche	Wille zur Macht / zum Schein als Grundlage der individuellen Werteorientierung
			Bergson	Nur Intuition erlaubt, sich dem Werden des schöpferischen Individuums zu nähern
		Phänomenologie	Husserl	Einheit von Individuum und Welt in der leiblichen Intentionalität
			Scheler	Veränderbarkeit der eigenen Werteorientierung: gemäß zunehmender (Selbst-)Erkenntnis

ADLERs Menschenbild – z. T. gesichert, z. T. vermutlich – geprägt war. Die anschließende tabellarische Übersicht (vgl. Tabelle B1, S. 163) setzt jene Impulse in unseren Gesamtzusammenhang, der von den Begegnungen der IP mit der Postmoderne bzw. deren Herausforderungen über die zu deren Bewältigung als notwendig erachteten originären Bezugspunkte des Individuums bis zu den individualpsychologischen Repräsentanzen bzw. Parallelen reicht.

3 Abschließende Bemerkungen zu ADLERs theoretischen Bezugspunkten

Unter dem Gesichtspunkt der philosophischen Grundlagen haben wir u. a. die Bedeutung VAIHINGERs für ADLER und seine Individualpsychologie zu skizzieren versucht. ADLER selbst hat sich explizit auf ihn bezogen und dessen Einfluss auf seine eigene Inspiration mitunter gar euphorisch betont. Nun warnt aber KÜHN (1985) ausdrücklich vor einer undifferenzierten Berufung auf VAIHINGER, da dessen idealistischer Pragmatismus – im Hinblick auf die darwinistische Evolutionsidee – nur eine abstrakt allgemeine Freiheit der menschlichen Gattung erlaube und die konkrete Handlungsfreiheit des einzelnen Individuums vernachlässige. ADLER habe demnach zwar VAIHINGERs Vorstellungen überwunden und sich bezüglich seines Freiheitsverständnisses tatsächlich an KANT orientiert, bis zuletzt aber dennoch auf VAIHINGER zurückgehendes Gedankengut im Sinne dessen idealistisch-positivistischer Metaphysik vertreten (vgl. KÜHN 1991, S. 161). HÖCHER (1987) hingegen wundert sich, warum sich ADLER nicht viel eher auf HEGEL bezogen habe, dessen „historische Auffassungen über Subjektivität" (S. 6) seinen eigenen Vorstellungen bereits wiederum viel näher gestanden hätten als diejenigen KANTs, und spekuliert über einen von ADLER vermeintlich wahrgenommenen gravierenden Unterschied in der teleologischen Ausrichtung, die sich bei HEGEL verabsolutierend, bei ADLER jedoch spezifisch für den einzelnen Menschen zeige.

Diese punktuellen Hinweise möchte ich zum Anlass nehmen, die grundsätzliche Bedeutung der theoretischen Bezugspunkte in ADLERs Werk kurz kritisch zu hinterfragen. Wir haben bereits oben (vgl. B II.1.1 und B II.2) in Anlehnung an HÖCHER (1997), KÜHN (1996) und HANDELBAUER (1984) auf die freie und unspezifische Quellenarbeit verwiesen, die wir – je nach Perspektive – als pragmatisch oder unstrukturiert charakterisieren konnten.

Die nahezu unzähligen Querverweise zu verschiedenen (und eben auch gegensätzlichen) Autoren und Denkrichtungen aus Philosophie, Psychologie, Literaturwissenschaft, Medizin und Biologie, zu den Geistes- wie den Naturwissenschaften mögen die wiederkehrend genannte Belesenheit ADLERs und sein Interesse an der Erkenntnisgewinnung des Menschen und über ihn unterstreichen, wecken jedoch

3 Abschließende Bemerkungen zu ADLERs theoretischen Bezugspunkten

beim Außenstehenden womöglich eine gewisse Skepsis bezüglich einer eventuellen Beliebig- und Willkürlichkeit.

Die Frage muss erlaubt sein, ob ADLER überhaupt ausreichend Zeit hatte, sich intensiver mit den Gedankengängen und den aus ihnen abzuleitenden Konsequenzen zu beschäftigen? Betrachten wir lediglich die beiden für ADLER und die Grundlegung seiner Lehre bedeutenden Jahre 1911 und 1912: 1911 verlässt ADLER den Kreis um FREUD und VAIHINGERs „Philosophie des Als-Ob" erscheint. Nur ein Jahr später veröffentlicht ADLER bereits seine theoretische Basis der Individualpsychologie im „Nervösen Charakter", in dem er sich u. a. auf das mehr als 800 Seiten umfassende Werk VAIHINGERs stützt. ADLER hat jedoch in diesen beiden Jahren allein noch elf weitere Aufsätze herausgebracht (vgl. HANDELBAUER 1984, S. 395), gründete den „Verein für freie psychoanalytische Forschung", bewarb sich für seine Habilitation und für die österreichische Staatsbürgerschaft, hielt weiterhin Vorträge und Referate, bewältigte einen Umzug, eröffnete eine Praxis als Psychiater und arbeitete in ihr als solcher. Zudem war er nicht zuletzt Ehemann und Vater von vier Kindern im Alter von drei bis 14 Jahren (vgl. HANDELBAUER 1984, S. 23f.). Auch wenn sich ADLER dem familiären Leben weitgehend entzogen haben sollte, so scheint das aufgeführte Arbeitspensum doch mehr als beachtlich.

Womöglich stand die Quantität der Bezugstheorien bzw. besser der expliziten Bezugs*punkte* einer insgesamt weitaus umfassenderen Theorie einer tieferen qualitativen Durchdringung entgegen? Hat sich ADLER tatsächlich für spezifische Details oder lediglich für die mit seinen Überlegungen übereinstimmende Gesamtrichtung interessiert? Auch wenn er Bestätigungen aus vielschichtigen Grenzgebieten dankbar aufgenommen, vielleicht auch begierig aufgesammelt hat, so scheint er mit etlichen Autoren nur über Vermittlung deren Anhänger oder Schüler in Berührung gekommen zu sein (vgl. HANDELBAUER 1984, S. 313, ANSBACHER & ANSBACHER 1995, S. 74, KÜHN 1996, S. 243f.). Auch diesen in der indirekten Rezeption tolerierten Abstand vom Original hat ADLER billigend in Kauf genommen. Seine Absicherungs- und Integrationsbestrebungen scheinen v. a. in die Breite zu zielen, nicht unbedingt in die Tiefe, sodass die oben als Ausgangspunkt herangezogenen Widersprüche und Unstimmigkeiten entstehen konnten. Die auch von seinen Anhängern wiederholt kritisierten stilistischen Mängel, die sich neben seiner mitunter unglücklichen Begriffswahl hauptsächlich auf seine fehlende Ordnung und Systematik im argumentativen Aufbau bezieht (vgl. dazu auch B III.3.2), kann in ähnlicher Ausprägung auch in seiner Quellenarbeit wiedergefunden werden.

Die hier aufgeführten Bezugstheorien wurden unter den für diese Arbeit relevanten Gesichtspunkten ausgewählt und vorgestellt. Sie sind für deren Intention insofern von besonderer Bedeutung, da sie ADLERs Menschenbild verdeutlichen. Eine abschließende erkenntnistheoretische Konkretisierung der *reinen Lehre* kann hier vernachlässigt werden, da sich ADLER ihrer nie umfänglich, sondern immer nur punktuell bediente (vgl. dazu auch KÜHN 1996, S. 253). Sein Interesse galt seiner eigenen Lehre: von der Einzigartigkeit des konkreten Individuums und seiner Handlungsmotivationen. Dieser wollen wir uns nunmehr widmen.

III Die Persönlichkeitstheorie der IP

1 Zur Ohnmacht der erschütterten Einheit: ADLERs intentionale Einheit des Individuums – zwischen Minderwertigkeitsgefühl und Kompensation

Im theoretischen Konstrukt von Minderwertigkeit und Kompensation werden bereits die entscheidenden Aspekte der Individualpsychologie deutlich: In ihnen sind die Komponenten der Gemeinschaft (als Vergleichsgrundlage), dem Anspruch der Gleichwertigkeit (als Zielvorstellung) sowie der Macht-Ohnmacht-Thematik (als Entwicklungsmotor) angelegt.

Minderwertigkeit, zunächst eingeführt in einer naturwissenschaftlich orientierten Untersuchung von Organfunktionalitäten (Studie über Minderwertigkeit von Organen, 1907), bezieht sich in seiner Wertung auf ein soziales Vergleichsmaß innerhalb einer gemeinsamen Kategorie. Diese bietet die Gemeinschaft aber nur, wenn die individuellen Unterschiede ihrer Mitglieder ihre prinzipielle Gleichwertigkeit nicht in Frage stellt. Diese Annahme legitimiert die Hoffnung und den Anspruch, Entwicklungspotenzial für anzustrebende Veränderungen zu erwarten. Dabei rücken die vorhandenen Ressourcen, wie Fähigkeiten und Beziehungen, in den Fokus, die die Gestaltungskapazitäten bedingen. Diese Machtposition gilt es zu stärken. In diesem Sinne muss als Ohnmacht zu verstehende Minderwertigkeit immer kompensiert werden, um die eigene Gleichwertigkeit in der Gemeinschaft nicht zu gefährden.

In der Betonung des Minderwertigkeits*gefühls* akzeptiert Adler, dass Ohnmacht eben nicht nur vermeintlich objektiven Bedingungen, sondern vielmehr subjektiven Fiktionen geschuldet ist. Damit zeigen sich auch die philosophischen Grundlagen des Wechsels der psychologischen Überzeugungen in diesem Handlungskomplex.

„Die Lehre vom Minderwertigkeitsgefühl und dessen Kompensation im Sicherungs- und Machtstreben ist das eigentliche Kernstück der Adlerschen Persönlichkeits- und Neurosentheorie und zugleich die psychologische Formulierung seiner Gesellschaftskritik.
Kompensation des Minderwertigkeitsgefühls ist für Adler der dynamische Mechanismus des psychischen Lebens. Die Kausalität des Minderwertigkeitsgefühls und die Finalität der Kompensation konstituieren die Einheit der Persönlichkeit. Minderwertigkeit und Kompensation wirken erst dann neurotisierend, wenn sie ein gewisses Ausmaß erreichen und verfestigt sind. Zur Obsession geworden, lähmen sie die produktive Aktivität und sind für das Individuum und die Kultur destruktiv" (BRUDER-BEZZEL 1991a, S. 149).

Auch wenn die IP das Individuum, das es zu stärken gilt, im Fokus hat, so dient ihr die Entfaltung des Einzelnen v. a. als Stütze der sozialen Gemeinschaft, die sich mittels ihrer Kernzellen weiterentwickelt. Die wechselseitige Beeinflussung zwischen Individuum und Gemeinschaft zeigt sich im Minderwertigkeitsgefühl und der Kompensation deutlich. Beide Begriffe sind überhaupt nur im sozialen Rahmen verständlich: Erst der Vergleich mit anderen anhand sozialer Maßstäbe prägt unsere Bewertung der eigenen Person. Kompensationen orientieren sich an gesellschaftlichen Vorbildern und sind „durch die soziale Position (mit)determiniert" (ebd.).

Der Begriff des Minderwertigkeitsgefühls tritt seit 1910 in ADLERs Schriften auf – wenngleich die gemeinten emotionalen Befindlichkeiten, jedoch ohne die konkrete namentliche Benennung, bereits früher umschrieben wurden – und erfährt im Verlauf der folgenden Spezifizierung seiner Lehre in den kommenden Jahren einen umfassenden Bedeutungswandel (vgl. HANDELBAUER 1984, S. 240–243, BRUDER-BEZZEL 1991a, S. 149–159).

Mit der Betonung des Minderwertigkeits*gefühls* vollzieht sich ein Ausrichtungswandel von einer vormaligen naturwissenschaftlichen hin zu einer erlebnispsychologischen Orientierung, von einer Trieb- zu einer Wertepsychologie. ADLERs ursprüngliche Vorstellung, dass die objektive Organminderwertigkeit als Ursache des subjektiven Minderwertigkeitsgefühls anzusehen wäre, reduziert sich bis 1912 auf eine mögliche unter weiteren Alternativen. Die vorrangige Bedeutung der subjektiven Bewertung nährte seinen pädagogischen Optimismus, denn diese schienen Interventionsbestrebungen zugänglicher als biologische Determinanten.

Betrachtete er das Minderwertigkeitsgefühl, beruhend auf einer subjektiven Fehlinterpretation, aber bis Mitte der 1920er-Jahre als gefährlich und gesellschaftsgefährdend, da eine zwangsläufig folgende (Über-)Kompensation das Gemeinschaftsgefühl bedrohe, so gilt es ihm zuletzt als unbedingte Antriebsfeder für die persönliche wie kulturelle Weiterentwicklung von Individuum und Gesellschaft. Es bezeichnet nunmehr eine den natürlichen Einschränkungen der menschlichen Fähig- und Fertigkeiten geschuldete anthropologische Konstante und dient dem resultierenden Vollkommenheitsstreben des Subjekts. Die Defizit- weicht einer Wachstumstheorie (vgl. HANDELBAUER, a. a. O.).

1.1 Primäres Minderwertigkeitsgefühl

Bis der Begriff des Minderwertigkeitsgefühls 1910 in ADLERs Schriften erscheint, werden in den vorangegangenen Jahren bereits Grundzüge der darin zusammengefassten Überzeugungen deutlich (vgl. bspw. BRUDER-BEZZEL 1991a oder ANSBACHER & ANSBACHER 1995, S. 22–49).

Wie der Titel „Der Arzt als Erzieher" (1904) vermuten lässt, spricht sich ADLER hier für eine pädagogische Verantwortung des Mediziners aus. Er betont die Auswirkungen körperlicher Beeinträchtigungen wie ungünstiger Erziehung auf die emotionale Befindlichkeit des Kindes. Erlittene Demütigungen und das resultierende Gefühl der eigenen Schwäche führten zum Vertrauensverlust in die eigenen Fähigkeiten und Kräfte, was die Entwicklung entsprechend stark beeinflusse. Als Gegengewicht streicht ADLER die Bedeutung des kindlichen Selbstvertrauens sowie des notwendigen Mutes heraus.

Zu diesem Zeitpunkt fehlt jedoch noch die Theorie der Kompensation als selbstregulativer Prozess. Diese wird in der Studie über die Minderwertigkeit der Organe (1907) eingeführt: Morphologische oder funktionelle Minderwertigkeiten eines Organs ziehen als Anpassungsleistung Kompensation, also einen Ausgleich oder gar eine Verbesserung der Organleistung (Überkompensation) nach sich. Misslingen diese Versuche jedoch, so bilden sich Neurosen oder Degenerationen des Organs aus.

1908/09 verbindet ADLER sein Kompensationskonzept mit dem Aggressionstrieb: Minderwertige Organe entwickelten durch ihre Neigung zur Kompensation einen größeren Aggressionstrieb.

> „Die Stärke des ursprünglich vorhandenen Aggressionstriebes sowie der Aggressionsfähigkeit ist offenbar vererbt und als Ausdruck der Kompensationstendenz zu betrachten" (ADLER 2007a, S. 91).

Der Aggressionstrieb werde durch Empfindlichkeit oder Überempfindlichkeit gegenüber jeder Art der Degradierung ausgelöst. Die dem Neurotiker eigene *psychische* Überempfindlichkeit gründe in *organischer* Überempfindlichkeit oder Ungeschicklichkeit.

Auch 1910 geht ADLER noch von objektivierbaren Ursachen für das nun auch so benannte Minderwertigkeitsgefühl aus. Es bilde sich bei minderwertigen Organen und ebensolcher Konstitution, bei zu strenger oder zu verwöhnender Erziehung. Das Zusammenwirken von Minderwertigkeitsgefühl und Kompensation bezeichnet ADLER nun als *psychologisches Grundgesetz* (Die psychische Behandlung der Trigeminusneuralgie, hier 2007c, S. 136[58]).

Spätestens 1912 mit der Anerkennung der Fiktionen akzeptiert ADLER die Subjektivität in der Ausprägung des Minderwertigkeitsgefühls.

ADLER nimmt im Laufe der Jahre noch weitere Umdeutungen seines Verständnisses zur Thematik vor, die z. T. bereits oben kurz angesprochen wurden. Veränderungen gab es u. a. bezüglich der Häufigkeit des Auftretens (von spezifisch umschriebener zu allgemeiner Erscheinung), der Vergleichsgröße (von anderen zu sich selbst) oder der kulturellen Auswirkung (von störend zu erhebend). Diese dynamischen Veränderungen verdeutlichen die Bedeutung dieses zentralen Bausteins seiner

---

[58] Erstmals veröffentlicht 1910 im Zentralblatt für Psychoanalyse. Medizinische Monatsschrift für Seelenkunde. 1, S. 10–29. Zur Frage der Datierung dieser Erstveröffentlichung (1910 oder 1911) vgl. BRUDER-BEZZEL 2007, S. 132.

Psychologie. Sie sollen jedoch hier nicht im Einzelnen besprochen werden. Uns kann im Hinblick auf die zu entwerfende Modellentwicklung (B IV.1.1) das grundlegende Prinzip des Minderwertigkeitsgefühls als Auslöser eines Anpassungs- bzw. Kompensationsprozesses genügen.

Es bleibt jedoch zu fragen, ob es tatsächlich der einzige Auslöser dieser Prozesse sein kann?

HEISTERKAMP (1991) vermisst die Berücksichtigung des freien freudvollen und lustbetonten Entdeckens und betont im Prozess des Schöpferischen das originäre Wachsen und Werden, was sich unabhängig von Überwindungsnotwendigkeiten auspräge. Er prangert die seiner Meinung nach in der Individualpsychologie vorherrschende Vorstellung an, dass die Impulse zu jenen Anpassungs- und Wachstumsprozessen stets aus Mangel- oder Defizitsituationen abgeleitet würden. Damit sei der Kompensationsverlauf als notgeschuldet zu charakterisieren und könne in den Verruf einer mühseligen Pflichtreaktion geraten.[59]

Weiterhin kritisiert er den Umstand, dass die IP mit ADLER Minderwertigkeitsgefühle beim Kind aus der Erwachsenenperspektive konstruiert hat, die im tatsächlichen kindlichen Erleben überhaupt nicht auszumachen seien. Die Säuglingsforschung zeige bereits im frühsten Stadium eine große Bandbreite verschiedener Kompetenzen auf, die eine vermutete Minderwertigkeitslage nicht rechtfertige. Er plädiert für eine entwicklungsgerechte Beurteilung der kindlichen Fähigkeiten, um ein grundsätzlich unterstelltes Mangelgefühl zu widerlegen:

> „Erst wenn das Kind in seinen altersgemässen Lebens- und Entwicklungstendenzen (…) behindert wird (…), also *wenn seine originären Lebensbewegungen blockiert werden, macht es die sein Selbstwertgefühl erschütternden Erfahrungen*" (S. 30, kursiv im Original).

Wir halten demnach fest: Laut HEISTERKAMP sind

1. das kindliche Minderwertigkeitsgefühl (auch) aus der Erwachsenenperspektive konstruiert und
2. Wachstumsprozesse nicht per se mühselige Überwindungen von Mangellagen, sondern (auch) Ergebnis freud- und lustbetonter Explorationsbestrebungen.

---

[59] In welchem Ausmaß Mangelsituationen aber tatsächlich Kompensationsimpulse auslösen, hängt nach Vorstellungen der klassischen IP mit dem vom Individuum selbst eben auch unbewusst kreierten Lebensziel zusammen. Das heißt aber nichts anderes, als dass die Kompensationen Ausdruck ursprünglich eigener Bestrebungen und Motivationen darstellen. In diesem Sinne sind gerade auch diese Kompensationen originär. So lesen wir bei GERHARDT (1999, S. 47, kursiv im Original): „Zur generellen Struktur von Problemen gehört, *dass sie uns etwas angehen* und dass sie, wenn sie drängend sind, eine *eigene Anstrengung* herausfordern. Sie tangieren unsere Empfindlichkeiten und unsere Bedürfnisse, sind vor allem aber direkt auf unsere *Ansprüche* bezogen. Sie (…) stehen in direkter Korrelation zu unserem *Selbstverständnis*. Denn Probleme werden auf dem Niveau wahrgenommen, auf dem *wir uns selbst* begreifen."

Zu 1.: Rückschlüsse aus der Erwachsenenperspektive verschleiern sicherlich den Blick auf die kindliche Erlebniswelt. Der Einwand, entwicklungskonforme Erwartungen an die Beurteilung anzulegen, scheint so selbstverständlich, dass sich weitere Diskussionen darüber erübrigten. Doch zu den unangemessenen Gleichsetzungen vom einen zum anderen Entwicklungsniveau, die HEISTERKAMP anspricht, gehört auch die angemahnte kognitive Differenzierung, die entsprechend ebenfalls nicht auf das Kind übertragen werden darf. So kann bspw. das jüngere Geschwister nicht verstehen, warum es noch nicht so schnell laufen, so sicher Fahrrad fahren oder so lange aufbleiben darf und sehr wohl einen Vergleich anstellen, der hinsichtlich der Altersunterschiede zum Älteren nicht geboten wäre.

Zudem sind die entwicklungsgemäßen Anforderungen in jeder Altersstufe hoch genug, dass sich auch dort genügend Frustrationspotenzial findet, um im Vergleich mit anderen nicht immer günstig zu bestehen.

Zu 2.: Die freud- und lustbetonten Explorationsbestrebungen in der (kindlichen) Entwicklung sind evident. Aus spontanem Interesse beschäftigt sich das Kind (und sehr wohl auch noch der Erwachsene) z. B. mit einem bestimmten Gegenstand, der es fasziniert und bei sich und Laune hält – ohne aus einer expliziten Mangellage in die Beschäftigungssituation getrieben, gedrängt oder genötigt worden zu sein.

In dieser lustvollen Beschäftigung aber wird das Interesse von einer selbst entwickelten Herausforderung wach gehalten, der Gegenstand wird dem Individuum zum Problem, das einer Lösung bedarf, die noch nicht vorliegt oder noch nicht ausgereizt, noch nicht in allen Varianten erfahren wurde. Auch wenn vor der Beschäftigung also noch keine Mangellage ersichtlich war, so entsteht diese doch gerade in der explorierenden Situation (von selbst bzw. vom Selbst).

So hoffe ich zwar, dass daraus kein Minderwertigkeitsgefühl im strengsten Sinne entsteht, doch kann im Idealfall dennoch ein verändertes Kompetenzniveau vor und nach der Beschäftigung mit dem Problemgegenstand ausgemacht werden: von *minderbemittelt* (keine ausreichenden Mittel zur Behandlung) zu *höherbemittelt* (ausreichende zur Verfügung) bzw. von einer *ohnmächtigen* zur *gestaltungsmächtigen* Beherrschung.[60]

Die Gleichsetzung „mangellagengeschuldete Kompensation bedeutet mühselige Kompensation" erachte ich als zweifelhaft. Zwar können sowohl die Mangelsituation – v. a. wohl wenn sie schmerzhaft erfahren wurde anstatt sich in interessierter

---

[60] Hier zeigt sich eine durchaus angebrachte Begriffs- und Verständnisdifferenzierung: aus einer Ohnmachtssituation muss nicht notwendigerweise ein (strenges) Minderwertigkeitsgefühl entstehen. In diesem Sinne ist HEISTERKAMP m. E. zuzustimmen. Aber die von ihm angemahnten Wachstumsprozesse gründen sich – unabhängig ihres Ursprungs – auf noch nicht ausreichend befriedigtem Interesse.

freier Beschäftigung spontan zu eröffnen – als auch die Bewältigung mitunter mühselig erlebt werden, der Zusammenhang zwischen beiden scheint mir jedoch kein zwangsläufiger, sondern lediglich indirekt über die Motivation vorzuliegen. Etwaig auftretende Mühseligkeit liegt im Verhältnis zwischen Problem und Individuum begründet und kann sich entsprechend – wie auch Freude und Lust – in Mangel- *und* Explorationssituationen einstellen.

Die Einwände HEISTERKAMPs werden später (B III.3.2.1) als kritischer Ansatzpunkt zu einer notwendigen Differenzierung wieder aufgegriffen, stehen aber dem Grundkonzept des Minderwertigkeitsgefühls m. E. nicht prinzipiell entgegen, sondern können es in diesen genannten Punkten explizit erweitern, auf die sich auch das vorzustellende Entwicklungsmodell (vgl. B IV.1 als auch B IV.2.2) anschließend beruft.

1.2 Sekundäres Minderwertigkeitsgefühl

BRUDER-BEZZEL (1991a, S. 152f.) weist auf die Möglichkeit hin, bei ADLER zwischen einem primären und einem sekundären Minderwertigkeitsgefühl zu unterscheiden, wenngleich ADLER selbst diese Unterscheidung nicht explizit getroffen und SPERBER sie weitaus *griffiger* formuliert habe (vgl. auch BRUDER-BEZZEL 1999, S. 171). ADLER umschreibt das gemeinte Phänomen erstmals 1910 in der Darstellung des *männlichen Protests* in seinem Aufsatz *Der psychische Hermaphroditismus im Leben und in der Neurose* (vgl. hier 2007b, S. 110ff.). Während ersteres aus einem Messen, einem Vergleichen mit anderen, aus den Beziehungen zu seiner Umgebung oder auch zu seinen eigenen Zielen erwachse, zeige sich im zweiten eine weitere Verstärkung, da es dazu diene, das Primäre zu manifestieren. Es werde zudem final genutzt, d. h. arrangiert, um sich Zuwendung, Hilfe und Freispruch zu sichern und so den unbedingt zu vermeidenden weiteren Abfall des Selbstwertgefühls zu verhindern (vgl. dazu auch BRUDER-BEZZEL 1985, S. 16).

In Anlehnung an SPERBER (1934, S. 111, 113)[61] bezeichnet sie das primäre Minderwertigkeitsgefühl als psychischen Motor der Kompensation, der dazu anrege, die Minderwertigkeitsposition und das Minderwertigkeitsgefühl selbst zu überwinden. Das sekundäre Minderwertigkeitsgefühl hingegen sei bereits selbst Kompensation und stütze sich dabei auf eine arrangierte Minderwertigkeitsposition.

Ein Beispiel soll die etwas abstrakte Definition greifbarer machen: Ein Kind, das auf der Straße im Spiel mit den anderen Kindern keinen Anschluss findet, mag das Gefühl entwickeln, unbeliebt zu sein. Im Vergleich zu den anderen verfügt es selbst über weniger Kontakte, das primäre Minderwertigkeitsgefühl prägt sich aus.

---

[61] SPERBER, M. (1934): Individuum und Gemeinschaft. Versuch einer sozialen Charakterologie. Stuttgart: Klett-Cotta 1978. Literaturangabe nach BRUDER-BEZZEL (1991a).

Als kompensatorische Verstärkung könnte das Kind nun die Vorstellung entwickeln, die anderen seien ihm überlegen, sodass es deren Spiel nicht folgen könne: Sie seien womöglich schneller, stärker, wilder oder lauter. Die so arrangierte Unterlegenheit sichert ihm Mitgefühl und Aufmerksamkeit von dritter Seite und entschuldigt die nun einzustellenden Bemühungen, mit den anderen in Kontakt zu treten und zum gemeinsamen Spiel zu finden. Der erhoffte und gewährte Freispruch verhindert so den Verlust des Selbstwertgefühls durch Vermeidung der ursprünglich als bedrohend eingestuften Spielsituation.

Der initiale Anreiz, mit anderen zu spielen – dieser muss vorhanden gewesen sein, sonst hätte sich diesbezüglich kein (primäres) Minderwertigkeitsgefühl eingestellt, sonst wäre, um in der oben gewählten Sprechweise zu bleiben (vgl. B III.1.1), die Situation auf der Straße dem Kind nicht zum Problem geworden –, wird aufgegeben (verdrängt). Damit siegt die Abwehr einer befürchteten Bedrohung über die anfangs erhoffte Bedürfniserfüllung, Sicherheitsbewahrung tritt an die Stelle des Lustgewinns.

In diesem Zusammenhang der Differenzierung des Minderwertigkeitsgefühls sei ergänzend auf DREIKURS (1969) verwiesen, der ein natürliches, ein kosmisches und ein soziales Minderwertigkeitsgefühl unterscheidet. Er betont die Notwendigkeit der Überwindung des Zweifels am eigenen Wert. Dieser Zweifel führe unweigerlich zu einer vertikalen Ausrichtung des Lebens. Die horizontale Hinwendung zur Gemeinschaft werde durch Macht- und Geltungsstreben abgelöst, das jedoch trotz größtmöglicher Erfolge das eigene Sicherheitsgefühl nicht befriedigen könne, da der Glaube an die eigene Zugehörigkeit zur Gemeinschaft fehle (vgl. S. 30–37 oder auch 57).

Ohne die grundsätzliche Überzeugung der Teilhabe an der Gemeinschaft muss sich das nach Orientierung, nach seinem „Platz im Leben" (DREIKURS 1969, S. 31) suchende Individuum stets anhand externer Bezugspunkte verorten. In dieser Abhängigkeit zielt das Streben nur noch darauf, den aktuellen Status zu bewahren. Ein Anhäufen dieser externen Bezugspunkte jedoch vermag nach ANTOCH (1995, vgl. dazu auch B III.3.2.1) das Sicherheitsdefizit nicht aufzulösen.

1.3   Kompensation und Überkompensation

Die Kompensationsbestrebungen wurden in den vorangegangenen Abschnitten bereits skizziert. Demnach befördert eine „objektive" Minderwertigkeit (der Organe) oder ein subjektives Minderwertigkeitsgefühl ein Mangel- oder Defizitverhältnis zwischen Individuum und seiner Umwelt(anforderungen), was dann geradezu zwangsläufig (im Sinne des vorgestellten *psychologischen Grundgesetzes*) Ausgleichs- oder Überwindungsprozesse auf verschiedenen Wachstums- und Entwicklungsebenen

nach sich zieht. Dabei lassen sich nach PONGRATZ (1983, S. 209) vier verschiedene (Über-)Kompensationsformen unterscheiden:
1. Ausgleich somatischer Mängel über somatische Leistungen;
2. Ausgleich psychischer Mängel durch psychische Leistungen;
3. Ausgleich psychischer Mängel durch somatische Leistungen;
4. Ausgleich somatischer wie auch psychischer Mängel durch soziale Ausrichtung und Aktivität.[62]

Allerdings scheint dieser Drang je nach impulsgebendem Verursacher (Aggressionstrieb, Machtstreben, Sicherungstendenz) dazu zu neigen, über das Ziel hinaus zu schießen, was die Grenzen zur Überkompensation verwischt. Der vermeintliche Wirkungsbereich der Kompensation wird zunächst für das Organsystem beschrieben und über diverse Zwischenstufen bis auf die gesamte menschliche Kultur übertragen.

In diesem wechselnden Verständnis und Wirkungsbereich kam es in der Absicht einer qualitativen Bewertung der Kompensation im individuellen Entwicklungsprozess zu einer terminologischen Diffusität, die ROGNER (1995, S. 261) zusammenfasst. Darin wird deutlich, dass v. a. der Begriff der Überkompensation für Verwirrung sorgt, der mitunter synonym mit der Kompensation, dann aber auch sowohl positiv (als sozial wertvolle kompensatorische Hochleistung) wie negativ (manifestiert als Fehlkompensation eine seelische Störung) Verwendung findet. Zur Vereindeutigung des Gemeinten konkurrieren dann unter den erwünschten Anpassungsleistungen die Charakterisierungen der (Über-)Kompensation als glücklich, gesund oder gelungen und der unerwünschten wahlweise als irregeleitet, misslungen oder negativ.

An dieser Stelle soll kurz die Funktion der (Über-)Kompensation in Erinnerung gerufen werden: Ursprünglich ging es ADLER 1908 dabei um eine „Tendenz zur Deckung" eines organischen „Defektes durch Wachstum und Funktionssteigerung" (1973, S. 43), später darum, ein Minderwertigkeitsgefühl zu überwinden, also das Selbstwertgefühl zu erhöhen. (Über-)Kompensation zielt also auf ein höheres Sicherheits- und/oder Machtniveau ab, das durch autonom-personale wie gemeinschaftlich-soziale Ressourcen bedingt ist. Im Vorgriff auf die später ausführlich diskutierte (vgl. B III.3) Notwendigkeit, beide Aspekte ausreichend zu berücksichtigen, können eben diese Komponenten als Differenzierungsmerkmal herangezogen werden. Die folgende Definition (vgl. Tabelle B2) klärt das Verständnis der Begrifflichkeiten innerhalb dieser Arbeit.

Zur Verdeutlichung der gewählten Definitionen sollen die Beispiele zur positiven und negativen Überkompensation noch erläutert werden. Die Überkompensa-

---

[62] Auf den Hinweis, somatische Mängel durch psychische Leistungen zu kompensieren, z. B. eingeschränkter Körperkraft mit Bildung und Assoziationsvermögen zu begegnen, verzichtet PONGRATZ.

1 Zur Ohnmacht der erschütterten Einheit 175

Tabelle B2: Arbeitsdefinitionen Kompensation und Überkompensation

Terminus	Definition	Beispiel
Kompensation	Ausgleichsverhalten im erwarteten durchschnittlichen Normbereich	Wasserscheuer lernt schwimmen
Überkompensation	Ausgleichsverhalten über diesen erwarteten durchschnittlichen Normbereich hinaus	Wasserscheuer wird guter Schwimmer
Positive Überkompensation	Überdurchschnittliche Fähigkeit steht im Einklang mit autonomen *und* gemeinschaftlichen Bestrebungen	Wasserscheuer wird Wettkampf- oder Rettungsschwimmer
Negative Überkompensation	Überdurchschnittliche Fähigkeit steht *nicht* im Einklang mit autonomen *und* gemeinschaftlichen Bestrebungen, sondern *vernachlässigt einen der beiden Teilbereiche*	Wasserscheuer wird Rückenschwimmer oder Bademeister

tion an sich umschreibt hier ein erhöhtes Kompetenzniveau. Die qualitative Wertung bezieht sich dann darauf, wie dieses erhöhte Kompetenzniveau eingesetzt wird.

In der positiven Überkompensation nutzt der vormals Wasserscheue seine gewonnene Schwimmfertigkeit entweder sozial (Rettungsschwimmer) oder personal (Wettkampfschwimmer). Beide bleiben aber der komplementären Ebene verbunden: der Rettungsschwimmer, da er seine ihn auszeichnende Fähigkeit tatsächlich in Anspruch nimmt, und der Wettkampfschwimmer, weil er trotz seiner Bestrebungen, sich als schneller Schwimmer zu individualisieren, sozial im Verein und Wettkampfsystem eingebettet bleibt.

In der negativen Überkompensation[63] hingegen zeichnet sich der Rückenschwimmer zwar durch eine besondere Technik aus, verzichtet mit ihr jedoch auf seine *Rücksicht*, verliert den Blick und die Fürsorge für andere. Der Bademeister

---

[63] Jene Beispiele sind v. a. auch metaphorisch zu lesen (s. o.). Auf konkreter Ebene gewinnt der Rückenschwimmer (1.) Sicherheit dadurch, dass die Atmung nicht vom Wasser behindert wird und (2.) Macht dadurch, dass alle anderen ihm ausweichen müssen, wenn sie einen Zusammenstoß vermeiden wollen. Der Sicherheitsgewinn des Bademeisters liegt darin begründet, dass er selbst sich seinem ursprünglich angstbesetztem Medium kaum mehr aussetzen muss, sein Machtgewinn in der Befehlsgewalt über sein Refugium. In den beispielhaft überspitzten Ausformungen sehen wir den Rückenschwimmer, der im vollbesetzten Bad konsequent seine Bahnen zieht, womöglich noch im altdeutschen Stil (Brustbeinschlag mit ausladenden Armzügen) und jenen idealisierten Bademeister, der gerade mit seinem Verantwortungsbewusstsein gegenüber der Gemeinschaft seine erarbeiteten persönlichen Fertigkeiten nicht mehr pflegt.
Um Missverständnissen vorzubeugen bleibt festzuhalten, dass nicht jedes Rückenschwimmen und Bademeisteramt als Ausdruck einer negativen Überkompensation verstanden werden dürfen: zu einer solchen Klassifizierung sind die ursprüngliche Ausgangslage (Wasserscheuer?) und die eventuelle Variationsbreite der Kompensationshandlungen (Ausschließlichkeit?) zu beachten.

verrichtet seine Aufgabe nur noch in der Fiktion eines guten Schwimmers: Er stellt seine Fähigkeit vollkommen in den Dienst der anderen und schwimmt selbst nicht mehr. Als Konsequenz aus diesem Verzicht bzw. Verlust einer der beiden Bezugsgrößen verringert sich auch die Handlungsfreiheit der Protagonisten: Der Rückenschwimmer isoliert sich indem er die mit anderen geteilte Perspektive (der Bauchlage) verlässt und so seine Wahrnehmungen nicht mit diesen teilen kann, der Bademeister hingegen wird im Hinblick auf seine Fertigkeit unselbstständig, da er sie nur noch bei Bedarf der Badegäste funktionsabhängig einsetzen kann. (Schwämme er zum eigenen Vergnügen, so verlöre er seine Funktion – und da er sich über diese definiert, auch seine diesbezügliche Identität.)

In zunehmender Erfahrung und Erkenntnis ihrer eigenen Ressourcen und Möglichkeiten, so könnte man ADLERs Überzeugung zusammenfassen, werden sich Mensch und Menschheit entsprechend ihrer Kompensationsbemühungen von ihren limitierenden Bedingungen befreien. Als oberstes Ziel gelte jedoch, „der Unsicherheit des Lebens (…) ein Ende zu machen" und „Schwierigkeiten zu überwinden" (1912/1972, S. 64), um so ein möglichst vollständiges Sicherheitsgefühl zu erlangen.

Dass dieser nachvollziehbare Wunsch nach Sicherheit zu einem nicht zu unterschätzenden Problem werden kann, zeigt ANTOCH (1995) eindrücklich auf. Er warnt u. a. vor der fatalen Vereinfachung, „dass mehr desselben die höchste Stufe der Sicherheit verspricht" (S. 222). In der Aufgabe der dialektischen Einheit zwischen Lust und Risiko verkomme so das Sicherheitsstreben zum Selbstzweck und stehe den Anforderungen der Realität des Lebens, wie Anpassungsfähigkeit und Spontaneität, entgegen: „Dann wird statt der Bedürfnisbefriedigung selbst nur noch das als lustvoll erlebt, was – je mehr, desto sicherer – der unmittelbaren Selbstwert-Garantie zu dienen scheint (…)" (S. 225).

Dieser Aspekt findet sich in der negativen Überkompensation wieder, in der eine lediglich auf die Abwehr potenzieller Bedrohungen ausgerichtete Verabsolutierung sichernder Verhaltensprinzipien zu Autonomieverlust (Isolation) oder Gemeinschaftsverlust (Unselbstständigkeit) führen kann, wie auch in den oben aufgeführten Beispielen deutlich wird (vgl. dazu auch B III.2.2).

Kompensation und Überkompensation können als Reaktion des Menschen auf eine physische oder psychische Beeinträchtigung umschrieben werden. Wie diese sich jedoch anschließend ausprägen und gestalten, liegt in der Schöpferischen Kraft des Individuums begründet. Deren Wirken kann nicht vorausgesagt, sondern allenfalls rückblickend verstanden oder erschlossen werden.

1.4 Schöpferische Kraft

„Die Wissenschaft der Individualpsychologie entwickelte sich aus dem Bemühen, die geheimnisvolle schöpferische Lebenskraft zu verstehen, jene Kraft, die sich aus dem Verlan-

1 Zur Ohnmacht der erschütterten Einheit

gen nach Entwicklung, Anstrengung und Leistung zum Ausdruck bringt – und selbst noch in dem Wunsch, die Niederlage auf dem einen Wege durch Streben nach Erfolg auf einem anderen zu kompensieren. Diese Kraft ist zielgerichtet (...) und in dieses Streben wird jede körperliche und psychische Regung eingespannt" (ADLER 1978, S. 13).

Die Idee der freien Schöpferischen Kraft dient als Gegenentwurf zur kausalen Triebabhängigkeit FREUDs. In ihr spiegeln sich verschiedene konstituierende Überzeugungen der individualpsychologischen Lehre, die in ihr integrativ verbunden werden: Sie ermöglicht die Einheit der Persönlichkeit (und bzw. in ihrer Umwelt), gestaltet deren Finalität und erlaubt dabei eine individuelle Kontinuität im eigenen Lebensstil.

Unter dem Einfluss und in der Auseinandersetzung mit seinen personalen, sozialen und materialen Bedingungen entwickelt das Individuum anhand seiner Schöpferischen Kraft seine Antworten und Verhaltensweisen. Dieser wechselseitige Prozess ist gekennzeichnet durch gelingende und misslingende Anpassungen und Selbstgestaltungen, er entspricht Verhandlungen, in denen angeboten, ausprobiert und verworfen wird. Nach dieser (früh- und kleinkindlichen) Phase der Organisation der individuellen Erfahrungen kommt es zu einer unbewussten Form der Generalisierung, in der die Fiktion des finalen Ziels Gestalt annimmt. Dieses Ziel verspricht vermeintlich die günstigste Prognose, eigene Sicherheit zu gewähren und Macht zu gewinnen. Mit dieser Auswahl erhält das zukünftige Streben eine verbindliche Richtung, die im individuellen Lebensstil bzw. Bewegungsgesetz verfolgt (vgl. auch B III.2.2) und in die nun auch die vormals freie (bzw. indeterminierte) Schöpferische Kraft eingebunden wird. Zwar verfügt diese somit weiterhin über eine große Plastizität, erhält jedoch durch die Zielvorgabe einen Orientierungsrahmen.

Anhand dieses Orientierungsrahmens, so könnten wir konstatieren, konkretisiert die Schöpferische Kraft das Individuum. Wo vorher strukturfreie und willkürliche Offenheit und Unbestimmtheit vorherrschte, differenziert sich das Individuum von den anderen (seiner selbst) durch die gewählte Zielausrichtung. Damit schafft es sich eine eigene *Begründung* (vgl. GERHARDT 1999, 2000) und kann sein Profil, seine Identität entwickeln.

Mit der Schöpferischen Kraft, betont BRUDER-BEZZEL (2004, S. 72), liegt ein Konstrukt vor, „um Freiheit auszudrücken und zugleich Kontinuität zu erklären". Es entspricht nach HELLGARDT (1995, S. 416) dem individualpsychologischen Verständnis des souveränen *Ich* (im Gegensatz zur psychoanalytischen Vorstellung des *Ich* neben *Es* und *Über-Ich*). BRUDER-BEZZEL (2004b, S. 56) unterstreicht dessen Status als organisierende Instanz und vergleicht es mit KOHUTs Konzept des Selbst als Antriebszentrum oder mit der auf STOLOROW basierenden „Kennzeichnung des Menschen als ‚Organisator' seines Erlebens".

Die Schöpferische Kraft verleiht dem Individuum die Fähigkeit, sich selbst zu gestalten, der Lebensstil bzw. das Bewegungsgesetz bietet den Orientierungspunkt, ihre Dynamik zu entfalten: sie zu bündeln, zu strukturieren und zu verfolgen, damit die eigene Geschichte stimmig erzählt werden kann.

Den Prozess der bedingten Selbstgestaltung beschreibt ADLER (1976, S. 7) in der Analogie, dass das Individuum gleichsam Künstler wie Kunstwerk in sich vereinigt. Es repräsentiere demnach „die Einheit und Ganzheit der Persönlichkeit wie die individuelle Ausformung dieser Einheit". In diesem Anspruch der Selbstverantwortlichkeit werden auch Fragen zum Selbstbewusstsein und Selbstwertgefühl tangiert: Wer bin ich? Und bin ich mit dieser Einschätzung zufrieden?

In der Annahme permanenter Minderwertigkeitsgefühle und vor dem Hintergrund einer anzustrebenden Vervollkommnung und eines Persönlichkeitsideals kann der Anschein einer gewissen Ausweglosigkeit des Unterfangens nicht geleugnet werden: Ein kompensiertes Minderwertigkeitsgefühl öffnet den Blick für das nächste und die Vervollkommnung einer Idealvorstellung muss die begrenzten Ressourcen eines Individuums überfordern! Dabei spielt nach Auffassung der IP die Intensität des Minderwertigkeitsgefühls eine entscheidende Rolle. So lehrte ADLER in seinen früheren Schriften, dass die Tiefe des empfundenen Minderwertigkeitsgefühls die Stärke des zu entwickelnden Sicherheits- und Machtstrebens bedingt.

Den Ausweg aus diesem Dilemma bietet (1.) der Aspekt der oben bereits angesprochenen Gebundenheit der schöpferischen Kraft sowie (2.) die Gemeinschaft gleichwertiger Beziehungen.

(1.) Die gewählte leitende Zielfiktion konkretisiert ein zunächst allgemeines Vollkommenheitsideal auf einen individuellen Ausschnitt. In dieser Selbstbegrenzung definiert sich das Individuum und schafft somit die Voraussetzung zur Selbstakzeptanz und Selbstzufriedenheit. Es befreit sich von der potenziellen Gefahr einer unspezifisch-willkürlichen Defizitorientierung, die in der unbestimmten Verfolgung allumfassender Optionen droht.

(2.) Diese Individualisierung des Menschen, in der er sich selbst begründet, eröffnet ihm die gleichwertige Gemeinschaft mit anderen Individuen – um im oben skizzierten Bild zu bleiben: Künstler und Kunstwerk werden vom Publikum als Ihresgleichen erkannt. Denn im Einsatz der nach dem Lebensstil oder dem Bewegungsgesetz ausgerichteten Schöpferischen Kraft sammelt sich personale Macht, die ihm eine (Teil-)Unabhängigkeit, eine (Teil-)Autonomie garantiert, sodass er sich in der Gruppe nicht im Sinne einer Entindividualisierung verliert oder auflöst (vgl. dazu auch B III.3.2.2 bzw. 3.2.3). In der Gemeinschaft gleichwertiger Beziehungen aber muss der eigene Status nicht durch Allmacht/Vollkommenheit erkämpft werden, sondern individuelle Einschränkungen und Grenzen werden als *selbst*verständlich erachtet und von der Gemeinschaft getragen.

Die Schöpferische Kraft umschreibt die Fähigkeit, „unbewusst aktiv, gestaltend zu sein" (BRUDER-BEZZEL 2004b, S. 55). Dieses – gleichwohl aufgrund der Gebundenheit nicht indeterministisch zu verstehende – „Über-sich-Hinausgehen (…) läuft zwar unbewusst, aber nicht automatisch ab, kennt Varianten und bewirkt selbst Neues" (a. a. O., S. 62).[64] Auf diesem flexiblen Weg zu einem gegebenen bzw. gewählten Ziel verbinden sich die je individuumsbezogenen Parameter der Kreativität und Determination zur gebundenen Freiheit bzw. Flexibilität, die wir oben bereits als einen originären Bezugspunkt zur Profilierung beschrieben haben (vgl. A IV.3.2).

2 Zur Gestaltungsmacht in offener Vielheit: Die Prioritäten – zwischen Flexibilität und Gebundenheit des individuellen Bewegungsgesetzes

> „Die seiner Haltung zugrunde liegende Meinung vom Leben, weder in Worte gefasst noch gedanklich ausgedrückt, ist sein eigenes Meisterstück. So kommt das Kind zu seinem Bewegungsgesetz, das ihm nach einigem Training zu jenem Lebensstil verhilft, in dem wir das Individuum sein ganzes Leben hindurch denken, fühlen und handeln sehen" (ADLER 1973, S. 95).

Die Schöpferische Kraft symbolisiert, wie vorangegangen erläutert, die Fähigkeit des Individuums, seine eigenen Problemlagen individuell, d. h. aufgrund seiner Sinn- und Bedeutungszuschreibungen, seiner Bedürfnisse und Ziele zu bewältigen. Sie individualisiert in diesem und nach deren Sinn das Kompensationsverhalten.

Die Sinn- und Bedeutungszuschreibungen der Schöpferischen Kraft gestalten jedoch nicht nur die Kompensation, sondern sie formen bereits vorab das die Kompensation initiierende Problem. Denn nur die Aussicht auf Erfüllung oder Gefährdung eigener bedeutsamer Bedürfnisse und Ziele lässt eine unspezifische Situation subjektiv problematisch erscheinen. In diesem umfassenden Verständnis konstituiert die Schöpferische Kraft den individuellen Lebensstil: Sie prägt die entstehenden Problem- wie auch die resultierenden Lösungsmuster.

ADLER hat den Lebensstil zuletzt als Bewegungsgesetz bezeichnet und beschrieben (vgl. B I.2.4). Er rückt damit die Motivationsbedingungen in den Vordergrund, warum wir uns bewegen, bewegen lassen oder auch bewegt werden. Dahinter stehen zwei einfache Grundprinzipien, die die angesprochene Bewegungsausrichtung bestimmen: Annäherung (an eine erhoffte Bedürfniserfüllung) und Rückzug (von einer vermeintlichen Gefährdung).

Zwischen diesen beiden Polaritäten („hin zu" – „weg von") entspannen sich auch die sogenannten Prioritäten, deren Streben gleichermaßen auf Erfüllung und Ver-

---

[64] Dieser Prozess entspricht den Abläufen der Selbst- und Identitätsentwicklung: ein Hinausgreifen über den aktuell bewussten Status quo in den Identitätsentwürfen, zunehmende Bewusstwerdung des Selbst aufgrund sozialer Rückmeldungen und resultierende Anpassungen als Varianten vormaliger Entwürfe (vgl. dazu A III.1).

meidung zielen können. Doch während der Lebensstil anhand von vier bzw. fünf Kriterien erschlossen werden muss – Selbstbild/Meinung über sich selbst, Selbstideal/(un-)bewusste Ziele, Weltbild/Weltgefühl inklusive oder exklusive der Meinung über andere/Beziehung zu anderen sowie eigene Verhaltensmuster (vgl. SCHOENAKER 1979, S. 152f. und RUTHE 1981, S. 152) – bieten die Prioritäten eine Kurzcharakteristik des Menschen, eine *Brücke* (vgl. RUTHE 1981, S. 153) zum raschen und fundierten Verständnis seiner Beweggründe.

Die hier adaptierte Persönlichkeitstheorie der vier Prioritäten geht auf die Psychologin Nira KEFIR, Tel Aviv, zurück, die ihr Konzept erstmals 1971 vorstellte. Ihre Ausführungen wurden in den USA wie auch in Deutschland aufgenommen und weiterentwickelt, wobei die wissenschaftlich orientierten Veröffentlichungen zum Thema sehr übersichtlich geblieben sind.

Womöglich ist dies, zumindest im deutschen Sprachraum, auch darauf zurückzuführen, dass die einzige beschriebene Methode ihrer Erhebung, die von SCHOENAKER 1974 entwickelte Prioritätenskala, dem Anspruch ausreichender Differenzierung der psychometrischen Eigenschaften nicht genügt, wie ROGNER (1983) kritisch anmerkt.[65] Entsprechend wird im weiteren Verlauf dieser Arbeit auch nicht eine indirekte, fragebogengestützte und sprachvermittelte, sondern eine direkt phänomenologische Betrachtung Grundlage einer Zuordnung sein (vgl. C II).

SCHOTTKY/SCHOENAKER (2008) klassifizieren die Prioritäten als hierarchisierte Wunschvorstellungen, die entsprechend der vorangestellten Überlegungen bestimmte Situationen potenzieller Gefährdung vermeiden sollen (vgl. Tabelle B3). Die Theorie der Prioritäten besagt, dass einer dieser Wünsche – als Priorität Nummer eins (PEW 1978) – je besonders stark entwickelt ist und das persönliche Verhal-

Tabelle B3: Polare Anordnung der Prioritäten

Priorität	Vermeidung
Überlegenheit (Superiority)	Bedeutungslosigkeit
Kontrolle (Control)	Unerwartete Erniedrigung, ausgeliefert sein
Gefallenwollen (Pleasing)	Ablehnung
Bequemlichkeit (Comfort)	Belastung, Verantwortung

---

[65] ROGNER (1982, 1983) erwähnt neben der Prioritätenskala noch den „Back Door Test" (BROWN, 1975), der ebenfalls die Prioritätenausprägung empirisch messen soll, ohne jedoch näher auf diesen einzugehen. BROWN, J. (1975): Practical applications of the personality priorities. A guide for councelors. B & F Associates (Literaturangabe nach ROGNER, 1983).
PEW (1978) erläutert das namentliche „Hintertürchen"-Testprinzip als auf der Vermeidungsabsicht beruhend. Erhoben werden also Abwehrwünsche, von denen auf die Ziele rückgeschlossen wird.

ten gemäß eines überdauernden konstanten Ziels, eines Grundmusters oder, um im Bewegungsvokabular zu bleiben, eines *Bewegungsschemas* leitet. Der Leitgedanke beinhaltet jedoch lediglich eine Prädisposition, keine Zwangsläufigkeit. Deshalb darf auch eine Typisierung nach einer der genannten Prioritäten weder einerseits ein typisches Verhalten verabsolutierend voraussetzen oder erwarten, noch andererseits ein punktuell abweichendes Verhalten eine bisherige Prioritätszuordnung sofort grundsätzlich infrage stellen.

Vielmehr bestimmt das eigene Selbstwertgefühl den Handlungsfreiraum innerhalb einer prioritären Ausrichtung. Je stärker selbiges entwickelt ist, desto flexibler kann auf äußere Begleitumstände eingegangen werden. Bei niedrigem Selbstwertgefühl hingegen geht der Spielraum zugunsten vorgeprägter Reaktionsbahnen verloren (vgl. dazu B III.2.2). ADLER sieht das Individuum dann „ans Kreuz (seiner) Fiktionen geschlagen", das sich somit „,*feindliche Gewalten*' (…) zur Sicherung des Persönlichkeitsgefühls" schaffe (ADLER 1912/1972, S. 67; Hervorhebung K. B.).

2.1 Vorbehalte gegenüber und Notwendigkeit von Typisierungen

„Menschen*typen* interessieren uns nicht, weil wir der Auffassung sind, dass jeder Mensch seinen eigenen individuellen Lebensstil hat" (ADLER 1973, S. 96, Hervorhebung K. B.).

BRUDER-BEZZEL (1991a, S. 179) weist darauf hin, dass das Konzept des Lebensstils zu einer Typologie verleiten mag, die zudem in der Psychologie der 1920er-Jahre Hochkonjunktur zu verzeichnen hatte. ADLER selbst habe jedoch dieser Versuchung zumeist widerstanden und sich kritisch und warnend darüber geäußert, wie auch das vorangestellte Zitat vermuten lässt. Typologisch bedingte Vorhersagen seien schwierig und nicht kausal ableitbar, denn „nie wirkt das gleiche Erlebnis auf zwei Menschen in genau der gleichen Weise" (ADLER 1926/1982a, S. 162).

Trotzdem hält FURTMÜLLER (1914) fest, dass die Individualpsychologie zwar unbedingt vom Individuum ausgehe und dieses eben nur aus der Perspektive des Einzelfalls zu verstehen sei, dass sie aber dennoch über diesen Einzelfall hinaus zu allgemeinen Bewegungsgesetzen zu kommen trachte. Dafür aber habe sie mit einem Persönlichkeitsschema zu arbeiten.

In seinem Übersichtsartikel kann ROGNER (1995b, S. 510–516) entsprechend verschiedene typologische Einteilungen ADLERs aufzeigen, die auf dessen Einsicht gründen, dass sich der Zugang zum Verständnis des Individuums erleichtere, wenn bestimmte Wahrscheinlichkeiten berücksichtigt und so vorab eingrenzend in entsprechende Gruppierungen zusammengefasst werden: „Unsere Beurteilungen gewinnen an Schärfe, wenn wir eine rationale Klassifizierung wie die von Typen einführen und anschliessend ihre besonderen Ausprägungen untersuchen" (1978, S. 55), in denen „der Einzelfall in seiner Einmaligkeit gefunden werden muss" (1973, S. 30).

Nach ROGNER unterscheidet ADLER bspw. verallgemeinernd:
1. Visuelle, akustische und motorische Typen: Typologie basiert auf Theorie der Organminderwertigkeit und weckt Assoziationen zur Konstitutionstheorie KRETSCHMERs, dessen Fokus der Formorientierung in der IP jedoch durch die Sinnausrichtung erweitert werde;
2. intellektuell-kognitive, emotional-affektive und motorisch-aktive Typen: beschreiben einen besonders deutlich entwickelten unharmonischen Lebensstil, der in engem Zusammenhang zu bestimmten psychischen Störungen stehe;
3. kompensierende, resignierende und tolerierende Frauentypen: die sich bezüglich ihrer Rolleninterpretation in der Gesellschaft wie auch im Erziehungsverhalten unterschieden;
4. sozial nützliche (aktiv-konstruktive), nehmende (passiv-konstruktive), herrschende (aktiv-destruktive) und vermeidende (passiv-destruktive) Typen: Typologie basiert auf einer individuellen Sinndarlegung in den eigenen Bewegungsgesetzen bezüglich Aktivität und Gemeinschaftsgefühl (vgl. dazu auch ROGNER 1982, S. 2 bzw. ADLER 1983, S. 40–46[66] und 70–74[67]).
5. Typologie gemäß zehn seelischer Komplexe, in der z.T. vorangegangene Typologien aufgehen.

ROGNER (1982, 1983) selbst zieht als Ausgangspunkt seiner Überlegungen zu individualpsychologischen Typologien ADLERs Einteilung heran, die wir unter 4. aufgezählt haben, bedient sich jedoch der Adaptation KEFIRs. KEFIR/CORSINI (1974) vergleichen acht Typologien (HIPPOKRATES, ADLER, HORNEY, DREIKURS, LEWIN, SHELDON, KEFIR, BORGATTA) und konstatieren, dass diese Autoren trotz ihrer unterschiedlichen theoretischen wie methodischen Herangehensweise und Ausrichtung zu verblüffend ähnlichen Ergebnissen gekommen seien. Sie fassen vier Grundtendenzen menschlichen Verhaltens unter *Übereinstimmung* (Accord), *Widerspruch* (Conflict), *Ausweichen* (Evasion) und *Neutralität* (Neutral) zusammen. Während sie die ersten drei direkt aus den Klassifikationen der Autoren ableiten, wird der vierte Aspekt ergänzt, da dieser so nicht durchgehend bei allen Autoren wiedergefunden werden kann.

Um sprachliche Interpretationsabweichungen zu minimieren, arbeiten KEFIR/CORSINI mit paarweise angelegten Pfeilsymbolen (Vektoren, Kraftlinien), die zum einen die dynamische (Ziel-)Richtung des Individuums wie zum anderen die sozialen Herausforderungen seines Bezugssystems darstellen sollen.

---

[66] ADLER, A. (1934): Die Formen der seelischen Aktivität. Ein Beitrag zur individualpsychologischen Charakterkunde. In: Internationale Zeitschrift für Individualpsychologie, 12, S. 1–5.
[67] ADLER, A (1935): The fundamental view of Individual Psychology. In: International Journal of Individual Psychology, 1, S. 5–8 (1983 als Übersetzung unter „Typologie der Stellungnahmen zu den Lebensproblemen").

2 Zur Gestaltungsmacht in offener Vielheit

⇐ Zustimmung: (mit aller Kraft) auf andere zugehen

→ ← Widerstand: (kraft-/machtvoll) einen Platz/eine Position beanspruchen

← → Flucht: ausweichen vor möglichen Herausforderungen

⇌ Neutralität: eigenen Weg verfolgen

KEFIR/CORSINI (1974, S. 168f.) charakterisieren diesen Neutralitäts-Faktor als ausgleichenden Mittelpunkt in einem zwischen den drei anderen Vektoren aufgespannten Kraftfeld möglicher Verhaltensweisen, in dem diese sich egalisierend aufheben.

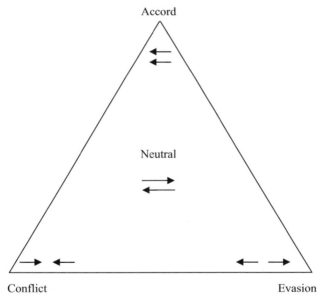

Modell B1: Kraftfeld der vier Grundtendenzen menschlichen Verhaltens
Aus: KEFIR/CORSINI (1974, S. 170)

ROGNER (1982, S. 8) zählt zwar diese konstruierte Neutralität als Lebensstilvariante bei KEFIR/CORSINI (1974) auf, greift dann aber, wie auch PEW (1978), SCHOENAKER (1979) und SCHOTTKY/SCHOENAKER (2008) auf das Prioritätenkonzept KEFIRs (1971, vgl. KEFIR/CORSINI 1974) zurück, in dem die *Kontrolle* als vierte Komponente herangezogen und auf die abgeleitete ergänzte Neutralität verzichtet wird. Keiner der genannten Autoren erläutert jedoch diesen Schritt.

Wie oben erwähnt differiert der vierte Verhaltensaspekt innerhalb der acht von KEFIR/CORSINI untersuchten Typologien: HORNEY, LEWIN und SHELDON begnügen sich mit dreien, die anderen ergänzen um *phlegmatic* (HIPPOKRATES), *getting* (ADLER), *revenge* (DREIKURS), *intelligence* und *sociability* (BORGATTA) und eben *control* (KEFIR). KEFIR/CORSINI siedeln ihren Neutralitätsbegriff in der Nähe des *phlegmatic* und *control* an, wobei sie einschränkend konstatieren, dass letzteres dem Neutralitätsgedanken nur im Sinne des *self-control* entspricht. In diesem Zusammenhang wäre anzumerken, dass dann auch *phlegmatic* eher im Hinblick auf dessen pragmatische Tendenzen verstanden werden sollte – und nicht als Ausdruck einer auf undifferenzierter Gleichgültigkeit basierenden Willkür.

Der Kontrollbegriff, wie er hier umfassender vertreten wird, beinhaltet aber nicht nur passive, selbstgenügsame und neutral vermittelnde (in diesem Sinne auch unwesentliche) Aspekte, sondern durchaus auch aktive, aggressive *(revenge)* Impulse, wie eigene Ansprüche *(getting)* und Ziele im sozialen Bezugsrahmen *(sociability)* geschickt *(intelligence)* durchgesetzt werden können.

Auch unter diesem erweiterten Kontrollverständnis kann die parallele, aber gegengleiche Pfeilanordnung die Kraft- und Wirkverhältnisse passend symbolisieren: Direkte Konflikte werden, wie auch offensichtliche Flucht oder unkritische Zustimmung, vermieden. Angestrebt werden unterschwellige, subtile Einflußnahmen und Zielerreichungsstrategien. Damit muss aber die neutrale Stellung in der Mitte des Dreiecks zugunsten eines gleichberechtigten vierten Bezugspunkts aufgegeben werden.

Diese viergliedrige Einteilung erinnert an unseren Ausgangspunkt, in dem ADLER zwischen den beiden Komponenten (1.) Ausprägungsgrad der sozialen Integration bzw. Nützlichkeit (konstruktiv – destruktiv) und (2.) der Bewegungsform bzw. Geschwindigkeit (aktiv – passiv) die vier oben genannten Kombinationen typisiert und als *nützlich, herrschend, nehmend* oder *vermeidend* bezeichnet. Um möglichen Verwechslungen vorzubeugen sei hier festgehalten, dass diese Einteilung nicht mit den Prioritäten gleichzusetzen ist, sondern dass „jeder von *Adlers* Typen in jeder der vier Prioritäten (…) gesehen werden kann" (PEW 1978, S. 124, Kursivsetzung im Original). Das heißt, dass jede Priorität aktiv-konstruktive wie auch passiv-destruktive Anteile beinhaltet und ermöglicht. Die Priorität Kontrolle, um bei dem zuletzt diskutierten Beispiel zu bleiben, kann sich demnach wie folgt äußern (s. Tabelle B4).

Ich habe der beschriebenen Verhaltensweise jeweils beispielhaft typisierende und subjektivierende Benennungen zugeordnet, um das entsprechende Erscheinungsbild greifbarer darzustellen. Diese abstrahierende Vereinfachung birgt aber zweifelsohne die Gefahr unterschiedlicher Vorstellungen und Assoziationen zu den genannten Subjektivierungen beim Leser. Ich bin mir bewusst, dass sowohl hier als auch bei den folgenden Tabellen zur Typenklassifizierung der weiteren Prioritäten

Tabelle B4: Erläuternde Verhaltensweisen zu ADLERs Typenklassifizierung: Beispiel Kontrollpriorität

Klassifizierung	Typen nach ADLER	Verhaltensweise gemäß Kontrollpriorität
Aktiv-konstruktiv	Sozial nützlich (*useful*)	Gruppe kontrollieren und sichern (Regisseur)
Aktiv-destruktiv	Herrschend (*ruling*)	Leistungen kontrollieren und reglementieren (Schiedsrichter)
Passiv-konstruktiv	Nehmend (*getting*)	Ansprüche kontrollieren und einfordern (Erbsenzähler)
Passiv-destruktiv	Vermeidend (*avoiding*)	Anforderungen kontrollieren und minimieren (Minimalist)

(Tabellen B8–B10) Diskussionen zu den gewählten Subjektbezeichnungen möglich sind. Ihre Funktion liegt jedoch nicht in einer vollständigen identifizierenden Erfassung des Gemeinten, sondern lediglich in einer anschaulichen Annäherung, die ich für ausreichend gegeben halte.

2.2 Die Prioritäten und ihre Übersteigerungen als Selbstschutzmechanismen (tendenzielle und fixierte Prioritäten)

Die Prioritäten sind Ausdruck des individuellen Lebensstils oder des individuellen Bewegungsgesetzes, wie ADLER die persönliche Herangehensweise an sich stellende Problem- oder Konfliktsituationen zuletzt genannt hat. Sie beschreiben die eigene Strategie auf der Suche nach einer Lösung. Diese Strategie hat sich (gemäß ADLER in früher Kindheit) durch Erfahrungen und resultierender (Fehl-)Interpretationen entwickelt. Das Individuum konnte so im umschriebenen Entwicklungsprozess die Überzeugung gewinnen, dass dieser Problemlösungsablauf die günstigste Prognose bezüglich Bedürfniserfüllung oder Befürchtungsabwehr erwarten lässt. Die Prioritäten beschreiben also eine *typische* Bewältigungsstrategie.

Prioritäten sind zunächst nicht ausschließend und verabsolutierend angelegt. Sie charakterisieren eine Tendenz, eine Vorliebe, eben eine *Priorität*, wie in welchen Situationen gehandelt werden könnte. Alternativen und Varianten sind dabei aber ausdrücklich Teil des individuellen Handlungsspektrums. Das eigene Selbstwertgefühl ist so stabil, dass es Abweichungen toleriert, d. h. dass es untypische Aspekte integrieren kann, ohne instabil zu werden (andere um Hilfe bitten, obwohl man prioritär nach Überlegenheit strebt, oder etwas alleine gegen den Widerstand der anderen durchsetzen, obwohl man diesen sonst gefallen möchte). Hier zeigt sich offensichtlich, dass nicht das prioritätskonforme Verhalten das Ziel darstellt, sondern die Priorität lediglich den Weg zu einem Ziel jenseits ihrer selbst weist (z. B. *kontrolliert eine Aufgabe bewältigen*). Sie bleibt Mittel zum Zweck. Diese Prioritätsausprägung nenne ich eine *tendenzielle* (vgl. Tabelle B5).

Ihr gegenüber steht die *fixierte* Priorität. Wie der Name vermuten lässt, ist mit ihr das Problemlösungsverhalten festgesetzt. Das Selbstwertgefühl ist – aufgrund des Fehlens des zweiten, entweder des autonomen oder des gemeinschaftlichen Bezugspunkts (vgl. B III.3.1 und 3.2.2) – bereits so instabil, dass das gesamte Streben sich darauf ausrichtet, dieses beeinträchtigte Selbstwertgefühl zu sichern. Erschütterungen durch alternative Handlungsmuster, die von den prinzipiell als wertvoll erachteten herkömmlichen und selbsttypischen abweichen, können nicht akzeptiert werden. Damit wird die typische prioritäre Bewältigungsstrategie verabsolutiert und der eigene Handlungsspielraum somit stark eingeschränkt. Fehlende Handlungsalternativen erschweren bzw. verunmöglichen jedoch variable Problemlösungen, sodass die *fixierte* Priorität nur noch die Abwehr der Befürchtung anstrebt. Sie dient nicht mehr der Bewältigung eines über sie hinausweisenden Ziels, sondern kreist im Raum ihrer Bipolarität um sich selbst (z. B. *kontrolliert, um Ausgeliefertsein oder Erniedrigung zu verhindern*). Hier zeigen sich Merkmale des psychoanalytischen Prinzips der Verdrängung, wie sie auch REINELT (2004, S. 75, Hervorhebung im Original)

Tabelle B5: Tendenzielle und fixierte Prioritätsausprägung

Prioritäts-ausprägung	Bewältigungs-strategie	Verhaltens-beschreibung	Charak-teristik	Beispiel Priorität *Kontrolle*		
				prioritäres Ziel	Motivation	„sekundäres" Ziel
Tendenziell	Problem annehmend	Richtet sich konkret auf den Mangel, den es (auch motorisch) auszugleichen gilt, nimmt Herausforderung an	Mittel zum Zweck (Lust- oder Machtgewinn)	Aufgabe zu bewältigen	Interesse an Aufgabe	Kontrolle, um Aufgabe zu bewältigen
Fixiert	Problem abwehrend	Richtet sich auf die befürchtete (psychische) Begleiterscheinung, fokussiert die mit dem Mangel in Verbindung gebrachten Ängste; strebt v. a. danach, die Ängste zu vermeiden, nicht, sich mit dem Mangel bzw. der Anforderung auseinanderzusetzen	Selbstzweck (Sicherung)	Kontrolle zu bewahren	Abwehr Gefahr der Erniedrigung/ des Ausgeliefertseins	Kontrolle, um Erniedrigung zu vermeiden

2 Zur Gestaltungsmacht in offener Vielheit

beschreibt: „Damit die *Wiederkehr des Verdrängten'* verhindert wird, bedarf es eines fortwährenden Aufwandes an Energie (Gegenbesetzung), die von anderen wichtigen Aufgaben der Lebensbewältigung abgezogen wird."

In dieser tendenziellen bzw. fixierten Ausprägung der Priorität lässt sich letztlich das Prinzip der Ideenverschiebung VAIHINGERs (vgl. B II.2.3.2) wiederfinden: So entspräche die tendenzielle, die spielerische und flexible Variante der zweckgerichteten Fiktion, während die fixierte Priorität ein Dogma darstellt, das nicht mehr hinterfragt wird und so den Entwicklungsspielraum massiv einengt.

Diesen verallgemeinernden Aspekt zur eigenen Lebensperspektive betont auch KUMMER (1984, S. 149):

„Es sind immer Haltungen, die Erregung, Lebendigsein beschneiden. Und zwar nicht nur für den Moment einer akuten Gefahr, sondern für ‚immer', als verewigter Zustand. Dann sind wir nicht auf Erfüllung ausgerichtet, sondern auf Versagung und schrumpfen zusammen."

Die oben genannte permanente *Gegenbesetzung*, die unserer hier erläuterten dogmatische Fixierung gleichkommt, droht nun nach REINELT (2004, S. 75) die Struktur der psychischen Organisation im Sinne einer *Ich-Veränderung* zu beeinflussen. Damit aber verliert die Abwehr ihren Status als Selbst- bzw. Ich-Schutzmechanismus und wird stattdessen im Nachhinein als ich-konform legitimiert. In dieser Konsequenz jedoch geht die Motivation der Überwindung verloren.[68]

Die folgende Tabelle B6 (s. S. 188) soll an einem konkreten (Bewegungsaufgaben-)Beispiel die tendenzielle bzw. fixierte Ausprägung der vier polaren Prioritäten veranschaulichen. Die Gewinne oder Verluste der jeweiligen Bewältigungsstrategie beziehen sich entweder auf personale oder soziale Entwicklungsmöglichkeiten. Beide Faktoren sind für die angestrebte Öffnung der Handlungsoptionen notwendig.

Jede Priorität hat also konstruktive wie destruktive Anteile, die der Mensch, der seiner Priorität tendenziell oder fixiert folgt, entweder aktiv machtvoll herbeiführt oder passiv als ihm zustehend erwartet. Die Ergebnisse der durch sie initiierten Handlungen können sozial erwünscht sein, dem eigenen Lustgewinn dienen oder lediglich einen aktuellen Gefühlszustand sichern, in dem Unlust- oder Ohnmachtgefühle abgewehrt und vermieden werden.

Jede Priorität verspricht demnach Gewinne und Verluste, vereint Vor- und Nachteile, deren Gesamtbilanz nur individuell bewertet werden kann.

---

[68] Ein ungeschicktes Kind mag dem Wunsch, mit anderen zu spielen, aus Angst vor sozialer Verachtung widerstehen. Es flüchtet sich so notgedrungen in die Selbstbeschäftigung (Isolation als Abwehr erwarteter Befürchtung). Hieraus kann nun eine Uminterpretation bzw. Umorganisation erwachsen, die jene erzwungene Isolation als gegebenes Einzelgängertum akzeptiert und schätzt. Damit aber wird das ursprüngliche Anliegen des gemeinsamen Spiels aufgegeben.

Tabelle B6: Beispiele prioritärer Bewältigungsstrategien

Beispielherausforderung	Priorität	Prioritätsausprägung	Beispiel möglicher Bewältigungsstrategie
Mit Gleichgewichtsmühen in Bewegungsparcours	Überlegenheit –	Tendenziell: annehmend	Betont Gefährlichkeit der Aufgabe, führt Gruppe
	Bedeutungslosigkeit	Fixiert: abwehrend	Clowneskes Verhalten, überspielt Überforderung
	Kontrolle –	Tendenziell: annehmend	Agiert bedächtig und stetig
	Ausgeliefertsein/ Erniedrigung	Fixiert: abwehrend	Reglementiert rigide
	Gefallenwollen –	Tendenziell: annehmend	Bringt sich in Strategieberatung der Gruppe ein, sucht Lösung
	Ablehnung	Fixiert: abwehrend	Läuft anderen nach, keine eigene Anpassungsinitiative
	Bequemlichkeit –	Tendenziell: annehmend	Entspannt im Umgang mit Mühen, nimmt „Fehler" in Kauf
	Überforderung/ Verantwortung	Fixiert: abwehrend	Bewältigt nur sichere Teilbereiche, ruht sich aus, nimmt nicht teil

SCHOTTKY/SCHOENAKER (2008, S. 23) haben eine solche Übersicht erstellt und sie um wahrscheinliche Reaktionen des sozialen Umfelds ergänzt. Im Anschluss an deren Schema sollen die einzelnen Prioritäten bezüglich verschiedener Aspekte näher beleuchtet werden.

Tabelle B7: Soziale Kosten der Prioritäten (aus: SCHOTTKY/SCHOENAKER 2008)

Priorität	Reaktion der anderen	Dieser Preis wird gezahlt	Das soll vermieden werden
Bequemlichkeit (Comfort)	Irritiert, ungeduldig	Verminderte Produktivität	Belastung, Verantwortung
Gefallenwollen (Pleasing)	Akzeptiert	Verzögerte Persönlichkeitsentwicklung	Ablehnung
Kontrolle (Control)	Herausgefordert	Sozialer Abstand	Unerwartete Erniedrigung, ausgeliefert sein
Überlegenheit (Superiority)	Unzulänglich, unterlegen	Überlastung, Überverantwortlichkeit	Bedeutungslosigkeit

2.2.1 Bequemlichkeit als Schutz vor Überforderung/Verantwortung

KEFIR, PEW, SCHOENAKER und SCHOTTKY, die sich mit den Prioritäten als Lebensstilausdruck und Persönlichkeitstheorie auseinandergesetzt haben, gehen mit ADLER davon aus, dass die frühkindlichen Empfindungen und (Fehl-)Interpretationen die Prioritätenwahl maßgeblich bestimmen. In diesem Verständnis könnten spezifische Erfahrungen oder auch deren wiederkehrende Summation als so besonders ängstigend, bedrohlich oder traumatisch wahrgenommen worden sein, dass sie perspektivisch unbedingt zu vermeiden bzw. abzuwehren sind. Schien nun bspw. bei erfahrenen Belastungs- und Überforderungsproblemen ein abwartendes Aussitzen als Möglichkeit, diesen Anforderungen zu entgehen, so werde vorzugsweise das entsprechende Verhalten als subjektiv erfolgreiche Lösungsstrategie, als adäquates Bewegungsschema beibehalten.

Wenn wir jedoch davon ausgehen, dass die weitaus meisten Menschen in ihren (frühen) Kindheit Situationen erleben, in denen sie sich überfordert, abgelehnt, ausgeliefert oder bedeutungslos vorkommen, dann muss in Betracht gezogen werden, dass neben einer besonderen Intensität der impulsgebenden Erfahrung oder einer periodischen Wiederholung der immer wieder ähnlichen Erfahrungen womöglich auch eine gewisse individuelle Sensibilität und Disposition vorhanden sein mag, die bestimmten Erfahrungen erhöhte Bedeutung beimisst. Eine vermeintlich objektive oder definitive Begründung einer Prioritätenausprägung entzieht sich der Außenperspektive.

Die Prioritäten werden als wertneutrale Potenzen (vgl. SCHOENAKER 1984, S. 11) verstanden, die positive wie negative Entwicklungsoptionen eröffnen.

Bequemlichkeit (Comfort) kann Eigenschaften beinhalten wie Ruhe, Gelassenheit, Entspanntheit. Sie versagt sich Stressreaktionen und Aktionismus, zeigt sich zufrieden und genügsam, ist in der Lage zu genießen, abzuwarten und Probleme zu relativieren.

In diesem Zusammenhang kann ihr jedoch ebenso vorgeworfen werden, jenen Problemen aus dem Wege zu gehen. Sie vermeidet Anforderungen und flüchtet vor ihnen, wirkt angesichts anstehender Herausforderungen träge, phlegmatisch, verantwortungsscheu, teilnahms- und ambitionslos. SCHOTTKY/SCHOENAKER (2008, S. 23) erwarten daraufhin Irritation und Ungeduld von ihrer sozialen Umwelt (vgl. Tabelle B7).

Wie das Verhaltensspektrum einer Priorität genutzt wird, hängt vom allgemeinen wie spezifischen, situationsbedingten Selbstwertgefühl ab: Bei hohem Selbstwertgefühl können die genannten Möglichkeiten aktiv-konstruktiv eingesetzt werden, sodass Gemeinschaft und/oder Individuum davon profitieren. Der individuelle Gewinn wäre in diesem Sinne jedoch nur dann gegeben, wenn er sich in einem Macht- oder Lustgefühl (bzw. im Selbstwertgefühl) niederschlägt – und sich nicht in einer auf Abwehr beruhenden Sicherheitsfixierung erschöpft.

Wie oben ausgeführt bedingen hohes und niedriges Selbstwertgefühl eine tendenzielle, also flexible, oder eine fixierte, also unflexible, prioritäre Verhaltensweise. Sind situativ Alternativen abrufbar, so scheint das Selbstwertgefühl stark genug, einer ausschließenden Fixation als zwanghafte Sicherheitsreaktion nicht zu bedürfen und entsprechende Variationen zu tolerieren. Eine fixierte Priorität hingegen zeigt sich situationsunabhängig.

Tabelle B8: Erläuternde Verhaltensweisen zu ADLERs Typenklassifizierung: Beispiel Bequemlichkeitspriorität

Klassifizierung	Typen nach ADLER	Verhaltensweise gemäß Priorität Bequemlichkeit
Aktiv-konstruktiv	Sozial nützlich (*useful*)	Vermittelt Genügsamkeit im sozialen Anspruchsverhalten (Fürsprecher/Begutachter)
Aktiv-destruktiv	Herrschend (*ruling*)	Delegiert Verantwortung an andere (Verpächter)
Passiv-konstruktiv	Nehmend (*getting*)	Genießt nach seinen Optionen (Hedonist)
Passiv-destruktiv	Vermeidend (*avoiding*)	Zieht sich in sein Phlegma zurück (Ignorant)

2.2.2 Gefallenwollen als Schutz vor Ablehnung

Wie die Bequemlichkeit zähle ich auch die Priorität Gefallenwollen (Pleasing) zu den passiven Prioritäten. Denn beide stellen sich einem Problem, im Gegensatz zu den Kontroll- und Überlegenheitsprioritäten, nicht initial selbst aktiv handelnd, sondern entweder abwartend Aktivität vermeidend (Bequemlichkeit) oder aber richten ihre Aktivität nach den (vermeintlichen) Erwartungen der anderen aus (Gefallenwollen). Die investierte Eigenaktivität führt hier selbst nicht zur Befriedigung des prioritären Bedürfnisses, sie bleibt vielmehr lediglich ein indirekter Zwischenschritt: Das Gefallen erfüllt sich erst in der Reaktion der sozialen Zielgruppe.

Wohingegen also die anschließend vorgestellten aktiven Prioritäten ihre Aktivität auf das Vertrauen in ihre Gestaltungsmacht gründen und davon überzeugt sind, nur durch ihr aktives Handeln das Problem annehmen oder abwehren zu können, da fehlt den passiven Prioritäten diese Gewissheit der Eigenmächtigkeit.

Folgen wir PEW (1978), dann muss auch diese in ihrer Grundausrichtung als passiv bezeichnete Priorität, aktiv – sei es konstruktiv oder destruktiv – eingesetzt werden können. Denn jede Priorität sei in der Lage, variablen Zielen zu dienen. Die folgenden Beispiele mögen dies veranschaulichen (vgl. Tabelle B9).

Tabelle B9: Erläuternde Verhaltensweisen zu ADLERs Typenklassifizierung: Beispiel Priorität Gefallenwollen

Klassifizierung	Typen nach ADLER	Verhaltensweise gemäß Priorität Gefallenwollen
Aktiv-konstruktiv	Sozial nützlich (*useful*)	Aufmerksam die Gruppenatmosphäre harmonisieren (Diplomat)
Aktiv-destruktiv	Herrschend (*ruling*)	Opportunistisches Standpunkt wechseln (Populist)
Passiv-konstruktiv	Nehmend (*getting*)	Erwartungen der anderen bedienen, Akzeptanz erhalten (Schauspieler)
Passiv-destruktiv	Vermeidend (*avoiding*)	Selbstverleugnende Unterwerfung (Mitläufer)

Die Priorität des Gefallenwollens soll Ablehnung verhindern. In ihrer starken sozialen Ausrichtung kann sie ausgleichend, harmonisierend, aufmerksam und zuvorkommend wirken. Ihr Streben nach umfänglicher Akzeptanz befördert jedoch ein kapitales Dilemma: da die Fremderwartungen nicht immer im Voraus ersichtlich sind, muss die Eigenaktivität wie die eigene Emotionalität gezügelt werden, bis die Ausgangslage geklärt scheint. Dieses Verhalten behindert Spontaneität und Authentizität. Menschen, die sich dieser Priorität verschrieben haben, erscheinen dann häufig unentschlossen, ausweichend und widersprüchlich. Zudem erschwert die permanente Orientierung an fremdbestimmten Entscheidungskriterien die eigene Persönlichkeitsentwicklung, da der Umsetzung der eigenen Vorstellung entweder keine Relevanz oder kein Vertrauen beigemessen wird.

2.2.3 Kontrolle als Schutz vor (unerwarteter) Erniedrigung

In unserem Verständnis (vgl. auch PEW 1978, SCHOTTKY/SCHOENAKER 2008) bezieht sich das Kontrollverhalten nicht mehr ausschließlich auf den Bereich der Selbstkontrolle, wie das bei KEFIR/CORSINI (1974) noch der Fall war, sondern umfasst explizit das Anliegen, das soziale Umfeld und die durch dieses gestalteten und beeinflussten Situationen aktiv zu kontrollieren.

Diese – im Vergleich zu den beiden zuvor behandelten bevorzugten Verhaltensstrategien – erhöhte Selbstwirksamkeitsüberzeugung kennzeichnet ihre Ausprägung als aktive Priorität. Sie wird beherrscht von der Vorstellung, sich anhand der eigenen Möglichkeiten den herausfordernden Bedingungen der Umwelt stellen zu können bzw. dies auch unbedingt zu müssen.

Denn während die übrigen Prioritäten von konkreten Ängsten gespeist werden (Überforderung, Ablehnung, Bedeutungslosigkeit), wirkt bei der Kontrollpriorität eine zunächst unspezifische, eine allgemeine, aber somit umfassende Bedrohung: Jederzeit könnten Situationen entstehen, in denen Niederlagen oder Misserfolge Gefühle der Erniedrigung oder des Ausgeliefertseins auslösen, die das eigene Selbstwertgefühl weiter irritierten und verunsicherten.

Die Angst, einer etwaig plötzlich auftauchenden Anforderung nicht gewachsen zu sein, führt zu übergroßer Vorsicht und der Notwendigkeit, bereits vorab prophylaktische Sicherheitsmaßnahmen zur Einschränkung potenzieller Gefahren zu installieren.

Je geringer das Selbstwertgefühl entwickelt oder aktuell abrufbar und je stärker somit die Fixierung auf die prioritäre Problemlösung ausgerichtet ist, desto engmaschiger sind die Kontrollbestrebungen gestrickt. Dann zeigen diese sich in ihrer Wirkung als einengend und unflexibel. Ihre Vertreter agieren aufgrund ihrer Erwartungen zwangsläufig skeptisch, bevormundend und vorurteilsbeladen, blocken Emotionen ab, versuchen, sich auch aggressiv durchzusetzen, perfektionistisch Eventualitäten auszuschließen und werten von ihren Planungen abweichende Alternativen aus Gründen der Unkalkulierbarkeit geringschätzend ab.

Damit erkaufen sie sich eine gewisse Autarkie und Unangreifbarkeit, bezahlen dafür jedoch mit einer Distanzierung von ihrer sozialen Umwelt. Zudem lässt eine Kontrollfixierung keinen Raum für Spontaneität und Lebendigkeit, die sich ja gerade durch unmittelbares und daher unkontrolliertes Einlassen auszeichnen.

Bei ausreichendem Selbstwertgefühl und nur tendenzieller Prioritätsausprägung kommen hingegen auch die positiven Eigenschaften deutlich zum Vorschein. Menschen dieser Verhaltensstrategie zeichnen sich durch Zuverlässigkeit, Verantwortungsbewusstsein und Produktivität aus. Sie sorgen für Ordnung und Struktur, bestechen mit Standfestigkeit und Durchhaltevermögen, mit Sorgfältigkeit und Führungskompetenz (vgl. Tabelle B4 in B III.2.1, S. 185).

2.2.4 Überlegenheit als Schutz vor Bedeutungslosigkeit

ADLER hat das Streben von unten nach oben, nach Überwindung als „Psychologisches Grundgesetz" (vgl. B III.1) beschrieben, in dem Minderwertigkeits- oder Ohnmachtsgefühle kompensiert werden müssen. Im Zuge dieser starken Motivation können sich auch Überkompensationen (vgl. B III.1.3) ausbilden, in denen sich eine vormalige Schwäche in eine explizite Stärke verwandelt. Diese zu gewinnende Überlegenheit (im Vergleich zu dem erwarteten Durchschnittsniveau) wird nun von KEFIR – neben dem hier beschriebenen allgemeinen Sinn ADLERs – auch als spezifische Priorität eingeführt.

ROGNER (1982, S. 7 und 1983, S. 10) weist darauf hin, dass innerhalb dieser Prioritäten zwei Bedeutungsdifferenzierungen beachtet werden müssen: zum einen das Ziel, das konstant verfolgt wird, und zum anderen die Methode, die Verhaltensweise, mit der jenes Ziel erreicht werden soll.

2 Zur Gestaltungsmacht in offener Vielheit

Da jede Priorität zwischen einer Annäherung an ein erwünschtes Ziel und einer Vermeidung befürchteter Gefühlslagen bipolar angelegt ist, gelte es herauszufinden, ob das zu beobachtende Verhalten auf die Zielerreichung, d. h. den damit verbundenen Lustgewinn, oder auf die Abwehr, d. h. den Sicherungsaspekt, ausgerichtet ist. ROGNER (1982, S. 7) beschreibt, „dass jede Person eine charakteristische Hierarchie der vier Prioritäten aufweist, wobei die ‚Priorität Nummer eins' eine Manifestation des Lebensstils darstellt (PEW 1978). Die jeweils restlichen Prioritäten können im Sinne von Verhaltens-Prioritäten als Methoden für die ‚Priorität Nummer eins' dienen." So kann bspw. das Ziel der Überlegenheit mit kontrollierendem, gefälligem oder bequemem Verhalten angestrebt werden.

Wir haben oben in der Unterscheidung zwischen tendenzieller und fixierter Priorität (vgl. B III.2.2) darauf aufmerksam gemacht, dass sie im ersten Fall Mittel zum Zweck und im zweiten Fall Selbstzweck darstellt.

Als Selbstzweck zielt sie lediglich auf die Abwehr von Gefühlen der Nichtigkeit, Unterlegenheit oder Bedeutungslosigkeit. Hierbei wird das angegriffene Selbstwertgefühl gesichert. Im Bewusstsein erhöhter eigener Kompetenzen kann sie jedoch auch als Ansporn oder Verpflichtung verstanden werden, sich stärker als andere zu engagieren und einzusetzen, als Vorbild und Förderer zu wirken, und so neben den erfreulichen sozialen Effekten auch den eigenen Lust- und Machtgewinn steigern.

Die initiale Angst vor der eigenen Bedeutungslosigkeit fördert das Bestreben, sich und seiner Umwelt zu beweisen, wie wichtig und bedeutsam man selbst im Vergleich zu den anderen ist. Die fiktive Überlegenheit kann sich auf alle erdenklichen Bereiche beziehen: körperliche oder kognitive Leistungsfähigkeit, Finanzkraft, Kreativität, Mut wie auch gesundheitsbewusstes oder moralisches Verhalten, um nur einige Beispiele zu nennen. Als Strategie dienen Aspekte der Selbsterhöhung und der Fremderniedrigung.

Doch unter dieser allgegenwärtigen Beweislast, dem verpflichteten Eigenanspruch zu genügen, droht nahezu permanent ein Gefühl der Überforderung. Da individuelle Ressourcen beschränkt sind, müssen ein andauernd erhöhtes Engagement und eine persönliche Ausrichtung nach dem stets Besten in eine (Entwicklungs-)Sackgasse führen.

Jede in ihrer Übersteigerung fixierte Priorität ist zum Scheitern verurteilt. Weder kann es gelingen, sich jeder Verantwortung durch weiteren Rückzug und zur Schau gestelltes Phlegma zu entziehen, noch ist Ablehnung andauernd durch noch stärkere Selbstaufgabe zu verhindern. Weder kann Unkontrollierbarem stets mit disziplinierterer und konsequenterer Kontrollabsicht begegnet werden, noch ist der Wunsch nach Überlegenheit unspezifisch zu realisieren.

Die eigene Priorität vermittelt ein Sicherheitsgefühl, ihre Fixierung jedoch verhindert die persönliche Gestaltungs- und Entwicklungsfreiheit. Erst die Akzeptanz und Toleranz der eigenen Begrenztheit sowie der Unwägbarkeiten und Risiken des

Tabelle B10: Erläuternde Verhaltensweisen zu ADLERs Typenklassifizierung: Beispiel Überlegenheitspriorität

Klassifizierung	Typen nach ADLER	Verhaltensweise gemäß Priorität Überlegenheit
Aktiv-konstruktiv	Sozial nützlich (*useful*)	Setzt engagiert die eigenen Fähigkeiten zum Wohle aller ein (Idealist)
Aktiv-destruktiv	Herrschend (*ruling*)	Setzt eigenes Machtpotenzial konsequent (gewaltsam) durch (Tyrann)
Passiv-konstruktiv	Nehmend (*getting*)	Erwartet bedingungslose Mittelpunktrolle und Bewunderung (Prinz)
Passiv-destruktiv	Vermeidend (*avoiding*)	Stellt Behauptungen bezüglich vermeintlicher Handlungsoptionen auf, die meist nicht in Praxis übertragen werden bzw. werden können (Angeber)

Lebens erlauben und eröffnen der Schöpferischen Kraft ein Handlungsspektrum, das über die Sicherung hinausweist.

Die geschilderten Prioritätsausprägungen dienen als Kommunikations- und Appellmedien. Sie verweisen auf eigene Bedürfnisse und vermitteln diese an ihre Umwelt. Sie zeigen auf, mit welchem Verhalten die Gesellschaft bzw. ihre Gemeinschaft bei ihnen rechnen darf und erhoffen sich darin wohlwollende Unterstützung.

Der individuelle Wesenskern, das Selbst, prägt dabei die bevorzugte Priorität, die wiederum die vom Selbst abgeleiteten Identitätsentwürfe in ihrem Sinne moduliert. Die sozialen Rückmeldungen auf das angebotene prioritätsorientierte Verhalten erlauben dem Selbst Erkenntnisprozesse seiner Sicherheitstendenzen und Freiheitsoptionen (vgl. A III.1.3). Welche Komponenten unter diesem Spannungsbogen wann in den Vordergrund rücken, wird im folgenden Abschnitt besprochen.

3 Zur Orientierungssuche nach individueller Wertigkeit: Die Selbstentwicklung – zwischen Sicherheits- und Freiheitsstreben

„Gelingt es dagegen, ein Erfahrungsfeld zu schaffen, in dem die Ausgewogenheit von Schutzgewährung und Entfaltungsmöglichkeit immer wieder mehr oder weniger hergestellt wird, so kann sich auf diesem Nährboden des Vertrauens idealerweise eine Lebenslinie hin zur Autonomie in der Gemeinschaft entfalten" (JENDRITZA 1998, S. 43).

In ADLERs Konzeption seiner Individualpsychologie sind verschiedene Phasen auszumachen, die sich besonders im unterschiedlichen Bedeutungsgehalt und im wechselnden Beziehungsverhältnis der dynamischen Antriebsfedern seiner Entwicklungstheorie widerspiegeln. Minderwertigkeitsgefühl – Kompensation, Machtstreben – Gemeinschaftsgefühl erfahren im Verlauf seines Lebens interpretative Umdeutungen, die hier mitunter bereits beispielhaft angesprochen wurden und weiterhin werden, sofern sie für das später in diesem Kapitel vorzustellende Modell relevant sind (vgl. B IV.1). Auf eine detaillierte Schilderung aller Wandlungen wird aber verzichtet und der interessierte Leser auf die einschlägige Fachliteratur verwiesen.

3.1 ADLERs regulative Gegenspieler: Machtstreben und Gemeinschaftsgefühl

In einem grob pointierten, hier aber ausreichenden Überblick zur Theorieentwicklung ADLERs folgt aus der postulierten Organminderwertigkeit ein *direktes* Kompensationsstreben auf der Ebene der erfahrenen Beeinträchtigung (1907). In der Triebverschränkung (Aggressions- und Sexualtrieb als Ursache von Sadismus und Masochismus; aber auch die Kombination von Tast-, Schau- und Hörtrieb als Ursache des kindlichen Zärtlichkeitsbedürfnisses) nähert sich ADLER einer Einheit des Individuums (1908), das anschließend jene Beeinträchtigungen auch auf anderen Ebenen zu kompensieren in der Lage ist und so auch ein *indirektes* (über-)kompensatorisches Machtstreben (1912) erlaubt. In diesem Zusammenhang erwächst der Wunsch nach Macht also aus einer tatsächlichen oder fiktiven Position der Schwäche, sprich einem Minderwertigkeitsgefühl. Je stärker sich dieses manifestiert, desto stärker tritt der Drang nach Selbsterhöhung in den Vordergrund. Das resultierende Überlegenheitsstreben repräsentiert dann die angesprochene überkompensatorische Komponente der Macht.

Als Regulator dieses auf Schwäche beruhenden (negativen) Machtstrebens führt ADLER (1918) das Gemeinschaftsgefühl in sein bestehendes Konzept von Minderwertigkeitsgefühl und Kompensation ein. Machtstreben und Gemeinschaftsgefühl stehen sich nun in wechselseitig bedingender Beziehung gegenüber: Die Erhöhung des Machtstrebens vermindere so das Gemeinschaftsgefühl und dessen Stärkung schwäche entsprechend das Verlangen nach persönlicher Macht. Da dieser als Impulsgeber das Minderwertigkeitsgefühl zugrunde liegt, bieten Selbstachtung oder ein positives Selbstwertgefühl die Basis für einen respektvollen Umgang im sozialen Kontext.

In ADLERs Lehre blieb das Machtstreben bis zum Ersten Weltkrieg theoretisch bedeutsam und wurde anschließend vom Gemeinschaftsgefühl als vorherrschender Bezugspunkt abgelöst. Diese Fokusverschiebung dürfte direkt seinen persönlichen Kriegserfahrungen geschuldet sein, die ihn dazu bewogen, nunmehr jedwedes Machtstreben zu verteufeln und das Gemeinschaftsgefühl undifferenziert zu idealisieren. Entsprechende Brüche seiner Lehre und vormals vertretene anderweitige

Standpunkte negiert, verschweigt oder bestreitet ADLER aber konsequent (vgl. z. B. HANDELBAUER 1984, S. 240–248).

3.1.1 Das Macht- und Geltungsstreben

Macht- und Geltungsstreben müssen nach ihrer sozialen Ausrichtung unterschieden werden: Macht zielt auf Führung, Geltung auf Anerkennung. Macht hat man folglich *über*, Geltung *in* einer Gruppe (vgl. PONGRATZ 1995, S. 308). Da jedoch die Geltung in einer Gruppe eben über diese auch wieder ein Machtpotenzial darstellt (Mitspracherecht) und die Führungsposition auch Geltung beinhaltet (Wertschätzung), scheinen die Grenzen hier fließend. Wir behalten die Unterscheidung dennoch bei, da sie geeignet ist, im späteren Modell (B IV.1) eher aktive oder passive Ausrichtungen negativer Überkompensation zu verdeutlichen.

Das Geltungsstreben ist nach RATTNER (1974, S. 30) „kein ‚Trieb' und damit kein naturgemäßer Bestandteil der menschlichen Psyche". Er bezeichnet es als Sekundärphänomen des primären Minderwertigkeitsgefühls. Für WEXBERG (1928, S. 63f.) hingegen ist jenes Minderwertigkeitsgefühl ein Konstrukt, dessen tatsächliche innerpsychische Bedeutung unklar bleibt. Ihm gilt gerade das Geltungsstreben des Kindes „als die eigentliche seelische Realität".

Vorbild der Entstehung bildet das Kompensationsprinzip der minderwertigen Organe. Im Gefühl eigener Schwächen und Unzulänglichkeiten drängt der Wunsch nach Sicherheit zu Überwindung und Ausgleich. Das Ausmaß des Unsicherheits-, des Minderwertigkeitsgefühls beeinflusst die Ausprägung des (Über-)Kompensationsstrebens.

So liegt die kompensatorische Absicht zunächst einzig darin, ein Unsicherheitsgefühl zu überwinden. Dazu bedarf es des Erwerbs von Kenntnissen, Fähig- und Fertigkeiten auf der einen und/oder des Knüpfens stützender Beziehungen auf der anderen Seite. Beide, zunehmende Kompetenzen wie zunehmende Geborgenheit in einer stabilen Vernetzung, spiegeln elementare Wachstumsprozesse eigener Ressourcen. Lernen, verstanden als Sammlung von Wissen und Können, verleiht erwünschte Handlungssicherheit und Anerkennung, also Macht und Geltung.

Erst der Wunsch nach Überlegenheit – der umso stärker ausgeprägt in Erscheinung tritt, je bedrohlicher das Unterlegenheits- oder Minderwertigkeitsgefühl erlebt wurde – bedingt die Umweltverträglichkeit, die Gemeinschaftsfähigkeit des Individuums. Macht und Geltung in diesem unsozialen Sinne können sowohl direkt aktiv als auch indirekt passiv angestrebt werden: in der Demonstration (vermeintlicher) Stärke bzw. in deren Gegenteil, der Demonstration (vermeintlicher) Schwäche. Denn, so fasst FRESCHL (1935, S. 118) zusammen, auch wenn zwei nicht dasselbe tun, so sei es im Hinblick auf ihr Ziel eben doch dasselbe.

Er räumt dem Machtstreben eine allgemeine und zwangsläufige Notwendigkeit ein, die sich jedoch auf eine entwicklungsbedingte Lebensphase zu beschränken habe. Damit sich dieser Machtimpuls jedoch weder gegen das Individuum selbst noch gegen die Gemeinschaft richten könne, falle der Erziehung eine überragende Bedeutung zu. Ihre Aufgabe definiert er „als Gegenmittel gegen das üppig aufschiessende Machtstreben, das Gefühl für die Gemeinschaft zu fördern" (a. a. O., S. 122).

In einem Rückblick auf das bisher zum Machtstreben (dabei sei das Geltungsstreben explizit miteinbezogen) Verhandelte fällt auf, dass seine Schilderungen durch das Verschweigen weiterer Komponenten des Machtkomplexes einseitig geprägt sind. So scheint es sich bisher lediglich aus einer Position der Schwäche (Minderwertigkeitsgefühl) zu einer gemeinschaftsinkompatiblen Überlegenheitsfantasie zu entwickeln.

Zwar räumt WIEGAND (1990) diesen Umstand auch für den internen Fachdiskurs ein und verweist den Blick auf die bei ADLER positiv besetzte soziale Macht:

„Individuelles Machtstreben hat ALFRED ADLER als einen neurotischen Kompensationsversuch gedeutet und ihm eine (…) Absage erteilt (…). Indem die individualpsychologische Weiterbildung diese machtkritische Perspektive praktisch allen Kandidaten näher bringt, erzeugt sie bei ihnen ungewollt aber fortwährend einen blinden Fleck dafür, dass es im Denken ADLERS auch einen positiv gewerteten Begriff der Macht gab. Macht im positiven Sinne lag für ihn im arbeitsteiligen Zusammenwirken der Menschen" (S. 111).

Dennoch kann auch diese im einigen Verbund der Gemeinschaft entstehende Machtoption alleine neben dem Bisherigen nicht befriedigen. Dass Macht ergänzend im Sinne von Selbstentwicklung und Autonomie im personalen und im Sinne von Verantwortungsbereitschaft im sozialen Rahmen entwickelt, genutzt und wertgeschätzt werden muss, wird im weiteren Verlauf der Arbeit (B III.3.2.2) ausführlicher dargelegt.

3.1.2 Das Gemeinschaftsgefühl

Nach RATTNER (1974, S. 33) ist das Gemeinschaftsgefühl der Schlüssel zum tieferen Verständnis der IP überhaupt. In ihm trifft sich das soziologische Bewusstsein der zwischen- und mitmenschlichen Wechselwirkungen, die die Grundstruktur der menschlichen Existenz wie seine Handlungsausrichtung prägen.

ADLER führt den Begriff des *Gemeinschaftsgefühls* namentlich erst in einem Artikel („Bolschewismus und Seelenkunde") aus dem Jahr 1918[69] ein (vgl. ANSBACHER 1981), war jedoch anschließend bestrebt, diesen Bruch zu negieren. So

---

[69] In: Internationale Rundschau (Zürich), 4, S. 597–600.

ergänzt er ihn 1919 in der zweiten Auflage „Über den nervösen Charakter" (Originalausgabe 1912), ohne dies als Überarbeitung kenntlich zu machen. Übereinstimmende Vermutungen zielen auf ursächliche Erfahrungen des Ersten Weltkrieges (1914–1918), die seine starke Betonung beförderte (vgl. z. B. HANDELBAUER 1984, S. 244, WIEGAND 1998, S. 11). Als Vorläufer gelten ANSBACHER (1981, S. 180–183) *das Zärtlichkeitsbedürfnis*, *Gemeinschaftsgefühle* und *Gemeinsinn*. ADLER ersetzt mit diesem Begriff in späteren Neuauflagen seiner früheren Werke verschiedenste Vorläufer sinngemäßer, sozialer, kultureller oder auch trieborientierter Zusammenhänge, die zunächst womöglich wenig gemein zu haben scheinen. So konstatiert HANDELBAUER (1984, S. 244):

> „Der Begriff ‚Gemeinschaftsgefühl' subsumiert also sehr komplexe Erscheinungen: Kultur und Trieblichen, soziale Forderungen und angeborenes Zärtlichkeitsbedürfnis. Er bezeichnet eine Verschränkung von Impulsen des Individuums und Forderungen der Kultur oder – in psychoanalytischem Vokabular formuliert – ein Konglomerat aus entsexualisierter/sublimierter Libido und Teilen des Über-Ich."

Der Begriff des Gemeinschaftsgefühls entwickelte sich zu einem zentralen Pfeiler der Individualpsychologie, sodass WEXBERG (1930) sogar die Geburtsstunde der Individualpsychologie erst mit der Einführung und zunehmenden Gewichtung dessen ansetzt. Er war zunächst durchaus auch politisch zu verstehen, wenngleich er den russisch-revolutionären Sozialismus als dem Machtstreben verfallen strikt ablehnte.

ANSBACHER (1981) macht auf das unterschiedliche Verständnis aufmerksam, das er in zwei Phasen differenziert. In der ersten Phase (1918–1927) umschreibt es eine „angeborene Gegenkraft, welche der Expansionstendenz, dem Willen zur Macht Grenzen setzt, wenn es nicht unterdrückt wird von äusseren oder inneren Kräften" (S. 192) und umschreibt somit eine durchaus konflikthaft angelegte bipolare Dynamik. In der zweiten Phase (1928–1937) hingegen erachtete ADLER das Gemeinschaftsgefühl eher als „kognitive Funktion (…), die bewusst zu einer Fähigkeit entwickelt werden muss" (ebd.). Es umschreibt nun ein Identifikations- und Einfühlungsvermögen, das jedoch entfaltet werden müsse, da wir uns auf eventuelle soziale Instinkte nicht verlassen könnten. Mit METZGER (1973) schreibt ANSBACHER dem Aufsatz „Kurze Bemerkungen über Vernunft, Intelligenz und Schwachsinn" (1928)[70] einen Wendepunkt in der Entwicklung der Individualpsychologie zu. Auf Grundlage von Identifikation und Einfühlungsvermögen – METZGER (1973, S. 23) vergleicht diese Fähigkeiten auch mit „Selbstvergessenheit" – emanzipiert sich das Gemeinschaftsgefühl vom individuell-subjektiven Voll-

---

[70] In: Internationale Zeitschrift für Individualpsychologie, 6, S. 267–272.

kommenheitsstreben. Denn während es vormals lediglich als Mittel verstanden werden konnte, eigene Unzulänglichkeiten mithilfe der Gemeinschaft zu überwinden, so tritt nun erstmals das Gefühl für die Gemeinschaft und die Bereitschaft zum eigenen Beitrag in den Vordergrund. Damit verliert das persönliche Macht- und Geltungsstreben zugunsten einer „Sachlichkeit" oder „Sachbezogenheit" (ANTOCH 1981, S. 41) an Bedeutung, auf die am Ende dieses Abschnitts nochmals eingegangen wird.

BRUDER-BEZZEL (1991a, S. 191) folgt dieser von ANSBACHER vorgelegten Interpretation einer grundsätzlichen Phasenunterscheidung nicht und vertritt vor dem Hintergrund des Bedeutungsvorsprungs der sozialen Natur des Menschen gegenüber der Relevanz der Vererbung in ADLERs Überzeugungen die Ansicht, „dass ‚angeboren' von ihm immer als Disposition verstanden wurde, die erst entfaltet werden muss, als gattungsmässige Anlage, nicht als Trieb oder Instinkt, der sich automatisch oder zwangsläufig (im Sozialverhalten) äussern würde."

Sie differenziert vielmehr zwischen einem Gemeinschaftsgefühl im engeren wie im umfassenderen Sinne. Beinhalte das erste die Fähigkeit zur Kooperation und Mitarbeit, zur Identifikation und Einfühlung, so umschreibe das zweite ein Gefühl der Zusammengehörigkeit bzw. Zugehörigkeit zu einer Gruppe, soziales Interesse am Leben in der Gesellschaft, in der man auch seinen Beitrag leiste und sich nützlich mache.

WEXBERG (1928, S. 82f.) betont die darin enthaltene Überwindung des Egozentrismus, die Öffnung des Ich zur Gemeinschaft sowie die damit grundgelegte Bereitschaft zur eigenen Leistung (und zu deren sozialer Bedeutung), zur Hingabe an das Erlebnis (und damit zur Bedeutung der Erfahrung als auch noch aktuell wirksames Verhaltenskorrelat) und zur persönlichen Verantwortung in dieser Gemeinschaft.

ADLERs Bestrebungen richteten sich mit der Einführung des Gemeinschaftsgefühls auf konkrete Verbesserungen der sozialen Umstände, die nicht zuletzt seinen persönlichen Erfahrungen als junger Arzt sowie des Krieges entsprangen. BRUDER-BEZZEL (1991a, S. 190) nennt das anvisierte „Wohl der Gesellschaft" eine „konkrete Utopie", die in der Stimmung des *Roten Wien* als erreichbar erscheinen konnte (vgl. dazu BRUDER-BEZZEL 1983). Vor Augen stand ihm eine Gesellschaft der Freiheit und Gleichwertigkeit.

Mit der Erweiterung der Gemeinschaft auf die gesamte Menschheit und das All, mit der letzten Erfüllung der Evolution und dem Vollkommenheitsstreben wendet sich ADLER dann einer zeitlosen idealisierten Gemeinschaft zu, die nur noch als unerreichbares Ziel dem Streben eine Richtung zu geben hat (vgl. BRUDER-BEZZEL 1991a, S. 189–191).

Der dem Gemeinschaftsgefühl zugrunde liegende Begriff der Gemeinschaft, von dem das nämliche Gefühl in seiner Bezogen- und Zielgerichtetheit abgeleitet wird, gilt auch BRUDER-BEZZEL (1991a, S. 195) als problematisch und umstritten. Ähnlich der oben von HANDELBAUER ausgeführten Komplexität der ursprünglichen Verwendung des Gemeinschaftsgefühls vereinigt der Gemeinschaftsbegriff in seiner psychologischen, politisch-soziologischen und ethischen Ausrichtung vielfältige Aspekte. BRUDER-BEZZEL (a. a. O., S. 195–200) unterstreicht den historischen Kontext zwischen Kriegserfahrungen, Revolutionsumwälzungen und aufkommendem Faschismus in ihrer Diskussion und arbeitet drei Grundbedeutungen des Begriffs heraus, die ADLER in seinen Schriften durchgängig nebeneinander verwende: (1.) ein Bedauern bezüglich der bestehenden Unzulänglichkeiten der Gesellschaft, (2.) eine Hoffnung, genau diese Unzulänglichkeiten perspektivisch zu überwinden, sowie (3.) den Anspruch, sich gesellschaftlichen (An-)Forderungen im Sinne einer Affirmation zu stellen.

Dieser letzten Interpretation widerspricht ANTOCH (1981), der sich vehement gegen die Vorstellung der Individualpsychologie als „einer platten Anpassungsideologie" (S. 40) wendet:

> „Wir müssen also aufhören, so zu tun, als hätte das ‚Gemeinschaftsgefühl' etwas mit einer zustimmenden (affirmativen) Grundhaltung zu tun. *Beim ‚Gemeinschaftsgefühl' handelt es sich vielmehr um eine prinzipielle Zugewandtheit, die als Kontakt, Nähe und Aufgeschlossenheit der Welt, dem Leben und den Mitmenschen gegenüber zu begreifen ist"* (S. 42, kursiv im Original).

Das individualpsychologische Gemeinschaftsgefühl orientiere sich an einem echten Interesse und einem „tatsächlichen Fortschreiten der Problemlösung" und sei durch ein sachbezogenes „Fehlen von Flucht- und Vermeidungsverhalten" (S. 41) gekennzeichnet.

Deren Berücksichtigung erleichtert zweifellos das umfängliche Verständnis und kann uns auch dort als punktuelle Abgrenzung dienen, wo v. a. der späte ADLER eine kaum differenzierte Hörigkeit zur idealisierten Gemeinschaft propagiert, ohne auf das zuvor entwickelte und tragfähige Gesamtkonzept verzichten zu müssen.

3.2   Notwendige Differenzierungen

ADLER schien v. a. aufgrund seiner Persönlichkeit öffentlichkeitswirksame Ausstrahlung zu besitzen. Er zeichnete sich als faszinierender Redner und überzeugender Optimist aus. Seine schriftlichen Niederlegungen hingegen waren weit weniger beeindruckend, wie bereits WEXBERG (1928, Vorwort) einräumt:

> „Adlers konstruktiver Geist widerstrebt der Systematik, und so sind seine Bücher, so reiche Belehrung man auch aus ihnen schöpfen vermag, doch allzu aphoristisch gehalten, um sich zum ersten Studium für die, die noch gar nichts davon wissen, zu eignen."

METZGER (1973[71]) wird deutlicher, wenn er festhält:

„Adlersche Texte zu lesen ist anstrengend. Man spürt, dass seine Gedanken in statu nascendi, ‚ins Unreine', hingeworfen sind. Oft muss der Leser logische Zwischenglieder ergänzen, oft wird ein Ausdruck unbekümmert in mehreren Bedeutungen gebraucht; manchmal ist man nicht sicher, ob der Text wörtlich oder nur bildlich zu verstehen ist, und natürlich fehlt auch nicht der im psychotherapeutischen Schrifttum verbreitete Brauch ..., sich kühn mit einer Deutung zu begnügen, wo mehrere möglich sind" (zitiert nach HANDELBAUER 1984, S. 265).

HANDELBAUER (1984, S. 265f.) kritisiert ADLERs Schreibstil insgesamt. Zwar seien ihm durchaus rasante und glänzende Formulierungen gelungen, doch schreibe er allzu häufig nur schwer verständlich, mitunter unangebracht pathetisch sowie in seiner Wortwahl unglücklich und eigentümlich. Seinen Texten mangele es oftmals an logischem Aufbau und argumentativer Konsequenz. In seinem Anspruch, das eigene Lehrsystem nicht einseitig festzulegen und zu beschneiden, habe ADLER durch offene Beschreibungen und Unbestimmtheiten von Begrifflichkeiten die Grenze zur Nichtaussage mehrfach überschritten. So zitiert HANDELBAUER (1984, S. 266) FARAU (1953[72]), der ADLER „einen merkwürdigen Hang" attestiert, „so oft die unrichtigen Namen für seine Begriffe zu wählen".

Dies führt RINGEL (1978, S. 146) auf ADLERs zunehmend verhängnisvolle Ablehnung der FREUD'schen Nomenklatur zurück und entwickelt die These: „Wo *Adler* wirklich Neues zu sagen hatte, fand er auch sprachlich prägnante neue Begriffe, wo er nur darauf aus war, *Freud*sche Ausdrücke zu vermeiden, versagte er auch verbal."

Das Problem der Abgrenzung von FREUD und die damit verbundene Spezifizierung und Differenzierung von Begrifflichkeiten beleuchtet auch HOLTZ (1981) im Zuge seiner Betrachtungen der Protokolle der Wiener Psychoanalytischen Vereinigung. Er weist auf FREUDs Anspruch hin, die von ADLER geschilderten Phänomene selbst bereits entdeckt und benannt zu haben. HOLTZ führt jedoch aus, dass jene Protokolle verdeutlichen, dass auch in FREUDs Umgebung dessen Ansichten nicht unwidersprochen blieben und ADLER Unterstützung in seiner Argumentation zuteil wurde, sodass die abweichenden Begrifflichkeiten aufgrund nicht identischer inhaltlicher Zusammenhänge durchaus berechtigt seien (vgl. a. a. O., S. 32–34.). In diesem Sinne warnt auch WEXBERG (1991, S. 34) vor dem Fehler, „die Adlersche Theorie mit Freudschen Begriffen verstehen zu wollen".

---

[71] METZGER, W. (1973): Einführung. In: Alfred Adler: Der Sinn des Lebens. Fischer-Tb. Literaturangabe nach HANDELBAUER (1984) – denn in der vermeintlich „ungekürzten Ausgabe" aus dem Februar 1996 ist die genannte Stelle in der Einführung nicht (mehr) zu finden.

[72] FARAU, A. (1953): Der Einfluss der österreichischen Tiefenpsychologie auf die amerikanische Psychotherapie der Gegenwart, Wien: Verlag A. Sexl.

3.2.1 *Ursprüngliches* und *gewachsenes* Sicherheitsgefühl

ADLER (1973, S. 125) schreibt dem Prinzip der *Sicherung* eine zentrale Bedeutung in der Individualpsychologie zu. Sie kann sowohl als progressiver als auch als regressiver Impuls verstanden werden. Denn zum einen dränge „das dauernde Streben nach Sicherheit (…) zur Überwindung der gegenwärtigen Realität zugunsten einer besseren" (S. 79) und zum anderen sichere sich „der Neurotiker (…) durch seinen Rückzug" (S. 125).

Damit sind bereits die beiden entscheidenden Momente skizziert. Ein Gefühl der Sicherheit gilt stets als Ziel in der angestrebten Überwindung von variablen Schwierigkeiten und Problemlagen. Doch während es im ersten Fall lediglich als Zwischenschritt auf einem weiterführenden Weg des explorierenden Wachstums anzusiedeln ist, dient es in der zweiten Variante als Selbstzweck und Vermeidungsstrategie.

Ausgangspunkt dieser Sackgasse bilden *Schockerlebnisse*, in denen dem Menschen deutlich wird, dass er dem anstehenden Problem nicht gewachsen scheint und eine Niederlage droht. Als Niederlage freilich interpretiert ein persönliches Scheitern nur derjenige, der nicht über ein ausreichendes Sicherheitsgefühl verfügt, der sich bei fehlenden eigenen Kompetenzen zur Problemlösung nicht von der Gemeinschaft (gleichwertiger Individuen und Beziehungen) getragen fühlt und stattdessen „von seiner Furcht vor der Erkenntnis, wie weit er von seinem egoistischen Hochziel entfernt ist" (ADLER 1973, S. 125), in einen rigiden Rückzug flüchtet. In diesem Status verwaltet er lediglich noch einen Anschein von Souveränität und muss drohende Herausforderungen, in denen er diesem behaupteten Anschein in konkreter Umsetzung gerecht werden sollte, abwehren.

Als charakteristische Ausdrucksform benennt ADLER (1973) das *Ja, aber*: „Im ,Ja' steckt die Anerkennung des Gemeinschaftsgefühls, im ,Aber' der Rückzug und seine Sicherungen" (S. 125f.). In ihr wird eine „tendenziöse Distanz, die sich recht häufig auch in einer körperlichen Ausdrucksbewegung kundgibt" (ADLER 1974, S. 115f.), aufgebaut, deren Abkehr von Welt und Wirklichkeit ADLER in einem „vierfachen Modus" (a. a. O.) als Rückwärtsbewegungen, Stillstand, Zweifeln und Zögern sowie andauernder Konstruktion von Hindernissen beschreibt. Doch all diese Anzeichen psychischer Störungen dürfen gemäß ANTOCH (1995b, S. 459) nicht dem Sicherheitsstreben per se angelastet werden, sondern ergeben sich erst und nur dann, „wenn die zur Aufrechterhaltung der lebenserhaltenden Überwindungstätigkeit notwendigen Sicherungstendenzen überproportional betont werden."

Doch während nun also das Streben nach Sicherheit und dessen unterschiedliche Bedeutung beleuchtet wurden, fehlen bisher direkte Hinweise zur Entwicklung und Dynamik des Sicherheitsgefühls im Verlauf der individuellen Lebensspanne. Allenfalls in den Schockerlebnissen kamen Ereignisse zur Sprache, die Veränderungen und Anpassungen initiierten.

ADLER berücksichtigt diesen Umstand, zumindest terminologisch, m. W. nicht bzw. setzt die Tatsache womöglich implizit voraus, ohne sie explizit zu erläutern. Allerdings besteht vom Konzept des Minderwertigkeitsgefühls ausgehend dafür auch kein Anlass, denn dieses greift unmittelbar mit der Geburt. So wird von einem angenommenen Status umfänglicher Unsicherheit die Bewegungsrichtung gen Sicherheit vorgezeichnet. Damit wird eine Mangellage als Ausgangspunkt definiert, die auch HEISTERKAMP (1991, vgl. dazu auch B III.1.1) bereits kritisiert. Eine initiale Unsicherheit würde eine Rückzugstendenz erwarten und eine Weiterentwicklung womöglich zu einem mühseligen Unterfangen werden lassen. Gehen wir jedoch mit HEISTERKAMP (a. a. O.) von einem kompetenten Säugling aus,[73] der über genügend (personale wie soziale) Ressourcen verfügt, um sich erkundend zu entwickeln, dann kann die Wachstumsphase von einem höheren Sicherheitsniveau aus begonnen werden. Erschütterungen dieser Sicherheiten erfährt das Kind dann zwar dennoch, nun aber als Folge seiner eigenen aktiven Erkundungen. Anpassungen können so eher als freudvolles, entdeckendes Vorwärtsschreiten erlebt werden, während ihnen aus einer unsicheren Mangellage heraus betrachtet Kennzeichen einer zwangsgeschuldeten Notwendigkeit anhaften.

Die hier vorgestellte und für das später propagierte Entwicklungsmodell (B IV.1) notwendige Differenzierung unterscheidet somit ein *ursprüngliches* und ein *gewachsenes* Sicherheitsgefühl. Ersteres stützt sich auf die Geborgenheit der primären Bindungen und die Kompetenzen des instinktiven Verhaltens. Das gewachsene Sicherheitsgefühl hingegen berücksichtigt vornehmlich selbstbestimmte Komponenten, die sich im Laufe der persönlichen Entwicklung herausbilden. Diese Komponenten nähren sich aus sozialen Beziehungen und personalen Kompetenzen bei individuell variablen Schwerpunktsetzungen. Das heißt, der eine verlässt sich v. a. auf seine erworbenen Fähig- und Fertigkeiten, der andere auf sein geknüpftes soziales Netzwerk. Gemeinsam ist diesen Variablen aber, dass sie sich nach persönlichen Vorstellungen und Interpretationen in Auseinandersetzung mit den Umweltbedingungen entwickelt haben und in Abgrenzung zum ursprünglichen Sicherheitsgefühl dem Individuum nicht per se zufallen. Die gewachsene Sicherheit – auf welchem aktuellen Niveau sie sich auch befinden mag und auf welchem Status des Selbstwertgefühls (vgl. B III.3.2.4) sie gründet – beruht auf den eigenen Leistungen (Handlungen, Vorstellungen, Ideen, ...) des Individuums.

ANTOCH (1995a) mahnt die Fähigkeit an, zwischen einer vermeintlichen und einer tatsächlichen Sicherheit unterscheiden zu lernen. Zur ersteren zählt er die „Sicherheit des äusserlich-materiellen Erhalts" oder „Sicherheit erster Ordnung" (S. 224). Sie erschöpft sich im verabsolutierten Festhalten des Bestehenden und

---

[73] Vgl. dazu auch LEHMKUHL & LEHMKUHL (2008, S. 389–391).

führt aufgrund verzweifelter Unsicherheit (Minderwertigkeitsgefühl) zu einer übersteigerten Selbstsucht, in der das Sicherungsstreben bereits als Ziel überhöht wird, statt als Ausgangspunkt für Weiteres zur Verfügung zu stehen.

Demgegenüber stellt er die „Sicherheit des innerlich-ideellen Erhalts", eine „Sicherheit zweiter Ordnung" (a. a. O.). In ihr rückt das Werden in den Mittelpunkt. Auf diesem zielorientierten Weg gilt es, das wahrhaft Eigene, das Wesentliche und Bedeutsame zu erkennen und zu entwickeln. Um das das Individuum definierende Ziel zu sichern, sind vertrauensvolle und selbstbewusste Veränderungs- und Anpassungsprozesse notwendig.

Vor diesem Hintergrund wären die übersteigerten Prioritäten (vgl. B III.2.2) als ein zwanghaftes Fixieren einer vermeintlichen Sicherheit zu interpretieren, ein nach ADLER (1973, S. 125) Verharren „beim eigenen Lebensstil" samt „den nun fertigen Sicherungen (…), um nicht der Niederlage entgegen getrieben zu werden." Gleichwohl die Prioritäten gemäß der oben skizzierten Bedingungen dem Bereich der gewachsenen Sicherheit angehören, beendet just diese fixierte Übersteigerung – ein immer Mehr desselben[74] als vermeintlich höchste Stufe der Sicherheit (vgl. ANTOCH 1995a, S. 222 in Anlehnung an WATZLAWIK, WEAKLAND & FISCH 1974) – einen weiteren Entwicklungsverlauf, da er die dazu notwendige Flexibilität aufgibt.

In diesem Sinne äußern sich auch ANSBACHER & ANSBACHER (1982, S. 238), die in der Orientierungssehnsucht, die dem Sicherheitsbedürfnis zugrunde liege, die Ursache für eine eingeschränkte, weil vorgeprägte Wahrnehmungsleistung sehen. Durch das Ausblenden vom eigenen Wahrnehmungsschema abweichender Erscheinungen gehe sukzessive die mit anderen geteilte Wirklichkeit verloren. So werde das größere Verlangen nach Sicherheit mit schwindender Verbundenheit mit der Wirklichkeit (bzw. der sozialen Gemeinschaft) sowie resultierend mit abnehmender Flexibilität (da Alternativen nicht mehr wahrgenommen werden bzw. werden können) bezahlt. Hier manifestiert sich die Priorität als Selbstzweck, dient lediglich noch der Gefahrenabwehr oder Misserfolgsvermeidung und bietet nicht mehr Ausgangspunkt für Explorationsbestrebungen bzw. Bedürfniserfüllung.

Wachstum bedeutet Veränderung und diese fordert Aufgabe des Bisherigen. Zur Fortführung dieser Dynamik ist die „Sicherheit des innerlich-ideellen Erhalts" unabdingbar. Sie erlaubt eine Hinwendung zum Leben, das Herausforderung und Bestätigung, Mühen und Lust gleichermaßen bereithält. Die so verstandene gewachsene Sicherheit bietet die Voraussetzung, sich trotz der zu akzeptierenden Unwägbarkeiten des Lebens aktiv gestaltend zu betätigen.

---

[74] Die Irrelevanz eines *immer Mehr desselben* wird auch in unseren Überlegungen hinsichtlich der Notwendigkeit der beiden Bezugspunkte (Autonomie und Gemeinschaft) deutlich (vgl. dazu auch Modell C1 in C I.2, S. 246f.).

3.2.2 Ich-kann-Autonomie als positive Abgrenzung zum übersteigerten Machtstreben

Während der obigen Betrachtung von Machtstreben und Gemeinschaftsgefühl mussten wir eine gewisse Einseitigkeit im Machtkonstrukt ADLERs konstatieren (vgl. B III.3.1.1). ANTOCH (2001) beleuchtet die Begriffsverwirrung zum Gemeinschaftsgefühl und fasst die Vorbehalte im individualpsychologischen Fachdiskurs zusammen. Im dialektischen Gefüge zwischen Gemeinschaftsgefühl und Machtstreben differenziert und erweitert er den Machtbegriff.

Er kritisiert den Umstand, „dass das Streben nach Macht (...) als gesunde seelische Bewegung verworfen und (...) nur noch als Zeichen der Krankheit betrachtet wird" (S. 30). Das Machtstreben werde entwertet und verdrängt, sein positiver Kern verleugnet. ANTOCH drängt auf eine Unterscheidung zwischen Macht und Machtmissbrauch, der auf Zwang und Gewalt beruht. Die Ablehnung der letzteren Variante bedarf keiner Diskussion, doch scheint sie in ihrer kategorischen Verabsolutierung selbst einer Überkompensation geschuldet, die den Blick auf den ebenso möglichen verantwortungsvollen Umgang mit Macht verschließt. Das gilt auf personaler Ebene, auf der aus Eigeninteresse – auch unter dem Einfluss positiver aggressiver Tendenzen – die Entwicklung der eigenen Person, des Selbst, in Bewusstsein, Behauptung und explorativer Gestaltung vorangetrieben wird, wie auch auf sozialer Ebene, auf der Macht unter Einbezug der anderen wirken kann.

ANTOCH verweist in dieser Diskussion auch auf FROMMs Konzept der Wirkmächtigkeit (S. 32f.). Erst sie versetzt uns in die Lage, aktiv zu sein, etwas zu leisten, zu bewirken und letztendlich auch etwas beizutragen. So fußt der Beitrag, der der Gemeinschaft zugute kommt, auf der Wirkmächtigkeit des Individuums. Um diese zu erlangen, muss es sich jedoch zunächst eine personale Macht aneignen.

Diese personale Macht nenne ich hier in Abgrenzung zum übersteigerten Machtstreben *Ich-kann-Autonomie*.[75] Dabei betont das *Ich-kann* den Kompetenz- und Tätigkeitsaspekt, der mir im Rahmen der Psychomotorik, in den diese Arbeit eingebettet ist, besonders wichtig erscheint. Die *Autonomie* wiederum verdeutlicht die sektorial notwendige Unabhängigkeit des Einzelnen von der Gemeinschaft. Denn nur diese Selbstständigkeit, sei es auch auf begrenztem Gebiet, erlaubt dem (profilierten) Individuum die Gemeinschaft perspektivisch durch Neues, durch Individuelles zu befruchten.

Nur die Akzeptanz des Individuums, das auch eigene Interessen verfolgt, und das Vertrauen in das nämliche Individuum, dass es seine Wirkmächtigkeit, seine sektoriale Autonomie, verantwortungsvoll nutzt, hält die Gemeinschaft lebendig.

---

[75] Vgl. dazu auch KÜHN/TITZE (1991).

Im völligen Aufgehen in der Gemeinschaft verliert der Einzelne seinen individuellen Status – und das in jedem Fall, ob er nun als konflikthaftes Wesen betrachtet wird oder nicht. Entweder wird nur sein gemeinschaftskompatibler Teil akzeptiert, was seiner in der IP als Postulat vorausgesetzten Unteilbarkeit widerspricht, oder seine Gleichschaltung verunmöglicht Unterscheidung und Wiedererkennung. In dieser Konsequenz beraubt sich die Gemeinschaft – verstanden als sich unterstützende *gleichwertige* (nicht *gleichförmige*) Individuen – ihrer sie tragenden Grundpfeiler.

Nein, sowohl das Gemeinschaftsgefühl als theoretisches Konstrukt als auch das Individuum benötigen das Machtstreben als dynamisches und ausgleichendes Gegengewicht. Das personale Streben nach Eigenwirksamkeit, nach Autonomie, nach Macht und das soziale Streben nach Bindung, nach Einbettung, nach Gemeinschaft sind gleichwertige Bezugspunkte, These und Antithese in der individuellen Ausrichtung zur Welt. Ihre Aufhebung fasst ANTOCH (vgl. 2001, S. 36–42) in einer Synthese zusammen, die er als *Entwicklung des Sinns für das Selbstsein im Bezogensein* beschreibt.

In diesem Verständnis bin ich mir meiner *Ich-kann-Autonomie* bewusst. Dieses *Ich-kann* beinhaltet aber auch ein *Ich kann unterscheiden und erkennen*. Die Erkenntnis liegt nun u. a. darin, vermeintliche Allmachtsfantasien als Utopie zu akzeptieren und eigene Unvollkommenheit und sektoriale Ohnmacht einzugestehen. Im Bewusstsein einer tragenden Gemeinschaft kann ich jetzt aber auf angstvoll überhöhtes Machtstreben verzichten, da ich der gefürchteten Abhängigkeit, dem Individualitätsverlust in der Gemeinschaft, durch die profilierende *Ich-kann-Autonomie*, durch meine sektoriale Unabhängigkeit und personale Machtposition vorgebeugt habe. Das personale Machtstreben und die resultierende *Ich-kann-Autonomie* sind die Grundlage und die Voraussetzung für die Gleichwertigkeit der individuellen Beziehungen.

3.2.3 *Masochistische Bindungen* als negative Abgrenzungen zur Gemeinschaft gleichwertiger Beziehungen

Die Gemeinschaft gleichwertiger Beziehungen kann als Idealvorstellung der gegenseitigen sozialen Bezogenheiten festgehalten werden. Beziehungen sind jedoch nicht per se gleichwertig, sondern von unterschiedlichen Machtverhältnissen abhängig. Gleichwertigkeit entsteht zwischen Individuum und Gemeinschaft auf zwei Ebenen: einer voraktiven und einer reaktiven. Auf der voraktiven Ebene bietet die Gemeinschaft dem Individuum eine prinzipielle Gleichwertigkeit aufgrund seines Daseins vorbehaltlos an. Das Individuum wird vorab als Gleiches unter Gleichen akzeptiert. Auf der zweiten Ebene wird dem Individuum aber auch die Erwartung entgegengebracht, sich als Gleichwertiger zu erweisen.

Für das Individuum heißt das, dass es eine gemeinschaftsverträgliche Lösung seiner Ausrichtung zur Welt finden muss, dass es sich zu den Herausforderungen zwischen den oben vorgestellten Regulatoren Machtstreben und Gemeinschaftsgefühl zu positionieren hat. Gelingt die Synthese, so entsteht im Individuum nach ANTOCH (2001) ein Sinn für das Selbstsein im Bezogensein – in anderen Worten: für (Teil-)Autonomie in der Gemeinschaft (gleichwertiger Beziehungen).

Dieser Umstand wurde bereits erörtert und scheint zunächst keine neuen Erkenntnisse zu offenbaren. Unter dem Aspekt gleichwertiger Beziehungen aber gewinnt die Tatsache an Bedeutung, dass eine Entwicklung des Individuums (für das Selbstsein im Bezogensein) vorausgegangen sein muss, dass sich dafür zunächst Gemeinschaftsgefühl und Machstreben ausgeprägt, miteinander gerungen und ggf. verständigt haben, ja dass diese Entwicklung den Einzelnen überhaupt erst zum Individuum macht und Eintritt in die Gemeinschaft der Gleichwertigen gestattet.

Der Mensch hat also sich und sein Selbst zu entwickeln, um ein Individuum zu werden. Erst in der Unverwechselbarkeit, im Wiedererkennungspotenzial, im Alleinstellungsmerkmal, in der Gewichtung von personaler und sozialer Macht, im Verhältnis von Autonomie und Abhängigkeit gestaltet oder konkretisiert, begründet oder profiliert es sich. Gleichwertigkeit ist auf Dauer nur unter diesen Voraussetzungen denkbar.

Fehlen die geschilderten Voraussetzungen aber, so kann auch keine Gleichwertigkeit in den Beziehungen entstehen. Der Verzicht auf eine machtvolle aggressive Selbstbehauptung und -gestaltung verhindert ein *Selbstsein* und erzwingt kompensatorisch ein unkritisches *Bezogensein*, ein Aufgehen, ein Verlieren in der Gemeinschaft. Dieser Zustand ist gekennzeichnet durch umfängliche Abhängigkeit und fehlende Wirkmächtigkeit.

Im Zuge der Überhöhung des Gemeinschaftsgefühls im Spätwerk ADLERs fehlt in der Individualpsychologie eine terminologische Definition dieser ungleichwertigen Beziehungen. Zwar machen bspw. WIEGAND (1998) und ANTOCH (2001) eindringlich auf notwendige Differenzierungen aufmerksam, indem sie den konzeptimmanenten Verlust an Selbstständigkeit offenlegen, eine abgrenzende Begrifflichkeit schlagen jedoch beide nicht vor. Deshalb folge ich hier FROMM (2001), der diese Art der Beziehungen m. E. treffend „masochistische Bindungen" genannt hat.

> „Die masochistischen Bindungen dagegen bedeuten Flucht. Das individuelle Selbst ist (…) unfähig, seine Freiheit zu realisieren; es ist von Angst, Zweifeln und dem Gefühl der Ohnmacht überwältigt. Das Selbst versucht, Sicherheit in ‚sekundären Bindungen' zu finden, wie wir die masochistischen Bindungen bezeichnen könnten, aber dieser Versuch kann niemals zum Erfolg führen. (…) Ein solcher Mensch und die Macht, an die er sich klammert, werden niemals eins (…)" (S. 117).

FROMM beschreibt hier eine Flucht in die Gemeinschaft, da das Individuum den Anforderungen (der Freiheit) nicht genügen kann. Es gibt seine Freiheit, sein Selbst, sein Machtstreben ab, um Sicherheit unter der Obhut einer anzuerkennenden Autorität zu suchen. In deren Folge ist er nicht mehr als Individuum im oben geschilderten Sinne erkennbar und verliert sich in Konformität, die seine letzte Legitimationsgrundlage bedeutet.

Die Zugehörigkeit zur Gruppe basiert dann nicht auf einer Wahlentscheidung eines mündigen, gleichwertigen Mitglieds, sondern ist der puren Not geschuldet. Damit aber ist die Abhängigkeit von der Gruppe praktisch alternativlos, wenn eine überfordernde Isolation verhindert werden soll.

Auch WIEGAND (1998, S. 93–97) beschreibt den Zusammenhang zwischen individueller Überforderung und einer reaktiven Flucht in eine suchtähnliche Abhängigkeit von einer Gruppe, die

„(…) lediglich dem funktionalen Erfordernis genügen [muss], eine weltanschaulich homogene Gruppenatmosphäre zu bieten. Die therapeutisch wirksame Einbindung hat andererseits jedoch eine Kostenseite: Der Hauptpreis besteht nämlich in der langfristigen, wenn nicht gar chronischen Abhängigkeit der ‚Insassen' (GOFFMAN) von der sie bergenden und seelisch führenden Gemeinschaft" (a. a. O., S. 95).

Die Abhängigkeit von der Gruppe wird erduldet, obwohl diese dem Einzelnen keinen Spielraum, keine Entwicklungsfreiheit zugesteht. Das Fehlen eigener Machtressourcen erlaubt keine Eigenständigkeit, zu der zurückgekehrt werden könnte. Die angestrebte Sicherheit wird von der Gruppe erhofft, kann von ihr jedoch nur gewährt werden, wenn auch der Einzelne seinen Beitrag an gruppennützlichem Individuellem leistet (vgl. B III.3.2.2). Da dies im beschriebenen Fall aus den genannten Gründen nicht möglich ist, kann keine gleichwertige Gemeinschaft entstehen. Die Gruppe verbleibt für den Abhängigen im Status einer *Ersatzgemeinschaft*. Sie bietet nur *instabil-unbegründete Sicherheit* (vgl. B III.3.2.4), da die Grundlagen zur Individualität, zur freiheitlichen Selbstgestaltung nicht gegeben sind.

WIEGAND (1990) erläutert die Uminterpretation der Gruppenmitglieder, die ihre Ohnmacht verdrängen und ihre masochistische Verstrickung als selbst gewählte Zugehörigkeit verklären:

„Den Mitgliedern [der Gruppe, K. B.] dünkt solche Selbstverleugnung leicht akzeptabel, weil die Gemeinschaft idealisiert wird. Vor der als ‚entfremdet', kalt, herzlos und feindselig kritisierten Aussenwelt erscheint die Gruppe als Inbegriff einer guten, bergenden, demokratischen, fortschrittlichen, überlegenen Gegenwelt. Je mehr sie daran glauben, desto abhängiger werden sie von der Gruppenzugehörigkeit, desto leichter fällt ihnen der Verzicht auf ihre persönliche Freiheit" (S. 32).

3.2.4 Unterscheidung der Erhöhung des Selbstwertgefühls in *instabil-unbegründet* und *stabil-begründet*

ADLER vertritt in seiner IP eine Theorie der Einheit der Persönlichkeit. Die in ihr wirkende, das Individuum einigende und zusammenhaltende Kraft erfährt zunächst verschiedene Anpassungen, bevor sie 1912 im Begriff der fiktiven Finalität mündet. Damit „wurde das fiktive Ziel zum Prinzip der Einheit der Persönlichkeit und das Streben nach diesem Ziel die vorherrschende dynamische Kraft" (ANSBACHER & ANSBACHER 1995, S. 85).

Als Motor oder Impulsgeber des Strebens kann das Minderwertigkeitsgefühl und sein resultierendes Kompensationsverhalten betrachtet werden, die den Wunsch nach wiederkehrender Überwindung einer Ohnmachtsituation stets erneuern. In der jeweils aktuellen Zielvorstellung werden nach ANSBACHER (a. a. O., S. 85–104) drei Hierarchieebenen unterschieden: die Befriedigung der organisch-physiologischen Triebe als unterste, das Streben nach Selbsterhöhung als mittlere und das Streben nach Vollendung als höchste Stufe. In Übereinstimmung mit der MASLOW'schen Bedürfnispyramide eröffnet sich mit der Befriedigung der unteren Stufe der Blick auf die höhere – wenngleich ANSBACHER eingesteht, dass dies bei ADLER nur zwischen der ersten und zweiten Stufe verbindlich scheint und eine klare Abfolge danach nur indirekt abgeleitet werden kann (vgl. S 103f.).

Die (fiktive) Vervollkommnung des Persönlichkeitsideals und die Selbsterhöhung sind für ADLER bereits so eng verknüpft, dass er eine Differenzierung nicht immer eindeutig beibehält. Für uns und das nachfolgend vorgestellte Entwicklungsmodell ist diese Unterscheidung jedoch notwendig, um auch Entwicklungssackgassen aufzeigen, sie terminologisch benennen und im individuellen Entwicklungsverlauf verorten zu können.

Das Prinzip der Selbsterhöhung soll hier im Mittelpunkt stehen. In Anlehnung an das Minderwertigkeitsgefühl, aus dem es nach erfolgreicher Kompensation in direkter Linie erwächst, möchte ich in diesem Zusammenhang vom Selbstwertgefühl sprechen, das erhöht bzw. gesichert werden soll. Zudem betonen diese Begrifflichkeiten m. E. die fiktive Komponente (Gefühl) des Prozesses stärker, was mir durchaus angemessen erscheint.

Obwohl ADLER selbst diesen Begriff erst spät und nicht konsequent übernommen hat – er sprach eher von Persönlichkeitsgefühl, Selbstbewusstsein oder Selbstgefühl – konnte sich das Selbstwertgefühl in der IP durchsetzen, wie KAUSEN (1995, S. 443–448) darlegt. Er stellt auch verschiedene Konzepte bzw. Unterscheidungsvarianten zur Echtheit oder Tiefe des Gefühls vor, die als *echt – unecht* oder *sicher – unsicher* skizziert werden. Im Verweis auf STORCH (1918), der Selbstwertunsicherheit als *Labilität* des Selbstwertgefühls durch Selbstkritik und Selbstzweifel kennzeichnet, benennt KAUSEN (a. a. O., S. 444) „ein gleichbleibendes Niveau des bewussten Selbstwerterlebens" als *Stabilität* des Selbstwertgefühls, worauf STORCH verzichtet habe.

STORCH geht davon aus, dass diese Selbsteinschätzung bewusst ablaufe. Ob aber das Bewusstsein tatsächlich umfänglich beteiligt sein muss, dürfe bereits mit STERN (1919) bezweifelt werden.

Der Wunsch nach Erhöhung und Sicherung des Selbstwertgefühls also entspringt aus dem Minderwertigkeits- oder Ohnmachtsgefühl. Die Kompensation oder Überkompensation kann dabei positiv verlaufen, d. h. entwicklungsfördernd gelingen, oder sich negativ niederschlagen und in einer Entwicklungssackgasse enden – obwohl auch hier eine über das Ursprungsmaß hinausgehende Erhöhung des Selbstwertgefühls zu verzeichnen ist. Die in einer Sackgasse endende Erhöhung des Selbstwertgefühls ist stark limitierenden Bedingungen geschuldet. Die Erhöhung basiert nämlich nicht auf der Berücksichtigung beider zur Annäherung an das fiktive Persönlichkeitsideal notwendigen Komponenten: Machtstreben und Gemeinschaftsgefühl, sondern beschränkt sich auf nur eine. Mit dieser Aufgabe des weiteren Bezugspunkts wird die Fixation auf den aktuellen Standpunkt manifestiert. Im Verzicht auf gemeinschaftliche Aspekte wird der eigene Machtanspruch überhöht, und auch noch so große persönliche Kompetenzen werden perspektivisch eine Überforderung nicht verhindern. Im Verzicht auf autonome (wirkmächtige) Aspekte wird die eigene Individualität der Gemeinschaft geopfert und die vermeintliche Geborgenheit entpuppt sich bald als totale Abhängigkeit. In beiden Fällen ist die gewonnene Sicherheit eine trügerische und nur scheinbare. Das Selbstwertgefühl bleibt bewusst und/oder unbewusst von Überforderung oder Abhängigkeit geprägt, da ihm die Basis, die Grundlage des zweiten Bezugspunkts fehlt. Dieses Niveau des Selbstwertgefühls nenne ich entsprechend *instabil-unbegründet*.

In Abgrenzung dazu bezeichne ich die Erhöhung des Selbstwertgefühls, die ein ausgewogenes Verhältnis zwischen gemeinschaftlichen wie autonomen Aspekten berücksichtigt und damit auch eine perspektivische Handlungsfreiheit gewährt, als *stabil-begründet*. KAUSEN (1995, S. 447) charakterisiert einen solchen, von diesem Niveau des Selbstwertgefühls profitierenden Menschen als „nicht von verstärkten Insuffizienzgefühlen geplagt, überschätzt er sich aber auch nicht, erlebt seine soziale Gleichwertigkeit mit den Mitmenschen trotz des realistischen Bewusstseins eigener Schwächen und Mängel."

Während sich entsprechend dem nachfolgend zu erörternden Modell dieser Mensch der Ausdifferenzierung des eigenen Persönlichkeitsprofils widmen kann, kämpft jener Mensch, der sich nur ein instabil-unbegründetes Selbstwertgefühl erarbeiten konnte, verzweifelt um die Sicherung seiner Selbsterhöhung.

IV Entwicklungstheoretische Ableitungen und Konzeptanalyse

1 Ein Modell zur Selbstentwicklung

Das folgende Modell geht aus dem bisher Diskutierten hervor. Es berücksichtigt Grundprinzipien der ursprünglichen Lehre ADLERs (Minderwertigkeitsgefühl, Kompensation in Schöpferischer Kraft, Selbsterhöhung, Vervollkommnung des Persönlichkeitsideals[76]) und Beiträge bzw. Anpassungen aus dem internen Fachdiskurs (Machtstreben und Gemeinschaftsgefühl, Selbstwertgefühl, Prioritäten) der IP. Ich habe mich bemüht, diese Teilkomponenten zu strukturieren und in einer Abfolge zu ordnen, die einen Orientierungsrahmen für mögliche Entwicklungsverläufe bieten soll. Dafür schien es mir sinnvoll, einige inhaltliche und terminologische Ergänzungen vorzunehmen, um die breite Spanne etwaiger Verhaltensalternativen differenzierter benennen und aufzeigen zu können – auch vor dem Hintergrund meines Interesses an Ableitungen für psychomotorische Interventionen (*aktive* und *passive* Prioritäten, *Ersatz*autonomie und *Ersatz*gemeinschaft, masochistische Bindungen, Individualisierung/Autonomie in der Gemeinschaft).

Als verbleibende Ergänzung muss hier noch ein weiterer kurzer Blick auf den Machtkomplex geworfen werden. Wir haben die Berechtigung und Notwendigkeit des Machtstrebens im dialektischen Prozess mit dem Gemeinschaftsgefühl erläutert und sein Vorhandensein als Voraussetzung für die Individualisierung herausgestellt. Im anschließend vorgestellten Entwicklungsmodell findet diese Komponente sich unter Autonomie als personale Macht wieder.

Der Begriff wird aber im Modell auch und v. a. in einem umfassenderen Sinne gebraucht. Als Machtsphäre gilt hier die gesamte Fiktionsebene von Selbsterhöhung und der Freiheit des Persönlichkeitsprofils. Jede Kompensation eines Minderwertigkeits-/Ohnmachtsgefühls führt zu einem (zwischen nachhaltig realen bis zu punktuell subjektiven variierenden) Machtanstieg – auch wenn dieser dem Gemeinschafts-

---

[76] Die ADLER'sche *Vervollkommnung des Persönlichkeitsideals* dient zwar noch als Idee einer perspektivischen Zielausrichtung, wird hier jedoch mit der *Ausdifferenzierung des Persönlichkeitsprofils* (vgl. A IV.4) ersetzt, das den dynamischen Herausforderungen der schnelllebigen Postmoderne eher entspricht. Während also die statischen Überzeugungen einer *Vervollkommnung* eines einmal gewählten *Ideals* zu überwinden sind (vgl. A IV.1), bleibt die Relativität der Freiheit durch die Gebundenheit an die Bewegungsgesetze (vgl. B I.2.4) bzw. die originären Bezugspunkte (vgl. A IV.3) bestehen.

gefühl entspringt, das dem Machtstreben antithetisch gegenüberzustehen scheint. Denn das Netzwerk der Gemeinschaft verleiht soziale Macht, die die Sicherheit, das Selbstwertgefühl und die Handlungsfähigkeit des Einzelnen zu erhöhen in der Lage ist – stabil-begründet in der Gemeinschaft gleichwertiger Beziehungen, instabil-unbegründet in der Gemeinschaft masochistischer Bindungen.

Zum Verhältnis personaler Autonomie und Gemeinschaft charakterisiert ELIAS (1976) den Menschen als eine *offene* Persönlichkeit,

> „die im Verhältnis zu anderen Menschen einen höheren oder geringeren Grad von relativer Autonomie, aber niemals absolute oder totale Autonomie besitzt, die in der Tat von Grund auf Zeit ihres Lebens auf andere Menschen ausgerichtet und angewiesen, von anderen Menschen abhängig ist. Das Geflecht von Angewiesenheiten von Menschen aufeinander, ihre Interdependenzen, sind das, was sie aneinander bindet" (S. LXVII).

Dieses Bild entspricht den im Modell skizzierten Vorstellungen, wie wir sie aus den Grundüberzeugungen ADLERs im Verlauf des Kapitels herausgearbeitet haben (vgl. v. a. B III.3.1). Dabei prägen beide Komponenten das individuelle Profil: sowohl die eigenen Kompetenzen, die Selbstwirksamkeit fördern, als auch die Geborgenheit in der Gemeinschaft, die neben diesen Autonomiebestrebungen weiterhin gleichzeitig die Akzeptanz von Unzulänglichkeit und Abhängigkeit erlaubt. In diesem Sinne verleugnen übersteigerte Autonomievorstellungen die eigene Gemeinschaftsbedürftigkeit und übersteigerte Gemeinschaftsvorstellungen die eigene Autonomienotwendigkeit. Erst die Synthese beider Aspekte verhindert somit Überforderung und Unterwürfigkeit.

1.1 Hinführung

In der Berücksichtigung der oben genannten Teilkomponenten – aus ADLERs Lehre, dem individualpsychologischen Fachdiskurs sowie Ergänzungen des Autors – entsteht rasch eine womöglich zunächst verwirrende Komplexität, die die angestrebte Übersicht verhindert (vgl. Modell B6, S. 222: Gesamtübersicht). Dennoch schien mir eine weitere Abstraktion des Modells zugunsten einer leichteren Orientierung aus zwei Gründen unglücklich: Zum einen wären die dynamischen Wirkzusammenhänge weniger deutlich geworden und zum anderen sollte das Modell gerade jene in der IP häufig isoliert diskutierten Konzepte von Minderwertigkeit und (Über-)Kompensation, Macht und Sicherheit, Autonomie und Gemeinschaft sowie Schöpferischer Kraft und Prioritäten in einem Gesamtzusammenhang skizzieren.

Um jedoch das Verständnis des Schaubilds nicht zu gefährden, werden wir uns dem endgültigen Modell in fünf Schritten nähern (1.2–1.6). Jeder Schritt umfasst einen (weiteren) Teilausschnitt des Modells, der entsprechend erläutert wird.

1.2 Erläuterungen zum horizontalen wie vertikalen Modellraster

Das aufgeführte Grundraster muss in horizontaler wie vertikaler Ausrichtung gelesen werden. In horizontaler Richtung werden zwei Ebenen individueller Ressourcen unterschieden: eine personale, die auf Kompetenzen (eigene Fähig- und Fertigkeiten) gründet, sowie eine soziale, die sich auf das Gefühl der Geborgenheit (Eingebundenheit in soziales Beziehungsnetz) stützt. Beide Komponenten bedingen das individuelle Sicherheitsempfinden.

Jenes Sicherheitsempfinden basiert zunächst in seiner ursprünglichen Form auf instinktivem Verhalten (Kompetenz) und den primären Bindungen (Geborgenheit), die jedoch beide sukzessive an Bedeutung verlieren und durch ein gewachsenes Sicherheitsgefühl abgelöst werden. Sind in diesem Prozess personale und soziale Aspekte ausgewogen berücksichtigt, werden also eigene Kompetenzen wie auch das soziale Netz gefestigt, kann sich ein stabil-begründetes Selbstwertgefühl entwickeln, das wiederum die Voraussetzung bildet, frei zu agieren.

Die vertikale Betrachtung gliedert sich in die vier Fiktionsebenen:

(1.) vorfiktional,
(2.) Ohnmacht/Minderwertigkeitsgefühl (MKG),
(3.) Überwindung in Schöpferischer Kraft sowie
(4.) Macht: Erhöhung und Sicherung des Selbstwertgefühls (SWG).

(1.) Die Sphäre der ursprünglichen Sicherheit beginnt bestenfalls vorgeburtlich und umschließt die Zeit, in der die Geborgenheit der primären Beziehungen sowie die instinktiven Kompetenzen ausreichen, das individuelle Sicherheitsgefühl aufrechtzuerhalten. Allerdings kann es bereits im Uterus durch Versorgungs- und Pflegemangel zu Erschütterungen kommen, die das Niveau des Sicherheitsgefühls entsprechend einschränken.

Durch die sukzessive Abnahme der Bedeutung der primären Bindungen und des instinktiven Verhaltens kommt es zu beengenden Grenzerfahrungen der eigenen Handlungsfreiheit. In dieser Sphäre der Ohnmacht bzw. des Minderwertigkeitsgefühls (2.) besteht eine potenzielle Kompensationsfreiheit: Es steht dem Individuum prinzipiell frei, welche Kompensationswahl es trifft.

Mit der Auswahl, der Entscheidung für eine Kompensationsart beginnt die Überwindung der eigenen Ohnmacht. Hier (3.) liegt der zielsetzende Anfang, der die zur Verfügung stehenden Ressourcen bindet, sie kreativ (in Schöpferischer Kraft) nutzt und sie auf das gewählte Ziel fokussiert.

Aus diesem selbstbestimmten Akt erwächst ein erhöhtes Sicherheits- wie auch Selbstwertgefühl (4.): Das Individuum erlebt sich als kompetent, die vorangegangenen Minderwertigkeitsgefühle zu überwinden, und in seiner Sphäre der Macht geborgen.

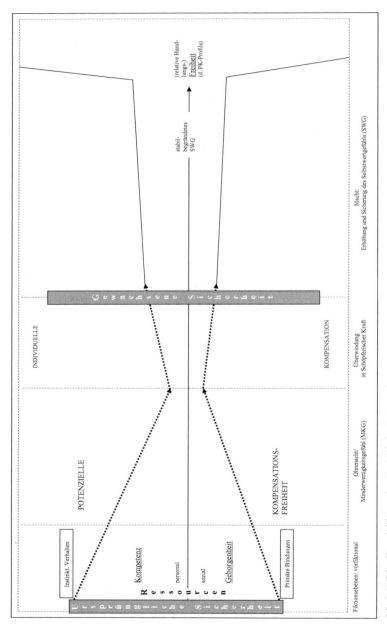

Modell B2: Entwicklungstheorie (Schritt 1: Raster)

1.3 Von der ursprünglichen Sicherheit zur Freiheit des Persönlichkeitsideals

Im Modell B3 werden die oben genannten Grenzerfahrungen, die Wahrnehmung, dass instinktives Verhalten und primäre Bindungen nicht ausreichen, im gewünschten Maße aktiv zu werden, aufseiten der Kompetenzen als *Unzulänglichkeit* und aufseiten der Geborgenheit als *Abhängigkeit* benannt.

Jene Beschneidungen der eigenen Explorationsmöglichkeiten führen im Vergleich mit anderen zu einem Minderwertigkeits- und/oder Ohnmachtsgefühl. Diese Ohnmacht kann demnach eher *sozial* als Ausgeliefertsein (in der Abhängigkeit der primären oder später jeweils aktuellen Bindungen) oder *personal* als Überforderung (in der Unzulänglichkeit der eigenen Kompetenzen) interpretiert werden.[77]

Zur Überwindung entwickelt das Individuum in Schöpferischer Kraft eine prioritäre Verhaltensweise. Vertraut es dabei stärker auf personale Eigenschaften, so werden eher die aktiven, verlässt es sich lieber auf soziale Netzwerke, eher die passiven Ausprägungen gewählt.

Gelingt die individuelle Kompensation unter Berücksichtigung autonomer wie gemeinschaftlicher Aspekte, werden also die aus zunehmender Individualisierung erwachsende persönliche Macht wie auch die aus den gleichwertigen Beziehungen resultierende soziale Macht wertgeschätzt, kann sich eine entsprechend große Handlungsfreiheit entspannen. In ihr kommen eigene Kompetenzen der Gemeinschaft zugute, fehlende hingegen werden durch die Gemeinschaft aufgefangen. Dabei können die angesprochenen Aspekte durchaus variabel verteilt sein. Unabdingbar bleibt aber, dass beide vorhanden sind und ein gegenseitiger Austausch zwischen ihnen möglich wird.

Die aufgeführte Relativität dieser Freiheit bezieht sich auf die in der Sphäre der individuellen Kompensation gewählte Zielvorstellung, die Ressourcen bindet sowie das Persönlichkeitsprofil begründet und schärft.

---

[77] Die im entsprechenden Kasten des Modells zusätzlich genannten Varianten des Ohnmachtserlebens als *abgelehnt* oder *bedeutungslos* beziehen sich auf die später eingeführte negative Überkompensation der Prioritäten. Sie werden hier nur deshalb bereits dazugenommen, um jenen Kasten anschließend nicht nochmals verändern zu müssen.

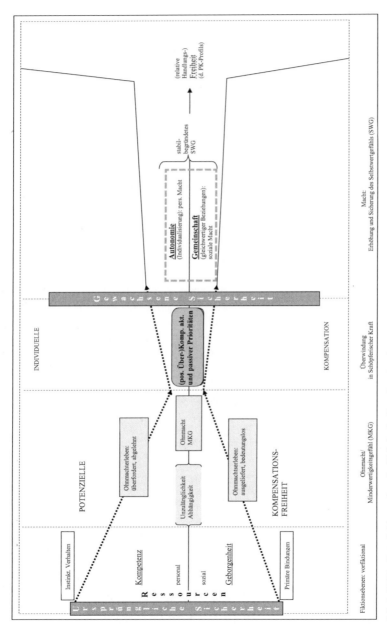

Modell B3: Entwicklungstheorie (Schritt 2: Grundstruktur)

1.4 Negative Überkompensation anhand aktiver Prioritäten

Auch aus der negativen Überkompensation aktiver Prioritäten erwächst zunächst eine Erhöhung des Sicherheits- wie auch des Selbstwertgefühls. Da in der Übersteigerung der Kontroll- und Überlegenheitsfiktionen jedoch die sozialen Aspekte unberücksichtigt bleiben, treten alsbald tyrannische und egozentrische Verhaltensweisen zutage. Das fehlende Vertrauen in die Gemeinschaft verlangt vom Individuum, seine persönliche Macht durch ein Anhäufen eigener Kompetenzen zu gewährleisten.

Doch alle Ressourcen sind endlich, was eine Überforderung daher unausweichlich erscheinen lässt. Da das Individuum in der Autonomiefixierung aber auf unterstützende und es bei Bedarf tragende gleichwertige gemeinschaftliche Beziehungen verzichtet, bleibt jene gewonnene Sicherheit eine trügerische: Weder kann es sich auf eine individualisierte (profilierte) Autonomie stützen, die tatsächlich leistbare Kompetenzen auswählt, noch kann es soziale Impulse aufnehmen, die seinen Status (des Kontrollierenden bzw. des Überlegenen) infrage stellen. Die Isolation, in der sich das Individuum befindet, begründet seine *Ersatzautonomie*. Diese ist notgeschuldetes Ergebnis seiner Fixierung auf personale Ressourcen. Während die Autonomie im Zentrum des stabil-begründeten Selbstwertgefühls seine Relativität (vgl. ELIAS 1976, S. LXVII) und das Selbstsein im Bezogensein (ANTOCH) auf die Gemeinschaft anerkennt, behauptet bzw. konstruiert die Ersatzautonomie einen umfassenden Anspruch, der jedoch vor den alltäglichen Herausforderungen der Realität nur unter größten Anstrengungen aufrechterhalten werden kann. Der Schutz der Fiktion allumfassender Kompetenz jedoch verhindert nun eine weitere Erhöhung des Selbstwertgefühls durch fortlaufende Ausdifferenzierung des Persönlichkeitsprofils. Alle Aufmerksamkeit kreist um die Sicherung des aktuellen instabil-unbegründeten Selbstwertgefühls. Die Entwicklung steckt mit dem *Gemeinschaftsverlust* in einer Sackgasse.

Als Ausweg bietet sich nun nur noch die Rückkehr in die Sphäre der Ohnmacht an, in der zwar die eigene Machtfiktion unter dem Eindruck der erlebten Ablehnung und Überforderung aufgegeben werden muss, in der sich dafür jedoch erneut die potenzielle Kompensationsfreiheit eröffnet.

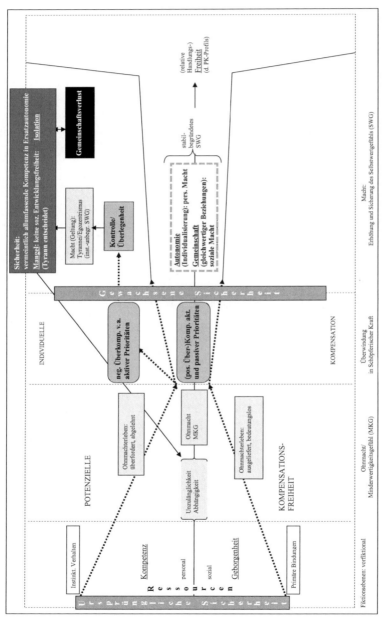

Modell B4: Entwicklungstheorie (Schritt 3: negative Überkompensation aktiver Prioritäten)

1.5 Negative Überkompensation anhand passiver Prioritäten

Der Aufbau und Ablauf des Modellschemas bei negativer Überkompensation passiver Prioritäten entspricht demjenigen der gerade beschriebenen negativen Überkompensation aktiver Prioritäten.

Auch hier gelingt in der individuellen Kompensation im Vergleich zur Sphäre des vorangegangenen Minderwertigkeitsgefühls eine Erhöhung des Selbstwertgefühls. Die einseitig übersteigerten Bestrebungen nach Bequemlichkeit und Gefallenwollen vernachlässigen jedoch die individualisierenden personalen Ressourcen. Ohne ein Refugium persönlicher Macht kann sich bei den sozialen Bindungen keine Gleichwertigkeit entwickeln, fehlende Autonomie führt in die Abhängigkeit von jener Bindungsgruppe, die das Individuum zur Befriedigung seiner Wünsche nach Bequemlichkeit und Gefallenwollen benötigt. Die Geltung innerhalb dieser Gruppe wird mit dem Verzicht auf Selbstständigkeit bezahlt und kann daher als masochistische Bindung bezeichnet werden (vgl. FROMM 2001 bzw. B III.3.2.3). Die gewonnene Sicherheit stützt sich aber ausschließlich auf diese *Ersatzgemeinschaft*, die dem Individuum nur so weit Geborgenheit verspricht, wie es individuellen Differenzierungen widersteht. So zeichnet sich die Ersatzgemeinschaft dadurch aus, dass sie als Entscheidungsträger dem Individuum keine persönlichen Entwicklungsmöglichkeiten erlaubt. Die Ersatzgemeinschaft bietet die Bindungen, die verbleiben, wenn Alternativen aufgrund fehlender autonomer Bestrebungen wegfallen. Sie schränkt – analog zur Ersatzautonomie – das Individuum in seinen Freiheitsgraden deutlich ein.

Entsprechend führt auch das instabil-unbegründete Selbstwertgefühl der masochistischen Bindungen in eine Entwicklungssackgasse, die im Verzicht auf die Autonomie der persönlichen Macht ihren Anfang nimmt, aber in der Erkenntnis des Autonomieverlusts (schwarzer Kasten) eine Umkehr und einen Neustart offen lässt.

Im Eingeständnis der eigenen Abhängigkeit mag sich das Individuum ausgeliefert und bedeutungslos fühlen, es stellt sich nun aber jenem Problem, dem es zuvor nur durch Flucht entronnen war. Der Schritt zurück gestattet den Ausbruch aus einem Sicherungsprozess als Selbstzweck (vgl. auch Tabelle B5 in B III.2.2, S. 186) und einen neuen Kompensationsversuch, der womöglich eine stabil-begründete Erhöhung des Selbstwertgefühls erlaubt und so die perspektivische Handlungsfreiheit erweitert.

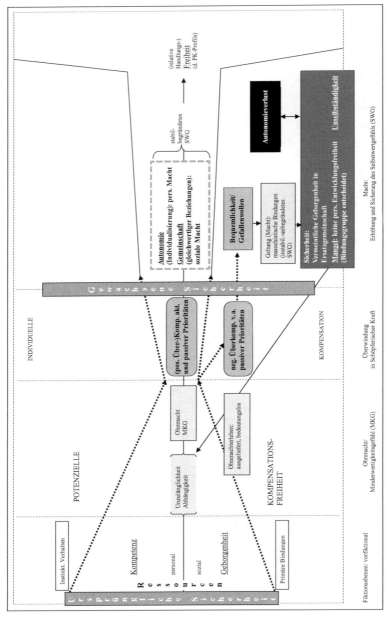

Modell B5: Entwicklungstheorie (Schritt 4: negative Überkompensation passiver Prioritäten)

1.6 Ergänzung: Akzeptanz von Problemlagen und kritische Lebensereignisse

Nach den oben angekündigten und nunmehr vollzogenen Zwischenschritten folgt in diesem Abschnitt die Gesamtübersicht des vorgestellten Entwicklungsmodells (Modell B6). Neben der Zusammenfügung des bereits Bekannten wird es an zwei weiteren Stellen ergänzt: zum einen in der Fiktionsebene der Macht und zum anderen in der Fiktionsebene der Ohnmacht.

In der Machtsphäre wird den negativen Überkompensationen der aktiven wie der passiven Prioritäten je ein Kasten mit Doppelpfeil gegenübergestellt, der an die Befürchtungen erinnern soll, die mithilfe der gewählten Prioritäten abgewehrt werden. Diese Ängste basieren auf mangelndem Vertrauen in autonome oder gemeinschaftliche Ressourcen und verdeutlichen nochmals die Ursprünge der Einseitigkeit des Kompensationsverhaltens. Doch mit jenem *immer Mehr desselben* (vgl. ANTOCH 1995a, S. 222 bzw. in B III.3.2.1) verstärken sie die jeweilige Verlustgefahr. Wie aus dem Schaubild nun hervorgeht, wird mit dieser Fixierung genau jene Befürchtung manifestiert, die abzuwehren beabsichtigt war: Soziale Angst realisiert sich im Gemeinschaftsverlust, persönliche Angst im Autonomieverlust.

Die Akzeptanz sozialer oder personaler Herausforderungen ist somit die Voraussetzung zu deren Überwindung. Ein lediglich vordergründiges Abwehren und Ausweichen verfestigt die Problemlage – und führt eben nicht zu einem stabil-begründeten Selbstwertgefühl.

Doch auch aus diesem Bereich führen jetzt zwei Pfeile zurück in die Sphäre der Ohnmacht. Kritische Lebensereignisse oder Interessenverschiebungen, deren Auswirkungen sich mit dem zuvor verhandelten Autonomie- und Gemeinschaftsverhältnis nicht mehr vereinbaren lassen, verursachen neue Ohnmachtserlebnisse der Unzulänglichkeit oder Abhängigkeit. Nun gilt es, auch diese Erfahrungen zu integrieren und mit den neuen Selbst- wie Fremderwartungen in einem veränderten Profil in Einklang zu bringen.

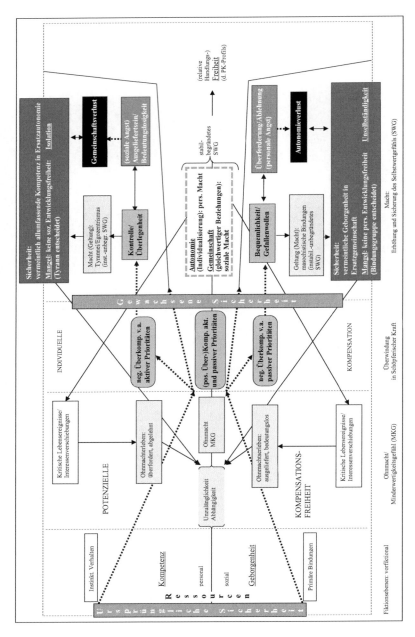

Modell B6: Entwicklungstheorie (Schritt 5: Gesamtübersicht)

2 Konzeptanalyse

Das soeben vorgestellte und erläuterte Entwicklungsmodell soll hier systematisch auf seine Überzeugungen und Setzungen hin untersucht werden. Als Frageraster dient ein Katalog, der sich auf FLAMMER (2008) stützt und lediglich punktuelle Ergänzungen bzw. Konkretisierungen unter dem nachfolgend erläuterten Teilaspekt (C) erfahren hat. Zunächst werden die Fragen kurz skizziert (2.1) und anschließend aus Sicht des vorgestellten Modells beantwortet (2.2).

2.1 Fragestellungen nach FLAMMER

In seinen einführenden Überlegungen macht FLAMMER (2008, S. 15–25) auf drei Aspekte des Themenbereichs aufmerksam, die es zu beachten gilt: (A) Welchen allgemeinen Ansprüchen sollten wissenschaftliche Theorien genügen? (B) Welcher Entwicklungsbegriff, welches Entwicklungsverständnis wird in dem nämlichen Konzept vertreten? Und (C) zu welchen spezifischen Fragen sollte eine Entwicklungstheorie Stellung beziehen?

Hinsichtlich der allgemeinen Ansprüche (A) zählt FLAMMER neun wünschenswerte Kriterien zu wissenschaftlichen Theorien auf.

1. *Ordnende Beschreibung und Erklärung:* Beobachtbare Phänomene sollen in nachvollziehbare Kategorien eingeordnet werden können, einen Erklärungswert und Vorhersagepotenzial vereinen.
2. *Einfachheit:* Theorien sollen sich auf Wesentliches beschränken und eine Übersicht ermöglichen.
3. *Interne Konsistenz:* Verschiedene Aussagen einer Theorie dürfen sich gegenseitig nicht widersprechen.
4. *Generalisierbarkeit:* Theorien sollen mit sparsamen Grundannahmen möglichst umfassende Ableitungen und Verallgemeinerungen erlauben.
5. *Heuristische Funktion:* Theorien sollen auch Einsichten in eventuell verdeckte Zusammenhänge eröffnen.
6. *Öffentlichkeit:* Wissenschaftliche Theorien stellen sich der öffentlichen Diskussion und Kritik.
7. *Konkurrenz:* Wissenschaftliche Theorien stellen sich der Konkurrenz. Weniger aussagekräftige bzw. unnötig komplizierte Ansätze sollten zugunsten überlegener Modelle aufgegeben werden.
8. *Empirie:* Empirische Theorien sind überprüfbar und sollen sich bewähren. Bewährungschancen liegen dabei in experimentellen Bestätigungen oder in erkennbar positiven Auswirkungen auf die Praxis.
9. *Brauchbarkeit:* Die angestrebte Brauchbarkeit der Theorien bezieht sich auf die Beschreibung und Erklärung beobachtbarer Phänomene sowie auf Vorhersagbar-

keit und Interventionspotenzial. Die Theorie sollte dazu befähigen, „direkt oder indirekt beglückendes Handeln anzuleiten" (a. a. O., S. 17).

Nach diesen allgemeinen Anforderungen werfen wir nun einen Blick auf den Entwicklungsbegriff (B): Was kann überhaupt unter ihm verstanden werden? FLAMMER bietet sieben Zugangsweisen an.

1. *Abfolge alterstypischer Zustandsbilder:* Hier werden Lebensaltersetappen als Unterscheidungskategorien herangezogen. Sie verallgemeinern aber häufig vermeintlich Typisches und vernachlässigen die Breite tatsächlicher Variationen. Zudem ist das Alter kein hinreichendes Differenzierungsmerkmal hinsichtlich entwicklungsrelevanter Parameter. Von besonderem Interesse sind die Bedingungen und Prozesse der Übergänge und Veränderungen, die jedoch in der Beschreibung von Zustandsbildern oft wenig Aufmerksamkeit erhalten.

2. *Veränderung:* Hier liegt das Hauptaugenmerk auf der dynamischen Komponente. Jedoch scheint damit keine ausreichende Eingrenzung des Gegenstandsbereichs möglich. Unterscheiden wir zwischen Lernen und Entwicklung, so bezeichnet Ersteres zumeist kurze Zeitabschnitte mit spezifisch zu umschreibenden Veränderungen, während sich unter dem zweiten Aspekt langfristige und nachhaltige Veränderungsprozesse subsumieren lassen, die zumeist die gesamte Persönlichkeit betreffen. Die Übergänge bleiben allerdings fließend.

3. *Reifungsbedingte Veränderungen:* Beschränkungen auf diesen organisch-biologischen Fokus entsprechen eher überholten traditionellen Vorstellungen, die dem aktiven, kreativen und lernfähigen Menschen nicht gerecht werden. Wenngleich sich Reifung in verschiedenen Entwicklungsdimensionen auswirkt, so ist sie doch zumeist nicht der bestimmende Faktor.

4. *Veränderung zum Besseren oder Höheren:* Diese womöglich weit verbreitete Ansicht führt zwangsläufig zur Frage nach verlässlichen Kriterien, die eine solche Bewertung zulassen. Zweifelsfrei ist Entwicklung jedoch von Gewinnen *und* Verlusten geprägt, Veränderung also in wünschenswerte und unerfreuliche Richtungen möglich. Im Hinblick auf eine Entwicklung über die gesamte Lebensspanne spielen die Prozesse der auswählenden und spezialisierenden *Selektion*, der wachstumsorientierten *Optimierung* sowie der verlustausgleichenden *Kompensation* eine besondere Rolle.

5. *Qualitative respektive strukturelle Veränderungen:* Während quantitative Veränderungen die Zu- oder Abnahme von Gleichem beschreiben, bezieht sich die qualitative Variante auf ein Dazukommen, ein Verschwinden oder Ersetzen von etwas strukturell Anderem. Gleichwohl Quantität Qualität immer voraussetzt, denn sie misst ja stets ein *Wieviel* von *etwas*, und sie leicht mess- und kommunizierbar ist, reicht sie allein zur Entwicklungsbeschreibung nicht aus.

„Entwicklung umfasst die Klasse jener Veränderungen, die weitere Veränderungen nach sich ziehen. Nicht einfach die Menge der Veränderungen macht Entwicklung aus, sondern ihr Einfluss auf die Gesamtstruktur, die ausgelöste ‚Lawine' von aufeinander bezogenen Veränderungen (Schnellballprinzip)" (a. a. O., S. 21).

6. *Universelle Veränderung:* Universalität kann als anzustrebendes Ziel gelten, jedoch stets eingedenk der Tatsache, dass Entwicklung in wesentlichen Bereichen stark kulturell, geografisch und historisch geprägt ist. Stellt man universelle Prozesse (Auge-Hand-Koordination, Spracherwerb, Beziehungsgestaltung) zulasten spezifischer Inhalte (Ballfangen, Mitteilungserfolg, Trennungsgründe) in den Mittelpunkt der Betrachtung, so geht der konkrete und emotionale Lebensbezug dabei verloren. Es gilt daher ein akzeptables Maß zwischen möglichst breiter Generalisierbarkeit (siehe oben) zur perspektivischen Handlungsanleitung und lebensrelevanter Aussagekraft zu finden.

7. *Sozialisation:* Sie beschreibt eher ein Hineinwachsen in gesellschaftliche und institutionelle Bedingungen und Strukturen, den Umgang mit Normen und Rollenmustern oder -zuschreibungen.

Die hier kurz umrissenen Aspekte möglicher Auffassungen und Schwerpunktsetzungen des Entwicklungskomplexes führen uns nun zu den spezifischen Anforderungen, die an eine Entwicklungstheorie (C) zu stellen sind.

1. *Menschenbild:* Welches Menschenbild liegt der nämlichen Entwicklungstheorie zugrunde? Unter diesem Paradigma eröffnen sich bereits prinzipielle Fokussierungen und Interpretationstendenzen sowie determinierende Rahmenbedingungen.
In diesem Zusammenhang scheint auch die lebensweltliche Einbettung interessant: Welche Annahmen bezüglich der gesellschaftlichen Voraussetzungen bedingen ggf. das vertretene Menschenbild? Hier: Orientiert sich das Entwicklungsmodell an modernen (Stringenz, Entwicklungslogik) oder eher postmodernen Vorstellungen (Variabilität, Pluralität)?

2. *Beschreibungsumfang:* Worin besteht der Klärungsanspruch der Theorie? Welche Phänomene (kognitive, sensumotorische, psychodynamische) werden erfasst, welche parallelen Prozesse der *synchronen* Extension beschrieben?

3. *Erfasste Lebensspanne:* Hier richtet sich der Blick auf die *diachrone* Extension. Werden verschiedene, einander nachfolgende Entwicklungsprozesse oder -phasen skizziert und erörtert?

4. *Entwicklungsrichtung:* Wird eine Entwicklungsrichtung angestrebt? Wie werden ggf. Zwischenstationen, Seinszustände auf diesem Weg beschrieben? Bleibt der Entwicklungsverlauf offen oder wird ein erwünschter Endzustand definiert? Werden dabei normative Dimensionen veranschlagt?

5. *Entwicklungsprozesse und Entwicklungsmotoren:* Werden Veränderungsprozesse oder lediglich verschiedene Zustandsbilder beschrieben? Werden für diese Veränderungen quantitative oder qualitative Merkmale herangezogen? Je nachdem müssten kontinuierliche Abfolgen oder diskontinuierliche Sprünge im Entwicklungsverlauf zu erwarten sein. Bei einer vorwiegend auf Vorwärts- und Höherentwicklung ausgerichteten Orientierung stellt sich die Frage, ob jene Anstiege *stufen-* oder *spiralförmig* ablaufen, ob eventuelle Stufen notwendige Voraussetzungen oder irreversible Abläufe charakterisieren. *Phasen* kennzeichnen eine Aneinanderreihung, auch ohne expliziten Anstieg. *Zyklen* verweisen auf wiederkehrende Ereignisse oder Zustände.

Unabhängig von der Bezeichnung und Umschreibung der Veränderungsprozesse sollen deren sie initiierenden Ursachen geklärt werden. Sind dafür Vererbungsanlagen oder Umweltfaktoren von besonderer Bedeutung? Welchen Gestaltungsspielraum hat das sich entwickelnde Individuum? Bleibt es eher passiver Spielball der Umstände oder ist es selbstverantwortlicher Akteur? Werden ggf. kritische Lebensereignisse als besondere Impulsgeber beachtet?

6. *Möglichkeiten externer Beeinflussung:* Wo liegen eventuelle Optionen spezifischer Beeinflussung der Entwicklungsverläufe? Unter der Annahme, dass es wünschenswerte und unerfreuliche Richtungen zu verzeichnen gibt (siehe oben), scheint es hilfreich, etwaige Ansatzpunkte – gerade auch für therapeutische Interventionen – aufzuzeigen.

7. *Bewährung:* Die Bewährungschancen liegen, wie bereits oben skizziert, darin, dass sich ihre Hypothesen in Experimenten oder Beobachtungen bestätigen lassen, dass sie als Ausgangspunkt für weitere theoretische Differenzierungen dienen oder aber, dass sie die von ihr beeinflusste Praxis bereichern.

Diese hier zusammengefassten Vorgaben bilden nun die Grundlage für die Befragung des zuvor präsentierten Modellentwurfs.

2.2 Beantwortung der Fragen aus Sicht des vorgestellten Entwicklungsmodells

Entgegen der soeben herangezogenen Darstellung vom Allgemeinen zum Konkreten, von der Theorie über den Entwicklungsbegriff zur Entwicklungstheorie, wird nun zunächst das Entwicklungsverständnis (B) im Hinblick auf die sieben aufgeführten etwaigen Teilaspekte geklärt. Daran anschließend folgt die eigentliche Konzeptanalyse, die Befragung der Modellvorstellungen anhand der metatheoretischen Evaluationskriterien (C). Mit einem kurzen, wieder abstrahierenden Rückblick auf die allgemeinen Merkmale, die an eine wissenschaftliche Theorie anzulegen sind (A), schließt das Kapitel. Um Wiederholungen zu vermeiden, gehen wir dann lediglich noch auf die Punkte ein, die nicht zuvor schon Erwähnung fanden.

2 Konzeptanalyse

Zum inhaltlichen Verständnis des Entwicklungsbegriffs (B)
1. *Entwicklung als Abfolge alterstypischer Zustandsbilder?* Das vorgestellte Entwicklungsmodell sieht – mit einer Ausnahme – keine alterstypischen Zuschreibungen vor. Die Ausnahme bezieht sich auf den angenommenen Zustand ursprünglicher Sicherheit des neugeborenen Säuglings, der sich auf die Kompetenzen des instinktiven Verhaltens und die Geborgenheit innerhalb der primären Bindungsgruppe gründet. Mit dem Übertritt von der vorfiktionalen auf die fiktionale Ebene, in der Erfahrungen bewusst interpretiert werden und erlebte personale Unzulänglichkeiten und soziale Abhängigkeiten ein Ohnmachts- und Minderwertigkeitsgefühl auslösen, laufen die weiteren Prozesse altersunabhängig ab. Alterstypische Zustandsbilder im Sinne expliziter Entwicklungs- oder Lebensphasen (bspw. Vorschulalter, Pubertät, mittleres Erwachsenenalter) bleiben jedoch indirekt relevant, da sie in ihren veränderten Bedeutungszuschreibungen je andere Minderwertigkeitsgefühle befördern.
2. *Entwicklung als Veränderung?* Veränderungen sind im nämlichen Modell mannigfaltig kenntlich gemacht. Sie beziehen sich auf veränderte Wahrnehmungs- und Handlungsoptionen. Ziehen wir die von FLAMMER unter diesem Punkt thematisierte Unterscheidung zwischen Lernleistung und Entwicklung heran, so könnten wir Veränderungsprozesse innerhalb einer Fiktionsebene (Ohnmacht – Überwindung – Macht) als Lernschritte charakterisieren, deren Summe sich dann in einem Entwicklungsschritt, dem Übertritt in eine andere Fiktionsebene, niederschlägt. Diese Übertritte sind dann jeweils von den angesprochenen veränderten Wahrnehmungs- und Handlungsoptionen begleitet. Denn während zunächst die übersteigerte Kontrollpriorität das Selbstwert- wie das Sicherheitsgefühl gegenüber dem vorherigen Ohnmachtsempfinden erhöht, gewinnen sukzessive abweichende Erfahrungen an Bedeutung: Nun führt die Erkenntnis, dass die durch Kontrolle gewonnene Sicherheit auch eine zunehmende Überforderung bedingt, zu neuem oder erneutem Ohnmachts- und Minderwertigkeitserleben.
3. *Entwicklung als reifungsbedingte Veränderung?* Abgesehen von dem Verweis auf vorhandenes, jedoch abnehmendes instinktives Verhalten stellt das Modell keine Bezüge zu organisch-biologisch initiierten oder bedingten Parametern her. Unerwähnt, aber auch unwidersprochen, gehen jedoch bspw. mit dem pubertären Gestaltwandel zumeist auch koordinative wie ästhetische Empfindungsdifferenzierungen einher, die ebenfalls kompensiert werden. Zur Beschreibung dieser Kompensationsprozesse aber scheinen die Modellstrukturen ausreichend.
4. *Entwicklung als Veränderung zum Besseren oder Höheren?* Mit nahezu jedem Entwicklungsschritt, der im Modell mit dem Übertritt in eine andere Fiktionsebene gekennzeichnet ist (siehe oben), gehen jeweils Gewinne und Verluste einher. Denn entweder wird Sicherheit gewonnen und Freiheit verloren (negative Über-

kompensation) oder aber der (zumindest potenzielle) Freiheitsgrad kann erhöht werden, was allerdings ein geringeres Sicherheitsgefühl bedingt (Umkehr aus der Sackgasse der negativen Überkompensation: aus der Sphäre der Ersatzmacht zur Ohnmacht). In letzterem Fall wird zwar vermeintliche Sicherheit aufgegeben, jedoch die Freiheit gewonnen, andere Wege einzuschlagen, einen neuen Anlauf zu nehmen.

Lediglich mit dem Erreichen der „Zielsektion", in der ausgewogen autonome und gemeinschaftliche Machtkomponenten ein stabil-begründetes Selbstwertgefühl und eine profilierte (siehe bzw. vgl. auch die Forderung nach *Selektion, Optimierung, Kompensation*[78]) Handlungsfreiheit garantieren, gehen keine *wesentlichen* Verluste einher. Das heißt ausdrücklich *nicht*, dass es nun zu keinerlei Unzulänglichkeiten oder Abhängigkeiten mehr komme. Diese haben jedoch ihren ohnmächtigen Schrecken verloren, da sie in profilierter Individualität und in gleichwertigen Beziehungen aufgefangen werden und somit kein Minderwertigkeitsgefühl mehr verursachen.[79] Die Zielrichtung der Entwicklungsveränderung propagiert also tatsächlich ein Mehr an Sicherheit, Freiheit,[80] Macht und Selbstwertgefühl. Die interdependenten Kombinationen dieser Komponenten bleiben jedoch variabel.

5. *Entwicklung als qualitative respektive strukturelle Veränderung?* Hinsichtlich der Überlegungen bezüglich der strukturellen Veränderungen müssen diese Auswirkungen auf die Gesamtorganisation (Gesamt*struktur*) des Individuums aufweisen, also Veränderungen beschreiben, die weitere Veränderungen auslösen (siehe oben).[81] So können wir an die vorherigen Punkte dieser Rubrik (2./4.) anschließen bzw. auf sie verweisen: Mit dem Übertritt von einem Entwicklungszustand in einen anderen ändern sich die Wahrnehmungs- und Handlungs- bzw. Freiheitsoptionen.

Gleichwohl verweist das Modell auch auf rein *quantitative* Parameter, wie die zu erwartende Abnahme von instinktivem Verhalten, der primären Bindungen sowie wechselnder Sicherheits-, Macht-, Freiheits- oder Selbstwertgefühlsausprägungen. Wie dieses *Mehr* oder *Weniger* in jenen Bereichen jedoch individuell bewertet wird und welche Konsequenzen das Individuum aus dieser Bewertung zieht, zeigt sich in der *qualitativen* Strukturanpassung. Die nachfolgende Tabelle skizziert das Verhältnis beider Teilaspekte (vgl. Tabelle B11).

---

[78] FLAMMER (2008, S. 20) bezieht sich hier auf BALTES.
[79] Vgl. dazu aber die Erläuterungen zu C.5 im selben Kapitelabschnitt bzw. die Anmerkungen unter der Fußnote 84.
[80] Ein Mehr an konkreter, ein Weniger an potenzieller Freiheit.
[81] Beispiel: Quantitative Veränderung: ein Kind wächst; qualitative Veränderung: ein Kind wird in der Pubertät zum Jugendlichen, verändert neben seiner Gestalt auch seine Interessen.

2 Konzeptanalyse

Tabelle B11: Vergleich quantitativer und qualitativer Veränderungen zwischen den Entwicklungsstadien

	Innerhalb der Fiktionsebene		Von der einen zur anderen Fiktionsebene	
Entwicklungsstatus (Fiktionsebene)	Quantitative Veränderung im Vergleich zum anderen Entwicklungsstatus	Lernschritt	Qualitative Veränderung	Entwicklungsschritt
Ohnmacht	Sicherheit (–) Macht (–) Freiheit (–) SWG (–)	Freiheit (+)	Negative Interpretationstendenz eigener Erfahrungen	Selbstwahrnehmung und Freiheitsgrad inkompatibel
Macht	Sicherheit (+) Macht (+) Freiheit (+) SWG (+)	Ausdifferenzierung der Erfahrungen: – stabil-begründetes SWG: Profilierung; – instabil-unbegründetes SWG: Freiheit (–)	Positive Interpretationstendenz eigener Erfahrungen	Selbstwahrnehmung und Freiheitsgrad kompatibel

Obwohl uns unter dieser Rubrik v. a. die qualitativen Veränderungen interessieren, werfen wir vorab einen kurzen Blick auf die quantitativen: Im Status der Ohnmacht sind das Sicherheits-, Macht-, Freiheits- und Selbstwertempfinden stark eingeschränkt. Jedoch gewinnt das Individuum hier die Chance zur Neuausrichtung in wachsender (potenzieller Kompensations-)Freiheit. Im Status der Macht werden die genannten Kriterien vom Individuum als deutlich höher wahrgenommen. Die Lernschritte innerhalb der Fiktionsebene betreffen nun die Ausdifferenzierungen der Erfahrungen, die entweder der weiteren Profilierung des Individuums dienen oder aber die Einsicht befördern, doch nur über unzureichende Handlungsfreiheit zu verfügen.

Diese Ausdifferenzierungen der eigenen Erfahrungen führen nun bei Erreichen einer kritischen Masse von den bisherigen Erwartungen abweichender Eindrücke zu einem Entwicklungsschritt (vgl. dazu auch Modell B3 unter C.5): Wo vorher Erfahrungen im Sinne der fiktionalen Erwartungen interpretiert wurden – im Status der Ohnmacht: „Ja, ich bin abhängig von meinen sozialen Beziehungen!" – gestaltet sich nun eine alternative Fiktion aus – im Status der Macht: „Nein, meine sozialen Beziehungen bieten mir Geborgenheit!"

Hier sind zwar auch die Quantitäten der Erfahrungen relevant, die die Erwartungen beeinflussen, doch lassen sich diese nicht einfach unter der nämlichen Erfahrungsrubrik addieren oder subtrahieren, sondern sie verändern die Struktur des Interpretationsmusters: So kann dieselbe Erfahrung (z. B. etwas nicht kontrollieren zu können), die im Status der Ohnmacht negativ bewertet wurde (Kontroll*verlust* bedeutet ausgeliefert zu sein), im Status der Macht positiv erlebt werden (Kontroll*verzicht* erlaubt Entspannung). Damit werden weitere Veränderungen initiiert: Es eröffnen sich neue Wahrnehmungsperspektiven (immerwährende Kontrolle unnötig) und Handlungsoptionen (aktives Experimentieren mit Unkontrollierbarkeiten).[82]

6. *Entwicklung als universelle Veränderung?* Die prinzipiellen Abläufe, die ADLER als psychologisches Grundgesetz zwischen Minderwertigkeitsgefühl und Kompensation (vgl. B III.1) beschrieben hat, also Ohnmachtserleben, kreative individuelle Überwindungsfähigkeit und resultierende Machterfahrung, dürfen m. E. ebenso wie die Überlegungen zu den prioritätsspezifischen Überkompensationen – zumindest in unserem Kulturkreis der westlichen Industrienationen – weitgehend generalisiert werden. Die Betonung der Entwicklungsrichtung von der Sicherheit zur Freiheit lässt sich jedoch sicherlich auch stark auf lebensweltliche Anforderungen zurückführen, wie wir sie ja bereits als Charakteristikum der Postmoderne beschrieben haben (vgl. A II.1.3). Zudem wird in diesem Zusammenhang auch die zunehmende Pluralität und Komplexität herausgestellt. Die somit wachsende Ausdifferenzierung aller Lebensbereiche führt jedes Individuum zwangsläufig an die Grenzen eigener Handlungs- oder Bewältigungsressourcen. So gewinnt der Umgang mit Ohnmachtserfahrungen auch vor dem Hintergrund aktueller Herausforderungen weiter an zentraler Bedeutung.

7. *Entwicklung als Sozialisation?* Explizite Bezüge zu institutionellen Karrieren stellt das Modell nicht her. Die Fähigkeit, sich in wechselnde soziale Gruppierungen mit ihren Normen- und Rollenmustern zu integrieren, umfasst sowohl die in staatsbehördlichen und administrativen Einrichtungen offensichtlichen als auch die unterschwelligen Formen gesellschaftlicher Sozialisation, wie sie beispielsweise in Begrüßungsformen, Kleidungskonventionen oder Tischmanieren zum Vorschein kommen. Gleichwohl sind Institutionen in diesem Prozess der Eingliederung als Teil unserer gesellschaftlichen und kulturellen Lebenswelt eingebunden: So kann die Ausstellung eines Führerscheins oder einer Aufenthaltsbewilligung die Anerkennung von Kompetenzen bzw. Geborgenheitsansprüchen dokumentieren und damit auch das Selbstwertgefühl wie die Handlungsfreiheit erhöhen.

---

[82] Die später in der Praxeologie vorgestellte Interventionsmethodik (vgl. C III) zielt genau darauf ab.

2 Konzeptanalyse

Zu den spezifischen Fragen an eine Entwicklungstheorie (C)

1. *Menschenbild:* Das Menschenbild der IP wurde oben in einem eigenen Kapitel bereits ausführlich behandelt (vgl. B II). Ich fasse die wesentlichen Elemente, wie sie auch uneingeschränkt für das Entwicklungsmodell von Belang sind, nochmals kurz zusammen:

Der Mensch
– sucht Sicherheit und Zugehörigkeit.
– strebt nach Überwindung ihn beeinträchtigender Umstände, nach Handlungsmacht.
– verfügt über schöpferisch-kreative Potenziale.
– gibt seinem Leben eine individuelle Richtung, orientiert sich an Zielen und Sinnfragen.
– verfügt über die prinzipielle Möglichkeit, sich frei zu entscheiden, ist weder durch Reiz-Reaktionszwänge noch durch Triebabhängigkeit determiniert.
– ist ein ganzheitliches Wesen, drückt seine Befindlichkeiten leiblich aus und kann auch nur unter dieser Prämisse betrachtet werden.
– ist lernfähig und entwickelt sich über sein gesamtes Leben.
– bleibt unvollkommen und kann in seinen subjektiven Motiven nie umfassend verstanden werden.

Das hier skizzierte und vertretene Menschenbild orientiert sich mit den Komponenten *Sicherheit*, individuelle *Richtung, Ziele, Sinn* vordergründig an eher modernen Vorstellungen, die den postmodernen Bedingungen wie Komplexität, Diskontinuität oder Hybridisierung zunächst scheinbar beziehungsfern entgegenstehen. Ein alternatives Modell jedoch, das ggf. mit Unsicherheit, Richtungslosigkeit und Unverbindlichkeit operiert, mag zwar den aktuellen Bedingungen näher stehen, „opfert" diesen dafür jedoch den Menschen bzw. dessen Bedürfnisse. Vor diesem Hintergrund nimmt das Modell die postmodernen Komponenten der umfassenden Unsicherheiten, Ohnmachtserfahrungen und Freiheitsoptionen auf und versucht einen Weg zu beschreiben, wie diese Anforderungen zu bewältigen sind. Damit wird den explizit postmodernen Herausforderungen ein vielleicht anachronistisches, weil modern anmutendes Entwicklungsmodell gegenübergestellt, das über *Kompetenz* und *Geborgenheit*, über *Autonomie* und *Gemeinschaftlichkeit* den Individuen Stabilität, Orientierung und Verantwortungsfähigkeit innerhalb instabiler, multidimensionaler und gleichgültiger Bedingungen anbietet. Diese stabilisierenden Parameter sind m. E. jedoch nicht als *modern*, sondern als von etwaig zeitspezifischen Besonderheiten *unabhängig* zu bezeichnen – ihre Relevanz ist demnach nicht epochal, sondern vielmehr anthropologisch begründet.

2. *Beschreibungsumfang:* Das Modell beschreibt v. a. psychodynamische Prozesse. Allerdings – und diese Faktoren müssen dabei stets bedacht werden – gründen jene auf konkreten motorischen, intellektuellen, emotionalen und sozialen Ressourcen. Ohnmachts- und Machterlebnisse sind auf allen Ebenen möglich und können aufgrund der Ganzheitlichkeit des Menschen auch auf alternativen Ebenen kompensiert werden. Die kompensatorischen Effekte werden psychodynamisch beschrieben, wirken sich aber in allen Subdimensionen der individuellen Persönlichkeit aus.
3. *Erfasste Lebensspanne:* Das vorgestellte Entwicklungsmodell bezieht sich auf keine explizite Alterspanne und damit auf das ganze Leben.
4. *Entwicklungsrichtung:* Das Modell eröffnet mehrdimensionale Entwicklungsziele: von der ursprünglichen zur gewachsenen Sicherheit, von der Ohnmachts- zur Machterfahrung, vom Minderwertigkeitsgefühl zum stabil-begründeten Selbstwertgefühl und von unspezifischen potenziellen Freiheitsoptionen zur konkreten individuellen Handlungsfreiheit. Letztere mag quantitativ geringere Optionen aufweisen, dieses *Weniger* bleibt qualitativ aber bedeutungslos, weil beliebige Möglichkeiten dem profilierten Individuum un*wesentlich* sind. Nur die profilabhängigen, konkret zielorientiert verfolgten Freiheitsoptionen erweitern die Handlungsmacht.
Auch Zwischenschritte werden angegeben – sowohl von einer Fiktionsebene zur nächsten (Ohnmacht – Überwindung – Macht) als auch innerhalb dieser Fiktionen (negative Überkompensation – instabil-unbegründetes Selbstwertgefühl – Ersatzmachtstatus – Verlusterkenntnis).
5. *Entwicklungsprozesse und Entwicklungsmotoren:* Die Zustandsbilder werden abstrahiert auf den drei Fiktionsebenen (1.) Ohnmacht respektive Minderwertigkeitsgefühl, (2.) Überwindung in Schöpferischer Kraft und (3.) Macht: Erhöhung und Sicherung des Selbstwertgefühls (SWG) beschrieben. Innerhalb der jeweiligen Fiktionsebenen sind auch Veränderungsprozesse gekennzeichnet: So führt die negative Überkompensation zunächst zu einem erhöhten SWG, die gewonnene Machtposition erlaubt jedoch nur einen instabil-unbegründeten Status dieses SWG, woraufhin mangelnde Entwicklungsoptionen zutage treten, die das Individuum Verlusterfahrungen erkennen lassen und möglichst eine Umkehr aus dieser Sackgasse initiieren sollten. Über die Konkretisierung des Ohnmachtserlebens kann dann ein neuer Kompensationsentwurf lanciert werden.
Quantitative Veränderungen, Lernschritte innerhalb eines Entwicklungsstatus' sind notwendig, werden im Modell aber nicht explizit verdeutlicht. Erst ihre kritische Masse verursacht einen Entwicklungsschritt, der sich jedoch qualitativ, also strukturverändernd (siehe oben, B.5), auswirkt. Wann diese kritische Masse aber erreicht ist, bleibt individuell unvorhersagbar. So sind die jeweils nächsten

2 Konzeptanalyse

Entwicklungsschritte zwar perspektivisch skizziert, der Zeitpunkt ihres Übertritts spiegelt jedoch keine kontinuierliche Abfolge wider. Möglicherweise wird das instabil-unbegründete SWG aufgrund der gewonnenen Machtposition längerfristig toleriert, ggf. die mangelnde Entwicklungsoption nicht erkannt oder Gemeinschafts- bzw. Autonomieverluste ignoriert oder das ja auch mühsam erkämpfte instabil-unbegründete SWG aus Angst vor einem weiteren Abfall verzweifelt verteidigt, was eine Neuausrichtung verhindert.

Während diese „Umwege" über die negativen Überkompensationen als Zyklen[83] beschrieben werden können, kann der ansteigende Hauptstrang als stufenförmig angesehen werden. Jedoch sind sowohl die Schrittfolgen (oder Phasen) innerhalb der Umwegszyklen als auch die Stufenlänge des Hauptentwicklungsstrangs nicht absehbar, sondern entsprechen einem individuellen „Sprung", einem Umschalten von einem Interpretationsfokus zu einem anderen. Dabei darf dieser Sprung allerdings nicht als eine plötzliche Neuorganisation missverstanden werden. Diese ist vielmehr bereits in einem Prozess der allmählichen Erfahrungsdifferenzierung angelegt: Nach bspw. zunächst tendenziös sehr positiver Interpretation der gemachten Erfahrungen differenzieren diese sich sukzessive aus, d. h. auch negative Auswirkungen der in diesem Entwicklungsstatus aktuellen Wahrnehmungs- und Handlungsoptionen werden integriert und können mit dem Erreichen jener angesprochenen kritischen Masse eine Uminterpretation der Erfahrungen und mit ihnen auch der Wahrnehmungs- und Handlungsoptionen initiieren.

Ein Beispiel: eine negative Überkompensation erhöht das Selbstwertgefühl, die Differenzierung ergibt, dass jenes Selbstwertgefühl instabil-unbegründet bleibt, der bald erfahrene Mangel der Ersatzgemeinschaft führt zu Verlusterkenntnis. In dieser Abfolge verändert sich die Quantität, das erst *Mehr* und dann *Weniger* des Selbstwertgefühls (höheres und niedrigeres Selbstwertgefühl) innerhalb der Machtfiktion; Freiheit und Sicherheit liegen entweder im Rahmen der Bezugsgruppe/Ersatzgemeinschaft oder im Rahmen der eigenen Kompetenz/Ersatzautonomie. Der Entwicklungsschritt folgt erst in der qualitativen Veränderung: in der Aufgabe der Machtfiktion, die keine Entwicklungsperspektive zulässt. Der

---

[83] Hier bietet sich m. E. treffend das Bild einer *Strafrunde* beim Biathlon an: Verfehlt der Kompensationsentwurf sein Ziel, was jedoch erst im sozialen Verhandlungsprozess von angebotenem Autonomie- und Gemeinschaftsverständnis deutlich wird, müssen eine oder mehrere weitere Runden gezogen werden – bis ein Treffer sitzt: ein Entwurfsangebot mit den persönlichen und gesellschaftlichen Vorstellungen bzw. dem Verhandlungsergebnis übereinstimmt. In diesen „Verhandlungsrunden" kommt es jedoch durch die sozialen Rückmeldungen zu neuen Erkenntnissen des Selbst und somit auch zu Anpassungen der Identitätsentwürfe, sodass das hier verwendete Bild einer „Strafe" vielmehr der Ausdifferenzierung der Selbsterkenntnis und -entwicklung dient. Ein „Schnellschuss" scheint, um im Bild zu bleiben, unangebracht, ein genaueres „Hinsehen" vorteilhaft.

Rückschritt auf die Fiktionsebene der Ohnmacht eröffnet nun die Freiheit der Neuausrichtung, die entsprechend als positive Aspekte dieser Fiktionsebene im Vergleich zur Sackgasse der Ersatzmacht fokussiert wird, ehe wieder die personalen wie sozialen Ohnmachtserlebnisse eine Kompensation verlangen. Das Modell B7 auf der folgenden Seite veranschaulicht die beschriebenen Zusammenhänge.

Es wird deutlich, dass die Entwicklungsaufgabe lebenslang bestehen bleibt, so wie dies ja auch das oben erläuterte Menschenbild propagierte. Auch die vermeintlich sichere Sphäre der Handlungsfreiheit des profilierten Individuums kann nicht als Hort immerwährender Macht dienen. Auch das sichernde Verhältnis von Autonomie und Gemeinschaft muss unter den Einflüssen der Veränderungen von Wollen, Wissen und Können immer wieder neu verhandelt werden. So können bspw. kritische Lebensereignisse das Vertrauen in die Gemeinschaft wie in die eigene Autonomie zerrütten. Es kann aber auch zu langsamen Interessen- und Motivationsverschiebungen kommen, die ebenfalls wieder Ohnmachts- und Minderwertigkeitsgefühle heraufbeschwören und eine Änderung bzw. Anpassung des individuellen Profils verlangen.[84]

Das Ohnmachtsgefühl gilt als auslösender Entwicklungsfaktor, als Motor des Kompensationsprozesses. Dabei sei allerdings nochmals auf das umfassende Verständnis der Ohnmacht verwiesen, wie sie in der Auseinandersetzung mit dem Einwand HEISTERKAMPs (1991) skizziert wurde (vgl. B III.1.1). Ein Minderwertigkeitsgefühl kann sich prinzipiell aus jeder im menschlichen Erlebensspektrum als relevant zu erachtenden Ohnmächtigkeit entwickeln. Dabei können u. a. anatomische, motorische, sensorische, physiologische wie auch intellektuelle, soziale, finanzielle oder ästhetische Kriterien eine Rolle spielen. Die Kompensationsfähigkeit, die Fähigkeit zur Überwindung in Schöpferischer Kraft, erlaubt dem Menschen jedoch, seine Entwicklung aktiv zu gestalten.

6. *Möglichkeiten externer Beeinflussung:* Die Möglichkeiten externer Beeinflussung, die Anknüpfungspunkte therapeutischer Interventionen werden im anschließend folgenden Anwendungsfeld der psychomotorischen Praxeologie (vgl. C II, C III) ausführlich dargestellt. Sie liegen, pointiert zusammengefasst, in

---

[84] Unzulänglichkeiten und Abhängigkeiten innerhalb des aktuellen Profils werden aufgrund des stabil-begründeten SWG – das auf sozial verhandelten und somit auch akzeptierten Autonomie- und Gemeinschaftserwartungen basiert – nicht als Ohnmachtserlebnis interpretiert. Müssen aber diese Autonomie- und Gemeinschaftserwartungen hinsichtlich kritischer Lebensereignisse oder allmählicher Interessenverschiebungen neu verhandelt werden, muss also ein alternatives Profil gewonnen werden, so können Unzulänglichkeiten und Abhängigkeiten auch wieder Ohnmächtigkeit vermitteln (vgl. dazu auch die Anmerkungen unter der Fußnote 79).

2 Konzeptanalyse

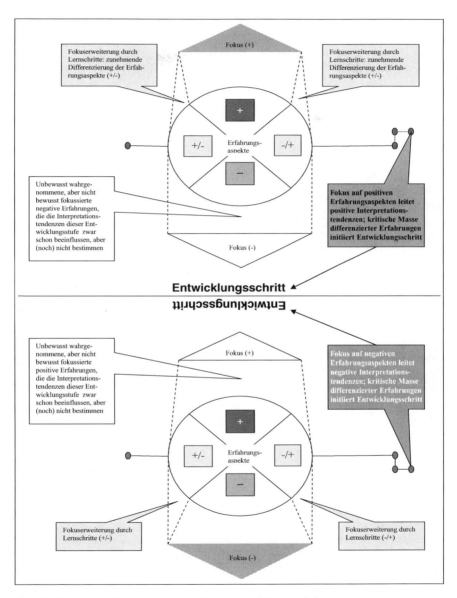

Modell B7: Quantitative Lern- und qualitative Entwicklungsschritte

der Verdeutlichung der aktuellen Ressourcen und Grenzen der jeweiligen Fiktionsebene, im Vertrauensaufbau durch positive autonome wie gemeinschaftliche Erfahrungen und in der Unterstützung und Wertschätzung individueller Profilentwicklung, die unumgänglich Unzulänglichkeiten in einer differenzierten und allgegenwärtige Abhängigkeiten in einer komplexen Welt zu tolerieren helfen.

7. *Bewährung:* Ob sich das vorgestellte Entwicklungsmodell bewährt, bleibt dem Fachdiskurs überlassen. Gerne bestätige ich, dass es meine Praxis bereichert hat, in die das Abschlusskapitel (vgl. D) einen Einblick eröffnet.

Wie oben angekündigt soll ein Rückblick auf allgemeine Anforderungen an ein Theoriegebäude (A) dieses Kapitel beschließen. Aufgrund der Ankündigung, auf etwaige Wiederholungen möglichst zu verzichten, nehme ich nur noch zu ausgewählten Punkten kurz Stellung.

Einfachheit/Generalisierbarkeit: Eine Theorie sollte sich auf Wesentliches beschränken, eine Übersicht ermöglichen und dabei mit sparsamen Grundannahmen umfassende Verallgemeinerungen erlauben.

Die sparsame Grundannahme bezieht sich auf ADLERs psychologisches Grundgesetz, nach dem Ohnmachtserlebnisse individuelle Kompensationsbestrebungen auslösen. Deren Abläufe verlangen m. E. jedoch eine differenzierte Darstellung, die ich dennoch unter Einbezug der Prioritätstypisierungen schlank zu halten versucht habe. Gleichwohl mag das Modell – zumindest auf den ersten Blick – einen unübersichtlichen und komplizierten Anschein vermitteln. Entsprechend offen bin ich einem etwaigen Konkurrenzmodell gegenüber, das die Zusammenhänge zugänglicher präsentiert – ohne an Erklärungskraft zu verlieren. Die Dynamik des menschlichen Lebens und die Komplexität seines Beziehungsgefüges fordern auch in einem Modell ihren Tribut, lassen sich aber in dem beschriebenen Grundmuster von Ohnmacht – Überwindung – Macht auffangen.

Heuristische Funktion: Das Modell verdeutlicht m. E., warum bspw. einengende, einseitige und offensichtlich ungenügende Handlungs- oder Lösungsmuster konsequent beibehalten und nicht zügig aufgegeben werden. Die negative Überkompensation ist Ausdruck einer persönlichen Leistung, das Individuum hat sich darin als wirkmächtig erfahren, hat in ähnlichen Situationen Sicherheit und Handlungsmacht gespürt und konnte mit ihr bedrohende Ängste abwehren. Das Einlassen auf alternative Bewältigungsoptionen verlangt vorab ein erneutes Eingeständnis eigener Ohnmacht, die erst dann toleriert wird, wenn deren positive Begleitumstände der potenziellen Kompensationsfreiheit die Sicherheitseinbußen im Ersatzmachtstatus überwiegen.

Zudem zeigt es auf, wie ein immer Mehr *des selben* (vgl. ANTOCH 1995a, S. 222 bzw. B III.3.2.1) tatsächlich nicht mehr Sicherheit gewährt, sondern in der Vernachlässigung *des anderen* genau jene angstbesetzte Konsequenz befördert, die in dem verzweifelt gesammelten Mehr an quantitativer Sicherheit abgewehrt werden sollte. Die negative Überkompensation verlässt sich in ihrer übersteigerten Priorität auf entweder personale oder soziale Machtstrukturen – auf personale, weil sie soziale, auf soziale, weil sie personale Bedrohungen aus ihren erfahrenen Ohnmächtigkeiten fürchten. In der Konzentration auf diese einseitige Sicherheitsoption bleiben nun aber die jeweils anderen Aspekte, soziale oder personale, unberücksichtigt, was zuletzt das Eintreten genau jener ursprünglich befürchteten Konstellation unumgänglich macht: Ein Mehr an Kontrolle führt so bspw. tatsächlich zum Ausgeliefertsein. Zur Überwindung muss sich das Individuum dieser Angst stellen, um neue potenzielle Kompensationsoptionen zu gewinnen.

Interne Konsistenz: Im Bewusstsein der Voreingenommenheit eines Autors, der sein eigenes Konzeptmodell zu befragen hat, sind mir keine widersprüchlichen Aussagen innerhalb der beschriebenen Theorie gegenwärtig.

Ich hoffe, jene Übereinstimmungen der theoretischen Grundlegungen, die nunmehr abgeschlossen sind, auch in den Ableitungen für die Praxis einhalten und verdeutlichen zu können.

C

Praxeologie

I Ziele

Die Praxeologie versucht nun, den Transfer all der bisher beleuchteten Aspekte auf die psychomotorische Praxis darzustellen. Sie erläutert vorab deren Ziele sowie Gründe für eine Selbst-Behinderung, um sich danach der spezifischen Förderdiagnostik und den resultierenden Interventionsmöglichkeiten zu widmen.

Um sich den Zielen dieser Praxeologie zu nähern, ist ein Rückblick auf das in Kapitel B vorgestellte Entwicklungsmodell notwendig (vgl. B IV.1). Dort wurden infolge einer negativen Überkompensation sowohl aufseiten der aktiven als auch aufseiten der passiven Prioritäten Sackgassen im Bereich der Machtsphäre deutlich. Tyrannei/ Egozentrismus wie auch die masochistischen Bindungen unterstützten zwar ein gewachsenes, selbstbestimmtes bzw. -gewähltes Sicherheitsgefühl, führten jedoch in Isolation bzw. Unselbstständigkeit. Durch den Mangel an autonomen bzw. gemeinschaftlichen Ressourcen musste die Sicherung und Erhöhung des Selbstwertgefühls instabil bleiben (vgl. B III.3.2.4), die Handlungsfreiheit war entsprechend eingeschränkt.

Weiterhin wurde deutlich, dass sich die befürchteten Bedrohungen, die durch die gewählten *Prioritäten* (vgl. B III.2) abzuwehren beabsichtigt waren, in der Übersteigerung manifestierten. Eine Akzeptanz und Konfrontation mit den Herausforderungen schien daher unvermeidlich, um die sozialen wie persönlichen Ängste zu überwinden.

Es muss also das Anliegen der psychomotorischen Praxis sein, einen gangbaren Weg aus der beschriebenen Sackgasse zu finden und die Sphäre der gewachsenen Sicherheit auf stabiler Ebene zu erreichen, um das Selbstwertgefühl nachhaltig positiv zu verändern.

1 Selbst-Freigabe:
Überwindung der selbst gewählten Entwicklungshemmung

Das rigide Festhalten an inadäquaten Verhaltensschemata ist in der psychomotorischen Praxis ein alltägliches Phänomen und wird in ihren Beratungsangeboten wiederkehrend thematisiert. Trotz offensichtlich nur bedingter Erfolgserfahrungen der gewählten Problemlösungsstrategien werden diese beibehalten und führen so zu anhaltenden Konflikten mit der sozialen Umwelt, wie aber auch mit sich selbst.

Das bisher Vorgestellte bietet einen Erklärungsansatz: Die aktuellen Ressourcen, die eigenen Kompetenzen und das Gefühl der Geborgenheit reichen nicht aus, um sich mit der anstehenden Herausforderung auseinanderzusetzen. Das eigene Ohnmachts- und Minderwertigkeitsgefühl ist vielmehr so groß, dass bereits die mit dieser Anforderung in Verbindung gebrachten Ängste in den Vordergrund drängen, die es nun unbedingt abzuwehren gilt. In Anlehnung an ADLERs „neurotische Sicherungstendenz" und FREUDs „Todestrieb" konstatiert ANTOCH (1978, S. 215) in diesem Zusammenhang:

> „Statt aktiv und unter gewissen Risiken nach Lust und Glück zu streben, drängt ‚die Aufgabe der Leidvermeidung die Lustgewinnung in den Hintergrund'."

Damit richtet sich die Aufmerksamkeit und Konzentration auf die Kompensation antizipatorisch vorweggenommener Begleiterscheinungen und fatalerweise nicht mehr auf die konkrete motorisch-koordinative Bewältigung der Herausforderung. Deren Scheitern bestätigt dann nur das zuvor erwartete Ergebnis.

Vor diesem Erfahrungshintergrund ist ein instabiles Selbstwertgefühl nachvollziehbar, basiert der Ausgangspunkt für die Konfrontation mit (neuen) Herausforderungen doch auf nur vermeintlichen Sicherheiten, die sich immer wieder brüchig zeigen. Die sozialen wie personalen Ängste übersteigern die Prioritäten in dogmatische Fixierungen, sodass keine Handlungsalternative bleibt. Die Angst vor Überforderung und Ablehnung erzwingt die Geborgenheitssuche in masochistischen Bindungen, die den Preis fehlender persönlicher Entwicklungsfreiheit wert scheinen, wenngleich diese Konsequenz zunächst wohl auch negiert wird. Tatsächlich bleibt aber kaum eine Wahl, den begrenzenden Bedingungen zu entfliehen. Da die eigenen Kompetenzen sich nicht bis zu einem gewissen Autonomieniveau, ab dem eigene Entscheidungen möglich werden, entwickelt haben, fehlt die Grundlage zur Rückkehr zu eigenen Entscheidungen (wenn ich selbst keinen Musikgeschmack entwickelt habe, bin ich von der Auswahl meiner Bezugsgruppe abhängig).

Nämliches Phänomen zeigt sich auch aufseiten übersteigerter Kontroll- und Überlegenheitsprioritäten. Hier jedoch führen die eigenen Machtansprüche über die Gruppe dazu, dass von dieser keine Hilfe mehr zu erwarten ist: zum einen aus der Innerperspektive, da der Eigenanspruch eine solche Möglichkeit kaum mehr zulässt, zum anderen aber auch aus der Gruppenperspektive, die den permanent Bestimmenden allmählich ablehnt und so isoliert.

Beide nochmals kurz skizzierten Wege offenbaren das Dilemma: Aus einer Unsicherheit (Ohnmachts-, Minderwertigkeitsgefühl) resultiert ein nur instabiles Sicherheitsgefühl, das lediglich bedingte Handlungs- und entsprechend ebensolche Entwicklungsfreiheit bietet. Ein direkter Zugang zum stabilen Sicherheits- und Selbstwertgefühl besteht aufgrund fehlender Ressourcen, die ja das Unsicherheitsgefühl ursächlich ausgelöst haben, nicht. Ein Schritt zurück ist unumgänglich. Dieser mag initial schmerzhaft sein, denn er verlangt die Aufgabe des bisher Erarbeiteten, das immerhin eine subjektive Verbesserung des vormaligen Erlebenszustands garantierte. Nun gilt es, diese Sicherheit aufzugeben und sich erneut mit eigenen

Unzulänglichkeiten und Abhängigkeiten auseinanderzusetzen. Nur deren Akzeptanz kann eine nachhaltige Kompensation initiieren. Dabei ist es notwendig, die zwischen Ohnmacht und Anspruch entstehenden Spannungen auszuhalten. Diese Spannung ist es, die das eigene Profil schärft. Personale wie soziale Ressourcen sollen erhöht werden. Jedoch zielt diese angestrebte Erhöhung nicht auf eine allgemeine Angleichung an homogene Richtwerte, sondern auf ein Maß an begründeter Entscheidungsfähigkeit. Nicht die antizipierten Ängste hinter der konkreten Tätigkeit, sondern die dieser Tätigkeit selbst zugeschriebene Bedeutung sollte konzeptionell den Ausschlag für oder gegen die Aktivität geben.

Ein Beispiel zur Veranschaulichung: Ein Kind kann das Fußballspielen verweigern, weil es sich aufgrund eingeschränkter Kompetenzen überfordert und abgelehnt fühlt. Es folgt einer Vermeidungsstrategie. Oder es kann mitspielen, weil es sich als dem Wunsch der Bezugsgruppe ausgeliefert betrachtet, seine eigenen Wünsche als bedeutungslos erlebt. Hier beugt sich das Kind dem Gruppendruck. In beiden Fällen wird die Entscheidung von der dominierenden Befürchtung ausgelöst, denn womöglich würde das Kind trotz eigener Unzulänglichkeiten gerne mitspielen bzw. es würde trotz seiner Abhängigkeit von der Bezugsgruppe dieser unterstellten Pflicht nur zu gerne entgehen.

Wünschenswert wären m. E. die Konstellationen, in denen zum einen das ungeschicktere Kind freudig am Fußballspiel teilnehmen kann, da ihm die Gemeinsamkeit mit der Gruppe gerade bedeutsamer erscheint als die eigene Fertigkeit, und zum anderen das gesellige Kind eben diese Teilnahme verweigern kann, da ihm die Selbstständigkeit im Moment wichtiger ist als die Geborgenheit in der Bezugsgruppe.

Zur Vervollständigung sei jedoch ausdrücklich betont, dass in den beiden zuletzt beschriebenen Fällen durchaus auch die jeweils andere Entscheidung möglich ist: Das ungeschickte Kind kann sich gegen die Teilnahme aussprechen, da ihm die fehlende Kompetenz bedeutsamer als die Gemeinschaft ist. Ebenso kann sich das gesellige Kind für das Mitspielen entscheiden, da es der Selbstständigkeit weniger Bedeutung zumisst.

Zur Entscheidungsfreiheit bedarf es also der Überwindung der Ängste. Dies kann prinzipiell auf zwei Arten geschehen: der Reduktion ihrer Ursachen oder der Relativierung ihrer befürchteten Konsequenzen.

Beide Möglichkeiten müssen verfolgt werden, wobei der Relativierung der Befürchtungen nochmals größere Bedeutung zukommt, da durch sie direkt eine Aktivitätssteigerung initiiert wird, die sich unmittelbar auf der Erfahrungs- und mittelbar auf der Fertigkeitsebene niederschlägt und so die Reduktion der Ursachen positiv unterstützt. Diese wiederum können hinsichtlich der per se limitierten Kompetenzen ohnehin nur bedingt verbessert werden. Nicht eine unrealistische Perfektionierung und allumfassende Kompetenz, sondern das positive Erlebnis der eigenen Potenziale steht im Fokus. Die daraus erwachsene Erkenntnis der eigenen Gestaltungsmöglichkeiten begründet das Autonomieverständnis vollkommen ausreichend. Im Bewusstsein dieser persönlichen Macht sind gleichwertige Beziehungen möglich (vgl. B III.3.1 sowie 3.2.2 bzw. 3.2.3). Ich bringe meine Kompetenzen ein und erhalte im Gegenzug Unterstützung in den Bereichen meiner Unzulänglichkeiten von der Gemeinschaft. Im alltäglichen Leben kann die Arbeitsteilung und Spezialisierung als Beispiel dieser Vereinbarung dienen.

So werden sich die Erfahrungen eigener Unzulänglichkeiten und Abhängigkeiten selbstverständlich nicht auflösen. Sie sollen jedoch ihren ängstigenden und entscheidungs- wie entwicklungshemmenden Schrecken verlieren, da ihre Auswirkungen aufgrund eigener Stärken, die sektorielle Autonomie erlauben, und eines eigenen Netzwerks, das stützende Gemeinschaft bietet, zu meistern sind. Auf dieser Basis kann die Sicherung und Erhöhung des Selbstwertgefühls stabil gelingen.

Ohne dem noch folgenden Kapitel bezüglich der Interventionsmöglichkeiten (C III) zu weit vorzugreifen, dürfen hier doch bereits einige kurze Hinweise zu der oben aufgeworfenen Problematik folgen, wie die beschriebene Befreiung aus dem Dilemma des Festhaltens an nur bedingt geeigneten Lösungsstrategien angeregt werden kann.

Deutlich wurden bereits verschiedene heikle Phasen, die im geschilderten angestrebten Veränderungsprozess durchlaufen werden müssen. Dabei versucht der begleitende Psychomotoriker Erfahrungen zu initiieren, die die sensiblen Übergänge ermöglichen und stützen sollen.

Die vier benannten Phänomene (vgl. Tabelle C1) und ihre dialogische Antwort von der Akzeptanz über die Konfrontation und die Toleranz zur De- und Neukonstruktion sind jedoch nicht als strenge Stufenfolge zu verstehen, sondern als ein gemeinsames, sich gegenseitig bedingendes, wiederkehrendes Zurück- und Vorwärtsschreiten. Dabei dient die uneingeschränkte und vorbehaltlose Akzeptanz der Vertrauensbildung und Beziehungspflege, sie ist die Voraussetzung für den gemein-

Tabelle C1: Dialogische Begleitung im Therapieprozess

Phase	Phänomen im Prozess	Übergangsbegleitung
1.a	Fehlende Handlungsalternativen in wiederkehrenden Konflikten mit sich oder seiner sozialen Umwelt	Akzeptanz
1.b		Konfrontation
2.a	Aufgabe der erprobten und Sicherheit suggerierenden Handlungsstrategie	
2.b	Erkenntnis der eigenen Unzulänglichkeiten und Abhängigkeiten	Toleranz initiieren
3.	Positive (Um-)Interpretation der eigenen Potenziale, Erfahrung eigener Gestaltungsmöglichkeiten sammeln	De- und Neukonstruktionen unterstützen
4.	Eigenes Maß zwischen Autonomie und Gemeinschaft finden	

samen Entwicklungsprozess. Die Konfrontation zielt auf Erkenntnisgewinn und soll eine Veränderungsbereitschaft unterstützen, in der die Toleranzkapazität (des Kindes) einen besonderen Stellenwert einnimmt, den die Psychomotorik mit entsprechenden Angeboten zu stärken versucht. Hier müssen Befürchtungen relativiert, Probehandlungen angeregt und eigene Potenziale (wieder-)entdeckt werden. Die De- und Neukonstruktion setzt auf den Transfer dieser (neu) gewonnenen Erfahrungen. Negative Überzeugungen sollen minimiert, positive gestärkt werden.

Auch für BRUDER-BEZZEL (2004b, S. 75, Hervorhebungen K. B.), mit der wir hier nochmals deutliche Gemeinsamkeiten in der Methodik der Erkenntnisgewinnung zwischen Individualpsychologie und Motologie (vgl. B I.2) in Erinnerung rufen, ist die Therapie ein „dialogischer Prozess", der vom Therapeuten „eine *‚künstlerische Versenkung'*, ein Nachspüren" erfordert, „um die ‚psychische Realität', vor allem die unbewusste Ebene, die *nicht gesagten Bedeutungen*, die Nebentöne erfassen zu können – also was ‚Empathie' (Kohut) oder *‚Mit-bewegung'* (sic!) heisst, um zu einem *‚basalen Verstehen'* (Heisterkamp 2002) zu kommen."

2 Ausschöpfung/Optimierung des persönlichen Handlungsspielraums zwischen Autonomie und Gemeinschaft

Die angestrebte Befreiung aus der Handlungssackgasse, die Auflösung des Dilemmas der selbst gewählten Hemmung führt im erhofften skizzierten Verlauf zur stabilen Sicherung bzw. Erhöhung des Selbstwertgefühls. Dies kann dann gelingen, wenn, wie oben beschrieben, ein eigenes, ein selbstverträgliches Maß zwischen autonomen und gemeinschaftlichen Sicherheitsaspekten gefunden wird. Die Kombinationsmöglichkeiten sind variabel: Ein hohes Niveau eigener Fähig- und Fertigkeiten erlaubt ein kleineres soziales Netz, der Zugang zu einem eng geknüpften Beziehungsgeflecht verträgt geringere Eigenkompetenzen. Unabdingbar bleibt, dass Ressourcen beider Komponenten verfügbar sind. Ein vollständiges Ersetzen der einen durch die andere ist aus den nun bereits mehrfach erläuterten Gründen nicht möglich.

Der Anspruch, beide Aspekte, Autonomie und Gemeinschaft, zu stärken, eröffnet ein Spannungsfeld. Eigene Bedürfnisse und Wünsche, äußere Erwartungen und Verpflichtungen, Explorationsbestrebungen und Anpassungsdruck prallen aufeinander. Integration und Abgrenzung lauten die zu vereinenden Aufgaben. Um beiden Aspekten gerecht zu werden, scheint die Fähigkeit zur Flexibilität hilfreich, müssen doch je unterschiedliche Positionen eingenommen werden. Flexibilität ist jedoch nicht in beliebigem Ausmaß sinnvoll (vgl. A IV.3.2). Wird sie überbeansprucht, gefährdet sie die Stabilität des Systems.

Das nachfolgende Modell soll diese Überlegungen nochmals veranschaulichen und mit dem vorgestellten Entwicklungsmodell (vgl. B IV.1) in Verbindung bringen.

Autonomie (A) und Gemeinschaft (G) bilden zwei Pole, die sich gegenseitig regulieren. Zwischen ihren Interessen und Ressourcen wirken Zugkräfte, die ihrerseits ein Spannungsfeld eröffnen. Dieses Spannungsfeld repräsentiert das verträgliche Flexibilitätsmaß. Die Flexibilität ist demnach durch die Regulatoren A und G bedingt.

Zudem wirkt äußerer Druck auf das System, dem es jedoch dank der inneren Zug- und Spannkraft flexibel standhalten kann (1.). Die Folge sind temporäre Verschiebungen im Verhältnis der beanspruchten Ressourcen oder Interessen.

1. Bedingte (Handlungs-)Flexibilität möglich
a.)

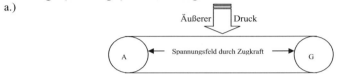

Ausgewogenes Verhältnis zwischen Autonomie (A) und Gemeinschaft (G).

b.)

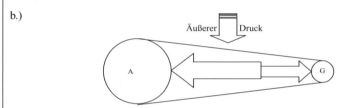

Stärkere autonome Ressourcen und Interessen, bei ausreichender Wertschätzung von Gemeinschaftsaspekten. Kapazität des Flexibilitätsnetzes unverändert.

c.)

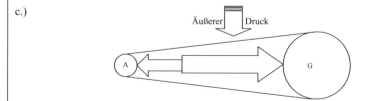

Stärkere gemeinschaftliche Ressourcen und Interessen bei ausreichenden Autonomiereserven. Kapazität des Flexibilitätsnetzes unverändert.

Reichen jedoch unter äußerem Druck die verfügbaren Ressourcen nicht aus bzw. lassen sich die widerstreitenden autonomen wie gemeinschaftlichen Interessen nicht vereinbaren, so werden die wirkenden Kräfte das Flexibilitätsnetz überlasten. Diese Überlastung kann sich in zwei Folgen widerspiegeln: Das Netz überdehnt (2.) oder zerreißt (3.). Damit entfällt der Zugang zu einem Ressourcenanteil und das System ist dem äußeren Druck schutzlos ausgeliefert.

2 Ausschöpfung/Optimierung des persönlichen Handlungsspielraums 247

2. (Handlungs-)Flexibilität unbedingt notwendig

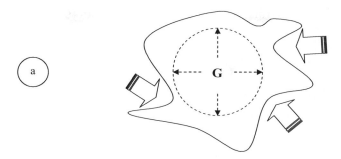

Bildlich gesprochen überdehnt das Netz aufseiten der Gemeinschaft. Durch die sich weitenden Netzporen gehen die ohnehin schon kleineren autonomen Reserven verloren. Ohne diesen Bezugspunkt kann der Status der Gleichwertigkeit in den sozialen Beziehungen nicht mehr aufrechterhalten werden: Die innere Spannung kann dem äußeren Druck nicht mehr widerstehen, die vormaligen Abgrenzungen lösen sich auf, es verbleibt lediglich die Ersatzgemeinschaft masochistischer Bindungen. Hier steigt das Flexibilitätsmaß, da keine fixierten Standpunkte mehr berücksichtigt werden müssen. Allerdings verändert sich ihre Qualität von einer bedingten Möglichkeit in eine unbedingte Notwendigkeit.

3. Fehlende (Handlungs-)Flexibilität

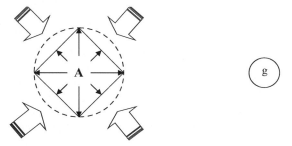

Starke Autonomiebestrebungen haben das Netz zerrissen. Die tragenden Eigenschaften der Gemeinschaft stehen nicht mehr zur Verfügung. Ihre Ansprüche werden nur noch als Druck empfunden, den es kontrollierend oder übertrumpfend abzuwehren gilt. Der innere Gegendruck steigt, Gemeinschaftskompatibilität geht völlig verloren. In diesem strikten Handlungszwang ist keine Flexibilität mehr möglich.

Modell C1: Spannungsverhältnis zwischen Autonomie und Gemeinschaft

Die nachfolgende Tabelle soll das Dargestellte nochmals pointiert gegenüberstellen:

Tabelle C2: Flexibilitäts- und Freiheitsgrade

Parameter	Flexibilitätsgrad		
	Bedingte Flexibilität[85]	Überflexibilität	Fehlende Flexibilität
Beschreibung	A und G im verträglichen Spannungsverhältnis	G übersteigert, A verloren	A übersteigert, G verloren
Flexibilitätsnetz	„hält"	„überdehnt"	„reißt"
Ressourcen	Autonomie und Gemeinschaft	Masochistische Bindungen (Ersatzgemeinschaft)	Eigene Kompetenzen (Ersatzautonomie)
Limitierende Faktoren	Ressourcen	Gruppendruck (muss anderen folgen)	Beweislast (muss sich beweisen)
Kompensation	frei	Passivität: Bequemlichkeit/ Gefallenwollen	Aktivität: Kontrolle/ Überlegenheit
Qualität: Flexibilität als	Möglichkeit	Notwendigkeit	Defizit
Profil	ausgeprägt	diffus	inkompatibel
Freiheitsgrad	hoch – identisch mit Flexibilitätsgrad	gering	gering

Es wird deutlich, dass Flexibilität nur dann tatsächliche Freiheit bedeutet, wenn sie autonome und gemeinschaftliche Bestrebungen berücksichtigt. In diesem Fall können Flexibilität und Freiheit sogar als identisch betrachtet oder synonym verstanden werden. In deren Kraftfeld entstehen Sicherheit und Stärke, die Handlungsmacht verleihen. Damit sind die Voraussetzungen geschaffen, ein eigenes Profil zu entwickeln, in dem Entscheidungen nach eigenen Bedeutungskriterien (vgl. GERHARDT 1999, 2000) getroffen werden können. In dieser Sphäre personaler wie sozialer Macht, die äußeren Begehrlichkeiten standhält, können sich die eigenen Identitäten entfalten.

Identität zielt auf Unverwechselbarkeit, auf Wiedererkennbarkeit, auf Einzigartigkeit. Im Prozess der kreativen Gestaltung und Problemlösung wird auf die individuelle Kombination von Ressourcen und Bedeutungszuschreibungen zurückge-

---

[85] Jene durch die Ressourcen des Selbst bedingte Flexibilität haben wir oben unter den originären Bezugspunkten (vgl. A IV.3.2) bereits als *gebundene* Flexibilität gekennzeichnet.

griffen. Ihre Entwicklung spiegelt den Identitätsprozess wider. Der selbstbewusste Rückgriff auf Vorhandenes impliziert den Verzicht auf Nicht-Vorhandenes. Entsprechend werden Defizite nicht bedauert, sondern entspannt toleriert. Die Gewissheit, bei Bedarf auf Kapazitäten der Gruppe, der Gemeinschaft, zählen zu können, entlastet und befreit.

Das Bewusstsein, nicht alles selbst können zu müssen und dennoch über ein Großmaß an Gestaltungsfähigkeit zu verfügen, ist die Voraussetzung für begründete Individualität, die ihre Stärken und Schwächen einschätzen kann. Psychomotorische Praxis zielt auf diesen Individualitätsstatus: Sie berücksichtigt und pflegt eigene Potenziale und relativiert vorhandene Befürchtungen. Damit behält sie „Mindeststandards" (Auseinandersetzung mit Herausforderungen im Rahmen der vorhandenen Möglichkeiten) im Auge und stützt die Profilentwicklung. So wird Heterogenität nicht nur akzeptiert und anerkannt, sondern als Reservoir größtmöglicher Variabilität von Fähig- und Fertigkeiten wie Gestaltungs- und Problemlösungsoptionen verstanden, deren Zugänglichkeit und Verfügbarkeit sowohl dem Individuum als auch der Gemeinschaft unmittelbar zugutekommen.

Eine vermeintliche Homogenität entpuppt sich aus diesem Blickwinkel als Ent-Individualisierung. Eine Förderung aller auf alles, also die Ausrichtung auf fixierte Normen und Richtwerte, negiert die individuellen Unterschiede und manifestiert eine Defizitorientierung, da der Fokus stets auf die noch ausstehende Erfüllung umschriebener Erwartungen gerichtet ist. Damit wird ein potenzielles Ohnmachts- oder Minderwertigkeitsgefühl befördert. Eine wiederkehrende Unterstellung, den Anforderungen nicht zu genügen, erhöht die Gefahr einer verzweifelten Überkompensation (vgl. B III.1.3) mit den beschriebenen Begleiterscheinungen: Festklammern an fragilen Sicherheitsstrategien, eingeschränkte Entwicklungsmöglichkeiten sowie Selbstverlust und/oder Identitätsdiffusität.

Homogenität gründet auf der Annahme messbarer Objektivität. Diese vereinfacht die Wirklichkeit, was als Ausgangspunkt einer ersten Orientierung nützlich sein kann, als Zielausrichtung jedoch vollkommen ungenügend bleibt. Sie ist wichtig, aber nicht *wesen*tlich: sie beschreibt Parameter, ohne das Entscheidende zu erhellen. Realität wird konstruiert. Subjektive Sinn- und Bedeutungszuschreibungen entziehen sich einer Allgemeingültigkeit. Diese selbst konstruierten *Fiktionen* (vgl. B II.2.3.2) bestimmen die individuellen Entscheidungen und Handlungen.

Persönliche und soziale Macht bezieht sich zum einen auf konkrete Ressourcen, jedoch zum anderen eben auch auf einen großen fiktiven Anteil. Der Glaube, dass andere mir helfen können, gestattet mir, diese darum zu bitten. Er erlaubt Offenheit und Kommunikationsfreude, da ich davon ausgehe, dass ich von meinem Gegenüber lernen und profitieren kann, dass er mir Wichtiges, Interessantes mitzuteilen hat. In diesem Sinne wird Fremdes wertgeschätzt und nicht als potenzielle Bedrohung erfahren. Die Überzeugung, selbst über vielfältige Lösungsstrategien zu verfügen, lässt mich optimistisch an Herausforderungen herangehen und verleiht Ausdauer, wenn sich nicht sofort Erfolg einstellt.

Die Fiktionen sind also von besonderer Bedeutung für das Verständnis des Individuums. Sie sind jedoch nicht direkt zugänglich, sondern können sich dem begleitenden Beobachter phänomenologisch erschließen. Dazu sollen im Folgenden Beobachtungskriterien erörtert werden.

II Psychomotorische Prioritäten- und Teleoanalyse (im Sinne einer Förderdiagnostik)

„Bewegung wird gestaltete Bewegung: Form. – So ist Menschenkenntnis aus Form möglich, wenn wir die gestaltete Bewegung in ihr erkennen" (ADLER 1973, S. 67).

Die Prioritäten- und die Teleoanalyse unterscheiden sich hinsichtlich ihres Differenzierungsniveaus. Während eine Typisierung, wie sie bei den Prioritäten bereits angeklungen ist, immer in einem allgemeineren Status verharren muss, der zwar durchaus spezifisch, nicht aber individuumsbezogen sein kann, versucht die Teleoanalyse, sich dem expliziten Einzelfall zu nähern. Erstere betrachtet das aktuelle Erscheinungsbild, die sichtbare Präsentation, letztere untersucht die vermeintlich ursächlichen Gründe und Ziele. Dabei kann ähnliches, d. h. in den Prioritäten zu kategorisierendes Verhalten individuell abweichend begründet sein.

„Wir werden die Symptomwahl nur verstehen, wenn wir sie als Kunstwerk betrachten, (…) als einen Teil des Ganzen empfinden. (…) Es steckt noch etwas Persönliches, Einmaliges darin. (…) Je schärfer man solch ein Symptom ins Auge fasst, und je mehr man von dem Aufbau seelischer Struktur versteht, umso mehr wird man begreifen, dass es *Symptome, die das Gleiche bedeuten, nicht gibt*. Aber man darf jedenfalls sagen: ein Symptom ist mit dem Streben eines Menschen, ein gewähltes Ziel zu erreichen, verbunden" (ADLER 1936, S. 174, Hervorhebung K. B.).

Die Psychomotorische Prioritäten- wie auch die Teleoanalyse fokussieren das jeweilige Bewegungsgesetz des Individuums, das auf erster Ebene aus vielfältigen Bewegungsbeobachtungen abstrahiert und auf zweiter Ebene in Wesensdeutungen konkretisiert wird. Dabei beabsichtigt jene Abstraktion genau die *gestaltete Bewegung als allgemeine Form* (vgl. Eingangszitat ADLERs zu diesem Kapitel) zu beschreiben, die in sämtlichen Subdimensionen des individuellen Verhaltens zutage tritt. Damit ähnelt sie in ihrer Zielsetzung der phänomenologischen Methode der *eidetischen Reduktion* oder auch *Variation* bzw. der *Wesensschau*, die in systematischen Untersuchungen und Reflexionen zufällige von wesentlichen Eigenschaften (eines Gegenstands) unterscheidet (vgl. FELLMANN 2006, WUCHTERL 1999). Doch während dort möglichst alles Wissen, das aus vermeintlich ungesicherten Urteilen hervorgeht (z. B. angelerntes, traditionelles oder beziehungsspezifisches Wissen), ausgeblendet *(eingeklammert)* wird und so das phänomenologische Wesentliche als Essenz *(Evidenz)* fortgeschrittener Reduktion bezeichnet werden kann, zielt die Wesens*deutung* unserer anschließenden Psychomotorischen Teleoanalyse in die Gegenrichtung. Ihr geht es nicht mehr um die Verallgemeinerung des Verhaltens bis zu jenen typspezifischen Essenzen, die das Individuelle ausklammern, sondern um die Konkretisierung vielfältiger Informationen im nämlichen Einzelfall. Auf dieser Suche nach subjektiven Bedeutungs- und Zielfiktionen gilt es auch, (begründete) Hypothesen aufzustellen, um den allgemeinen Erscheinungsformen des Bewegungsgesetzes spezifische Bedeutungszuschreibungen abgewinnen zu können, die dessen Zielausrichtung *wesentlich* bestimmen.

Die phänomenologische Wesens*schau* ist also eine Abstraktion: Das Wesentliche bezieht sich hier auf das *Typische der Gattung* (in unserem Fall bspw. die Prioritätsausprägung des Gefallenwollens). Die psychomotorische teleologische Wesens*deutung* bezweckt hingegen eine Konkretisierung des Individuums, in der das Wesentliche als spezifisch *individuumsbezogene Besonderheiten* aufgefasst wird, die wiederum in ihrer gemeinsamen Zielausrichtung verstanden werden sollen.

1 Erste Ebene: Prioritätenanalyse – als Abstraktion des individuellen Bewegungsgesetzes: das Allgemeine im Konkreten

In der Prioritätenanalyse soll anhand des individuellen Bewegungsgesetzes (vgl. B I.2.4), dass sich gemäß unseren Überlegungen in den Prioritäten widerspiegelt (vgl. B II.2), versucht werden, bevorzugte Verhaltensweisen, Lösungs- und/oder Kompensationsstrategien im Sinne einer der vier geschilderten Prioritäten zusammenzufassen, die dann sowohl als Ausgangspunkt für die Intervention als auch für die weiterführende Teleoanalyse dienen kann.

ROGNER (1983) macht deutlich, dass sich eine indirekte, über Fragebögen vermittelte und abgeleitete Prioritätenerhebung, wie sie in der Prioritätenskala von SCHOENAKER (1974, bis 1978 mehrfach überarbeitet, seit 1978 unverändert, vgl. SCHOTTKY/ SCHOENAKER 2008, S. 28) vorgestellt wurde, als höchst problematisch entpuppt. In seinen Untersuchungen genügen Reliabilität und Validität der gewählten Items den erwarteten Anforderungen nicht. So scheint eine direkte phänomenologische Betrachtung der individuellen Handlungsgestaltung, der Aktivitätsausrichtung, der Bewegungs- und Problemlösungsstrategien Erfolg versprechender (– ohne jedoch die Gefahr zu großer Interpretationsspielräume zu verschweigen).

In diesem Sinne bemerkt ADLER (1974, S. 63):

> „Recht wertvoll erweist sich mir auch der Kunstgriff, mich wie bei einer Pantomime zu verhalten, auf die Worte des Patienten eine Weile nicht zu achten und aus seiner Haltung und aus seinen Bewegungen innerhalb seiner Situation seine tiefere Absicht herauszulesen."

Entsprechend wollen wir das Individuum in vielfältigen selbst gewählten wie angebotenen Bewegungssituationen beobachten, um herauszufinden, ob sich bei ihm wiederkehrende, von der Situation unabhängige Bewältigungsschemata abstrahieren lassen.

1.1 Betrachtungsfelder in der Praxis
(von der Bewegungsaufgabe bis zum Umgang mit Fremdimpulsen)

Die psychomotorische Praxis zeichnet sich durch vielfältige Handlungsoptionen aus. Ihre unterschiedlichen Wurzeln und Strömungen befördern abwechslungsreiche Inhalte, ihre Prämisse der Körper- und Bewegungsarbeit vermag das potenzielle Angebot nicht einzudämmen, da wir letztendlich in all unserem Tun auf den eigenen Körper und dessen Bewegungspotenzial angewiesen sind.

Als zusammenfassende Kategorien bieten sich m. E. die fünf folgenden an, unter denen sich die Inhalte psychomotorischer Praxis subsumieren lassen sollten:

- das Rollenspiel: Eintauchen in und experimentieren mit verschiedenen Rollen und deren Handlungsmustern; Beispiel: *Cowboy und Indianer*;
- das Wettkampf- oder Regelspiel: definierte Handlungsoptionen und Zielerwartungen, Gewinnen und Verlieren; Beispiel: *Wettlauf, Mensch ärgere dich nicht*;
- die Bewegungsaufgabe: konkrete Anweisung bezüglich einer Bewegungsausführung oder einer Endposition; Beispiel: *„Versuche, wie ein Hase zu hüpfen." / „Versuche, diesen Aussichtspunkt zu erreichen."*;
- das Frei- oder Kreativspiel: freies Ausprobieren und Entwickeln von Handlungsoptionen; Beispiel: *Materialerfahrung mit Rollbrett oder Wackelbank, auch Spielerfindungen*;
- gestalterischer Ausdruck: Beispiel: *Malen, Kneten, Tanzen, Musizieren, (...)*.

Alle genannten Praxisfelder stellen unterschiedliche Anforderungen an die eigenen Selbst-, Sach- und Sozialkompetenzen. In den gewählten Handlungs- und Lösungsstrategien der aktuellen Aktivität spiegeln sich aber unwillkürlich die der Person wesentlichen Prioritäten wider.

Neben dieser Betrachtung der konkreten Auseinandersetzung mit einer erwählten oder erhaltenen Aufgabe und deren Bewältigung können noch weitere Indikatoren Aufschluss über die Prioritäten liefern. Sie treten als unmittelbare Begleiterscheinungen hervor und ergänzen die aufgabenspezifischen Informationen um emotionale und motivationale Aspekte. Hierzu zählen:

- der Umgang mit Fremdimpulsen: *Wie wird auf Forderungen, Hinweise oder Vorschläge reagiert?*;
- die leibliche Resonanz: *Was wird bezüglich der Befindlichkeit des Beobachteten spürbar? Wie verhält er sich? Wie reagiert er in Mimik, Gestik, Körperhaltung und -spannung?*;

– die sprachliche Begleitung: *Wie wird das eigene Tun erläutert oder begründet? Werden Schwierigkeiten wahrgenommen und eingestanden? Kann zwischen Anforderungsniveau und Befindlichkeit differenziert werden? Scheint die sprachliche Begleitung mit der leiblichen Resonanz übereinzustimmen? (...).*

Anhand dieser acht Komponenten soll nun der Versuch einer kurzen Skizzierung der vier Prioritäten erfolgen.

1.1.1 Überlegenheit

Die Überlegenheitspriorität (vgl. B III.2.2.4) strebt nach Aktivität. Denn nur in ihr sieht sie die Gefahr einer vermeintlichen Bedeutungslosigkeit gebannt und die eigene Sonderrolle gewährleistet. Das bedeutet aber, dass das zur Schau gestellte Verhalten durchaus von der inneren Überzeugung abweichen kann und nur aufrechterhalten wird, um einer Bedeutungslosigkeit vorzubeugen.

Im Rollenspiel: kann sich dies im Wunsch und im Anspruch nach Dominanz und Herrschertum ausdrücken. Beliebte Rollen wären hier Löwe, König oder Bauleiter.

Im Wettkampf-/Regelspiel: muss sich das Verständnis der eigenen Überlegenheit im Ziel des Gewinnens widerspiegeln. Niederlagen werden nicht akzeptiert oder als punktuelle Ausrutscher gedeutet, Erfolgserwartung wird propagiert und Revanchen werden gefordert.

In der Bewegungsaufgabe: ist der Vergleich mit anderen relevant, um die eigenen subjektiven Eindrücke zu ergänzen. Wird die Aufgabe mit anderen bewältigt, kann sie bspw. als besonders einfach dargestellt werden, um sich als Könner zu positionieren. Wird sie alleine bewältigt, kann sie auf- oder abgewertet werden, was in beiden Fällen zur Heraushebung der eigenen Leistung dienen mag. Bei Nichtbewältigung muss entweder die Schwierigkeit ins Unerhörte gesteigert werden, um ein Scheitern verständlich zu machen, oder eine Ausweichstrategie herangezogen werden, die dokumentiert, sich der Aufgabe nicht mit vollem Einsatz gewidmet zu haben.

Im Frei-/Kreativspiel: zeigt sich diese Priorität zumeist explorierend und besitzergreifend. Das Angebot entspricht dem Gestaltungswunsch und stützt den Anspruch, die eigene Aktivität frei auszuleben. Dabei wird der durch Ort, Material, Interaktionspartner und Zeit bestehende Handlungsrahmen oft noch zusätzlich gedehnt, Grenzen im Sinne der eigenen Allmachtsfantasien gerne überschritten.

Gestalterischer Ausdruck: Das Dirigieren und Taktangeben kommt den eigenen Vorstellungen sehr entgegen. Eigene Erzeugnisse werden gelobt, Vergleichsobjekte relativiert oder abgewertet.

Umgang mit Fremdimpulsen: Da die eigene Position im Sinne einer Überlegenheit definiert ist, können Fremdimpulse nur weniger bedeutsam sein. Die reaktive Abwertung dient zwei Effekten: zum einen einer Herausstellung der eigenen Kreativität und zum anderen der Abwehr möglicher überfordernder Erweiterungen, die die angestrebte Überlegenheit einschränken könnten.

Leibliche Resonanz: Hier zeigt sich am ehesten eine mögliche Diskrepanz zwischen Anspruch und Überzeugung, die sich in stark polarisierender Emotionalität zwischen Euphorie und Niedergeschlagenheit eröffnet und der die Körperspannung folgt: Anspannung und Kampf während der Herausforderung, Entspannung im Erfolg und mitunter auch im Misserfolg – wohl als Zeichen der Enttäuschung, die jedoch zumindest kurzzeitig auch eine Unterbrechung des Kampfes um die eigene Stellung gewährt. Prioritätenvertreter wirken oft überschäumend, drängend, selbstgefällig und (latent) aggressiv. Diese vorwärtsgerichtete Eindimensionalität scheint eventuelle Zweifel zu ignorieren.

Sprachliche Begleitung: Das Mitteilungsbedürfnis ist stark ausgeprägt. In ausschweifenden Erzählungen vergewissert man sich seiner eigenen Bedeutung und dass man von anderen wahrgenommen wird. Schwierigkeiten werden durchaus eingestanden, jedoch mit spezifischen Interpretationen (siehe Bewegungsaufgabe) versehen.

1.1.2 Kontrolle

Die Kontrollpriorität (vgl. B III.2.2.3) befürchtet ein Ausgeliefertsein bzw. eine (un-erwartete) Erniedrigung. Entsprechend wird sich ihr Verhalten nach diesen polaren Orientierungspunkten ausrichten, um Kontrollverluste zu verhindern. Daher gilt es auch für sie, selbst aktiv zu sein und die Handlungsbedingungen im Rahmen der selbst zugetrauten eigenen Möglichkeiten zu halten.

Im Rollenspiel: bedeutet dies z. B. selbst die Regie zu übernehmen; klare Anweisungen an die Mitspieler verhindern die Gefahr, mit unliebsamen Situationen konfrontiert zu werden. Aber auch Rollen, in denen typischerweise kontrolliert, geregelt oder verteilt wird, können das umschriebene Bedürfnis erfüllen.

Im Wettkampf-/Regelspiel: Hier besteht offenkundig die Gefahr einer Niederlage, die – sollte sie zudem noch deutlich ausfallen – als Erniedrigung interpretiert werden kann. Der Aspekt des Ausgeliefertseins kommt ggf. doppelt zum Tragen: zunächst in der Definition der Spielregeln und dann in der Unbeeinflussbarkeit weiterer Umstände, wie Zufall, Glück oder Spielstärke der Gegner.

So scheint hier die Ergebniskontrolle vorrangig. Das kann entweder durch die Installierung zusätzlicher Regeln in Angriff genommen werden oder auch durch den Rückzug auf klar umrissene Verantwortungsbereiche. So ist bspw. die Torwartposition aufgrund ihrer eingeschränkten Komplexität und ihrer erhöhten Kontrollierbarkeit eines beschränkten Raums attraktiver als die eines Feldspielers.

In der Bewegungsaufgabe: sind entweder die Bewegung selbst oder deren Ziel vorgegeben. Die angestrebte Kontrolle vermag sich so in der vorsichtigen, stetigen

Bewegungsumsetzung oder eben in der Zielerreichung niederzuschlagen. Stehen dabei Misserfolgserwartungen im Weg, so werden eher Flucht- und Vermeidungsstrategien gewählt als die Grenzen der eigenen Kompetenzen auszunutzen, da ein Scheitern bei definierter Aufgabe offensichtlich wäre und einer Niederlage gleichkäme.

Die Zielerreichung wird dann häufig auch mit unproduktiver (also bekannt inadäquater) Scheinaktivität boykottiert. Sie erlaubt die Kontrolle eines Weges, der nach Selbsteinschätzung nicht zum fremderwarteten Ziel führen kann, wohl aber Aktivität und Selbstbestimmung dokumentiert. Damit sind offensichtliches Scheitern anhand fehlender motorisch-koordinativer Kompetenzen verhindert (die aktuell ausstehende Zielerreichung lediglich einer inadäquaten Lösungsidee oder fehlender Zeit geschuldet) und der Fremdbestimmung vorgebeugt.

Im Frei-/Kreativspiel: drückt sich die Kontrollpriorität oftmals dadurch aus, dass das angestrebte Ziel, ein ungezwungenes Erfahrungssammeln, ein Entwickeln und Ausprobieren, ein Öffnen hin zu Neuem, konterkariert wird. Das offene Angebotsfeld wird zumeist durch einen selbst erschaffenen Handlungsrahmen begrenzt, der das eigene Leistungsniveau nicht infrage stellt. Beliebt sind stereotype Bewegungsfolgen, definierte oder vermeintlich allgemeingültige Handlungsverläufe wie z. B. „Arbeiten" („Das macht man so!"). Die dem Angebot innewohnende Gestaltungsfreiheit „muss" präventiv strukturiert und geordnet werden, da die Offenheit auch Optionen erlaubte, die nicht zu kontrollieren wären.

Im gestalterischen Ausdruck: bestimmt die polare Ausrichtung der Priorität den Umgang mit dem Angebot beispielhaft. Sind die motorisch-koordinativen Fertigkeiten hoch genug, so kann sehr exakt und korrekt gearbeitet werden. Ist diese Kontrolle jedoch nicht möglich, gilt es, kompensatorisch eine erwartete Erniedrigung zu vermeiden. Die Ausgestaltung wird dann zumeist vorschnell oder stereotyp vorgenommen, um entweder die unliebsamen Anforderungen möglichst rasch hinter sich zu lassen oder das aktuelle Kontrollniveau zu reproduzieren.

Umgang mit Fremdimpulsen: Fremdimpulse widerstreben der übersteigerten Autonomievorstellung. Sie bergen Gefahren, da sie über den eigenen aktuellen Kontrollbereich hinausweisen. Daraus erwächst ein initialer Abwehrimpuls.

Eine Ausnahme kann die Situation darstellen, in der selbst noch um Kontrolle gerungen wird, in der noch keine selbstverträgliche Lösung gefunden wurde. Übersteigt die Befürchtung (Ausgeliefertsein/Erniedrigung) das Bedürfnis (Kontrolle), so ist Akzeptanz von Fremdimpulsen möglich.

Leibliche Resonanz: Der Anspruch permanenter Kontrolle bedeutet eine extreme Herausforderung. Er erfordert Wachsamkeit und Durchsetzungsvermögen und offenbart sich in erhöhter Körperspannung. Um die eigenen Interessen durchzusetzen, bedarf es einer gewissen Rigidität und Aggressivität. Der nach Kontrolle Strebende wirkt oftmals formal und unflexibel.

Sprachliche Begleitung: Die vornehmliche Aufgabe der Sprache ist hier, die etwaigen Handlungspartner unter Kontrolle zu halten, was bspw. über Reglementierungen und Regieanweisungen geschehen kann.

Fragen können als Fremdimpulse verstanden werden und werden daher oft nur kurz erläutert und Schwierigkeiten kaum zugegeben. Beschäftigungen, die sich offensichtlich als schwierig erwiesen, werden meist pauschal mit Nichtgefallen belegt und diffamiert.

1.1.3 Gefallenwollen

Die Priorität des Gefallenwollens (vgl. B III.2.2.2) dient dem Schutz vor Ablehnung. Ihre starke soziale Ausrichtung befördert reaktives, abwartendes Verhalten. Um die Akzeptanz der anderen nicht zu gefährden, scheint es sinnvoll, deren vermeintliche Erwartungen zu bedienen. Da diese nicht immer im Voraus erschlossen werden können, gilt es, die eigene Aktivität wie Emotionalität zu zügeln.

Im Rollenspiel: werden so häufig „mütterliche", sozial hoch angesehene Rollen übernommen, die sich in den Dienst der anderen stellen. Das Umsorgen (einkaufen, Essen bereiten, trösten, …) steht im Mittelpunkt.

Im Wettkampf-/Regelspiel: besteht das Dilemma, dass die eigene Teilnahme zwar von den anderen gewünscht wird, womöglich aber nicht, um zu gewinnen. Die eigenen Ambitionen werden für einen persönlichen Triumph die Ablehnung der Gruppe nicht in Kauf nehmen. Die emotionalen Reaktionen fallen so zumeist sowohl bei Sieg als auch bei Niederlage gemäßigt aus: im ersten Fall, um Provokationen zu vermeiden, im zweiten, da die Niederlage die eigene Position im Verhältnis zum Gegenüber wohl eher festigt als infrage stellt.

In der Bewegungsaufgabe: sind die Erwartungen definiert. Das erleichtert die Aufgabe für die Vertreter dieser Priorität. Sie werden sich zumeist aufrichtig bemühen, den gestellten Anforderungen zu entsprechen.

Im Frei-/Kreativspiel: verunsichert hingegen die Offenheit des Angebots eher. Ein allgemein anerkannter Handlungsrahmen wird gesucht. Was ist erlaubt, was wird erwartet? Es entwickelt sich oft ein vorsichtiges Ertasten tolerierter Optionen. Eine bevorzugte Lösungsstrategie bietet dabei die Imitation.

Gestalterischer Ausdruck: Damit die eigene Präsentation bzw. das gestaltete Erzeugnis möglichst auf umfassendes Gefallen zählen kann, wird nach einer vermeintlichen Allgemeingültigkeit Ausschau gehalten. Um die Erwartungen zu bedienen, wird mit intensiver Bemühung gearbeitet. Die Zufriedenheit der anderen erfüllt dann erst indirekt auch die Gestalter selbst. Hier wird das grundsätzliche Problem der Abgrenzung und Selbstbestimmung deutlich, das die Ausprägung eines eigenen Stils erschwert.

Umgang mit Fremdimpulsen: Fremdimpulse werden als konkretisierte Erwartungen und Anforderungen dankbar angenommen. Paradoxe Provokationen hingegen irritieren und verunsichern stark.

Leibliche Resonanz: Die soziale Ausrichtung und die Suche nach einer allgemeinen Akzeptanz erschweren eine persönliche Profilierung. Vertreter dieser Priorität sind bezüglich ihrer Ansichten und Vorlieben kaum fassbar, wirken angepasst, gehemmt und maskenhaft, in unsicheren Situationen auch clownesk, um eventuell unpassendes Verhalten ins Lächerliche zu ziehen und ihm somit die Relevanz zu nehmen. Verbindlichkeit kann erst bei klarer Erwartung angeboten werden. Entsprechend hoch ist die körperliche Anspannung in freiem Handlungsfeld.

Sprachliche Begleitung: Hier wird oft eine augenscheinliche Diskrepanz zur leiblichen Resonanz deutlich. Der Wunsch, vermeintliche Erwartungen zu bedienen, verhindert eine definierte eigene Position, die verbal zu konkretisieren wäre. So bleibt die sprachliche Begleitung oftmals floskelhaft und schematisch. Emotionale Befindlichkeiten werden zwar angeführt, lassen sich aber so der leiblichen Präsentation kaum zuordnen.

1.1.4 Bequemlichkeit

Die Bequemlichkeitspriorität (vgl. B III.2.2.1) fürchtet Überforderung und (übergroße) Verantwortung. In die explizite Demonstration eigener Passivität und Ambitionslosigkeit kleidet sie ihre Hoffnung, von Aufgaben verschont zu werden, die sie sich selbst nicht zutraut.

Im Rollenspiel: werden so oftmals Rollen übernommen, in denen das Klein- und Schwachsein akzeptiert ist (z. B. Baby, junge Tiere). Ihr Wunsch scheint es, verantwortungs- und fähigkeitsfrei zu genießen und dennoch Beachtung und Fürsorge zu erfahren.

Im Wettkampf-/Regelspiel: zeigen sich diese Prioritätsvertreter zumeist unmotiviert. Die geringe Selbstwirksamkeitsüberzeugung suggeriert, dass sich körperliche oder konzentrative Anstrengung nicht lohnt und ein passives Abwarten womöglich eher, wenn auch nur zufällig, Erfolg verspricht. Als Teil eines Teams oder einer Gruppe sehen sie sich jedoch deren Anforderungen für das Gelingen des Spiels ausgesetzt und ggf. für das Misslingen verantwortlich gemacht.

In der Bewegungsaufgabe: ist die definierte Herausforderung nur durch intellektuelle (Kreativität, Strategie) oder körperliche (Koordination) Geschicklichkeit zu lösen. Sie gewinnt ihre Spannung im Ausloten der verfügbaren Möglichkeiten. Da hier aber Vertrauen in die eigenen Handlungsoptionen fehlt und womöglich ähnliche Anforderungen perspektivisch abgewehrt werden sollen, fordert die Bequemlichkeit rasch Hilfe oder Erleichterung.

1 Prioritätenanalyse 259

Im Frei-/Kreativspiel: bewegt sich die Bequemlichkeitspriorität nach den eigenen Prämissen. Sie zeigt sich meist abwartend und träge und füllt den angebotenen Handlungsrahmen nur in dem Ausmaß, den sie selbst zu tragen bereit ist.

Gestalterischer Ausdruck: Auch hier zeigt sich die Bequemlichkeit in einer schnellen Zufriedenheit mit dem kreativen Werk. Es erschöpft sich in einer allgemeinen Wiedererkennbarkeit des Motivs. Für eine differenziertere, d. h. hier auch individuell profilierte (stilistische) Ausgestaltung fehlt zumeist die Bereitschaft, ausreichend Aktivität und Motivation aufzubringen.

Umgang mit Fremdimpulsen: Grundsätzlich befürchtet der Vertreter der Bequemlichkeitspriorität, dass ihm Fremdimpulse Überforderung und Verantwortung aufbürden, denen er sich ja gerade entziehen möchte. Eine prinzipielle Abwehr ist jedoch nicht möglich, da die eigene Problemlösungsstrategie darauf aufbaut, von anderen Unterstützung zu erfahren. Scheint der Impuls folglich hilfreich, so wird er ihn sicherlich berücksichtigen.

Leibliche Resonanz: Die Sorge, überfordernd belangt zu werden und die Strategie einer zur Schau gestellten Ambitionslosigkeit werden leiblich in einer geringen Körperspannung deutlich. Die hiesigen Prioritätsvertreter wirken wenig anstrengungsbereit, ausweichend und oftmals verbal kompensierend.

Sprachliche Begleitung: Die soziale Zwickmühle zwischen der Abwehr von verantwortungsvoller Vereinnahmung und dem Appell an hilfsbereite Unterstützung erfordert eine permanente Erläuterung der eigenen Beweggründe. So muss sich die Sprache differenziert entwickeln und kann entsprechend auch kompensatorisch eingesetzt werden.

1.1.5 Zusammenfassender Überblick

Auf der nachfolgenden Seite findet sich eine Überblickstabelle, die eine erste Orientierung anhand beobachtbarer Phänomene ermöglichen soll, auf eine aus den Prioritäten abgeleitete Erläuterung aber verzichtet. Ergänzend angegeben wurde dafür der Grad der Selbstwirksamkeitsüberzeugung der Prioritäten, der sich aus dem spontan gewählten Aktivitätsniveau ermessen lässt: Hohe Aktivität repräsentiert die Überzeugung, selbst Veränderungen vornehmen und beherrschen zu können, Passivität dokumentiert wenig Zutrauen in die eigene Gestaltungskompetenz.

1.2 Zuordnungsproblematik/Gefahren der Unschärfe

Im vorangegangenen Abschnitt wurde ein Gerüst an Orientierungspunkten für die Praxis entworfen. Dabei galt es, den als aussagekräftig erachteten Beobachtungsfeldern prioritätstypische Verhaltensweisen zuzuordnen. Diese Beobachtungskriterien

Tabelle C3: Kurzüberblick: Prioritätenanalyse gemäß praktischer Betrachtungsfelder

Betrachtungs- felder	Priorität Überlegenheit – Bedeutungslosigkeit	Kontrolle – Ausgeliefertsein/ Erniedrigung	Gefallenwollen – Ablehnung	Bequemlichkeit – Überforderung/ Verantwortung
Rollenspiel	Dominieren, herrschen: Chef, Löwe	Kontrollieren, regeln, einteilen: Polizist, Verkäufer, Bauer (Einzäunen)	Umsorgen, sozial angesehene Rolle übernehmen: „Mutter" (einkaufen, Essen bereiten, trösten)	Klein sein, schlafen; verantwortungs- und fähigkeitsfrei genießen, Beachtung und Fürsorge erfahren (Baby, junge Tiere)
Wettkampf-/ Regelspiel	Ziel: gewinnen! Verlangt Revanche bei Niederlage	Ziel: nicht verlieren	Gemäßigte Reaktion auf Sieg oder Niederlage	Eher unmotiviert
Bewegungs-aufgabe	Fragt nach anderen (Vergleichs-objekte)	Flucht in (unproduktive) Scheinaktivität	Bemüht sich	Fordert rasch Hilfe oder Erleichterung
Frei-/ Kreativspiel	Wählt eher über eigenem Leistungsniveau, explorierend, in Besitz nehmend, dehnt Handlungsrahmen	Sucht eher unter eigenem Leistungsniveau; stereotyp, schafft sich Handlungsrahmen, häufig „Arbeiten" („Das macht man so!")	Wählt v. a. Bekanntes; unsicher, vorsichtiges entwickeln: was ist erlaubt?, sucht Handlungsrahmen, möglichst Imitation	Abwartend, träge, füllt Handlungsrahmen nicht aus
Gestalterischer Ausdruck (Malen, Kneten, Tanzen, Musizieren, ...)	Dirigiert, gibt „den Takt" an, baut/malt „das Schönste" bzw. relativiert Erzeugnisse des/der anderen	Abhängig vom Leistungsniveau: *Hoch:* sehr korrekt, genau, exakt *Niedrig:* vorschnell, ausweichend, stereotyp	Bemüht: sucht nach „objektiver" (allgemeingültiger) Schönheit	Schnell zufrieden
Umgang mit Fremdimpuls	Abwertend	Abwehrend	Annehmend	Differenzierend
Leibliche Resonanz	Polare Emotionalität: zwischen Euphorie und Niedergeschlagenheit, (latent) aggressiv, lobt sich selbst, überschäumend, drängend, Körperspannung folgt emotionaler Befindlichkeit: Anspannung im „Kampf", Entspannung bei Erfolg und z. T. auch Misserfolg	Wachsam, formal, rigide, unflexibel, (latent) aggressiv, hohe Körperspannung	Wenig profiliert, schwer fassbar, clownesk, angepasst, gehemmt, maskenhaft, hohe Körperspannung bei freiem Handlungsfeld, Entspannung bei anerkanntem Handlungsmuster	Wenig anstrengungsbereit, ausweichend, verbal kompensierend, geringe Körperspannung
Sprachliche Begleitung	Ausschweifend, kommunikativ	Initiativ: anweisend Reaktiv: meist spärlich und knapp erläuternd	Floskelhaft, schematisch, spiegelt oft leibliches Empfinden nicht wider	Als kompensierende Ersatz-handlung und notwendige Motivationserläuterung oft differenziert entwickelt
Selbst-Verständnis	Hohe Selbstwirksamkeitsüberzeugung	Hohe Selbstwirksamkeitsüberzeugung	Geringe Selbstwirksamkeitsüberzeugung	Geringe Selbstwirksamkeitsüberzeugung

basieren auf zwei Grundlagen: zum einen auf theoretischen Ableitungen aus den polar zwischen Wunsch und Befürchtung angeordneten Prioritäten und zum anderen auf theoriegedeuteten Erfahrungen aus der psychomotorischen Praxis. Sie sollen die Interpretation des beobachteten Verhaltens erlauben. Dennoch bleiben Praxisbeobachtungen aufgrund der Komplexität ihrer Parameter immer anfällig für Über- oder Fehlinterpretationen. Im Folgenden werden zwei potenzielle Gefahren uneindeutiger Zuordnung und Unschärfe im vorgestellten Schema aufgezeigt, die im ersten Fall auf individuellen Kompetenzen und im zweiten Fall auf grundsätzlichen oder bedingten Überschneidungen basieren können.

1.2.1 Individuelle Erfahrungen und Fertigkeiten

Individuelle Erfahrungen und Fertigkeiten können insofern zu Zuordnungsproblemen führen, da das spezifische Wissen und die besondere Kompetenz in jenem Bereich eine vom sonstigen Verhalten deutlich abweichende Präsentation erlaubt. Beide lassen einen Ausbruch aus dem Korsett der Priorität zu, der dann jedoch mitunter nur schwer einzuordnen ist.

So kann ein Zirkusbesuch den Impuls befördern, Dompteur zu spielen, ohne damit nun explizit eine Kontroll- oder Überlegenheitsfantasie auszuleben. Ein talentierter Ballspieler kann nach einer Niederlage vehement ein Wiederholungsspiel fordern oder sich nach einem Sieg euphorisch freuen, auch wenn er sonst als Prioritätsvertreter des Gefallenwollens eher emotionale Zurückhaltung übt. Die Verweigerung einer Bewegungsaufgabe schließlich muss nicht einer Überforderung geschuldet sein, sondern kann einzig der Erinnerung an einen Unfall in ähnlichem Bewegungsfeld entspringen.

Die Beispiele mögen belegen, dass das vorgelegte typisierende Raster, wenngleich zwar durchaus zu erwartende, aber dennoch nur allgemeine Beobachtungskriterien aufnehmen kann. In dieser Reduktion des Konkreten wird also die Interpretation des Ereignisses oder Phänomens von allgemeinen Erwartungen abgeleitet, was dem Ereignis/Phänomen im Einzelfall nicht immer gerecht wird. Das Besondere muss auch als solches erfasst werden.

Dies erschwert zwar zunächst die in der ersten Sequenz notwendige Analyse der Priorität, erweist sich jedoch im weiteren Verlauf der Interventionsbestrebungen als äußerst wertvoll: Dann nämlich, wenn Probehandlungen die eigenen Grenzen erweitern sollen (siehe C III.3.2). Dafür bieten diese individuellen Erfahrungen und Fertigkeiten prädestinierte Anknüpfungspunkte.

1.2.2 Schnittmengen im Aktivitätsniveau und der Komplementärpriorität

Neben den individuellen Erfahrungen und Fertigkeiten, die in ihrer Abweichung vom zu Erwartenden eine Zuordnung erschweren, gesellen sich weitere Verhaltensweisen, die zunächst uneindeutig bleiben müssen. So gibt es Schnittmengen zwischen den Prioritäten im Aktivitätsniveau und sich wechselseitig bedingende Komplementärprioritäten, die solchen Fällen zugrunde liegen können.

Je zwei Prioritäten teilen ein vorrangiges Aktivitätsniveau: Überlegenheit und Kontrolle vertrauen aufgrund ihrer höheren Selbstwirksamkeitsüberzeugung auf eigene aktive Lösungssuche, Gefallenwollen und Bequemlichkeit hingegen ziehen hinsichtlich ihres geringeren Vertrauens auf ihre persönliche Gestaltungsmacht abwartende und passive Handlungsstrategien vor. Entsprechend erlaubt eine erkannte aktive oder passive Grundausrichtung noch keine Rückschlüsse auf die Priorität; erst die Zielrichtung der Aktivität vermag dies zu leisten.

Dass aber auch diese nicht immer eindeutig sein müssen, wird in der Wechselbeziehung der Komplementärprioritäten deutlich. Unter den vier Prioritätstypen stehen jeweils zwei, obwohl sie unterschiedlichen Aktivitätsniveaus angehören, in einer besonderen Beziehung zueinander: Überlegenheit und Bequemlichkeit sowie Kontrolle und Gefallenwollen bilden komplementäre Paare.

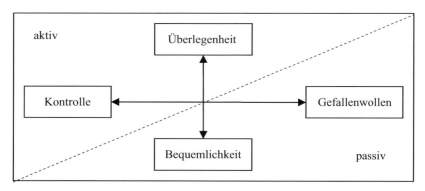

Modell C2: Komplementäre Prioritäten

Ihre Verbindung erschließt sich aus der sozialen Reaktion auf das prioritätstypische Verhalten und der aus dieser Reaktion resultierenden Gefahr für den Prioritätsvertreter.

Die folgende tabellarische Übersicht (vgl. Tabelle C4) soll den Zusammenhang verdeutlichen (vgl. dazu auch Tabelle B7, S. 188: Soziale Kosten der Prioritäten bzw. SCHOTTKY/ SCHOENAKER 2008, S. 23).

Die Reaktionen des sozialen Umfelds bergen perspektivische Ohnmachts- oder Minderwertigkeitsgefühle, wie sie auch bereits aus dem Selbstentwicklungsmodell (vgl. B IV.1.1) hervorgehen.

1 Prioritätenanalyse

Tabelle C4: Wechselseitige Beeinflussung der Komplementärprioritäten

Befürchtung	Priorität	(Initiale) soziale Reaktion	Perspektivische Gefahr	Konsequenz für Individuum	Resultierender Wunsch
Unerwartete Erniedrigung, Ausgeliefertsein	**Kontrolle**	Herausforderung	*Ablehnung*	Sozialer Abstand	**Gefallenwollen**
Ablehnung	**Gefallenwollen**	Akzeptanz	*Ausgeliefertsein (unerwartete Erniedrigung)*	Verzögerte Persönlichkeitsentwicklung	**Kontrolle**
Bedeutungslosigkeit	**Überlegenheit**	Unzulänglichkeit, Unterlegenheit	*Überforderung*	Überlastung, Überverantwortlichkeit	**Bequemlichkeit, Verantwortungsfreiheit**
Überforderung, Verantwortung	**Bequemlichkeit**	Irritation, Ungeduld	*Bedeutungslosigkeit*	Verminderte Produktivität	**Überlegenheit**

So fühlt sich eine Bezugsgruppe durch permanentes Kontrollverhalten herausgefordert. Diese Bevormundung durch den Kontrolleur mag im Verlauf der Beziehung in Ablehnung umschlagen, was den Wunsch nach Akzeptanz und Gefallenwollen befördert. In dem Bestreben wiederum, den Erwartungen der anderen zu gefallen, wird deren Akzeptanz durch die Unterwerfung der eigenen Vorstellungen unter die Entscheidungsgewalt dieser Bindungsgruppe „erkauft". Das Gefühl des Ausgeliefertseins fordert entsprechend kompensatorisches Kontrollverhalten.

Diese gegenseitige Beeinflussung der Komplementärprioritäten kann auch im Sinne ROGNERs (1982, 1983) interpretiert werden, dass nämlich hier die Kontrolle als manifestierte Lebensstilausprägung das eigentliche *Ziel*, die Verhaltensvariable des Gefallenwollens, lediglich die diesem Ziel dienende *Methode* darstellt (vgl. B III.2.2.4).

Davon unabhängig wird in diesem dialogischen Wechselspiel zwischen Individuum und Gemeinschaft der Entwicklungsprozess über Verhalten, Reaktion und Gegenreaktion/Verhaltensänderung beeinflusst, der im Idealfall zu einem verträglichen Ausgleich führen kann.

Ist also eine solche beschriebene Verhaltensmodifikation zwischen komplementären Prioritäten zu beobachten, so bedeutet dies nichts anderes, als dass die rigiden Prioritätsgrenzen, die eine weitere Entwicklung und eine stabile Selbstwerterhöhung beeinträchtigen, an Substanz verlieren und Anpassungsprozesse bereits eingeleitet sind. Im Interventionsverlauf entspricht dieses Stadium der Phase der Toleranz, in der Befürchtungen relativiert und Probehandlungen initiiert werden sollen (siehe C III.3).

Es bleibt somit immer zu bedenken, dass wir am Anfang einer psychomotorischen Praxisbegleitung den individuellen Stand des Entwicklungsprozesses noch nicht definitiv erschließen können. Unser Einstieg beginnt nicht immer bereits im Stadium der fehlenden Handlungsalternativen, auch wenn gerade dann die Entwicklungsblockaden besonders augenscheinlich und relevant sind. Wird bereits mit Variationen des eigenen Verhaltens gespielt, wie in den Komplementärprioritäten beschrieben, so scheint ein entscheidender Schritt schon bewältigt.

1.2.3 Hypothesenbildung unter komplexen Bedingungen

Die hier skizzierte Prioritätenanalyse bietet Anhaltspunkte, typische Verhaltensweisen in verschiedenen Beobachtungsbereichen aufzuspüren und einzuordnen. Individuelle Komplexität entzieht sich jedoch einer transparenten Eindeutigkeit und erschwert eine unvermittelte adäquate Klassifizierung. Diese benötigt Zeit und Erfahrung, sowohl mit dem Orientierungssystem als auch mit dem zu begleitenden Kind, Jugendlichen oder Erwachsenen. Es gilt, Informationen aus allen vorgestellten Bereichen zu sammeln, übereinstimmende Tendenzen zu erfassen und die eigenen Hypothesen wiederkehrend zu hinterfragen und auf den Prüfstand zu stellen. Dazu eignen sich auch provokative Konfrontationen, um die Sicherheit der hypothetischen Interpretation zu erhöhen. Dabei werden Angebote arrangiert, die die prognostizierte Priorität mit Erfahrungen konfrontieren sollen, die ihrer erwarteten Befürchtung entsprechen.[86] Dabei ist aber darauf zu achten, dass die angestrebte Provokation in angemessen gemäßigter Form gewählt wird: So kann ein paralleler Ausweg aus dem Angebot hilfreich sein, um die Abwehr des Klienten nicht zu überfordern. Auch die Ablehnung bzw. die Wahl des Auswegs kann zur Hypothesenabsicherung ausreichen. (Beispielimpuls zu Klient mit vermuteter Bequemlichkeitspriorität: „Wir brauchen für unsere Expedition durch den Gerätedschungel noch zwei Helfer: einen Fährtensucher, der uns führt, und einen Wachtposten, der auf unser Lager aufpasst. Könntest du der Fährtensucher sein?")

Manche Beobachtungen bleiben womöglich zunächst, auch unter Berücksichtigung der in diesem Abschnitt (C II.1.2) vorgestellten Unschärfebedingungen, zweifelhaft. Es besteht jedoch keine Notwendigkeit, Uneindeutigkeit zu negieren

---

[86] Ähnlich dem Prinzip des „Back Door"-Tests von BROWN (1975). Vgl. Fußnote 65 in B III.2, S. 180.

und in ein Konzept zu zwängen. Entscheidend sind nicht punktuelle Abweichungen, sondern überdauernde Übereinstimmungen, verselbstständigte Traditionen einer Problemlösungsstrategie, die nicht mehr hinterfragt werden. Sind diese gefunden, können jene scheinbar wenig kompatiblen Handlungen oftmals im Nachhinein doch noch im Sinne der entsprechenden Priorität verständlich eingeordnet werden.

Mehrfach wurden das Aktivitätsniveau der Prioritäten unterschieden und Bequemlichkeit und Gefallenwollen als passive Prioritäten bezeichnet. Damit möchte ich deren Bereitschaft, am Geschehen aktiv teilzunehmen, nicht grundsätzlich verneinen. Die Differenzierung aktiv/passiv stützt sich auf den ursächlichen Gestaltungswunsch, der bei den Kontroll- und Überlegenheitsprioritäten vorliegt, während Bequemlichkeit und Gefallenwollen ihre Aktivität nach dem Gestaltungswunsch der Bindungsgruppe ausrichten und darin eine verträgliche Rolle suchen, die ihnen Verantwortungsfreiheit und Akzeptanz sichert. Ihre Aktivität entspricht einer nachgeordnet sekundären, die hier als passiv umschrieben wird.

2 Zweite Ebene: Teleoanalyse – als Wesensdeutung gemäß dem individuellen Bewegungsgesetz: das Konkrete im Allgemeinen

Die Teleologie geht von der Zielgerichtetheit allen Handelns aus. Die psychomotorische Teleoanalyse versucht nun, individuelle Ziele hinter dem zu beobachtenden Verhalten zu erfassen, um aufgrund dieser Motivationen und Bedeutungszuschreibungen, aufgrund dieser *Beweg*gründe eine profilierende Intervention abzustimmen.

Eine klare Trennung zwischen Prioritäten- und Teleoanalyse ist in der Praxis nicht immer möglich. Auch mit den Prioritäten werden ja Ziele verfolgt wie die Beantwortung personaler und sozialer Herausforderungen sowie dabei die Aufrechterhaltung bzw. Erhöhung des Selbstwertgefühls. Deren Analyse erschöpft sich jedoch in der Klassifizierung allgemeiner Verhaltensstrategien, in der Abstraktion des Bewegungsgesetzes, noch ohne die persönlichen Umstände und Bedingungen wie Biografie oder Ressourcen zu berücksichtigen, die diese Prioritätenausbildungen prägen.

Während die Prioritätenanalyse also eine konkrete Beobachtung verallgemeinert *(Kind spielt Polizist – Kind will kontrollieren)*, d.h. den komplexen Einzelfall auf Kategorien reduziert *(Kontrollpriorität)*, sucht die Teleoanalyse das individuelle Handlungsmoment des konkret beobachteten Einzelfalls. Die unspezifische Spielsituation gewinnt nun als spezifische Informationsquelle an Bedeutung und weist so über ihre allgemeine Kategorie *(ein kontrollierender Polizist wird nicht ausgelacht)* hinaus. Da diese Informationen in der psychomotorischen Praxis parallel erfasst werden müssen, wird deutlich, dass die oben erwähnte klare Trennung (auch) der theoretischen Strukturierung geschuldet ist.

Die Prioritätenanalyse beschäftigt sich demnach mit dem, *wie sich etwas zeigt*, die Teleoanalyse hingegen mit dem, *warum sich dieses gerade so zeigt*. Sie kann in diesem Sinne auch als Versuch einer *Wesens*deutung verstanden werden, die die der Person *wesen*tlichen, bedeutsamen Ziele beschreibt.

Ein weiteres Beispiel soll diese Zusammenhänge wie Unterschiede nochmals hervorheben: Während wir also in der Prioritätenanalyse ggf. eine Überlegenheitsfiktion als charakteristisches Bewältigungsmuster aus den unspezifischen Bewegungssituationen abstrahieren konnten, mag die teleoanalytische Deutung darauf hinauslaufen, dass sich das Individuum seiner angemessenen Beachtung im sozialen Gefüge versichern will. Diese Deutung basiert jedoch auf spezifischen Informationen, die Eigenschaften und Bedingungen erfassen, die in dieser Konstellation nur diesem Individuum zukommen. Im skizzierten Beispiel könnte u. a. womöglich die eigene Position in der Geschwisterreihe, in der ältere und jüngere Geschwister die Aufmerksamkeit der Eltern besonders beanspruchten, prägende Erfahrungen mitverantwortet haben.

Das individuelle Bewegungsgesetz, das sich uns über die Prioritäten vermittelt, wird in der Teleoanalyse auf seine etwaigen Ursachen bzw. ursprünglichen Zielvorstellungen hin untersucht. Dazu sollen im Folgenden verschiedene Faktoren erörtert werden, die den Status quo beschreiben und einen möglichen Ausblick gewähren. Wir können uns diesen anhand von vier Fragen nähern: *Was ist vorhanden?* Hier werden mit den möglichen Ursachen etwaiger Minderwertigkeits- oder Ohnmachtsgefühle sowie den vorhandenen Ressourcen die individuellen Voraussetzungen begutachtet (2.1), bevor mit *Wohin soll die Reise gehen?* die machtsichernden Ziele gesucht werden (2.2). Anschließend muss abgeschätzt werden *Wie realistisch ist das?*, um perspektivische Konfliktpotenziale zu erahnen (2.3). *Wie könnte eine Vermittlung gelingen?* bildet den Abschluss, indem versucht wird, Ressourcen und Ziele profilierend aufeinander abzustimmen (2.4).

2.1 Bedingungen: personale und soziale Voraussetzungen

Um sich einem Ziel zu nähern, wie es die Absicht der Teleoanalyse darstellte, ist es unumgänglich, zunächst den Ausgangspunkt zu kennen. Nur anhand zweier Punkte kann Orientierung gelingen und kann eine Richtung definiert werden. Der Ausgangspunkt umschreibt demnach die aktuellen Bedingungen oder Voraussetzungen, mit denen der angestrebte Weg in Angriff genommen wird.

Zu den personalen Ressourcen gehören aus psychomotorischer Sicht nun v. a. auch die motorisch-koordinativen Möglichkeiten, die qualitativ wie quantitativ erfasst werden können. Doch der Abgleich des Individuums mit standardisierten und normierten Altersdurchschnittswerten bleibt unzureichend. Zwar gestattet er eine

2 Teleoanalyse

kategorisierte Verortung des Einzelnen im Kontext einer Vergleichsgruppe, doch dessen Erkenntniswert orientiert sich lediglich an allgemeinen, unspezifischen Erwartungen und berücksichtigt nur punktuelle Kriterien: *„A ist langsamer oder ungeschickter als B, C und D. A wird sich in dieser Gruppe nur mühsam behaupten können."* Erst der Versuch, herauszufinden, welche Bedeutung das Individuum den erhobenen Merkmalen beimisst, entspricht einem teleologischen Vorgehen. Die Suche nach den aktuellen Voraussetzungen darf sich also nicht auf die Beschreibung der vermeintlichen und vereinfachten quantifizierbaren Objektivität beschränken, sondern muss vielmehr darüber hinaus deren subjektive Auswirkungen erschließen. Dazu gilt es, die emotionalen und affektiven Befindlichkeiten sowie Verhaltensstrategien wahrzunehmen, die sich in der Auseinandersetzung mit Stärken und Schwächen zeigen. Wo wird Freude, Versunkenheit oder Spontaneität spürbar? Wann äußert sich Missfallen oder Frustration? In welchem Zusammenhang stehen Konstruktivität im Gegensatz zu Vermeidung, Kooperation zu Aggressivität oder auch ernsthaftes Bemühen zu Clownerie? Anhand solcher und ähnlicher Fragen wird eine Annäherung an die persönlichen Bedeutungszuschreibungen und damit an die subjektive Relevanz verschiedener Merkmale möglich, die zuvor subjektunabhängige universelle Aussagekraft beanspruchten.

Die sozialen Ressourcen sind, anders als die personalen, nicht umfänglich in der direkten Bewegungs- und Körperarbeit mit dem betreuten Kind, Jugendlichen oder Erwachsenen zu erkennen. Wenngleich sich soziale Fähigkeiten, wie bspw. Hilfsbereitschaft, Offenheit, Kommunikationsfähigkeit und Rücksichtnahme rasch offenbaren, so müssen stabilisierende wie irritierende Faktoren im Umfeld anderweitig Eingang in die Gesamtschau finden. Dazu dienen Interviews mit der Person selbst wie mit ihren Bezugspersonen, um die Lebensstrukturen kennenzulernen.

So können der Rückhalt im Familienverbund, die Geschwisterreihe, die Familientradition mit ihren Hoffnungen und Erwartungen genauso aufschlussreich sein wie die Integration im Wohnquartier, im Kindergarten, in der Schule oder am Arbeitsplatz, im Freundeskreis oder im Verein. Hier entspannt sich das soziale Netz, das entweder trägt und unterstützend wirkt oder aber zu durchlässig scheint, um Halt und Sicherheit zu gewähren.

Wie bereits angesprochen, müssen beide Komponenten, personale wie soziale Ressourcen, in ausreichendem Umfang zugänglich sein (vgl. B III.3.1 bzw. 3.2.2 und 3.2.3 sowie C I.2), um die Entwicklung zu einem stabilen Selbstwertgefühl (vgl. B III.3.2.4) nicht zu gefährden. Deutlich geworden sein sollte dabei aber, dass den in diesen Komponenten erfassten Faktoren nicht per se entscheidender Einfluss auf die Entwicklungsbedingungen zukommt, sondern dass sie jenen erst durch die Bedeutung gewinnen, die diesen Faktoren vor dem Hintergrund der individuellen Lebensumstände zugeschrieben werden.

Bei besonderen biografischen Erfahrungen oder Erlebnissen wird dieser Bedeutungsstatus zumeist vorausgesetzt. Entsprechende stärkende oder traumatische Ereignisse können sowohl personale wie soziale Optionen beeinflussen. So kann ein fremdverschuldeter Fahrradunfall das Zutrauen in eigene (Gleichgewichts-) Fähigkeiten ebenso erschüttern wie das Vertrauen in gesellschaftliche Rücksichtnahme.

Im Sinne einer möglichst umfassenden Anamnese sollten somit auch diese etwaigen biografischen Besonderheiten festgehalten werden. Auch frühkindlichen Erfahrungen, die sich womöglich weiterhin unbewusst äußern, sollte anhand von Befragungen der Bezugspersonen nachgegangen werden.[87]

2.2 Zielvorstellungen zum Machtanspruch: Persönlichkeitsideal zwischen Autonomie und Gemeinschaft

Neben den aktuellen Bedingungen, die die personalen wie sozialen Voraussetzungen zu klären suchen, muss auch der Machtanspruch untersucht werden, also die aktuelle Zielvorstellung, wie diese Ressourcen eingesetzt werden sollen, um die Unwägbarkeiten des Lebens zu bewältigen und so Sicherheit sowie wachsende Entwicklungsfreiheit zu gewinnen.

Dabei hilft in einem ersten Schritt die Prioritätenanalyse. Verweist deren Ergebnis auf eine negative Überkompensation und damit auf eine Manifestation eingeschränkter Handlungsoptionen, so muss versucht werden, die individuellen Hintergründe dieser Ausprägung zu erhellen. Warum zeigt sich die entsprechende Priorität so fixiert? Welche Befürchtungen stehen hinter ihr, welche Erwartungen werden mit ihr verbunden?

Betrachten wir die erwarteten Befürchtungen, die die Priorität kompensatorisch abwehren soll, so können wir an die Informationen, die wir bei der Erhebung der Bedingungen gesammelt haben, konkrete Fragen stellen: Wo hat dieser Mensch Bedeutungslosigkeit erfahren? Wo stößt er ggf. weiterhin auf Ablehnung? Wo fühlt er sich ausgeliefert oder überfordert?

Können diese Fragen beantwortet werden, erhalten wir womöglich entscheidende Hinweise zu den Ursachen oder aber zumindest zu den Stabilisationsfaktoren der Priorität. Indirekt kann so auch auf die individuelle Relevanz der Thematik geschlos-

---

[87] Vgl. dazu auch die laut ADLER (1973, S. 38) „am besten bewährten Zugänge zur Erforschung der Persönlichkeit": erste Kindheitserinnerungen, Position des Kindes in der Geschwisterreihe, Kinderfehler (darunter fasst ADLER bspw. unspezifische Ängste, Sprachstörungen (v. a. Stottern), Aggressivität, Lügen, Stehlen usw.), Tag- und Nachtträume sowie exogene Faktoren.

sen werden, da die Abwehr der Erfahrung als so bedeutsam interpretiert wurde, eine entsprechende Priorität zu entwickeln.

Aus den Bedingungen und deren Bedeutung (entstanden durch Erfahrungen mit den Bedingungen und der Interpretation der Ergebnisse) leiten sich nun die Machtansprüche des Individuums ab, die wiederum sein Kompensationsverhalten beeinflussen.

Das nun vorzustellende Orientierungsraster (Tabelle C5, S. 276f.) setzt die in diesem Prozess relevanten Faktoren in einen Zusammenhang, der m. E. eine begründete Wahrscheinlichkeit aktuellen oder perspektivischen Kompensationsverhaltens des Individuums nahe legt.

(1.) Als Ausgangspunkt dienen die personalen wie sozialen Ressourcen, die wir bereits in unserem Entwicklungsmodell (vgl. B IV.1.2) in Kompetenzen (die personalen Fähig- und Fertigkeiten) und Geborgenheit (das Gefühl der sozialen Eingebundenheit in ein Beziehungsnetz) unterschieden haben.

(2.) In einem zweiten Schritt müssen die Bedingungen dieser Ressourcen erfasst werden: Welches Kompetenz- und Geborgenheitsniveau liegt bei nämlichem Individuum vor – und welche Bedeutung misst das Individuum diesen Bedingungen bei (vgl. C II.2.1)? Auf personaler Ebene werden dazu bspw. die motorischen Koordinationsfähigkeiten erfasst oder die Problemlösungsstrategien begutachtet: verfügt das Individuum über ein ausreichendes Bewegungsmusterrepertoire, agiert es selbstständig und kreativ, neigt es zur Vermeidung oder Passivität? Auf sozialer Ebene wird die Integration in verschiedenen Lebensbereichen abgefragt bzw. die individuelle Präsentation und das Kommunikationsverhalten in psychomotorischen Gruppenkonstellationen einbezogen (darunter auch verbaler wie leiblicher Ausdruck). Die gesuchte Bedeutung, die das Individuum jenen Bedingungen beimisst, muss aus Beobachtungen, Gesprächen und Interviews erschlossen werden. So ist bspw. darauf zu achten, wie wichtig dem Individuum motorische Fertigkeiten sind: Leidet es unter Versagensangst oder nimmt es aktiv am sozialen Gruppengeschehen teil? Welche Relevanz schreibt es zudem der Einbindung in Gruppen zu: Zeigt es sich interessiert am anderen oder strebt es v. a. danach, eigene Vorstellungen durchzusetzen?

(3.) Aus dem Verhältnis von Bedingung und Bedeutung lässt sich nun ein voraussichtlicher Machtanspruch (vgl. B III.3.1.1 und 3.2.2) ableiten – und zwar hinsichtlich beider Ressourcen. Erinnern wir uns an das oben ausführlich beschriebene Entwicklungsmodell (vgl. B IV.1), so entspannt sich die individuelle Machtsphäre zwischen autonomen und gemeinschaftlichen Aspekten, zwischen Individualisierung und gleichwertigen Beziehungen. Dabei stärken personale Kompetenzen die eigene Autonomie und ein stabiles Geborgenheitsgefühl die Wertschätzung der sozialen Gemeinschaft.

Wird nun den personalen Kompetenzen hohe Bedeutung beigemessen, dann können wir nach den bisherigen Überlegungen davon ausgehen, dass das Individuum die Ausgestaltung der persönlichen Macht in Richtung Autonomie verfolgt wird. Entsprechendes gilt natürlich auch aufseiten der Geborgenheit: Ist mir dieses Gefühl besonders wichtig, so werde ich vermutlich soziale Machtkomponenten verfolgen und dort die Gemeinschaft höher schätzen als autonome Bestrebungen.

Dabei ist jedoch zu beachten, dass sich jene autonomen wie gemeinschaftlichen Ausrichtungen zu einem Großteil gegenseitig ausgleichen können (vgl. Modell C1 in C I.2, S. 246f.). Eingeschränkte Kompetenzen lassen sich durch verstärkte personale *oder* soziale Anstrengungen kompensieren, ein vermindertes Geborgenheitsgefühl kann entsprechend nicht nur sozial, sondern eben *auch* über einen Sicherheitsgewinn anhand personaler Machtkomponenten aufgefangen werden. Der unter beiden Ressourcen vermerkte Machtanspruch führt also aus, ob eingeschränkten Kompetenzen und Geborgenheitsgefühlen voraussichtlich eher entweder mit personal-autonomen *(A)* oder mit sozial-gemeinschaftlichen *(G)* Bewältigungsstrategien begegnet wird.

In der Betonung der Bedeutung der Ressourcen schwingt die Vernachlässigung der Bedingung mit. Wie wir bereits bei dem Versuch der Erfassung beider festgehalten haben, bleibt eine Bedingung, wie sie bspw. in zur Bezugsgruppe relativer Langsamkeit quantitativ gemessen werden kann, unwesentlich, wenn sie für das Individuum selbst kein relevantes Merkmal darstellt (vgl. C II.2.1). So bestimmen die den fraglichen Ressourcen zugeschriebenen *Bedeutungen* die resultierenden Machtansprüche, die *Bedingungen* hingegen die Kompensationsfreiheit, die jedoch erst unter (4.) besprochen wird.

Wir beschränken uns hier also noch auf die Grundrichtung des Machtanspruchs, der sich auf den Bedeutungsaspekt (der jeweiligen Ressourcen) bezieht: Eine hohe Bedeutungszuschreibung der personalen Kompetenzen führt zu einem Machtanspruch, der sich v. a. auf Autonomie stützt (z. B.: *Ich finde es wichtig, schnell zu sein: Ich will trainieren*), wohingegen eine hohe Bedeutungszuschreibung der sozialen Geborgenheit auf einen Machtanspruch innerhalb der Gemeinschaft gleichwertiger Beziehungen zielt (z. B.: *Ich finde es wichtig, viele Freunde in meiner Klasse zu haben: Ich will unseren Zusammenhalt pflegen*) (vgl. Entwicklungsmodell in B IV.1). Hier spreche ich von einer *positiven* Ableitung des Machtanspruchs. In ihr bleiben Ressource und anvisierte Machtsphäre auf derselben Ebene (Kompetenz – Autonomie bzw. Geborgenheit – Gemeinschaft).

Demgegenüber beschreibt eine *negative* Ableitung einen Ebenenwechsel, der auf einer niedrigen Bedeutungszuschreibung der jeweiligen Ressource beruht. Wird den personalen Kompetenzen wenig Bedeutung beigemessen, werden diese vermutlich weniger entwickelt und so muss zwangsläufig das Vertrauen in die sozialen Netze steigen (z. B.: *Es bedeutet mir nichts, schnell zu sein: Die anderen werden mir helfen!*). Ebenso auf der Seite der Geborgenheit: Wird dieser vom Individuum selbst wenig Bedeutung zugeschrieben, wird sich der Machtanspruch vom Gemeinschaftsgefühl in Richtung Autonomie umorientieren müssen (z.B.: *Es spielt mir keine Rolle, ob ich viele Freunde in der Klasse habe: Ich komme allein zurecht!*). Da es sich hier nicht um eine direkte Wahl der Machtanspruchsebene handelt, sondern um eine zwangsläufige, die sich durch die Abkehr von der anderen ergibt, können wir auch von einer *Ersatz*orientierung sprechen, die sich entweder in einer *Ersatz*autonomie (Abkehr von gemeinschaftlichen Interessen) oder in einer *Ersatz*gemeinschaft (Abkehr von autonomen Interessen) niederschlägt.[88]

Im schematischen Orientierungsraster (vgl. Tabelle C5, S. 276f.) wird der Machtanspruch, wie oben bereits erwähnt, mit der anvisierten Machtsphäre entweder als Autonomie *(A)* oder als Gemeinschaft *(G)* angegeben. Dahinter finden sich jeweils Bewertungskombinationen, die eine hohe oder positive (+) bzw. eine niedrige oder negative (–)[89] Merkmalsausprägung anzeigen und die Bewertung der vorangestellten Bedingung und Bedeutung umfasst. So steht *A (++)* unter dem Kompetenz-Machtanspruch des Typs 1 für *Autonomie*, die sich (positiv) aus einer hohen Einschätzung des Bedingungs- und Bedeutungsniveaus ableitet. Im Kompetenz-Machtanspruch des Typs 2 *G (+–)* kam es hingegen zu einer negativen Ableitung, da hier der positiven Einschätzung der vorhandenen Bedingung (+) eine niedrige Bedeutungszuschreibung gegenübersteht (–), sodass autonome zugunsten gemeinschaftlicher Bestrebungen aufgegeben werden.

(4.) Der vierte Schritt unserer Erläuterungen des Orientierungsschemas beschäftigt sich nun mit der vierten Spalte *(Kompensation)* beider Ressourcen (Kom-

---

[88] Ersatzautonomie und Ersatzgemeinschaft sind uns bereits im vorgestellten Entwicklungsmodell begegnet (vgl. B IV.1). Sie entbehren jeweils einer zweiten Machtkomponente, weshalb sie nur zu einem unbegründet-instabilen Selbstwertgefühl führen können. Dabei bleibt es unerheblich, ob die zugrunde liegende negative Überkompensation einer Abkehr von der komplementären Machtebene geschuldet ist, dem Individuum also zwangsläufig zufällt (z.B.: *Es bedeutet mir nichts, langsam oder schnell zu sein: Die anderen werden mir helfen!*), oder ob sie einer einseitigen Fixierung der bevorzugten Machtebene und somit den direkten Bestrebungen des Individuums entspringt, das die komplementäre Machtebene ausblendet (z.B.: *Ich habe es gern bequem: Die anderen werden mir helfen!*). In beiden Beispielen kommt es zu einer Abhängigkeit von einer Ersatzgemeinschaft, da personale Aspekte zur Problemlösung unberücksichtigt bleiben. Der im Wort definierte *Ersatz* beschreibt insofern auch das Ersetzen der zweiten, hier eben unberücksichtigten Machtebene in einer Übersteigerung der anderen (*ein immer Mehr desselben* – vgl. ANTOCH 1995a, S. 222). „Echte", also gleichwertige Gemeinschaft und lebbare Autonomie, die eine stabile Entwicklungsbasis versprechen, kennen ihre Grenzen und sind deshalb stets aufeinander bezogen (*Selbstsein im Bezogensein* – vgl. ANTOCH 2006).

[89] (+)/(–): *positive* bzw. *negative Bedingungen*, d.h. positives bzw. negatives Kompetenz- oder Geborgenheitsniveau; aber auch (+)/(–): *hohe* bzw. *niedrige Bedeutung*, die den jeweiligen Bedingungen beigemessen wird.

petenz/Geborgenheit). Sie skizziert die Kompensationsfreiheit, die in Bezug auf eben jene noch isoliert betrachtete Ressource (Kompetenz oder Geborgenheit) besteht. Dazu müssen auch ihre Bedingungen wieder berücksichtigt werden (s. o., unter 2.), da diese (in Verbindung mit der Bedeutungszuschreibung) dafür verantwortlich sind, ob sich ein Kompensationsdruck entwickelt. Dieser bezeichnet eine zu erwartende, eine vorgespurte Kompensationsrichtung und basiert auf einer negativen Bedingungsausprägung des Ressourcenniveaus (eingeschränkte Kompetenzen oder Geborgenheitsgefühle).

Bei negativer (–) Bedingung und hoher (+) Bedeutung erlaubt die positive Ableitung des Machtanspruchs (s. o., unter 3.) eine Orientierung innerhalb derselben Ressourcen- und Machtebene und somit eine konstruktive Auseinandersetzung mit den limitierenden Bedingungen: Eingeschränkten Kompetenzen kann mit personalen, eingeschränkten Geborgenheitsgefühlen mit sozialen Anstrengungen begegnet werden.

Bei negativen (–) Bedingungen und niedrigen (–) Bedeutungen verlangt die negative Ableitung des Machtanspruchs eine Ersatzorientierung zur komplementären Ressourcen- und Machtebene. Hier wird voraussichtlich eine Auseinandersetzung mit den limitierenden Bedingungen vermieden: Eingeschränkten Kompetenzen wird mit sozialen, eingeschränkten Geborgenheitsgefühlen mit personalen Anstrengungen begegnet.

Positive (+) Bedingungen erzeugen keinen Kompensationsdruck, allenfalls – bei niedriger Bedeutungszuschreibung – einen Ressourcenüberschuss (Bedingung der Ressource wird positiver bzw. höher eingeschätzt als deren Bedeutung, z. B. *Ich bin schnell, was mich aber nicht sonderlich interessiert*). So kann zwar bei positiven Bedingungen aufgrund der Bedeutungszuschreibungen (+ oder –) der Machtanspruch differieren, wie aber eventuelle Einschränkungen[90] der jeweiligen Ressource kompensiert werden, kann das Individuum immer wieder frei entscheiden. Sein hohes Kompetenz- oder Geborgenheitsniveau verschafft ihm innerhalb der nämlichen Ressource eine Macht- und Sicherheitssphäre, die ihm eben auch Alternativen jenseits des eigenen Machtanspruchs erlaubt: Das Individuum ist frei, wechselnde Anforderungen flexibel zu beantworten (z. B. in einem Fangspiel der eigenen Schnelligkeit oder der Hilfe der anderen vertrauen).[91]

---

[90] Auch ein hohes Kompetenz- bzw. Geborgenheitsniveau kann an Grenzen stoßen und Kompensationsbestrebungen bedürfen.

[91] Dieses Beispiel bietet sich zur näheren Erläuterung auch für die Kompensationsdruckvarianten an:
(1.) Kompetenz-Machtanspruch A (–+): *Ich bin langsam, finde es aber wichtig, schnell zu sein:* Individuum wird (konstruktiv) versuchen, die eigene Kompetenz zu verbessern und jemanden zu fangen.   *(Fortsetzung auf S. 273)*

(5.) Abschließend sollen die bisher noch isoliert betrachteten Ressourceneinschätzungen zusammengefügt werden. Die letzten drei Spalten des Orientierungsschemas, die mit *Typ*, *Basisprofil* und *Zielkompensation* überschrieben sind, beziehen sich auf jene Gesamtschau.

Dabei ist die willkürliche Typennummerierung von 1 bis 16 nur dem schematischen Aufbau geschuldet. Sie dient lediglich einer einfacheren Benennung und Unterscheidung der Basisprofile.

Die Basisprofile wiederum umfassen die Machtanspruchsausprägungen der beiden Ressourcen Kompetenz (jeweils obere Zeile) und Geborgenheit (jeweils untere Zeile). Erst diese spezifische Kombination beider Komponenten begründet jene aktuelle oder perspektivische Kompensationsausrichtung des Individuums, das etwaige Einschränkungen im Kompetenz- oder Geborgenheitsniveau ja niemals isoliert kompensiert.

Zielkompensationsfreiheit, also die Möglichkeit, zwischen eher personal oder eher sozial orientierten Bewältigungsstrategien zu wählen, besteht nur dann, wenn autonome und gemeinschaftliche Ressourcen entwickelt sind (vgl. B III.3 und C I.2). Da die Kompensations*möglichkeit* v. a. von den Bedingungen abhängt (s. o., unter 4.), spielt es zunächst für die Beurteilung des Freiheitsgrads keine Rolle, ob der im Basisprofil dokumentierte Machtanspruch aus positiver oder negativer Ableitung erfolgt: Entscheidend ist vielmehr, dass das Kompetenz- wie auch das Geborgenheitsniveau ausreichend positiv gegeben ist (Basisprofilsspalte: 1. *und* 2. Zeile an erster Stelle nach *A* oder *G* ein +). Auch wenn sich Typ 2 (Basisprofil G+–/G++) zur Kompensation wahrscheinlich eher sozial orientieren wird, stehen ihm aufgrund ausreichender personaler Kompetenzen prinzipiell auch eher autonome Wege zur Bewältigung zur Verfügung.

Waren in den soeben geschilderten Fällen jeweils die Kompensationserwartungen beider Ressourcen als frei gekennzeichnet und somit auch in der Gesamtschau prinzipiell in alle Kompensationsrichtungen offen, so schränken in den übrigen Basisprofilen die Kompensationserwartungen, die nun in mindestens einem Ressourcenanteil des Individuums als vorgespurt angenommen werden, jene Freiheit

---

[91] *(Fortsetzung von S. 272)*
  (2.) Kompetenz-Machtanspruch G (– –): *Ich bin langsam, was mich aber auch nicht sonderlich stört:* Individuum ist auf fremde Hilfe angewiesen.
  Der geneigte Leser wird hier womöglich einwenden, dass im ersten Fall das Frustrationspotenzial ungleich höher ist, da der Langsame dort unbedingt jemanden fangen will, während dies jenem im zweiten Fall egal sein kann und dieser von daher sogar entspannter und freudiger am genannten Fangspiel teilnehmen könnte. Dies entscheidet sich jedoch erst in der Gesamtschau, in der beide Ressourcen-, Machtanspruchs- und Kompensationsausprägungen zusammen begutachtet werden (vgl. 5.).

ein.[92] Dabei bestimmt der im Vergleich beider Ressourcenebenen (Kompetenz und Geborgenheit) höhere Kompensationsdruck die Richtung der Zielkompensation des Individuums. Dieser Kompensationsdruck steigt in folgender Reihe:

(1.) *frei* (kein Kompensationsdruck *(++)/(+−)*);
(2.) *Kompetenz* oder *Geborgenheit* (geringer Kompensationsdruck auf gleicher Ressourcenebene *(−+)*;
(3.) *Ersatzgemeinschaft* oder *Ersatzautonomie* (gekennzeichnet durch die konsequente Vernachlässigung einer Ressourcenebene *(−−)*, weshalb sich ein starker Kompensationsdruck zur komplementären Ersatzmachtanspruchsebene entwickelt).

Eine in einer Ressourcenkompensation zu erwartende Ersatzorientierung (Ersatzgemeinschaft oder Ersatzautonomie) prägt entsprechend die Zielkompensationsausrichtung und kann nicht durch die jeweils zweite Kompensationskomponente ausgeglichen werden, da eine stabil-begründete Machtsphäre stets beider Komponenten bedarf (vgl. B III.3.2.4 und auch Entwicklungsmodellschaubild B6, S. 222).

Nach diesen ausführlichen Erläuterungen und vor der nun anstehenden Präsentation des tabellarischen Orientierungsrasters (s. Tabelle C5 auf S. 276f.) sei ausdrücklich nochmals auf die Ambivalenz solcher Typisierungen verwiesen (vgl. B III.2.1), denn „allgemeine Regeln (…) sollen nicht mehr sein als Hilfsmittel" (ADLER 1973, S. 22). Vorhersagen aus etwaigen Bedingungen und perspektivische Ableitungen resultierenden Verhaltens entziehen sich kausalen Verallgemeinerungen, denen die Individualpsychologie, die „ein streng individualisierendes Vorgehen" erfordert, „nicht geneigt" sei (ADLER 1914/1920, S. 23). „Adler fragt nach dem Einzelnen in seiner Einmaligkeit" (WITTE 1991, S. 70). Darin liege der heuristische Charakter der Individualpsychologie begründet.

Der dennoch unternommene Versuch, über das Individuelle hinauszublicken, ist dem wissenschaftlichen Anspruch nach Abstraktion geschuldet, hier also nach „allgemeinen Bewegungsgesetzen" zu suchen, um „nicht im Einzelfall stecken zu bleiben" (FURTMÜLLER 1914, S. 1).

Zum weiteren Verständnis der einzelnen Typen bzw. Basisprofile scheint ein genauerer Blick mit einigen Anmerkungen sinnvoll und hilfreich. Dazu werden zunächst kurz die aus der schematischen Kombination hervorgehenden Gemeinsamkeiten zusammengefasst, die sich bei dem gewählten – gleichwohl willkürlichen –

---

[92] Die Kompensationsfreiheit innerhalb einer Ressourcenebene umschreibt eine *potenzielle* Möglichkeit, auch jenseits dieser Machtanspruchsebene zu kompensieren (z. B. mangelnde Schnelligkeit durch die Hilfe der anderen aufzufangen). Zur Realisierung dieser Potenz bedarf es aber auf der anvisierten Machtanspruchsebene eines entsprechenden *Widerhalls* (z. B. Integration im Gruppenverbund gegeben).

Aufbau in vier Vierergruppen jeweils identischer Bedingungs- und Bedeutungskonstellationen der Geborgenheitsressource ergeben (jeweils identische zweite Zeile des Basisprofils). In deren Anschluss wollen wir dann die jeweiligen Profilvariablen mit etwaigen Charakteristiken betrachten.

Typen 1–4 (…/G++): Bedingung und Bedeutung der sozialen Komponente auf hohem Niveau. Gefühlte Geborgenheit und Wertschätzung der Gemeinschaft bilden eine stabile Basis für die Variationen auf personaler Ebene.

Typ 1 (A++/G++): Kein Kompensationsdruck, da Bedingung und Bedeutung ebenfalls in hoher Ausprägung. Ressourcen auf sozialer wie personaler Ebene ausreichend vorhanden, beide Anteile werden wertgeschätzt und entsprechend auch perspektivisch berücksichtigt.

Typ 2 (G+–/G++): Kein Kompensationsdruck: Ressourcenüberschuss aufseiten der personalen Bedingungen.

Typ 3 (A–+/G++): Negativ bedingte Kompetenz mit hohem Bedeutungsgehalt verweist auf Kompensationsdruck Richtung Kompetenzgewinnung; da ausreichend Geborgenheit im sozialen Umfeld gegeben ist, darf unproblematische Kompensation erwartet werden.

Typ 4 (G––/G++): Negativ bedingte Kompetenz mit niedrigem Bedeutungsgehalt befördert zwangsläufig eine Ersatzorientierung zur Machtsicherung auf der Gemeinschaftsebene. Da Bestrebungen fehlen, eigene Kompetenzen zu entwickeln oder zu stärken, bleibt perspektivisch als Machtressort nur die Ersatzgemeinschaft ungleichwertiger Beziehungen (masochistischer Bindungen).

Typen 5–8 (…/A+–): Positive Bedingungen für ein Geborgenheitsgefühl, dem jedoch wenig Bedeutung beigemessen wird, ergeben aufseiten der sozialen Komponente einen Ressourcenüberschuss, der eine Ersatzautonomieorientierung als Machtgrundlage befördert.

Typ 5 (A++/A+–): Doppelt begründete Autonomieorientierung mit geringer Bedeutungszuschreibung der sozialen Komponente birgt die Gefahr einer einseitigen Überkompensation. Der Ressourcenüberschuss auf sozialer Ebene aber, der sich womöglich in einer gewissen Verpflichtung oder Verbundenheit gegenüber der Gemeinschaft widerspiegeln mag, lässt die Autonomieorientierung wahrscheinlich nicht in eine mögliche Überlegenheitsfantasie hinauswachsen.

Typ 6 (G+–/A+–): Ressourcenüberschuss auf personaler und sozialer Ebene verursacht zwar keinen Kompensationsdruck, wirft aber in der zweifachen Ersatzorientierung die Frage nach Motivation und Phlegma auf.

Typ 7 (A–+/A+–): Die Autonomiebestrebungen sind wieder (siehe Typ 5) doppelt begründet. Der Ressourcenüberschuss aufseiten der Geborgenheit erlaubt mit diesem verlässlichen Ressourcenniveau eine Konzentration auf eine konstruktive Kompetenzgewinnung.

Tabelle C5: Orientierungsraster: Machtanspruch und Kompensationserwartungen

	Kompetenz				Geborgenheit				Typ	Basis-profil	Zielkompen-sation
Bedin-gung	Bedeu-tung	Macht-anspruch	Kompen-sation		Bedin-gung	Bedeu-tung	Macht-anspruch	Kompen-sation			
(+)	(+)	A (++)	frei		(+)	(+)	G (++)	frei	1	A++ G++	frei
(+)	(−)	G (+−)	frei		(+)	(+)	G (++)	frei	2	G+− G++	frei
(−)	(+)	A (−+)	Kompetenz		(+)	(+)	G (++)	frei	3	A−+ G++	Kompetenz
(−)	(−)	G (−−)	Ersatz-gemeinschaft		(+)	(+)	G (++)	frei	4	G−− G++	Ersatz-gemeinschaft
(+)	(+)	A (++)	frei		(+)	(−)	A (+−)	frei	5	A++ A+−	frei
(+)	(−)	G (+−)	frei		(+)	(−)	A (+−)	frei	6	G+− A+−	frei
(−)	(+)	A (−+)	Kompetenz		(+)	(−)	A (+−)	frei	7	A−+ A+−	Kompetenz
(−)	(−)	G (−−)	Ersatz-gemeinschaft		(+)	(−)	A (+−)	frei	8	G−− A+−	Ersatz-gemeinschaft
(+)	(+)	A (++)	frei		(−)	(+)	G (−+)	Geborgen-heit	9	A++ G−+	Geborgen-heit
(+)	(−)	G (+−)	frei		(−)	(+)	G (−+)	Geborgen-heit	10	G+− G−+	Geborgen-heit
(−)	(+)	A (−+)	Kompetenz		(−)	(+)	G (−+)	Geborgen-heit	11	A−+ G−+	Kompetenz/ Geborgenheit
(−)	(−)	G (−−)	Ersatz-gemeinschaft		(−)	(+)	G (−+)	Geborgen-heit	12	G−− G−+	Ersatz-gemeinschaftt

13	A(++)	(+)	(+)	frei	A(−−)	A++/A−−	Ersatz-autonomie
14	G(+−)	(−)	(+)	frei	A(−−)	G+−/A−−	Ersatz-autonomie
15	A(−+)	(+)	(−)	Kompetenz	A(−−)	A−+/A−−	Ersatz-autonomie
16	G(−−)	(−)	(−)	Ersatz-gemeinschaft	A(−−)	G−−/A−−	Ersatz-gemeinschaft/Ersatz-autonomie

Typ 8 (G− −/A+−): Ausgangslage aufseiten der Kompetenz entspricht Typ 4. Die Orientierung an einer Ersatzgemeinschaft wird jedoch hier noch durch die niedrige Bedeutungszuschreibung der positiven Geborgenheitsbedingungen spezifiziert. Dieser Ressourcenüberschuss erlaubt ihm, sich aufgrund seiner Erfahrungen von seinen sozialen Bindungen getragen zu fühlen. Die ihm vermittelte Geborgenheit ist ihm jedoch nicht so wichtig, als dass er sich auf personaler Ebene für die Gemeinschaft anstrengen oder Verantwortung übernehmen würde. Hier könnte sich innerhalb der erwarteten Ersatzgemeinschaft eine (fixierte) Bequemlichkeitspriorität ausprägen.

Typen 9–12 (…/G−+): Der Geborgenheitsressource werden negative Bedingungen, aber eine hohe Bedeutung beigemessen, die einen positiv abgeleiteten Kompensationsdruck, also ein Kompensationsstreben auf der gleichen Machtanspruchsebene nach sich zieht. Alle vier Typen verspüren entsprechend aufgrund der Konstellation der sozialen Komponente bereits einen Wunsch nach Geborgenheit.

Typ 9 (A++/G−+): Dem oben geschilderten Kompensationsdruck Richtung Geborgenheit steht eine Kompensationsfreiheit hinsichtlich der personalen Ressource zur Seite. Diese lässt eine günstige Kompensationsprognose erwarten. Das Individuum kann eigene Kompetenzen auch in den Ausbau seiner sozialen Beziehungen einbringen, seinen eigenen Beitrag leisten und so die Gemeinschaft seinerseits stärken.

Typ 10 (G+−/G−+): Auch hier ist eine Zielkompensation Richtung Geborgenheit zu erwarten. Jedoch erhöht die negative Ableitung der personalen Machtanspruchsebene eine Ausrichtung an der Gemeinschaft. Der potenziellen Gefahr einer etwaigen Überkompensation in diese Richtung stehen positive Kompetenzbedingungen gegenüber, die den Zugang zu autonomen Aspekten offen halten.

Typ 11 (A−+/G−+): Hier entsteht doppelter Kompensationsdruck: sowohl in Richtung Kompetenz als auch in Richtung Geborgenheit. Beide Bedingungen sind nur auf niedrigem Niveau vorhanden, werden aber als bedeutsam eingestuft. Die Wertschätzung beider Komponenten mag mitunter ausgleichend und vermittelnd wirken, kann jedoch ebenfalls aufgrund nur eingeschränkter Voraussetzung zur Zielerreichung zur Anfälligkeit für Ersatzsicherheiten führen.

Typ 12 (G– –/G–+): Der Geborgenheitswunsch trifft hier auf negative Kompetenzbedingungen, denen zudem wenig Bedeutung zugesprochen wird. Es fehlen somit Grundlagen autonomer Bestrebungen, die zwangsläufig den Machtanspruch in der Ersatzgemeinschaft nach sich ziehen. Die Gefahr der Selbstaufgabe und ein ausgeprägter Wunsch nach Geborgenheit charakterisieren die Priorität des Gefallenwollens, die in dieser Konstellation besonders angelegt scheint. Das Ziel der (Zuge-) Hörigkeit definiert dieses Profil.

Typen 13–16 (…/A– –): Bedingungen und Bedeutungszuschreibungen des Geborgenheitsgefühls befinden sich übereinstimmend auf niedrigem Niveau. Geringer sozialer Rückhalt und ebenso geringe Wertschätzung dieser Komponente begründen eine kompensatorische Ausrichtung zur Ersatzautonomie.

Typ 13 (A++/A– –): Die geringe Ausprägung und Wertschätzung des sozialen Gefüges trifft hier auf hohe Kompetenzen mit entsprechender Wertschätzung. Der Machtanspruch Autonomie speist sich somit aus zwei Quellen: als Notwendigkeit geringer Ausprägung der sozialen Komponente sowie als Anspruch aus hoher Ausprägung der personalen Komponente. Diese Kombination befördert eine „typische" (fixierte) Überlegenheitspriorität.

Typ 14 (G+–/A– –): Die aufgrund der sozialen Voraussetzungen notwendige Ersatzautonomie wird durch hohe Kompetenzen gestützt. Die niedrige Bedeutungszuschreibung bezüglich dieser Kompetenzen lässt jedoch in der negativen Ableitung der Machtanspruchsebene eine Öffnung zur Gemeinschaft erwarten. Diese, aufgrund des Ressourcenüberschusses erzwungene, Hinwendung zur Gemeinschaft muss sich aber dem stärkeren Kompensationsdruck aufseiten der sozialen Komponente beugen. Da hier weder autonome noch soziale Aspekte wertgeschätzt werden, steigt die Gefahr einer destruktiven Prioritätsausprägung.

Typ 15 (A–+/A– –): Negative Kompetenzbedingungen und gleichzeitige Wertschätzung dieser personalen Komponente bedingen einen auf Autonomie ausgerichteten Machtanspruch, der kompensatorisch auf Kompetenzzuwachs zielt. Fehlendes Vertrauen in die Gemeinschaft durch fehlenden Rückhalt im sozialen Umfeld übersteigert aber die Autonomiebestrebungen in Richtung Ersatzautonomie. Um ein Ausgeliefertsein zu verhindern, entwickelt sich womöglich eine (fixierte) Kontrollpriorität.[93]

---

[93] Beispielfiktion: *Ich bin langsam, finde es aber wichtig, schnell zu sein. Die anderen werden mir im Fangspiel nicht helfen. Ich muss die Regeln so gestalten, dass ich dennoch jemanden fangen kann – oder zumindest den Anschein vermitteln, es bei Bedarf jederzeit zu können.*

2 Teleoanalyse 279

Typ 16 (G– –/A– –): Repräsentiert eine fatale Kombination ohne ausreichende personale oder soziale Ressourcen samt zusätzlicher Geringschätzung beider Komponenten. Kompensationsdruck entsteht nun in die gegensätzlichen Polaritäten Ersatzgemeinschaft und Ersatzautonomie. Dieser Typus zeichnet sich durch große Unsicherheit, hohes Ohnmachtsgefühl sowie diffuse Aktivitäts- und Identitätsausrichtung aus.

Nach dieser Skizzierung der Ressourcenkombinationen und der Interpretationsmöglichkeiten der 16 Typen bzw. ihrer Basisprofile muss es im Anschluss darum gehen, die gesammelten und kategorisierten Informationen für die praktische Arbeit nutzbar zu machen. Dazu sollen zunächst die Perspektive der vorgestellten Zielkompensation auf die eigene Handlungs- und Entscheidungsfreiheit abgeschätzt werden (2.3), bevor anhand ausgesuchter Profile individuelle Interventionen beispielhaft vorzustellen sind (2.4).

2.3 Perspektive: Ohnmacht oder Entscheidungsfreiheit

Die 16 in der vorangegangenen Tabelle skizzierten Typen lassen sich anhand der angenommenen Kompensationsvorlieben und damit verbundenen Handlungsperspektiven in vier Gruppen unterschiedlicher Freiheitsgrade unterteilen, die wir als *frei*, *ausgleichsorientiert*, *ersatzorientiert* und in zwei Sonderfällen als *diffus* oder *orientierungslos* bezeichnen.

Im Folgenden sollen ihre je gemeinsamen Hauptcharakteristika herausgestellt und ihr Verhältnis zu den Prioritäten im Allgemeinen wie zu der ADLER'schen Klassifizierung im Besonderen verdeutlicht werden.

a)   frei

Die vier bezüglich der *Zielkompensation* als *frei* gekennzeichneten Typen (1, 2, 5, 6) gründen diese Freiheit auf ihre umfänglich vorhandenen personalen wie sozialen Ressourcen. Im Rückgriff auf ein tragfähiges soziales Netz und im Bewusstsein eigener Kompetenzen kann potenziellen Anforderungen entspannt begegnet werden. Über eventuell notwendiges Kompensationsverhalten kann immer wieder neu punktuell frei entschieden werden.

Das heißt, dass wir uns in diesem *freien* Bereich innerhalb der *tendenziellen* Prioritätenausprägungen (vgl. B III.2.2) bewegen: Es mag bevorzugte Antworten auf Problemlagen geben, diese können jedoch flexibel angepasst und variiert werden. Grundlage dieser Option bietet die freie Kompensation in beiden Bezugspunkten (Autonomie und Gemeinschaft).

b)   ausgleichsorientiert

Unter dieser Perspektive firmieren die Typen, die in ihrer Zielkompensation *Kompetenz* bzw. *Gemeinschaft* anstreben (3, 7, 9, 10). Diesen vier Kombinationen stehen ausreichend Ressourcen zur Verfügung (Bezug zur personalen wie sozialen Ebene gewährleistet), um ein stabiles Sicherheitsgefühl aufrechtzuerhalten und so einen positiven Entwicklungsverlauf zu prognostizieren. Angestrebt wird ein Ausgleich bzw. eine Annäherung zwischen der erlebten Diskrepanz von einem niedrigen Bedingungsniveau bei gleichzeitig hoher Bedeutungszuschreibung. Dieses Streben stellt aufgrund einer vorhandenen Machtanspruchsebene ohne Kompensationsdruck keine alternativlose Zwangsnotwendigkeit dar. Die komplementäre Sicherheitskomponente garantiert eine bedingte Entscheidungsfreiheit.

Hier verfügen die Kompensationsbedingungen über einen freien Bezugspunkt samt *Widerhall* dieser Machtanspruchsebene auf der jeweils komplementären (vgl. Fußnote 92, S. 274): Eigenständige Entscheidungen sind demnach entweder im Bereich der Autonomie oder aber in der Gemeinschaft möglich. Die angestrebte Problemlösung könnte im Sinne VAIHINGERs (vgl. B II.2.3.2) als *Hypothese*[94] angenommen werden: Die vermutete Ausprägung ist *wahrscheinlich*, jedoch nicht *zwingend*.

c) ersatzorientiert

In diese Gruppe fallen all jene Typen, die in der Zielkompensation mit *Ersatzautonomie* oder *Ersatzgemeinschaft* gekennzeichnet sind (4, 8, 12, 13, 14, 15). Diese sechs Profile bezeichnen eine Entwicklungssackgasse, die in der vermeintlich allumfassenden Kompetenz bzw. Geborgenheit entweder keine soziale oder aber keine persönliche Entwicklungsfreiheit mehr zulässt. Die eigenen Entscheidungen sind durch die Notwendigkeit determiniert, die aktuelle instabile Zufluchtsstätte zugänglich zu halten, was in letzter Konsequenz zu Unselbstständigkeit oder Isolation führt.

Als gemeinsames Erkennungszeichen führen sie in ihrem Basisprofil ein Doppelminus (– –) – entweder im Machtanspruchsbereich der Autonomie oder der Gemeinschaft. Dieser vollständige Wegfall eines Bezugspunkts bedingt eine fixierte Priorität (vgl. dazu auch Modell C1 in C I.2, S. 246f.).

d) orientierungslos

Hier müssen zwei Sonderfälle betrachtet werden, deren Problematik unter den Typen 11 und 16 bereits skizziert ist. Die angesprochene Orientierungslosigkeit erschwert die Ausprägung sowohl von Handlungs- als auch von Kompensationsprioritäten. So mögen Vertreter dieser Typen je scheinbar frei, weil ungebunden an profilierende Prioritäten, entscheiden. Diese Freiheit beruht jedoch nicht auf einer ressourcen-

---

[94] So könnten analog die *freien* Typen der *tendenziellen* Prioritäten als *fiktional* operierend, die *ersatzorientierten* Typen der *fixierten* Prioritäten hingegen als *dogmatisch* charakterisiert werden (vgl. VAIHINGERs Staffelung der abnehmenden Freiheitsgrade in der Abfolge: Fiktion – Hypothese – Dogma, a. a. O.)

gestärkten Basis, sondern spiegelt lediglich deren Mangel wider. Ausdruck der beschriebenen negativen Freiheit ist die Willkürlichkeit der Entscheidungen: entweder weil die Bedeutungszuschreibungen auf zwei Machtanspruchsebenen gleichberechtigt miteinander konkurrieren (Typ 11) oder aber weil beiden negativen Ressourcenbedingungen erst gar keine Bedeutungen beigemessen werden (Typ 16). Willkür in den Entscheidungen verhindert ein wiedererkennbares Profil und lässt ein diffuses Identitätsbild zurück.

Die Prioritäten, so wie wir sie oben kennengelernt haben (vgl. B III.2), werden also in der Teleoanalyse hinsichtlich eventueller individueller Begründungen und Zielausrichtungen weiter spezifiziert. Ausschlaggebend dafür ist der interpretierte Bedeutungsgehalt, der den personalen wie sozialen Ressourcen zugeschrieben wird, auf denen ihr Machtanspruch beruht.

Gemäß PEW (1978) lassen sich in den Prioritäten ADLERs viergliedrige Klassifizierung nach sozialer Integration und Bewegungsform bzw. -tempo wiederfinden (vgl. auch B III.2.1), die wir oben bereits mit eigenen Beispielen veranschaulicht haben und die auf der Folgeseite nochmals zusammenfassend und nebeneinander aufgeführt werden.

Im Hinblick auf unser vorgestelltes teleoanalytisches Modell dürfen wir nun allerdings feststellen, dass die aktiv-konstruktiven, sozial nützlichen Ausprägungen v. a. den tendenziellen Prioritäten zugetraut werden können. So verfügt bspw. der Profiltyp 1 (A++/G++) über das dafür notwendige Gemeinschaftsgefühl, das dem Profiltyp 13 (A++/G– –) fehlt und der entsprechend wohl weniger Interesse verspürt, seine Kompetenzen zum Wohle aller einzusetzen.

Die Tabelle C8 (S. 284) ruft uns die ADLER'sche Typenklassifizierung, die wir oben bereits auf die Prioritäten übertragen haben (vgl. B III.2.2.1– 4), nochmals zusammenfassend in Erinnerung – jedoch ergänzt um die in der Teleoanalyse erfassten potenziellen Basistypen. Dafür sind jedoch vorab die zu erwartenden Bedingungen hinsichtlich der Prioritätsentwicklung (Tabelle C6, S. 282) wie deren Ausprägung (Tabelle C7, S. 282) als Orientierungsrahmen aufgeführt.

Die aktiven Prioritäten Überlegenheit und Kontrolle erwarten die Erfüllung ihrer Bedürfnisse v. a. aufgrund personaler Ressourcen. Entweder verfügen sie bereits über entsprechende Kompetenzen, die ihnen autonome Bestrebungen erlauben, oder sie schätzen deren Bedeutung als hoch ein, um ihre Ziele zu erreichen.

Die passiven Prioritäten Gefallenwollen und Bequemlichkeit verlassen sich eher auf soziale Ressourcen. Von dem Gefühl der Geborgenheit, das sie kennen oder anstreben, versprechen sie sich die Sicherung ihres Machtstatus'.

Die Kompensationsfreiheit nimmt von oben nach unten ab. Während den freien und ausgleichsorientierten Zielkompensationen auch untere Prioritätsausprägungen (herrschend, nehmend oder vermeidend) – entsprechend den Bedingungen der Prio-

Tabelle C6: Wahrscheinliche Bedingung einer Prioritätsentwicklung[95]

Prioritäten	Überlegenheit versus Bedeutungslosigkeit	Kontrolle versus Ausgeliefertsein	Gefallenwollen versus Ablehnung	Bequemlichkeit versus Überforderung
Bedingungen der potenziellen Basistypen (1.)	Positive Bedingung oder hohe Bedeutung Kompetenz	Positive Bedingung oder hohe Bedeutung Kompetenz	Positive Bedingung oder hohe Bedeutung Geborgenheit	Positive Bedingung oder hohe Bedeutung Geborgenheit

Tabelle C7: Wahrscheinliche Bedingungen einer Prioritätsausprägung

Klassifizierung	Typen nach ADLER	Bedingungen der potenziellen Basistypen (2.)
Aktiv-konstruktiv	Sozial nützlich (*useful*)	Zielkompensation frei oder ausgleichsorientiert
Aktiv-destruktiv	Herrschend (*ruling*)	Zielkompensation ausgleichs- oder ersatzorientiert[96]
Passiv-konstruktiv	Nehmend (*getting*)	Zielkompensation ausgleichs- oder ersatzorientiert
Passiv-destruktiv	Vermeidend (*avoiding*)	Zielkompensation ersatzorientiert[97]

ritätsentwicklung (vgl. Tabelle C6)[98] – zur Verfügung stehen, scheint der umgekehrte Weg versperrt. Eine Ersatzorientierung verhindert aller Voraussicht nach eine aktiv-konstruktive Prioritätsausprägung.

---

[95] Damit werden zusätzlich mögliche Bedingungen nicht ausgeschlossen. Zudem bleibt zu bedenken, dass die Kompetenz- und Geborgenheitsbedingungen intrapersonal rein subjektiven Überzeugungen entsprechen, die ggf. nicht mit quantitativ erhobenen Ergebnissen übereinstimmen, sodass weitere potenzielle Basistypen alternative Prioritäten ausprägen können.

[96] Typ 11 wurde oben zwar aufgrund konkurrierender Machtansprüche als Sonderfall unter orientierungslos aufgeführt, kann hier aber hinsichtlich seines vorhandenen Freiheitsgrades als ausgleichsorientiert behandelt werden.

[97] Auch der Sonderfall Typ 16 kann aufgrund seines Freiheitsgrades nicht nur als orientierungslos, sondern auch als ersatzorientiert bezeichnet und somit hier miteinbezogen werden.

[98] Limitierend wirkt sich hierbei die in der Zielkompensation angestrebte Machtebene aus: So kann der ausgleichsorientierte Typ 3 (Zielkompensation Kompetenz) zwar eine passiv-destruktive Prioritätsausprägung im niedrigeren Freiheitsgrad der Ersatzautonomie entwickeln, nicht aber in der Ersatzgemeinschaft, die zwar auch einen niedrigeren Freiheitsgrad aufweist, aber einer anderen Machtanspruchsebene angehört.

In der nachfolgenden Tabelle (C8) sind unter den jeweiligen Rubriken nur die Basistypen der in Tabelle C7 aufgeführten Freiheitsgrade berücksichtigt, da sie nur so eine weitere Eingrenzung der Wahrscheinlichkeiten gestattet. Bei einer Abweichung im Einzelfall wären dann Varianten höherer Freiheitsgrade zu überprüfen.

Die nämliche Tabelle (C8) führt in den ersten drei Klassifizierungen, den Prioritätsausprägungen aktiv-konstruktiv, aktiv-destruktiv und passiv-konstruktiv in allen vier Prioritäten jeweils neun potenzielle Basistypen auf, die sich zu einer entsprechenden Variante entwickeln bzw. die einer vermuteten Prioritätsausprägung zugrunde liegen könnten. Dies zeugt von großer Variabilität und Plastizität, dokumentiert aber auch die Kreativität und Freiheit des Individuums, unter ähnlichen Bedingungen voneinander abweichende Verhaltensweisen auszuprägen bzw. ähnliche Verhaltensweisen aus abweichenden Bedingungen abzuleiten. Denn, so sei hier nochmals angeführt, es gibt bei Individuen keine Symptome, die das Gleiche bedeuten (vgl. ADLER 1936, S. 174).

In diesem Sinne können die angelegten Differenzierungskriterien der bevorzugten Ressourcenorientierung (Tabelle C6) und des Freiheitsgrades der Zielkompensation (Tabelle C7) auch keine weitere Unterscheidung innerhalb der aktiven oder passiven Prioritäten seriös vorhersagen. Ob oder warum sich eine Überlegenheits- oder eine Kontrollpriorität bzw. eine Priorität des Gefallenwollens oder der Bequemlichkeit entwickelt (hat), kann nur im Einzelfall untersucht und abgeschätzt werden. Allenfalls deren fixierte Varianten lassen sich punktuell mit gewissen Wahrscheinlichkeiten absehen (vgl. Kurzcharakteristiken der Typen 8, 12, 13 und 15).

Die passiv-destruktiven Varianten, die auf Vermeidung (je einer Machtanspruchsebene) fixiert sind, entwickeln sich wahrscheinlich vornehmlich aus Bedingungskombinationen, wie sie in den vier dort angegebenen Basistypen zusammengefasst sind.

Um etwaigen Missverständnissen vorzubeugen, muss womöglich explizit darauf verwiesen werden, dass es sich bei den ADLER'schen Klassifizierungen in *passiv*-konstruktive und *passiv*-destruktive einerseits sowie den *passiven* Prioritäten (Gefallenwollen/Bequemlichkeit) andererseits lediglich um eine zufällige Wortgleichheit ohne inhaltliche Einschränkungen handelt, sodass sich auch *passive* Prioritäten aktiv-konstruktiv und aktiv-destruktiv ausprägen können.

2.4 Profilbeschreibung:
Ableitung typischer und individueller Interventionsoptionen

Die Teleoanalyse versucht, der Individualität jedes Menschen gerecht zu werden. Jeder Mensch verfügt über ein unterschiedlich differenziertes Kompetenzniveau mit eigenen Stärken und Schwächen, jeder ist unterschiedlich intensiv in ein eige-

Tabelle C8: Erläuternde Verhaltensweisen zu ADLERs Typenklassifizierung innerhalb der vier polaren Prioritäten sowie deren potenzielle Basistypen

Typen-Klassifizierung ADLER		Verhaltensweise gemäß Priorität Überlegenheit versus Bedeutungslosigkeit	Verhaltensweise gemäß Priorität Kontrolle versus Ausgeliefertsein	Verhaltensweise gemäß Priorität Gefallenwollen versus Ablehnung	Verhaltensweise gemäß Priorität Bequemlichkeit versus Überforderung
Aktiv-konstruktiv	Sozial nützlich (useful)	Setzt engagiert die eigenen Fähigkeiten zum Wohle aller ein (Idealist)	Gruppe kontrollieren und sichern (Regisseur)	Aufmerksam die Gruppenatmosphäre harmonisieren (Diplomat)	Vermittelt Genügsamkeit im sozialen Anspruchsverhalten (Fürsprecher/Begutachter)
Potenzielle Basistypen		1, 2, 3, 5, 6, 7, 9, 10, 11	1, 2, 3, 5, 6, 7, 9, 10, 11	1, 2, 3, 5, 6, 7, 9, 10, 11	1, 2, 3, 5, 6, 7, 9, 10, 11
Aktiv-destruktiv	Herrschend (ruling)	Setzt eigenes Machtpotenzial konsequent (gewaltsam) durch (Tyrann)	Leistungen kontrollieren und reglementieren (Schiedsrichter)	Opportunistisches Standpunktwechseln (Populist)	Delegiert Verantwortung an andere (Verpächter)
Potenzielle Basistypen		3, 7, 9, 10, 11, 13, 14, 15, 16	3, 7, 9, 10, 11, 13, 14, 15, 16	3, 4, 7, 8, 9, 10, 11, 12, 16	3, 4, 7, 8, 9, 10, 11, 12, 16
Passiv-konstruktiv	Nehmend (getting)	Erwartet bedingungslose Mittelpunktkontrolle und Bewunderung (Prinz)	Ansprüche kontrollieren und einfordern (Erbsenzähler)	Erwartungen der anderen bedienen, Akzeptanz erhalten (Schauspieler)	Genießt nach seinen Optionen (Hedonist)
Potenzielle Basistypen		3, 7, 9, 10, 11, 13, 14, 15, 16	3, 7, 9, 10, 11, 13, 14, 15, 16	3, 4, 7, 8, 9, 10, 11, 12, 16	3, 4, 7, 8, 9, 10, 11, 12, 16
Passiv-destruktiv	Vermeidend (avoiding)	Stellt Behauptungen bezüglich vermeintlicher Handlungsoptionen auf, die meist nicht in Praxis übertragen werden bzw. werden können (Angeber)	Anforderungen kontrollieren und minimieren (Minimalist)	Selbstverleugnende Unterwerfung (Mitläufer)	Zieht sich in sein Phlegma zurück (Ignorant)
Potenzielle Basistypen		13, 14, 15, 16	13, 14, 15, 16	4, 8, 12, 16	4, 8, 12, 16

2 Teleoanalyse

nes soziales Netz eingebunden, jeder hat seine eigenen Vorstellungen darüber, was ihm davon wichtig erscheint und was er als unbedeutend vernachlässigt. In diesem Kapitel haben wir anhand zweier Komponenten (Kompetenz/Geborgenheit) und deren Gewichtung (+/–) eine vereinfachte Typisierung vorgenommen und für jede der 16 Kombinationen ein wahrscheinliches Zielkompensationsverhalten abgeleitet. Bei fast der Hälfte der Kombinationen (bei sieben ersatzorientierten Basisprofilen) – auch wenn dies nicht als Hinweis auf die tatsächliche statistische Verteilung missverstanden werden darf – scheint der Kompensationsdruck die Entscheidungs-, Handlungs- oder auch Entwicklungsfreiheit zu gefährden. Ihr ganzes Streben ist darauf ausgerichtet, ein instabiles Sicherheitskonstrukt aufrechtzuerhalten, wobei ihre Befürchtungen um dessen Zusammenbruch ihre Entscheidungen bestimmen.

Dieses skizzierte Basisprofil, das sich in den 16 vorgestellten Typen wiederfindet, dient neben und nach der Prioritätenanalyse als weiterführender Bezugspunkt auf dem Weg zur angestrebten aktiven selbstbestimmten Profilierung des Individuums im psychomotorisch unterstützten und begleiteten Entwicklungsprozess. Das Wissen um die Ausprägung autonomer und gemeinschaftlicher Tendenzen im verfolgten Machtanspruch ermöglicht eine größere Individualisierung der Intervention.

Hinsichtlich der psychomotorischen Grundüberzeugung, von den Stärken auszugehen (vgl. bspw. EGGERT 1997), erfahren auch hier die individuellen Ressourcen besondere Gewichtung. Als erste Orientierung darf so weit möglich also zunächst immer ein Blick auf den oder die Faktoren gerichtet werden, die mit einem (+) gekennzeichnet sind.

Beispiele:

a.) Typ 10 (Basisprofil G+–/G–+): Positive Kompetenzbedingungen bei niedriger Bedeutung (negative Ableitung der Machtanspruchsebene ohne Kompensationsdruck); niedrige Geborgenheitsbedingungen bei hoher Bedeutung (positive Ableitung der Machtanspruchsebene, Kompensationsdruck in Richtung Geborgenheit): Zielkompensation Geborgenheit.

Der Wunsch nach Geborgenheit ist durch das Niveaugefälle von der zugemessenen Bedeutung zur veranschlagten Geborgenheitsbedingung ausgelöst. Vor dem Hintergrund der vorhandenen positiven Kompetenzbedingungen kann versucht werden, ein Angebot zu arrangieren, in dem diese Kompetenzen für die Gruppe wichtig sind. So ist einer Eingliederung in die Gruppe ebenso Vorschub geleistet wie der Wertschätzung seiner Kompetenzen, die ehedem nur gering geachtet wurden.

b.) Typ 14 (Profil G+–/A– –): Positive Kompetenzbedingungen bei niedriger Bedeutungszuschreibung (negative Ableitung der Machtanspruchsebene ohne Kompensationsdruck); negative Geborgenheitsbedingungen bei niedriger Bedeutung (negative Ableitung der Machtanspruchsebene, Kompensationsdruck in Richtung Ersatzautonomie): Zielkompensation Ersatzautonomie.

In der Zielkompensation Ersatzautonomie liegt die Konzentration auf den eigenen Kompetenzen, die bei diesem Profil auch mit positiven Bedingungen besetzt sind. Doch misst der Vertreter diesen Bedingungen nur wenig Bedeutung bei. Sein Kompensationsverhalten entspringt negativer Ableitung: Die Geborgenheitskomponenten werden doppelt als niedrig eingestuft und drängen so zur Autonomie. Der Ressourcenüberschuss aufseiten der Kompetenzen aber bedingt wiederum ein Interesse an der Gemeinschaft und bietet sich somit als Ausgangspunkt der psychomotorischen Intervention gleich in zweifacher Hinsicht an.

Erstens ist von allen vier Komponenten lediglich die Bedingung der Kompetenz als positiv bewertet und als Stärke für den Einstieg prädestiniert. Zweitens bietet der, wenn auch nur negativ begründete, Gemeinschaftsaspekt die Chance, der Ersatzautonomie eine im Basisprofil angelegte Alternative entgegenzustellen und diese Alternative mit entsprechenden Impulsen zu stabilisieren. Es wären auch hier, ähnlich dem oberen Beispiel, Angebote zu setzen, die die eigenen Kompetenzen, die selbst ja als wenig bedeutsam eingestuft werden, für die Gemeinschaft (die Gruppe) wichtig werden lässt.

Die Individualisierung des Interventionsangebots kann im konkreten Fall natürlich durch die Erkenntnisse des diagnostischen und therapeutischen Prozesses erhöht werden: Warum werden bspw. die Bedeutung der eigenen Kompetenzen so hoch und warum die der Geborgenheit so gering geschätzt? Wieso richtet sich das eigene Streben völlig nach dem Wunsch nach Geborgenheit aus und verleugnet vorhandene Kompetenzen? Antworten auf diese Fragen erlauben spezifischere Impulse.

Die teleoanalytisch orientierte Intervention initiiert demnach Erfahrungsangebote, in denen konkrete Wünsche, Hoffnungen, Erwartungen aufgegriffen werden, die einen direkten Bezug zur Biografie, zu Befürchtungen oder Ängsten, zu Absichten und Bedürfnissen aufweisen.

So könnte ein ungewolltes Kind, das sich von seiner Mutter wiederkehrend abgelehnt fühlt, Sequenzen durchspielen, in denen es gerade von ihr (oder einem Übertragungsobjekt) gehalten, aufgefangen oder gestützt wird.

Ein Junge, der darunter leidet, dass seine jüngere Schwester ihn zu überflügeln droht, kann dieser im Bewegungsspiel mit der Schaukel davonfliegen, kann sie im Rollenspiel fesseln oder im Regelspiel reglementieren und so seine Kontrollwünsche und deren Auswirkungen auf die eigene Befindlichkeit erfahren.

Dabei muss beachtet werden, dass sich etwaige *individuelle* Themen, die es in der psychomotorischen Praxis ggf.[99] aufzunehmen gilt, keinesfalls aus den vorgestellten *Typen* herauslesen lassen. Die Prioritätstypen charakterisieren lediglich persönlich bevorzugte, aber dennoch allgemein-unspezifische Bewältigungsstrategien und die Basisprofiltypen versuchen, anhand als relevant erachteter Faktorenkombinationen ursächliche oder stabilisierende Bedingungen dieser Strategien schematisch einzugrenzen. Ab wann aber ein Individuum seine Kompetenzbedingungen als ausreichend empfindet, um aktiv mit ihnen zu experimentieren, warum es Vertrauen in Beziehungen entwickelt und sich geborgen fühlt oder weshalb es wichtig scheint, schnell oder beliebt zu sein, wird individuell beantwortet. So mag das Kind aus einer sportbegeisterten Familie den motorischen Fertigkeiten mehr Beachtung schenken, während das Kind, das in einer Großfamilie aufgewachsen ist, die Beziehungspflege für wichtiger hält. Erst in diesen Überlegungen werden die noch kategorisierten Basisprofil-Bedingungen individualisiert (aus welchen Erfahrungen könnten sich jene dort zusammengefassten Bedingungs- und Bedeutungszuschreibungen herleiten lassen?).

Die Teleoanalyse, verstanden als Wesensdeutung des individuellen Bewegungsgesetzes, soll die in der Prioritätenanalyse gewonnene Verhaltensabstraktion ergänzen und konkretisieren. Dazu fokussiert sie drei Punkte:

(1.) Was verbirgt sich auf individueller Ebene hinter der allgemeinen Befürchtung der Prioritätenwahl (z. B. Kontrollpriorität schützt vor Ausgeliefert sein: wo fühlt sich das Individuum ausgeliefert)?

(2.) Aus welchem Basisprofil könnte sich die abstrahierte Priorität entwickelt haben (fixierte Kontrollpriorität bspw. aus den Typen 13, 14, 15, 16; vgl. Tabellen C5 und C8)?

(4.) Welche Ansatzmöglichkeiten bietet jenes Basisprofil für Interventionsimpulse, welche Faktoren werden als positiv eingeschätzt (z. B. Typ 14: positive Kompetenzbedingungen)?

Sie ist eine individuumszentrierte Einzelfallbetrachtung. Ihre Erkenntnisse spielen im klientenorientierten Interventionsverlauf sowohl zum Verständnis des Menschen und seiner Motivationen als auch in der Auswahl der Angebote eine mit entscheidende Rolle, können aber nun im allgemeinen Rahmen nicht Gegenstand der Betrachtungen sein. Der nachfolgend vorgestellte Interventionsablauf bezieht sich auf die

---

[99] Ich vermute, dass für ausgleichsorientierte Zielkompensationen die prioritätsspezifische Interventionsform, wie sie im Anschluss vorgestellt wird, ausreicht, da dort je Bezüge zu beiden Machtebenen bestehen. Individuellere Angebote, wie sie anhand teleoanalytischer Erhebungen lanciert werden können, bedarf es womöglich erst auf der Stufe der ersatzorientierten Zielkompensationen, auf denen der Bezug zu einer Machtebene verloren gegangen ist.

erfassten Prioritäten und deren die Handlungsvariabilität einengenden Charakter. Thematisiert werden demnach nicht die den Prioritäten zugrunde liegenden persönlichen Erfahrungen, auf die die Teleoanalyse zielt, sondern deren offensichtliche Folgen.

Die Erfahrungen selbst können nicht ausgelöscht werden. In der Erprobung von Handlungsalternativen und in der daraus erwachsenden De- und Neukonstruktion von Bedeutungszuschreibungen können m. E. jedoch die aus ihnen resultierenden Befürchtungen und damit indirekt auch die Bedeutung dieser Erfahrungen relativiert werden.

Während die eben erläuterte teleoanalytisch orientierte Intervention v. a. im individuellen Klientelbezug eingesetzt wird, eignet sich die auf der Prioritätenanalyse basierende Interventionsform auch in Gruppenkonstellationen.

Sie gründet auf der Suche nach Handlungsalternativen zu den einengenden Prioritäten, die sich als Abwehrstrategien bestimmter Befürchtungen verselbständigt zu haben scheinen. Ihr im Vergleich zu Ableitungen aus der Teleoanalyse allgemeineres Angebot zielt auf übertragbare Erfahrungen und Bedeutungen, die in der Auseinandersetzung mit den ausgewählten Herausforderungen gewonnen werden sollen.

Ihre aufgrund der höheren Abstraktion größere Allgemeingültigkeit und über den Einzelfall hinausgehende Relevanz erlaubt und erfordert es, sie ausführlich im folgenden Kapitel vorzustellen.

III Möglichkeiten psychomotorischer Intervention als Orientierungshilfe

„So sehr die Individualpsychologische Therapie (...) von einer Analyse des Unbewussten ausgeht, sie bleibt bei dieser Analyse nicht stehen. (...) Selbsterkenntnis, ja Bewusstseinserweiterung durch Aufnahme bis dahin unbewusster Faktoren in das Bewusstsein, aber damit kann das Ende noch nicht gegeben sein; dieser Prozess muss vielmehr *praktische Folgen* haben, soll wirkliche Heilung eintreten. Somit ist es ein unabdingbares Prinzip der Individualpsychologie, dass sich an die Analyse eine Synthese anschliesst, welche *ohne Aktivität und Aktionen des Patienten unvorstellbar* ist. Der Patient soll lernen, seine bisherigen falschen[100] Verhaltensweisen zu korrigieren, was ohne *Training*[101] neuer Verhaltensweisen, zu denen der Therapeut ermutigt und bei denen er ‚wohlwollend zusieht' (*Altenberg*), nicht möglich erscheint. Nicht zufällig waren Ausdrücke wie ‚*Bewegung*' und ‚*Aktion*' Lieblingsworte *Adlers*, ebenso wie er auf der anderen Seite die ‚zögernde Attitude', die ‚Selbstblockade', die ‚Ausbiegung' und die ‚verringerte Aufmarschbreite' (...) als klassische psychoneurotische Verhaltensweise beschrieben hat. Durch Reden allein kann man sicher keine Änderung erreichen, aber es wäre andererseits auch falsch, die Trainingsphase nur auf Übungen zu beschränken, die auf Erfolgserlebnisse ausgerichtet sind (das wäre dann nur ‚Verhaltenstherapie'). Es geht dabei um eine gefühlsmässig fundierte geistige Metanoia (Umkehr, Neuausrichtung, K. B.) und *Neuintegrierung der Persönlichkeit*" (Ringel 1978, S. 150, Hervorhebung K. B.).

In der oben formulierten wie beschriebenen Zielvorstellung (siehe C I), Entwicklungshemmung zu überwinden und persönlichen Handlungsspielraum zu optimieren, wird implizit wie explizit bereits auf bestehende Grenzen verwiesen. Diese sollen jedoch im Entwicklungsverlauf ihren einengenden Charakter zugunsten eines profilierenden ablegen. Die geschickte Auswahl und Kombination der eigenen Ressourcen aus einem Pool von potenziellen Möglichkeiten stellt dabei die zu bewältigende Aufgabe dar. Damit unterscheidet diese sich nicht von der für die Postmoderne festgehaltenen Herausforderung, sich in der Pluralität von Angeboten, Werten und Optionen zu orientieren und sich selbst darin zu verorten.

---

[100] Gemäß ADLER (z. B. 1979, S. 57) gibt es keine „falschen" Verhaltensweisen, denn sie dienen stets je dem gewählten Ziel: „Wenn einmal das Ziel der Überlegenheit konkretisiert worden ist, werden keine Fehler im Lebensstil mehr gemacht. Die Gewohnheiten und Symptome sind genau richtig, um das konkrete Ziel zu erreichen, denn sie sind jenseits jeglicher Kritik. Jeder (...) macht die richtigen Bewegungen, um das zu erreichen, was er für die überlegene Position hält." Das oben Gemeinte bezieht sich auf die angestrebte Relativierung der Befürchtungen, die die selbst gewählte Entwicklungshemmung bedingen.

[101] Training und Übung dürfen hier nicht als sture Wiederholung einer motorischen Aufgabe missverstanden werden, sondern umschreiben ein bewegtes Erleben, Durchspielen und Einverleiben.

Dafür ist es wichtig, wesentliche, bedeutsame Orientierungspunkte zu erfassen. Mit der Prioritätenanalyse haben wir versucht, uns diesen zu nähern. Indem wir so das *ursprüngliche Heimatland vermessen*, also das aktuelle Auswahl- und Handlungsfeld kennengelernt haben, geht es jetzt darum, die *Grenzen auszuloten*, manche als gegeben hinzunehmen, andere auszureizen oder auszuweiten, um *Neuland zu betreten* und (Entwicklungs-)Wachstum zu fördern.

Grenzen sind die Voraussetzungen für die Ausprägung eines Profils. Sie definieren das Individuum. Fehlen Abgrenzungen, geht die Individualität und mit ihr der Anspruch auf Wiedererkennbarkeit und Bedeutsamkeit verloren.

In diesem Sinne versteht sich die hier vorgestellte psychomotorische Praxis als eine Orientierungshilfe. Sie bedient sich verschiedenen Methoden der Grenzerfahrungen: von der gewährenden Akzeptanz zur Konfrontation, in der die Grenzen ermittelt und positiv wie negativ interpretiert werden, sowie von der relativierenden Toleranz zur De- und Neukonstruktion, in der die neuen erkundet werden müssen.

1 Akzeptanz

Die erste Forderung des Interventionsschemas, Vorgefundenes zu akzeptieren, kann sicherlich zunächst ambivalent aufgefasst werden. Zum einen scheint es eine fast selbstverständliche Grundhaltung des Respekts gegenüber dem anderen, die nach humanistischen Überzeugungen jedweden zwischenmenschlichen Umgang charakterisieren sollte. Zum anderen mag gefragt werden, welchen Platz die Akzeptanz in einem Bereich einfordert, in dem es um Veränderungsprozesse geht. Sendet die Akzeptanz in diesem Zusammenhang nicht ein Signal der Zufriedenheit, das bestehende Handlungsmuster eher stützt?

Einführend müssen Bedeutungsunterschiede der Akzeptanz, wie sie hier aufzufassen ist, geklärt werden. Die oben angedeutete humanistische Grundhaltung wird vorausgesetzt und nicht weiter erläutert. Gegenstand der Betrachtungen ist die Akzeptanz als spezifische Methode im Interventionsverlauf.

1.1 Akzeptanz als Methode: Vertrauensaufbau und Erkenntnisgewinn

Diese Akzeptanz als Methode dient zwei Zielen: dem Vertrauensaufbau und dem Erkenntnisgewinn.

Besucht ein Mensch, als Kind, Jugendlicher oder Erwachsener, erstmals psychomotorische Förderangebote, so hat er bereits einen kürzeren oder längeren Leidensweg hinter sich. Er ist wahrscheinlich wiederholt an Grenzen gestoßen. Diese haben sich dabei entweder verfestigt oder aufgelöst. Immer wieder gerät der besagte Mensch unter Anpassungs- oder Rechtfertigungsdruck: Er soll sein Verhalten verändern oder erklären. Das Augenmerk liegt, wenn nicht sogar ausschließlich, so doch zumindest stark auf den problembehafteten Auffälligkeiten – die Person wird nunmehr v. a. unter diesen Aspekten betrachtet, während andere zunehmend aus der Fremd- und Selbstwahrnehmung verschwinden. Die Auffälligkeiten führen so zu den Interventionsangeboten, die dann mehr oder weniger freiwillig besucht werden. Mit dem Übertritt zu professioneller Unterstützung aber endet eine Phase der privaten Begleitung, die womöglich verschiedene Stadien durchlaufen hat: wachsendes Problembewusstsein, Nachsicht gepaart mit Hoffnung auf Besserung, verstärkte Ermahnung und Ungeduld. Das Delegieren des Problems an andere Stellen bestätigt es offiziell und definiert es als inakzeptabel und veränderungswürdig.

Die Ausgangslage ist somit als angespannt zu bezeichnen. Mögliche Interpretationen können sein: *So geht es nicht mehr weiter. Es muss etwas passieren. Mit mir muss etwas passieren. Ich bin nicht gut genug. Ich soll mich verändern. Dort wird mir geholfen. Die machen etwas mit mir.*

Unter diesen Umständen wäre es überraschend, wenn nicht alle Selbstschutzmechanismen und Abwehrstrategien in Alarmbereitschaft versetzt würden. Veränderungsprozesse sind jedoch aktive Leistungen des Individuums, weshalb es gilt, dessen Bereitschaft dafür zu sensibilisieren.

Die Akzeptanz als vertrauensbildende Methode kann diese Bereitschaft vorbereiten. Dabei bezieht sich das Vertrauen sowohl auf das Verhältnis zum Interaktionspartner als auch zu sich selbst. Die einseitige Betrachtung der Problemfelder führt zu einem Ausblenden anderer Teilbereiche, die entweder in Zusammenhang mit der Problematik stehen oder aber als Ressource genutzt werden könnten. Bleibt der Fokus auf den potenziellen Konfliktsituationen, so wird eine Strategie der Teilpräsentation in Kauf genommen: Vorspiegelung vermeintlich erwünschten Verhaltens oder eben anhaltende Abwehrmechanismen.

Die (nahezu) vorbehaltlose Akzeptanz (selbst- und fremdverletzendes bzw. -gefährdendes Verhalten ausgenommen) und Wertschätzung der Präsentation entspannt die Erwartungshaltung und begründet eine Sicherheitsbasis für den weiteren Verlauf. Akzeptanz umschließt auch ein hohes Maß an gewährter Beschäftigungs- und Gestaltungsfreiheit. So kommt auch der zweite Zielaspekt der Methode zum Tragen.

Akzeptanz dient dem Erkenntnisgewinn. Wird Freiraum gewährt, können sich darin die vorhandenen Kapazitäten an Freiheit, Gestaltungskreativität und Ressourcen ausbreiten. Damit wird das *Heimatland*, mit seinen aktuell verfügbaren Handlungsmustern, den Bedürfnissen und Vermeidungsstrategien, ausgelotet. Prioritäten treten zum Vorschein, Grenzen werden deutlich, Kompensationsphänomene verständlich.

Nur in der Akzeptanz kann sich Ganzheitlichkeit zeigen. Die Möglichkeit, sein So-Sein auszuleben und Wertschätzung zu erfahren, ergänzt auch das Selbstbild des

Menschen wieder, der durch die Problematisierung seines Verhaltens oftmals nur deren Konfliktpotenzial zu bewältigen hatte. Fremdakzeptanz befördert so auch die Selbstakzeptanz.

1.2 Prioritäten ausleben bzw. positive Aspekte stärken

In der Phase der Akzeptanz werden die Gestaltungswünsche vorbehaltlos unterstützt. Hilfen werden bei Bedarf und auf Verlangen angeboten, gewählte Strategien jedoch noch nicht infrage gestellt. Dialogische Inputs beschränken sich zunächst möglichst auf Wertschätzungen und Bestärkungen sowie auf interessierte Fragen bezüglich der Handlungsmotivation. Initiative Inputs zielen auf Spiel- oder Bewegungsangebote, die womöglich ergänzende Informationen bereithalten. Ihre eventuelle Ablehnung wird jedoch akzeptiert. Ablehnung kann entsprechend bereits ausreichend informativ sein. Konzeptuell bietet sich hier die Gelegenheit zur gezielten Beobachtung, hier erfolgt die Prioritätenanalyse (vgl. C II.1). Dazu sind, wie im nämlichen Kapitel beschrieben, vielfältige Gesichtspunkte im Sozialkontakt, den Bewegungsspielen und Körperarbeiten aufschlussreich.

Die eigenen Bedürfnisse dürfen genossen werden. So kann der Kontrollierende Regeln aufstellen, eine Gruppe führen, Zugänge beschränken oder Güter verteilen, der nach Überlegenheit Strebende Spiele bestimmen und gewinnen, die Anführerrolle übernehmen oder den höchsten Turm bauen. Wer in der Gruppe gefallen will, darf sich seinen ihm genehmen Platz suchen, der Bequeme sich umsorgen lassen und schnell zufrieden sein.

Die ausgewählten Prioritäten stellen generalisierte Handlungsmuster dar. Sie haben sich bei der Bewältigung bedeutsamer Problemlösungen als nützlich erwiesen. Ihre positiven Aspekte gilt es stets im Auge zu behalten und zu stützen, da sie ein Refugium der individuellen Sicherheit repräsentieren, zu dem auch immer wieder zurückgekehrt werden kann und muss, wenn Befürchtungen und Überforderungen zu schwerwiegend ausfallen.

Kontrolleure sind demnach nicht nur pedantisch, sondern auch gewissenhaft und verlässlich. Diese besondere Sorgfalt zeichnet sie aus. Ebenso beinhaltet der Anspruch der Überlegenheit nicht nur Egozentrik, sondern auch Verantwortungsbereitschaft. In der Absicht, gefallen zu wollen, entsteht ein wohlwollendes, unterstützendes und tragendes Sozialklima, Bequemlichkeit kann angespannte Hektik und ruhelosen Aktionismus relativieren und beruhigen.

Beispiele zur psychomotorischen Stärkung der positiven Aspekte sind nachfolgend kurz tabellarisch umrissen (vgl. Tabelle C9).

Die vom professionellen Psychomotoriker erwartete Akzeptanz und Annahme wird im Gruppensetting nicht immer gewährleistet sein, da hier gegenläufige Be-

Tabelle C9: Beispiele prioritätsspezifischer psychomotorischer Angebote in der Interventionsphase Akzeptanz

Priorität		Kontrolle	Überlegenheit	Gefallenwollen	Bequemlichkeit
Auswahl positiver Eigenschaften		Gewissenhaft, verlässlich	Verantwortungsbereit, entscheidungsfähig, ambitioniert	Ausgleichend, harmonisierend, aufmerksam, zuvorkommend	Zufrieden, gemütlich, entspannt, genügsam
Möglichkeiten psychomot. Stärkung	Körperarbeit	Balancieren, Impulse einhalten	Lasten tragen, Gewichte spüren	Differenzierungen wahrnehmen, neu ausrichten	Leichtigkeit spüren, schaukeln, getragen, gezogen, massiert werden
	Bewegungsspiel	Wiederholungen von Zielwürfen, „Stopp"-Spiele	Kampfspiele, Geschicklichkeitsaufgaben	Pendelsäckchen: Ausweichen, GG-Aufgaben: Trampolin, Rollbrett	Torwart, „Gummimann"
	Sozialkontakt	Materialwart, Schiedsrichter	Anführer, Steuermann	Schlichter, Umsorger, Teamspieler	(Tier-)Baby, Kranker (Verletzter)
	Gestalterischer Ausdruck	Mustersteckspiele, Mandalas, Schablonen	„Montagsmaler", Dirigent	Symmetrien zeichnen oder bauen, ausreichend Zeit und Material zur Verfügung haben	Qualitatives Anspruchsniveau selbst festlegen lassen

dürfnisse aufeinanderprallen. Die Gruppenleitung sollte sich in diesem Fall bemühen, Parteilichkeit zu vermeiden, zu deeskalieren und zu vermitteln. Indem sie selbst eine akzeptierende Haltung vorlebt, kann eine annehmende und nachsichtige Gruppenatmosphäre entstehen.

Die Akzeptanz dient der Beziehungspflege, sie schafft ein Vertrauensverhältnis, das für den weiteren Entwicklungsprozess unabdingbar ist. Vertrauen ist jedoch auch die Voraussetzung dafür, sich so zu zeigen, wie man sich fühlt und was einem wichtig ist. Nur wenn der Mensch in seinen Sinn- und Bedeutungszuschreibungen wie seinen emotionalen und affektiven Beteiligungen transparenter wird, wenn wir einen möglichst umfassenden Anteil seiner Ganzheitlichkeit erahnen, kann eine nachhaltige, weil individuelle Entwicklungsförderung gelingen.

Dabei geht es nicht darum, seinen Charakter oder seine Persönlichkeit zu verändern. Seine Prioritäten zeichnen ihn aus, unterstützen seine anzustrebende Profilierung. Im Entwicklungsprozess sind demnach die positiven Aspekte zu stärken und die hemmenden abzubauen. Letzteres bedarf einer Auseinandersetzung, die im Folgenden betrachtet werden soll.

Um Unklarheiten vorzubeugen, muss hier nochmals betont werden, dass die beschriebene Akzeptanz mit dem Eintritt in die nächste Interventionsphase nicht abgelegt wird. Sie bleibt als humanistische Grundhaltung allgegenwärtig. Zudem beschreibt das Interventionsmodell keine strikte lineare Stufenfolge und so findet auch die Methode wiederkehrend erneute Beachtung.

2 Konfrontation

Nachdem wir uns in der Phase der Akzeptanz hauptsächlich im vertrauten Bereich der aktuellen Sicherheit bewegt haben, in dem die eigenen Grenzen bekannt waren oder sich abzeichneten, jedoch unangetastet blieben – ADLER (1973) spricht in diesem Zusammenhang vom „Hinterland", in das sich der Neurotiker „mit aller Macht, mit all seinen Gefühlen, mit allen seinen erprobten Rückzugsmitteln" (S. 125) zurückzieht –, soll nun eine Auseinandersetzung mit ihnen angeregt werden. Denn psychomotorische Praxis zielt auf Verhaltensmodifikationen. Damit diese jedoch nicht als fremdbestimmt erlebt wird, scheint es notwendig, „dass der Patient spürt, dass er unter seinen gegenwärtigen Haltungs- und Handlungsweisen leidet" (ANTOCH 2006, S. 359). Dabei spielt das zuvor erarbeitete Vertrauensverhältnis und Sicherheitsgefühl eine entscheidende Rolle, da andernfalls reflexartig die bewährten Abwehrmuster greifen, die ja gerade in dieser Phase als störend erkannt und aufgeweicht werden sollen.

2.1 Konfrontation auf der Ebene von Körper und Bewegung

Die beabsichtigte Konfrontation dient dem Ziel, wiederkehrende Sackgassen als solche zu erkennen. Dieser Erfahrungs- und Erkenntnisprozess mag mitunter Widerstände heraufbeschwören, führt er doch erneut in die Sphäre eigener Ohnmachts- und Minderwertigkeitsgefühle, die von Unzulänglichkeiten und Abhängigkeiten geprägt sind (vgl. dazu B III.1 bzw. B IV.1.1). Er bietet aber die Voraussetzung, anschließend mit hoher Eigenmotivation neue Wege auszuprobieren, die in der Phase der Toleranz beschrieben werden.

Die alltägliche Konfrontation außerhalb des geschützten psychomotorischen Settings entbehrt zumeist des Verständnisses bezüglich der ursächlichen Zusammenhänge. Sie gibt zudem oftmals Anlass zu Konflikten oder erschöpft sich in Ermahnungen, anstatt tatsächliche Alternativen anzubahnen. Sie kann somit weder als Grundlage für den kommenden Schritt herangezogen werden noch die psychomotorische Konfrontation ersetzen.

Zur psychomotorischen Konfrontation bedarf es einer behutsamen und verständnisvollen Hinführung, ohne jedoch die Grenzen zu verwischen. Diese sollen klar und deutlich zum Vorschein kommen und spürbar werden, um ein Streben nach Überwindung zu bestärken. Diese Überwindung wiederum kann vielfältige Formen annehmen, soll jedoch Ausdruck eigener Kreativität, motorischer, sozialer oder psychischer Leistung und nicht lediglich einer nachsichtigen Entkräftung der Herausforderung geschuldet sein.

Ein Beispiel zur Verdeutlichung des Gemeinten: Die Lösung einer nicht zu bewältigenden Kletteraufgabe sollte (in diesem Fall) nicht darin liegen, den Schweregrad zu minimieren. Verlangt wird auch nicht unbedingt eine rein motorisch-koordinative Bewältigung. Auch das selbstständige Heranziehen von Hilfsmitteln und ihr Einsatz zum eigenen Erfolg drückt Problemlösungskompetenz aus, die auf eigenen Ressourcen beruht und als aktive Leistung wertgeschätzt und für das Selbstverständnis relevant wird.

Um nun eine konkrete psychomotorische Konfrontation zu ermöglichen oder zu erleichtern, scheint es sinnvoll, einen Transfer der allgemein-psychologischen Bestrebungen und Befürchtungen auf die Ebene von Körper und Bewegung vorzunehmen. Dabei sollen die Prioritäten und ihre limitierenden Eigenschaften in ein psychomotorisches Vokabular übersetzt werden.

Der Kontrollpriorität fehlt es an Gemeinschaftsgefühl, an Vertrauen zu ihrem sozialen Umfeld. Aufgrund der Befürchtung, den Anforderungen nicht gewachsen zu sein, muss sie die Bedingungen penibel unter Kontrolle halten. Dies erfordert in einem Verlaufsprozess ständige Wiederholung der gleichen Abläufe. Sie verhält sich zwanghaft pedantisch und bevormundend. Im übertragenen wie im konkreten Sinne der Psychomotorik bedeutet dies eine mangelnde Beweglichkeit, die sich auf die resultierende Dynamik auswirkt, den Bewegungs- und Spielfluss hemmt.

Mit der Fokussierung von Körper- und Bewegungseigenschaften können direkte Ableitungen für die Praxis vorgenommen werden. Körperliche Fähigkeiten bedingen Bewegungsfertigkeiten, wobei sich jedoch die aufzeigenden Grenzen nicht als normative Setzung verstehen. Ausschlaggebend ist also nicht der tatsächliche Grad an Flexibilität, Gewandtheit oder Beweglichkeit als konditioneller Faktor, sondern das Bewusstsein, den individuellen Grad der Fähigkeit als potenzielle Handlungsalternative einsetzen zu können.

Das heißt, dass auch wenn die konkrete Beweglichkeit bei einem Menschen mit Kontrollpriorität quantitativ ausreichend vorhanden ist, er sich doch über deren Bedeutung und Möglichkeiten nicht im Klaren sein kann. Diese gilt es entsprechend in der Körperarbeit grundlegend zu erleben. In ihr geht es v. a. um die leibliche Integration der Überzeugung, über solche individuellen qualitativen Fähig- und Fertigkeiten zu verfügen, die für Anpassungsprozesse benötigt werden.

2.2 Prioritätsgrenzen erfahren

Im vorangegangenen Abschnitt wurde anhand des Beispiels der Kontrollpriorität und deren limitierenden Eigenschaften der Transfer auf psychomotorischer Ebene vorgestellt. Die konkreten Ansatzpunkte sollen die Ableitungen für die Körper- und Bewegungsarbeit erleichtern. In der folgenden Tabelle sind die Erfahrungsbereiche definiert, die von den Betroffenen möglichst gemieden werden. Diese Grenzen ähneln einer Tabu-Regelung: Sie sind vorhanden, jedoch nur schemenhaft bekannt und eine Annäherung an sie wird mit vorgeschalteten Abwehrmechanismen verhindert. Die Orientierungsaufgabe in der Phase der Konfrontation liegt nun darin, diese Grenzen und ihre interpretierten wie realen Auswirkungen kennenzulernen. Nur so können diese anerkannt, ausgeweitet oder überwunden werden. Eine Vernebelung verstärkte lediglich die Abwehrreaktionen, da sich die vorhandenen Befürchtungen im schemenhaften Dunkel zu verselbstständigen drohten.

Der anvisierte psychomotorische Erfahrungsbereich ist je anhand zweier Komponenten umschrieben, die beide als Ausgangspunkt für konfrontative Interventionen herangezogen werden können. Eine „fehlende" körperliche Eigenschaft oder Fähigkeit – wobei sich das Fehlen nicht auf das quantitative Ausmaß, sondern auf die qualitative Nutzung bezieht – sowie deren Einfluss auf ein Bewegungsthema.

Die Überlegenheit fokussiert die Nähe-Distanz-Problematik. Durch permanenten eigenen hohen Einsatz wird die eigene Spitzenposition gefestigt und die Annäherung der anderen abgewehrt.

Das Gefallenwollen leidet unter mangelnder Standfestigkeit. Die eigene Meinung wird anderen untergeordnet. Eigene Werte verlieren an Bedeutung. Das Gleichgewicht zwischen selbst und fremd ist gestört.

Die Bequemlichkeit wiederum mag sich entspannt zeigen. Ihr andauernder Zustand jedoch erschwert das Voranschreiten. Nur die Fähigkeit, auch Anspannung aufzubringen, erlaubt, Widerstände zu bewältigen und Verantwortung zu übernehmen.

Es folgen einige kurze Erläuterungen zu den beispielhaft (vgl. Tabelle C10) gewählten Konfrontationsmöglichkeiten:

Kontrolle:
– Beweglichkeit des Körpers wird untersucht, Voraussetzung zur körperlichen Flexibilität;
– Überreglementierung als Spielflusshemmung – Dynamik, Spannung gehen verloren;

2 Konfrontation

Tabelle C10: Beispiele prioritätsspezifischer psychomotorischer Angebote in der Interventionsphase Konfrontation

Priorität		Kontrolle	Überlegenheit	Gefallenwollen	Bequemlichkeit
Auswahl limitierender Eigenschaften		Pedantisch, zwanghaft, bevormundend, wiederholend	Egozentrisch, herrschsüchtig, herablassend, übertreffend	Unentschlossen, ausweichend, opportunistisch, widersprüchlich	Träge, phlegmatisch, verantwortungsscheu, teilnahmslos
Erfahrungsbereich auf psychomotorischer Ebene		Fehlende Beweglichkeit hemmt Dynamik	Fehlende Kraftdosierung hemmt Annäherung	Fehlendes Gleichgewicht hemmt Standfestigkeit	Fehlende Spannung hemmt Fortschritt
Möglichkeiten psychomotorischer Konfrontation	Körperarbeit	Flexibilität, Beweglichkeit, Gewandtheit	Konditionelle Belastung, Kraftdosierung	Gleichgewicht	Körperspannung
	Bewegungsspiel	Überreglementierung	Unterzahlspiel	Kampfspiele	Reaktionsspiel
	Sozialkontakt	Regie wechselt	„König ohne Volk", Wege zueinander bauen	Bildhauer: sich und Partner modulieren	Tierbaby wächst, entdeckt die Welt, geht auf Wanderschaft, verlässt Gruppe
	Gestalterischer Ausdruck	Pantomimische Darstellungen	Hohen Turm bauen	Rhythmen stampfen	Kneten, Tonen

- Regiewechsel bedeuten konkreten Kontrollverlust und gefährden die eigenen Grenzen, die womöglich vom anderen überschritten werden;
- in der pantomimischen Darstellung kann die eigene Darstellung kontrolliert werden, nicht jedoch die Interpretation der anderen – um das Gewünschte zu erreichen, muss variiert und spontan improvisiert werden.

Überlegenheit:
- Konditionelle Anforderungen sollen ein Gefühl für Überlastung befördern, Kraftdosierung Anpassungsleistungen erspüren lassen;
- im Unterzahlspiel wird die eigene Sonderposition gefestigt und doch die Bedeutung eines Teams unterstrichen;
- der König ohne Volk kann mit seiner Herrschaftsmacht nichts anfangen, sie stößt ins Leere, die zu bauenden Wege dienen der Annäherung;

– der Bau eines hohen Turms drückt den Wunsch nach Größe und Bedeutung aus, zunehmende Höhe bedingt jedoch auch zunehmende Instabilität und Anfälligkeit.

Gefallenwollen:
– Gleichgewicht dient dem sicheren Stand und der Verankerung der eigenen Position;
– auch im Kampf gilt es diese Standfestigkeit zu beweisen, sich nicht von jedem Fremdimpuls aus dem Gleichgewicht bringen zu lassen;
– im Modulieren werden Positionen bezogen: Ich nehme eine Position ein und ich positioniere einen anderen, der sich nach meinen Vorstellungen verändert;
– das Stampfen der Rhythmen lässt mich an der Musik teilhaben oder einen Gegenimpuls setzen, das Stampfen als solches zielt auf den deutlich zu spürenden Bodenkontakt und die erhoffte Standfestigkeit.

Bequemlichkeit:
– Körperspannung als Gegenpol zur Entspannung und als Voraussetzung des Voranschreitens wahrnehmen;
– Reaktions- und Fangspiele erfordern den Wechsel zwischen An- und Entspannung;
– Tierbaby-Rolle entspricht dem Bedürfnis nach anforderungsfreiem Genießen, Wachstum und entsprechende Anforderungen sind in der Rolle nachvollziehbar;
– Kneten und Tonen verdeutlichen, dass Krafteinsatz notwendig ist, um etwas entstehen zu lassen.

Die in dieser Phase der Intervention und Interaktion relevante Konfrontation tritt zweifach zutage: zum einen in den beschriebenen Grenzen der eigenen Prioritäten, zum anderen aber auch in den nun verstärkt zum Einsatz gelangenden Fremdanforderungen. Diese können in moderaten Umwandlungen oder Schwerpunktverschiebungen ursprünglicher Wünsche der Kinder, Jugendlichen und Erwachsenen hervortreten oder aber als bereits im Vorfeld transparent verhandelte Vereinbarung bzw. als schlicht angekündigte oder verlangte Aufgabe.

Sämtliche genannten Varianten verfügen über ihre Berechtigung und können zweifelsfrei eingesetzt werden. Dennoch ist nach Möglichkeit die erstgenannte Form zu bevorzugen. Hier bleiben erfahrungsgemäß das Interesse und die Motivation besonders hoch, da die Fremdanforderung elegant aus den Wünschen erwächst und so eher als Variante des eigenen Spiels und nicht als Fremdes verstanden wird. Gerade erstmals nach der Akzeptanzphase, in der prinzipiell von den eigenen Bedürfnissen ausgegangen wird, weckt eine zu plötzliche und kompromisslose Fremdanforderung Widerstand.

Aus dem Wunsch eines Hockeyspiels kann sich so nach einem Strafstoßschießen ein Minigolfspiel entwickeln. Die Materialien bleiben mit Schläger und Ball unverändert, die Schwerpunktanforderungen aber verschieben sich in Richtung Zielgenauigkeit, Kraftdosierung und Impulskontrolle.

3 Toleranz

Die einschränkenden Eigenschaften der (v. a. übersteigerten, d. h. *fixierten*, vgl. B III.2.2) Prioritäten, die Prioritätsgrenzen, wirken sich nicht nur perspektivisch auf die Entwicklung aus, sondern auch auf je aktuelle, spontane Erfahrungsmöglichkeiten. Sie verhindern oder hemmen das konkrete Tun und lassen sekundäre Begleiterscheinungen, Erwartungen oder Befürchtungen, die sie mit diesem Tun in Verbindung bringen, in den Vordergrund treten. Das Abwehrpotenzial der Prioritäten richtet sich auf die Auswirkungen des Tuns und vernachlässigt das konkrete Erlebnis. Lust, Spass und Freude an der Bewegung, die Spontaneität, Neugier und Bereitschaft zum Ausprobieren befördern, werden von antizipierten Reaktionen abgeblockt. Die Befürchtung, beim Klettern hinunterzufallen und die eigene Unzulänglichkeit vor sich selbst und anderen offenzulegen, verhindert die per se womöglich vorhandene Kletterabsicht.

Die Flucht- und Vermeidungsstrategien sind vielschichtig und auch hier in den Prioritäten ausführlich angeklungen. Passivität, Clownerie und Aggression sowie ihre Spielarten führen jedoch dazu, dass der bestehenden Herausforderung nicht mit den vorhandenen Ressourcen begegnet wird. Ein Scheitern ist dabei nicht nur vorprogrammiert, sondern bereits eingeplant.

In der Phase der Toleranz sollen diese initialen Abwehrmechanismen nach Möglichkeit überwunden werden: Die reflexartige Abkehr von der Anforderung weicht einer Auseinandersetzung unter Ausschöpfung der individuellen Optionen.

3.1 Toleranz zwischen den Gegenpolen

Die Toleranz umschreibt in ihrem technischen Verständnis eine zulässige Abweichung von einem vorgegebenen Maß. Eine übersteigerte, eine fixierte Priorität hingegen zielt als stark einseitige Ausrichtung darauf, eben gerade keine bedeutende Abweichung von ihrer eigenen Vorgabe zuzulassen. Wie kann nun zwischen beiden vermittelt werden?

Betrachten wir dafür den bisherigen Interventionsverlauf nochmals explizit aus der Perspektive der in der Einführung verwendeten Komponenten Grenzerfahrungen und Orientierungshilfen.

In der Phase der Akzeptanz ging es darum, das *Heimatland*, das Handlungsfeld innerhalb der eigenen Grenzen, besser kennenzulernen. Die Orientierungsaufgabe, die Führung durch diese *Landschaft*, hat das Kind, der Jugendliche, der Erwachsene übernommen, dem Psychomotoriker gefolgt ist. Die Grenzen wurden im Dunkel erahnt, jedoch nicht genauer erkundet.

Die Phase der Konfrontation zielte anschließend genau darauf: Grenzen wurden erlebt und abgesteckt. Die Führung der Expeditionen zu diesen Grenzen oblag dem

Psychomotoriker, der ihre limitierenden Bedingungen anhand von Erfahrungsangeboten konkretisierte und erhellte. So war eine exaktere Orientierung möglich.

In der darauf folgenden Toleranzphase gilt es nun erstmals, die bestehenden Grenzen zu überschreiten bzw. sie auszuweiten und das eigene Handlungsfeld zu vergrößern. Dazu wird ein Orientierungspunkt *tief im Heimatland* ausgewählt, der ein hohes Maß an Sicherheit vermittelt. Als Zielpunkt dient der entsprechende Gegenpol, der noch außerhalb der Grenzen liegt und dessen Erreichen bisher durch Abwehrstrategien der *Grenzschützer* verhindert wurde. Die Verbindung beider Punkte ermöglicht jetzt aber eine sichernde Orientierungslinie, an der der Grenzübertritt sukzessive gelingen kann.

Auch Prioritäten sind mit ihren gekoppelten Befürchtungen polar angelegt, jedoch als Antipole mit klarem Ziel und ebensolcher Vermeidung. Hier ist eine Abgrenzung formuliert, die keinen Übergang vorsieht. In dieser Konstellation scheint kein verbindlicher Ausgleich möglich. So steht der Kontrolle der Kontrollverlust gegenüber, der als potenzielle Erniedrigung oder als ein Ausgeliefertsein interpretiert wird, die Überlegenheit sieht in der Unterlegenheit lediglich die Gefahr der Bedeutungslosigkeit, das Gefallenwollen im Nichtgefallen nur Ablehnung und die Bequemlichkeit in der Anstrengungsbereitschaft eine heraufziehende Überforderung und Verantwortung.

Um diese vermeintlich unversöhnlichen Gegensätze aufzulösen, kann nochmals das Bild der Orientierungslinie, der Grenzen und Übergänge herangezogen werden. In einer fixierten, übersteigerten Priorität ist der Blick auf jenseits der Grenzen versperrt. So bleibt eine interpretierte Befürchtung im Zentrum, die sich aus Unwissenheit bzw. nur einseitigen Erfahrungen lediglich in einer gegensätzlichen Abgrenzung definiert.[102] Eine neutrale, wertfreie Betrachtung ist aus der Perspektive diesseits der Grenze nicht möglich. Erst im Ausprobieren, im Überschreiten der Grenze werden die tatsächlichen Alternativen ersichtlich. Hinter der Grenze also eröffnet sich, dass Kontrollverlust eben auch Entspannung, Unterlegenheit auch Entlastung, Nichtgefallen auch Auswahlmöglichkeit und Anstrengungsbereitschaft auch Profilierungsoptionen beinhalten. REINELT (1991, S. 127) hat diese Erfahrung des sukzessiven Überwindens angstbesetzter Grenzen im Therapieprozess treffend mit „Loslassen heisst auch Leben" umschrieben. Er betont damit die Bedeutung der noch unbekannten Variante als Entlastung und Erweiterung des eigenen Handlungsspielraums.

Die Orientierungslinien, anhand derer die Übergänge gelingen sollen, entspannen sich zwischen zwei Polen bekannter psychomotorischer Bewegungsthemen.

---

[102] „a" ist ungleich „nicht a": Da nur „a" bekannt ist, kann sich „nicht a" nur auf diesen Ausgangspunkt beziehen. Ob „nicht a" „b", „c" oder „d" ist, spielt keine Rolle. Die Qualität der Alternative bleibt unberücksichtigt.

Diese können je nach Schwerpunktsetzung bei unterschiedlichen Prioritäten und ihren Befürchtungen zum Einsatz kommen. Dabei verspricht jedoch der einen Priorität der eine Pol und der anderen der gegenüberstehende die Sicherheit, die sie diesseits der Grenze erwartet.[103]

3.2 Befürchtungen relativieren, Probehandlungen initiieren

Wie oben erläutert, kann eine Relativierung der Befürchtungen, die eine Priorität begleiten, nicht diesseits der eigenen Grenzen gelingen. Nur in der Auseinandersetzung werden neue Erfahrungen gesammelt, die eine Uminterpretation bisheriger Vorstellungen zulassen. Für diese Auseinandersetzung dient die eine Seite der polaren Bewegungsthemen als sichernder *Anker*, in dessen Verbindung das eigene Handlungsfeld allmählich weiter ausgetastet wird. Die andere Seite ist zunächst stark risikobehaftet. Den Hintergrund bilden abstrakte Befürchtungen oder aber auch konkrete vormalige Erfahrungen.

Die Probehandlungen zielen nun bei den aktiven Prioritäten, die sich eher auf personale Macht konzentrieren, autonome Bestrebungen verfolgen, sich auf sich selbst verlassen, darauf, Gemeinschaftserlebnisse als bereichernd zu erleben. Bei ihnen steht die Integration in einen Gruppenverbund im Mittelpunkt. Die Gruppe soll als Entlastungsfaktor, als Träger des Einzelnen zutage treten.

Für die passiven Prioritäten hingegen, die v. a. auf soziale Macht zählen, sich der Gemeinschaft verschrieben haben, sollen die Probehandlungen die Wertschätzung von Autonomieerlebnissen erhöhen. Der Fokus liegt hier perspektivisch auf eigener Kreativität und einer Abgrenzung von der eben auch vereinnahmenden Gruppe.

Neben diesen allgemeinen Hinweisen, die sich an der Ausgewogenheit zwischen autonomen und gemeinschaftlichen Ressourcen orientieren und direkt aus dem Selbst-Entwicklungsmodell abzulesen sind (vgl. B IV.1.1), richten sich weitere und spezifischere Erfahrungsangebote nach den ausgewählten Bewegungsthemen, die für den individuellen Fall besonders bedeutsam erscheinen. Die folgende Tabelle (C11) setzt die besprochenen Aspekte von Priorität, begleitender Befürchtung und einem umschriebenen Maß an erwünschter Toleranz mit einem Bewegungsthema und den beispielhaft resultierenden Ableitungen für die psychomotorische Praxis in Verbindung.

Die Probehandlungen in der Phase der Toleranz führen über die vormaligen Grenzen hinaus. Anhand der Orientierungsleitlinie zwischen den Polen eines spezifisch ausgewählten Bewegungsthemas kann sich die Erweiterung des Handlungsfel-

---

[103] Beispiel: Führen – Folgen: Überlegenheit strebt Führen an, lehnt Folgen ab; Gefallenwollen umgekehrt.

Tabelle C11: Beispiele prioritätsspezifischer psychomotorischer Angebote in der Interventionsphase Toleranz

Priorität		Kontrolle	Überlegenheit	Gefallenwollen	Bequemlichkeit
Befürchtung		Ausgeliefertsein, unerwartete Erniedrigung	Bedeutungslosigkeit	Ablehnung	Überforderung, Verantwortung
Toleranz		Kontrollverlust zulassen: Entspannung statt Ausgeliefertsein	Führungsanspruch ablegen, eigene Bedeutung im Team erkennen	Ablehnung ertragen, eigene Wahl als erfüllend erfahren	Verantwortung annehmen, sich für andere einsetzen
Erfahrungspole auf psychomotorischer Ebene (z. B.)		Halten – Loslassen	Führen – Folgen	Annehmen – Ablehnen	Anspannung – Entspannung
Möglichkeiten psychomotorischer Probehandlungen	Körperarbeit	Geschaukelt werden, „blind" sein, Klettern und Niederspringen	Spiegel, Schattenlaufen, als „Baumstamm" getragen werden	Sandsäckchen auflegen, eigene Wege gehen, finden	Massage, Sandwich, Eismaschine
	Bewegungsspiel	Ringen	Mannschaftsspiele	Abwerfball	Kettenfangen
	Sozialkontakt	Gruppen-, Partnerakrobatik	Memory als Partnerspiel	Eigenen Raum verteidigen	Schutzhütte bauen, abwechselnd Wache halten
	Gestalterischer Ausdruck	Freies Tanzen zur Musik	Malen nach Zahlen, Imitieren	Töne schenken	Gruppenwerk zeichnen, basteln

des anbahnen. Dabei dient ein Pol als sichernder Anker, der den prioritären Bedürfnissen entspricht. Der Gegenpol wiederum stellt zunächst ein Risiko dar. Handlungen in seinem Umfeld waren zunächst mit Befürchtungen besetzt. Eine allmählich fortschreitende Auseinandersetzung relativiert diese Befürchtungen, lässt im Kennenlernen auch alternative Interpretationen der Erlebnisse zu, erhöht die Sicherheit und/oder erhöht die Bereitschaft, sich auch mit risikobehaftetem Neuem zu beschäftigen. Neues kann sukzessive als Herausforderung und nicht mehr nur als Bedrohung angesehen werden. Mit diesem Schritt ist der Übergang zur nächsten und abschließenden Interventionsphase eingeleitet.

4 De- und Neukonstruktion

In der vorangegangenen Phase der Toleranz konnten die eigenen Potenziale punktuell je nach Orientierungsleitlinie auf neue Handlungsfelder übertragen und darin eigene Gestaltungsmöglichkeiten erprobt werden. Manche Grenzen mögen sich dabei als weit dehnbar erwiesen haben, andere als weniger flexibel. In bestimmten Bereichen kamen rasch Motivation und Interesse zum Durchbruch, andere blieben wahrscheinlich eher bedeutungsarm. Die gestärkte oder gewachsene Bereitschaft, sich mit Neuem auseinanderzusetzen und die eigenen Ressourcen kreativ zu nutzen, bietet die Grundlage, seinen Handlungsspielraum zu öffnen. Da individuelle Ressourcen zwar variabel, immer jedoch beschränkt sind und auch die angekündigte Öffnung nicht ins Willkürliche kippen sollte, besteht die vornehmliche Aufgabe in der De- und Neukonstruktion darin, ein eigenes, ein selbst-verträgliches Maß zwischen Autonomie und Gemeinschaft (vgl. B III.3.1) zu finden.

Dabei ist es notwendig, den Klienten „nicht aus der Verantwortung, aus der aktiven Rolle zu entlassen" (ANTOCH 2006, S. 359). Denn es kann nicht darum gehen, vermeintlich Erfolg versprechende Lösungen lediglich zu imitieren – was auch in der Psychomotorik, wenn nicht vom Klienten selbst, so doch mitunter von seinem Umfeld, erwartet wird –, sondern sich als Initiator individueller Anpassungen zu verstehen.

ANTOCH (2006) spricht in diesem Zusammenhang in Anlehnung an BENJAMIN von Ko-Kreator oder Mitschöpfer (Ko- und Mit- bezogen auf die begleitende und unterstützende Rolle des im Prozess beteiligten Therapeuten). Nur in der direkten aktiven Beteiligung und Selbstgestaltung als (Mit-)Schöpfer könne der Klient „in seiner Souveränität anerkannt, in seiner Verantwortung angesprochen und in seiner Kompetenz, etwas Neues hervorzubringen, bestätigt" (S. 359) werden.

4.1 Handlungsspielraum öffnen

Die Motivation, etwas zu öffnen, liegt in einer Erwartung begründet. Was verbirgt sich wohl unter dem Papier des Pakets, hinter dieser Tür oder jener Grenze? Die tatsächliche Öffnung verlangt dann aber noch Neugier und Mut. Desinteresse und Angst hingegen lassen das Aufgezählte womöglich verschlossen. Mit der Erwartung, etwas Bedeutsames zu finden, können Neugier und Mut Desinteresse und Angst überwinden.

Um die Grenzen zu überschreiten und den Handlungsspielraum zu öffnen, müssen sich demnach zwei Voraussetzungen erfüllen: Befürchtungen müssen abgebaut und neue Bedeutungsmuster und Handlungsmotivationen installiert werden.

Die oben beschriebenen Probehandlungen öffnen ausgewählte Türen. Der Prozess der Annäherung, der Öffnung und des Übertritts wird dabei zudem von einem *Rettungsseil mit Anker* begleitet, um neue Erfahrungen zu ermöglichen. Wenn diese punktuellen Öffnungen und Übertritte jedoch positiv erlebt werden, wenn es hinter der Tür spannend und bereichernd war, dann wächst das Interesse, auch andere Türen zu öffnen. Damit wird eine punktuelle von einer generellen Bereitschaft abgelöst. In diesem Stadium der Generalisierung lebt die Entdeckungsfreude auf, Spontaneität wird möglich und die Lust und der Spaß am Ausprobieren werden nicht mehr von limitierenden Befürchtungen gehemmt. Damit tritt die Herausforderung an sich in den Mittelpunkt und nicht die Abwehr der befürchteten Begleiterscheinungen. Hier beginnt die tatsächliche Wahlfreiheit. Erst jetzt entscheide ich aufgrund der konkreten Beschäftigung über mein Engagement und nicht aufgrund abstrakter Befürchtungen.

Anhand dieses Kriteriums kann eine selbstbestimmte Profilentwicklung gelingen.

4.2   Profil entwickeln

Die Erweiterung des Handlungsspielraums kann *selbst-verständlich* nicht ins Unendliche gesteigert werden. Nicht jeder Raum, der sich mir durch Türöffnung und Grenzüberschreitung erschließt, wird von mir ausgefüllt oder trifft mein Interesse, nicht jede Beschäftigung wird als erfüllend erlebt, sei es aus Gründen geringer Motivation oder eingeschränkten Talents. Nach wie vor bleiben Ressourcen beschränkt und Grenzen unvermeidlich.

Im Interventionsverlauf sollte sich aber die Qualität dieser Grenzen verändert haben. Sie sollten nunmehr besser bekannt und mitunter verschoben sein, sie sollten ihr Einschüchterungspotenzial verringert und ihren limitierenden Charakter verloren haben. Ihre Notwendigkeit besteht jetzt in einer Profilierung des Individuums, das durch selbstbestimmte Auswahl ein neu verfügbares multioptionales Handlungsfeld anhand eigener Bedeutungskriterien für sich selbst konkretisiert.

Zu diesem Unterfangen liegt der Schlüssel im zu wählenden Verhältnis zwischen Autonomie und Gemeinschaft, dessen Ausprägung einerseits von der Kenntnis der eigenen Kompetenzen, andererseits aber auch im Bewusstsein eigener Unzulänglichkeiten und Abhängigkeiten bestimmt wird. Die Kompetenzen formen das eigene Profil, die Wertschätzung der Gemeinschaft erlaubt jedoch gleichzeitig die Akzeptanz von Unzulänglichkeit und Abhängigkeit. Allumfassende Kompetenz missachtet die Gemeinschaft in Selbstüberhöhung und fehlende Kompetenz fürchtet die Gemeinschaft, da sie sich in ihr nicht zu behaupten vermag.

In der psychomotorischen Praxis gilt es somit, Stärken zu fördern, Potenziale bewusst zu machen und Grenzen zu akzeptieren. Letzteres heißt aber nicht, sie leichtfertig hinzunehmen, sondern bedeutet, sich auch diesen unter Einsatz der vorhandenen Fähig- und Fertigkeiten zu widmen. Mit dieser Bereitschaft werden auch dort Verbesserungen erzielt, ohne dass die erreichten Ergebnisse jedoch unbedingt allgemeinen *(unwesentlichen)* Normerwartungen entsprechen müssen.

In der Betonung des „*Ich kann*" (vgl. B III.3.2.2) wird der Fokus auf das individuelle Profil gelenkt, auf dessen Hintergrund Integration gelingen kann. Denn während die vormalige Betrachtung in einem „*Ich kann (wahrscheinlich) nicht*" sowohl für das Individuum als auch für sein Umfeld qualitativ diffus bleibt und aufgrund fehlender Bezugs- und Anknüpfungspunkte in die Isolation führt, definiert die Profilierung genau die Selbst- und Fremderwartungen, die Gemeinsamkeiten erkennen und nutzen lassen. Die Aussage „*Ich kann keine Bälle fangen*" legt sowohl für den Absender als auch für die Adressaten die Konsequenz nahe, auf ein gemeinsames Ballspiel zu verzichten. Damit bleiben mannigfaltige Chancen zur Beziehungsgestaltung ungenutzt. Die Selbstauszeichnung „*Ich kann Bälle rollen, schiessen und werfen!*" hingegen erlaubt ein abwechslungsreiches und gleichwertiges Miteinander (vgl. B III.3.2.3). Defizitorientierte limitierende Grenzen zielen also auf das trennende Ungleiche, profilierende aber auf das verbindende Gleiche.

Die Profilierung ist das Resultat einer gelungenen Orientierung anhand der eigenen Ressourcen und deren Grenzen. Es gilt beide zu kennen, wertzuschätzen und aktiv zu kombinieren bzw. auszunutzen. Denn, so betont abschließend nochmals RINGEL (1978, S. 154) als Gradmesser erfolgreicher Identitätsfindung:

> „Je mehr man sich selbst begreift, desto mehr weiss man, dass man nicht für alles zuständig, aber für bestimmte Gebiete vielleicht besonders kompetent ist. Identität haben heisst: seine Stärken und Schwächen kennen."

5 Interventionsschema als Kurzüberblick

In der folgenden Tabelle C12 (s. S. 306) werden die oben ausführlich dargestellten Überlegungen und ihre spezifischen Beispiele als Orientierungsschema zusammengefasst.

Tabelle C12: Zusammenfassende Beispiele prioritätsspezifischer psychomotorischer Angebote in den verschiedenen Interventionsphasen

Priorität	Überlegenheit (Superiority)	Kontrolle (Control)	Gefallenwollen (Pleasing)	Bequemlichkeit (Comfort)
Befürchtung	Bedeutungslosigkeit	Ausgeliefertsein/ unerwartete Erniedrigung	Ablehnung	Überforderung/ Verantwortung
Interventions-ebene	Gemeinschaftserlebnisse	Gemeinschaftserlebnisse (Vertrauen in andere)	Autonomieerlebnisse (Vertrauen in mich)	Autonomieerlebnisse
Leitfrage	Welchen Beitrag bringe ich ein?	Was kann mir passieren?	Was ist mir wichtig?	Was kann ich leisten?
Themen (allgemein)	Führen – Folgen Gewinnen – Verlieren Größer – kleiner sein Abgeben – Annehmen	Führen – Folgen Halten – Loslassen Nähe – Distanz Ordnung – Chaos	Annehmen – Ablehnen Ankommen – Weggehen Ich – andere Einverleiben – Aussondern	Ausruhen – Anstrengen Anspannung –Entspannung Versorgen – Verlassen Abgeben – Annehmen
Inhalte (spezifisch)	Mannschafts- und Gruppenspiele, Rollenspiel: Schiffsreise mit Kapitän, Steuermann, Smutje, Partner-Memory	Überwinden mit starkem Bodenkontakt, Bauen mit stabilem Material, Spiele mit dem GG, „blind" sein	Elementare Bewegungs-freude, offene Angebote, experimentieren, gestalten, auswählen, Orientierungsaufgaben	Definierte Aufgabe in Gruppe/Team übernehmen, Angebote eng am Leistungs-niveau, Hängematte erschwert erreichen
Akzeptanz: *Priorität ausleben, positive Aspekte stärken*	Der „Größte" sein / höchsten Turm bauen	Führen / Spiel reglementieren	Teil der Gruppe sein / Mannschaftsspiel, Bautrupp, Expeditionsteam	Klein sein, umsorgt werden, fähigkeits-, verantwortungsfrei genießen / Baby spielen
Konfrontation: *Prioritätsgrenzen erfahren*	Zunehmende Höhe bedingt zunehmende Instabilität: Maß finden!	Überreglementierung stört Spielfluss: Unwägbarkeit notwendig!	Teilnehmen heißt eigene Entscheidungen treffen: Ablehnung möglich!	Verantwortungsfreiheit beinhaltet keine Rechte
Toleranz: *Befürchtungen relativieren / Probehandlungen initiieren*	„Niederlage" (Einsturz) tolerieren, eigene Bedeutung im Team spüren, erkennen	Folgen / Kontrollverlust zulassen: Entspannung statt Ausgeliefertsein	Ablehnung ertragen, eigene Wahl als bedeutsam, erfüllend erfahren	Gespiegelte Bedürfnisse erfüllen, sich für andere anstrengen
De- und Neu-konstruktion: *Handlungs-spielraum öffnen / Profil entwickeln*	In kreativem Rückgriff auf eigene Ressourcen sich mit konkreter Herausforderung auseinandersetzen, eigene Grenzen werden nicht limitierend, sondern profilierend erlebt und verlieren so ihren isolierenden Charakter zugunsten eines integrierenden.			

D

Fallbeispiel

I Vorüberlegungen

Eine Falldokumentation entspringt der Praxis, geht jedoch über diese hinaus. Denn sie erschöpft sich nicht in situativen Beschreibungen, sondern interpretiert das Beobachtete im Nachhinein aus einer bestimmten Perspektive. Diese Perspektive repräsentiert das Bindeglied zwischen praktischer Erfahrung und theoretischer Begründung. Da die Praxis selbst, aufgrund der Unwägbarkeiten ihrer Bedingungen, nur bis zu einer Praxeologie theoretisch abstrahiert werden kann (vgl. SEEWALD 2009, S. 33), soll eine Einzelfalldarstellung beispielhaft aufzeigen, wie theoretische Überlegungen in die Praxis einfließen: Welche Erkenntnisse werden in spezifischer Reflexion gewonnen und wie können diese in abzuleitende Interventionen umgesetzt werden?

Dazu versucht die Falldokumentation die zwei zuvor beschriebenen Kernaspekte zu beleuchten:

1. das Allgemeine im Konkreten: die Abstraktion des Bewegungsgesetzes;
2. das Konkrete im Allgemeinen: die Wesensdeutung gemäß dem Bewegungsgesetz.

1 Hinführung

Im Folgenden wird ein Junge beschrieben, der sich in unterschiedlichen sozialen Bezugsrahmen von verschiedenen Seiten zeigt, scheinbar gegensätzliche Ziele verfolgt und dessen Verhalten so für die Familie unvorhersagbar bleibt. Im Therapieprozess eröffnet sich die vermeintliche Willkürlichkeit seiner Alternativen als nachvollziehbare Konsequenz seiner Handlungen.

Ich habe gerade dieses Beispiel ausgewählt, da sich diese variablen Verhaltensweisen – aufgrund der Möglichkeit verschiedener therapeutischer Rahmenbedingungen – hier deutlich ausprägen konnten und ich nicht, wie in vielen ähnlichen Fällen, alternatives Verhalten lediglich Schilderungen Dritter entnehmen musste. Die genannten verschiedenen Rahmenbedingungen waren jedoch nur zum Teil geplant und tatsächlich zunächst dem (glücklichen) Zufall geschuldet.

Aufgrund der damals langen Warteliste bereits diagnostizierter Kinder auf einen Therapieplatz wurde jener Knabe vorab in eine neu formierte Großgruppe zur allgemeinen Bewegungsförderung eingeladen. Auch dass zu der Zeit, als für ihn eine Kleingruppe sinnvoll schien, gerade ein Klassenkamerad ebenfalls zu mir kam, kann nicht auf strategisches Geschick zurückgeführt werden. Die Möglichkeit zur Konfrontation mit der Schwester innerhalb der Psychomotoriktherapie schließlich ging zwar von meiner Initiative aus, ihre zeitliche Ausdehnung aber verdankt sie weiteren Umständen, die später (vgl. D III.5) durchaus auch kritisch hinterfragt werden müssen.

Das Beispiel veranschaulicht den kindlichen Wunsch nach Zugehörigkeit zur Gemeinschaft und die Versuche, da diese als nicht ausreichend erfüllt erlebt werden, kompensatorisch ein alternatives Macht- bzw. Sicherungsgefühl zu entwickeln und aufrechtzuerhalten. Es eignet sich daher gut, die individuelle Kompensations- als Lösungsstrategie vor dem Hintergrund der bedeutsamen Parameter der individualpsychologischen Entwicklungstheorie – Sicherungstendenz, Machtstreben, Gemeinschaftsgefühl – (vgl. dazu bspw. TITZE 1979, ANSBACHER/ANSBACHER 1995) darzustellen und zu diskutieren.

Der Fallbericht entstammt der Praxis eines Psychomotorischen Ambulatoriums in der Zentralschweiz. Die Psychomotorik ist dort als Angebot der Schuldienste (Logopädie, Psychomotorik und Schulpsychologie) im Volksschulbildungsgesetz verankert, das über Richtzahlen auch die Stellenkapazitäten mitbestimmt (vgl. A I). Die Schulnähe der Organisation prägt zudem häufig die Zielausrichtung der Bezugspersonen.

2   Leseanleitung

Als Abschlusskapitel gründet sich die prioritätenanalytische Falldokumentation auf die vorab dargelegten theoretischen (vgl. Kapitel B) wie praxeologischen (vgl. Kapitel C) Überlegungen, auf die an den entsprechenden Stellen auch wieder rückverwiesen wird. Um jedoch den Lesefluss nicht unnötig zu stören, habe ich für das Verständnis notwendige Erläuterungen zur Plausibilität meiner prinzipiellen Herangehensweise, bestimmter Interventionsschritte oder spezifischer Schlussfolgerungen nochmals aufgegriffen und punktuell eingestreut. Diese sind *kursiv gedruckt*, um sie vom konkreten individuellen Fallbeispiel abzuheben.

Die Beschreibung des Fallbeispiels (D II) beginnt mit der Informationssammlung (1/2), bevor auf der Grundlage dieser Informationen und der ersten Therapiephase (3) Hypothesen und Ziele formuliert werden (4). Im Anschluss sind die folgenden Therapiephasen (5) nochmals in den wechselnden Sozialbezug unterteilt (5.1/5.2), da hier auch die Intentionen des beschriebenen Jungen wie seiner Zielvorstellungen variieren.

Nach einer Standortbestimmung zum Therapieabschluss (6) folgt in der Rückschau (D III) eine kritische Reflexion meines Vorgehens (III.1) sowie ein kurzer Blick aus dem Fokus bereits etablierter psychomotorischer Ansätze hinsichtlich möglicher alternativer Interpretationen (III. 2).

II Die Einheit hinter den Gegensätzen: Eine Falldokumentation aus der Sicht der Psychomotorischen Prioritäten- und Teleoanalyse

„Der Klient muss verstehen lernen, wie er sich selber Gestalt gibt, wie er sich formt, indem er sich zurückhält, versteift, lähmt. So vermag er mit der Zeit vielleicht diese Art der Formgebung aufzugeben zugunsten neuer Möglichkeiten, in denen eine grössere Chance für Lebendigkeit, für ein breiteres und tieferes Spektrum der Gefühle, für fliessende Übergänge und weniger Gegensätze liegt. (…)
Es sind meist kleine Schritte, aber sie sind konkret, weil sie leibhaft sind und nicht nur ein Wunsch, eine einseitig verstandesmässige Einsicht bleiben, oft genug nur ein Vorwand, um desto besser beim alten bleiben zu können. Nur wo der Lebensstil sich leibhaft verändert, ist eine wirkliche Wandlung unserer ganzheitlichen Gestalt möglich" (KUMMER 1984, S. 151f.).

1 Anamnese – Informationen aus Anmeldung und Erstgespräch

Der zum damaligen Zeitpunkt 5;6 (5 6/12tel) Jahre alte Robin wurde uns im Herbst 2005 von der Lehrperson seines Kindergartens aufgrund starker Auffälligkeiten in seinem Bewegungsverhalten angemeldet: Er wirke ungeschickt und verkrampft, zeige sich in den Bewegungsstunden unmotiviert und ängstlich. Sie vermutete eingeschränkte räumliche Wahrnehmungsfähigkeiten sowie Mühen in der Auge-Hand-Koordinationsfähigkeit.

Im Kindergartenalltag wechsle Robin häufig den Spielort, wähle ausschließlich einfache und vertraute Beschäftigungen, suche kaum Kontakt zu anderen Kindern der Gruppe, dafür häufig ihre Aufmerksamkeit.

Bei fremdgestellten Aufgaben verfüge er bei hastigem Arbeitsverhalten lediglich über geringe Ausdauer. Jedoch zeichne und bastle Robin gern und fantasievoll, wobei sein großes Interesse den Autos gelte.

Der Mutter sind die motorischen Unsicherheiten, v. a. bezüglich des Gleichgewichts, bewusst. Sie fordert jedoch eine individuelle Entwicklungszeit ein und unterstreicht die Stärken ihres Sohnes auf kognitiver wie feinmotorischer Ebene.

Schwangerschaft und Geburt wie auch die weitere frühkindliche Entwicklung seien angeblich unauffällig geblieben: freies Laufen mit 14 Monaten, zuvor gekrabbelt.

Robin sei das ältere der beiden Kinder der Familie. Mit seiner zwei Jahre jüngeren Schwester, außerhalb des Kindergartens seine einzige regelmäßige Spielpartnerin, hielten sich Spiel und Streit die Waage. Die Großeltern (mütterlicherseits) samt

Robins Patenonkel, mit denen er ein „sehr gutes Verhältnis" pflege, lebten in direkter Nachbarschaft. Zum Mittagstisch sei die Familie täglich dort vereint.

Die Mutter beschreibt Robin als einen äußerst wechselhaften Knaben: „Engel" und „Teufel". Im heimischen Umfeld oftmals egoistisch und egozentrisch, verweigere er unliebsame Aufgaben rigide, „flippe aus", schlage um sich. Robin agiere berechnend: Er wisse, was er machen müsse, um seine Ziele zu erreichen. Schilderungen des Kindergartens, den er gerne besuche, sind jedoch diametral entgegengesetzt: Robin zeige sich dort eher ruhig und angepasst. Hauptsächlich als Einzelgänger aktiv, wünsche er Kontakt mit anderen Kindern nur punktuell.

Zuhause sei er faul und bequem: verlange Hilfe bei Aufgaben, die er im Kindergarten selbstständig löse. Lieblingsbeschäftigungen: Lego, Zeichnen, Basteln, Computer, Bobbycar oder Bob fahren, im Garten helfen. Seine Vorliebe für die Formel-1 teile er mit seinem Patenonkel.

Robin könne noch nicht Fahrrad fahren, verweigere das Üben, wie er sich bei allen Schwierigkeiten sofort zurückziehe. Respekt vor dem Wasser: Er benötige eine Schwimmhilfe, möge kein Wasser im Gesicht.

2 Informationen aus der Diagnostik

Die ersten diagnostischen Erhebungen sind ansatzunspezifisch, sie beziehen sich also nicht explizit auf die Psychomotorische Prioritätenanalyse. Sie gründen vielmehr ebenso auf quantitativen standardisierten motometrischen Test- wie auf strukturierten qualitativen motoskopischen Beobachtungsverfahren. Vor dem Hintergrund einer Ressourcenknappheit dienen sie einer ökonomischen Entscheidungsfindung zur Therapienotwendigkeit (im Sinne einer Entscheidungsdiagnostik). Dabei erlaubt die Einschätzung individueller Fähigkeiten im Vergleich zum durchschnittlichen Altersniveau allgemeine Rückschlüsse auf zu erwartende Handlungsmöglichkeiten bei konkreten Anforderungen, jedoch auch bereits mögliche Interpretationsansätze zum Verständnis etwaiger Motivations- und Kompensationslagen.

Die eigentliche ansatzspezifische Förderdiagnostik (vgl. C II) aber findet konzeptionell im ersten Therapieabschnitt – Phase der Akzeptanz – (vgl. C III.1 bzw. D II.3) Platz.

Fein- und Grafomotorik

Die von der Mutter proklamierten feinmotorischen Kompetenzen können anhand der hiesigen Präsentation durchaus bestätigt werden: Auge-Vorzugshand-Koordinationsfähigkeit (Punktiertest für Kinder [PTK]: vgl. SCHILLING 2009), Stifthaltung, Formerkenntnis und -wiedergabe sowie Zeichenfertigkeiten entsprechen dem erwarteten Altersniveau, wenngleich der Druck noch wechselhaft, die Strichführung noch verwackelt bleibt. Deutlich wird aber auch in diesem Bereich seiner Stärken die Abhängigkeit der Ausdauer und Sorgfalt von Robins Interesse und Motivation.

Grobmotorik/Gesamtkörperkoordination

Doch auch die Schilderungen der massiven Einschränkungen im grobmotorischen Bewegungsgeschick müssen bestätigt werden. Die koordinativen Schwierigkeiten sind nahezu in sämtlichen motorischen Dimensionen sichtbar und müssen bei quantitativer Auswertung als „auffällig" deklariert werden (Motoriktest für vier- bis sechsjährige Kinder [MOT 4–6]: vgl. ZIMMER/VOLKAMER 1987). Augenscheinlich sind seine Mühen bspw. im Gleichgewichtsvermögen, der Körperspannung, dem Bewegungsmusterrepertoire und der Koordinationsfähigkeit.

Die Einschätzungen der Mutter hinsichtlich des Bewegungsverhaltens ihres Sohnes (Checkliste motorischer Verhaltensweisen [CMV]: vgl. SCHILLING 1975a[104]) ergänzen das Bild einer deutlichen Auffälligkeit. In den erhöhten Prozenträngen der untereinander hoch korrelierenden Dimensionen *schwerfällig-träge* und *gehemmt-ungeschickt* auf der einen wie *zerfahren-planlos* und *übereilig-vorschnell* auf der anderen Seite scheint allerdings ein Widerspruch zu liegen, der jedoch vor dem Hintergrund der beschriebenen Wechselhaftigkeit und der unterschiedlichen Präsentation Robins in den verschiedenen Handlungsfeldern dennoch verständlich werden kann.

Selbstkonzept

Weitere mütterliche Verhaltens- und Eigenschaftszuschreibungen lassen zudem auf Einschränkungen im aktiven, sozialen wie emotionalen Selbstkonzept (Fragebogen zum kindlichen Selbstkonzept, Hochschule für Heilpädagogik [HfH] Zürich, Handout anlässlich Weiterbildung zum Thema *Diagnostik in der Psychomotorik*, 2002) schließen. So wird u. a. seine mangelnde Frustrationstoleranz und Unselbstständigkeit angemahnt, auf seine bevorzugte Fremdattribution und Regelinakzeptanz hingewiesen sowie die häufigen Konflikte mit seiner Schwester und eine allgemeine Gruppeninkompatibilität unterstrichen.

---

[104] Die mangelnde Aktualität des Verfahrens darf hier, wie durchaus auch bei den anderen verwendeten quantitativen Tests (PTK, MOT), kritisiert werden. Eine Diagnostik ist stets nur in dem Maße aussagekräftig, wie die Grenzen ihrer Methoden bekannt sind. In diesem engen Rahmen bleiben die elterlichen Einschätzungen im CMV-Fragebogen interessant: Wie differenziert wird das Kind wahrgenommen, in welche tendenzielle Richtung wird ähnliches Verhalten interpretiert: Spontaneität als lebensfreudig oder übereilig, Bedachtsamkeit als beherrscht oder schwerfällig? Diese bewertende Fremdperspektive ist der Nährboden für die kindlichen Selbstzuschreibungen des eigenen Bewegungsverhaltens und in diesem Sinne auch für das weitere Verständnis relevant.

3 Therapieverlauf (1): Akzeptanz

Robin besuchte die Psychomotorik insgesamt gut zwei Jahre und wurde über diese Zeitspanne durchweg von mir betreut. Allerdings haben sich währenddessen die Bezugsrahmen, geplant und ungeplant, verändert. Die folgende Übersicht ermöglicht eine rasche Orientierung:

Tabelle D1: Überblick Therapieverlauf

Bezugsrahmen	Ort	Zeitliche Dauer	Betreuung	Interventions-phasen
Großgruppe (je ca. 10 Kinder)	Turnhalle	Ca. 3 Monate	K. B., Kollegin	Akzeptanz
Einzeln	Therapieraum	Ca. 3 Monate	K. B.	
2er-Gruppe: mit Klassenkameraden	Therapieraum	Ca. 12 Monate	K. B.	Konfrontation, Toleranz, De- und Neu-konstruktion
2er-Gruppe: mit Schwester	Therapieraum	Ca. 6 Monate	K. B.	

In der Großgruppe (vgl. BLOS & DAHINDEN 2010), in der wir v. a. mit Bewegungsangeboten und Explorationsmöglichkeiten arbeiten, weicht er Schwierigkeiten aus, nutzt alternative Nischen und scheint möglichst unauffällig bleiben zu wollen.

Im anschließenden 1-zu-1-Bezug, der sich in der Phase der Akzeptanz (vgl. C III.1 bzw. Tabelle D3) den Wünschen und Bedürfnissen Robins öffnet, agiert der inzwischen Sechsjährige weitaus ausdauernder und innovativer. Über sein Interesse an Lego-Bausteinen, Bällen aller Art und Größe sowie der Formel-1 scheint er große Motivation und Vertrauen in seine Fertigkeiten zu gewinnen, die den hier zu erwartenden Anforderungen wohl offensichtlich genügen. Er entwickelt Spielideen samt Regeln und nimmt in den Sequenzen, die er erfolgreich bewältigt, auch Ergänzungen und Alternativen auf.

Fremdgestellten Aufgaben begegnet er initial meist skeptisch und muss zum Ausprobieren bisweilen wiederholt angeregt werden. Gelingt ihm dann jedoch die Bewältigung, so verlangt er euphorisch Wiederholungen. Alle misserfolgsträchtigen Beschäftigungen bricht er jedoch weiterhin konsequent ab.

4 Interpretationen und abgeleitete Ziele

Im Hinblick auf die weitere Therapieausrichtung bilde ich nach der ersten Therapiephase der Akzeptanz auf deren Grundlage wie den gesammelten Vorinformationen (vgl. D II.1 und 2) folgende Hypothesen:

4 Interpretationen und abgeleitete Ziele

a.) Hinsichtlich seines wechselhaften und vom Umfeld unverstandenen Verhaltens:

1. Das unterschiedliche Verhalten Robins im familiären wie außerfamiliären Rahmen dient jeweils der Sicherungstendenz.
2. Zuhause muss diese aktiv gegen die nachrückende Schwester verteidigt werden, der er zumindest noch hinsichtlich seiner Körperkraft überlegen ist. Auch die Eltern, die ihn doch als Sohn ohne weitere Bedingungen zu akzeptieren haben, müssen ihm die notwendige Aufmerksamkeit schenken, die bei eigener Unscheinbarkeit womöglich von der Schwester aufgesogen wird.
3. Im Umfeld der Gleichaltrigen sieht er sich dazu nicht in der Lage. Hier scheint es sinnvoller, direkten Konfrontationen aus dem Weg zu gehen und möglichst nicht aufzufallen, sich vielmehr mit den Begebenheiten zu arrangieren.
4. Da unklar ist, wann und wo vermeintlich nicht zu bewältigende Herausforderungen lauern, muss er präventiv tätig werden.
5. Die Versicherung der Zugehörigkeit zur Gemeinschaft (Familie bzw. Klassengemeinschaft) steht als Ziel auf dem Spiel.

b.) Hinsichtlich seiner Stärken und Kompetenzen:

1. Er verfügt über alternative Verhaltensweisen und passt sich den jeweiligen Bedingungen der Herausforderungen an.
2. Er reagiert aufmerksam und sensibel auf Veränderungen.
3. Er zeigt sich selbstbestimmt und konsequent.
4. Er entwickelt Kreativität, Begeisterungsfähigkeit und Ausdauer bei selbst gewählten oder erfolgsträchtigen Beschäftigungen.

c.) Hinsichtlich der aus beiden resultierenden Lösungs- bzw. Bewältigungsstrategie:

1. Robin hat eine Kontrollpriorität entwickelt.
2. Er nutzt sie v. a. abwehrend, d. h. sie dient nicht in erster Linie dem Lustgewinn, sondern der Sicherung des Selbstwertgefühls: fixierte Prioritätsausprägung (vgl. B III.2.2).

Die Kontrollpriorität soll vor besonders gefürchteten Erlebnissen schützen, die als Ausgeliefertsein oder (unerwartete) Erniedrigung interpretiert werden. Nur die vorweggenommene umfängliche Kontrolle meiner selbst, der anderen wie auch ggf. der benötigten Materialien verspricht Sicherheit in den erwarteten Unwägbarkeiten des Lebens (vgl. KEFIR/CORSINI 1974, PEW 1978, SCHOTTKY/SCHOENAKER 2008 bzw. B III.2.2.3, C II.1.1.1).

Schlussfolgerung

Gemäß diesen Überlegungen muss das Vertrauen Robins in sich („Ich habe die Fertigkeit, Fahrrad fahren zu lernen!"), in andere („Die anderen lachen mich nicht gleich aus!") oder das Material bzw. Medium („Das Wasser trägt mich!") gestärkt werden, um die umschriebene Befürchtung zu bändigen und die von ihr abhängige Lösungsstrategie zu verifizieren.

Aus diesem Komplex an Verhaltensmustern, familiären wie weiteren sozialen Erwartungen sowie der geschilderten Hypothesen leiten wir (die Eltern und der betreuende Motologe/Psychomotoriktherapeut bzw. der Autor) Zielvorstellungen samt eventuellen Indikatoren ab:

Demnach sollte Robin möglichst …

Tabelle D2: Therapieziele und Indikatoren

Nicht-hierarchische Nummerierung	Zielvorstellung	Mögliche Indikatoren	Kompetenzbereich
1.	… ausgeglichener werden	– Weniger Stimmungsschwankungen zwischen Euphorie und Niedergeschlagenheit	Selbstkompetenz
2.	… motorische Fortschritte erzielen	– Lernt z. B. Fahrrad fahren oder schwimmen	
3.	… selbstsicherer werden, größeres Zutrauen zur eigenen Leistungsfähigkeit gewinnen	– Wird selbst aktiver; – nimmt an Gruppenaktivitäten teil	
4.	… seine Kompetenzen aus einem sozialen Bezugsrahmen in den anderen transferieren können	– Zeigt sich im außerfamiliären Rahmen auch selbstbestimmt; – zeigt sich im familiären Rahmen auch anpassungsfähig	Selbstkompetenz/ Sozialkompetenz
5.	… die Isolation im außerfamiliären Umfeld überwinden	– Spielpartner finden/ akzeptieren; – ggf. Vereinszugehörigkeit	Sozialkompetenz
6.	… im familiären Umfeld umgänglicher werden	– Aggression gegen Schwester überwinden; – prinzipielle Opposition gegen Eltern ablegen; – größere Nachvollziehbarkeit seines Verhaltens eröffnen	

5 Therapieverlauf (2): Konfrontation, Toleranz, De- und Neukonstruktion

Der Therapieverlaufsprozess der skizzierten vier Phasen (vgl. C III) umschreibt ein gemeinsames Vor- und Zurückschreiten, keine dogmatische, unumkehrbare Stufenfolge. Zwar bauen sie aufeinander auf, jedoch sind Rückgriffe auf vorangegangene Phasen immer wieder zur Sicherung, zur Stärkung oder auch zur Konfrontation mit eigenen Grenzen notwendig.

Hier ist er durch die beiden bereits genannten Bezugspersonen (Klassenkamerad und Schwester) gekennzeichnet.

5.1 Sozialbezug: Klassenkamerad

Mit der ersten Zweiergruppenkonstellation beginnt die Phase der systematischen Konfrontation. Robin besucht die Psychomotorik nun mit einem Klassenkameraden, der bisher ebenfalls alleine zu mir kam. Mit diesem gleichaltrigen Jungen, nennen wir ihn Joel, ist Robin zwar bekannt, aber nicht näher befreundet. Joel stellte sich in seinem Tempo, seinem Führungsanspruch und seiner Lautstärke als besondere Herausforderung für Robin dar. Auch in seinen motorischen Fertigkeiten ist er, trotz seiner visuellen Beeinträchtigungen, Robin z.T. deutlich überlegen.

Praxeologische Grundlage zur Phase der Konfrontation (aus: C III.2):

Um nun eine konkrete psychomotorische Konfrontation zu ermöglichen oder zu erleichtern, scheint es sinnvoll, einen Transfer der allgemein-psychologischen Bestrebungen und Befürchtungen auf die Ebene von Körper und Bewegung vorzunehmen. Dabei sollen die Prioritäten und ihre limitierenden Eigenschaften in ein psychomotorisches Vokabular übersetzt werden.

Der Kontrollpriorität fehlt es an Gemeinschaftsgefühl, an Vertrauen zu ihrem sozialen Umfeld. Aufgrund der Befürchtung, den Anforderungen nicht gewachsen zu sein, muss sie die Bedingungen penibel unter Kontrolle halten. Dies erfordert in einem Verlaufsprozess ständige Wiederholung der gleichen Abläufe. Sie verhält sich zwanghaft pedantisch und bevormundend. Im übertragenen wie im konkreten Sinne der Psychomotorik bedeutet dies eine mangelnde Beweglichkeit, die sich auf die resultierende Dynamik auswirkt, den Bewegungs- und Spielfluss hemmt.

Mit der Fokussierung von Körper- und Bewegungseigenschaften können direkte Ableitungen für die Praxis vorgenommen werden. Körperliche Fähigkeiten bedingen Bewegungsfertigkeiten, wobei sich jedoch die aufzeigenden Grenzen nicht als normative Setzung verstehen. Ausschlaggebend ist also nicht der tatsächliche Grad an

Flexibilität, Gewandtheit oder Beweglichkeit als konditioneller Faktor, sondern das Bewusstsein, den individuellen Grad der Fähigkeit als potenzielle Handlungsalternative einsetzen zu können.

Das heißt, dass auch wenn die konkrete Beweglichkeit bei einem Menschen mit Kontrollpriorität quantitativ ausreichend vorhanden ist, er sich doch über deren Bedeutung und Möglichkeiten nicht im Klaren sein kann. Diese gilt es entsprechend in der Körperarbeit grundlegend zu erleben. In ihr geht es v. a. um die leibliche Integration der Überzeugung, über solche individuellen qualitativen Fähig- und Fertigkeiten zu verfügen, die für Anpassungsprozesse benötigt werden.

Die folgende Tabelle fasst diese Überlegungen kurz zusammen und bietet inhaltliche Ansatzpunkte für die konkrete Praxis einer fixierten Kontrollpriorität in der Interventionsphase der Konfrontation, so wie sie nun auch in der Falldokumentation ansteht.

Tabelle D3: *Beispielhafte psychomotorische Erfahrungsbereiche in der Phase der Konfrontation (Priorität: Kontrolle)*

Priorität		Kontrolle
Auswahl limitierender Eigenschaften		Pedantisch, zwanghaft, bevormundend, wiederholend
Erfahrungsbereich auf psychomotorischer Ebene		Fehlende Beweglichkeit hemmt Dynamik
Möglichkeiten psychomotorischer Konfrontation	Körperarbeit	Flexibilität, Beweglichkeit, Gewandtheit
	Bewegungsspiel	Überreglementierung
	Sozialkontakt	Regie wechselt
	Gestalterischer Ausdruck	Pantomimische Darstellungen

In den gemeinsamen Stunden darf nun jeder Teilnehmer, Robin, Joel und ich, einen Wunsch zum Stundeninhalt äußern. Die Ausgestaltung des Wunsches kann entweder von seinem Vertreter vorgegeben oder zwischen den Teilnehmern verhandelt werden.

Robins Thema Formel-1, das er sonst gerne mit Großbausteinen oder Matten als (kontrollierende) Begrenzung der Fahrbahn vorbereitet hatte, trifft auch das begeisterte Interesse Joels. Dieser möchte jedoch keinesfalls so viel Zeit mit irgendwelchen Aufbauarbeiten vertrödeln und lieber sofort mit dem Rollbrett herumfahren.

Robin lässt sich, sei es aus Gründen von Joels Dominanz, seiner Begeisterungsfähigkeit oder seiner Offenheit, mit der er Robin und seine Spielidee akzeptiert, auf diese Variante ein. Gemeinsam fahren sie das bisher Aufgebaute über den Haufen, was Robin augenscheinlich als sehr lustvoll erlebt. Auch in der nächsten Stunde will Robin zunächst noch einen Parcours bauen, Joel jedoch lieber etwas errichten, das anschließend einkrachen und zusammenstürzen soll. Dieses Thema verfolgen wir in den nächsten Einheiten in verschiedenen Varianten: einerseits Begrenzungen einhalten (Parcours mit Rollbrett oder zu Fuß, Kapla-Straßen bauen und mit Matchbox-Autos darin fahren, Labyrinth-Spiele); andererseits diese Begrenzungen einreißen oder überwinden (mit dem Rollbrett in Matten oder Türme hineinfahren, Mauern überspringen oder mit Bällen einwerfen).

Interpretation Therapieverlauf/Teleoanalyse

Die Priorität Kontrolle befördert durch ihre prophylaktische Abwehr vermeintlich allgegenwärtiger Gefährdungen eine soziale Distanz, die allerdings auch den Wunsch nach Zugehörigkeit und Gemeinschaft verstärkt – dem jedoch gemäß ihrer Interpretation nicht nachgegeben werden darf, da eine Gleichwertigkeit nur bei strenger Disziplinierung möglich ist (vgl. B III.2.2.3).

Diese angestrebte Zugehörigkeit wird von Joel nie infrage gestellt, sodass Robin seine Kontrollabsichten tatsächlich in dieser Konstellation scheinbar aufgeben kann. Zwischen beiden entwickelt sich sehr rasch eine enge Freundschaft.

Doch in der vermeintlichen Kontrollaufgabe gegenüber Joel verliert er auch seine Selbstbestimmung aus dem Blick. Er scheint Joel nahezu blind ergeben, spielt nur noch mit ihm, eifert ihm nach und wird von diesem vereinnahmt. Um ihm, auch im Sinne der Komplementärpriorität (vgl. C II.1.2.2), zu gefallen oder sich dessen Akzeptanz zu versichern, beschränkt er seine eigenen Aktivitäten auf solche, die Joel vorgibt bzw. gutheißt. Die Kontrollpriorität scheint also einen hohen Bedeutungsanteil Zugehörigkeit/Geborgenheit zu umfassen, der in den konkreten Variantenvorschlägen dieser Prioritätsausprägung so nicht zu finden ist (vgl. Basisprofil-Typen 13, 14, 15, 16 in: Tabelle C5).

In der weiteren teleologischen Spezifizierung dieser Kontrollpriorität sprechen die Anhaltpunkte sehr viel deutlicher für einen Basisprofil-Typen 11: Die eingangs angesprochenen quantitativen Testverfahren verweisen auf niedrige motorische Kompetenzbedingungen, denen er jedoch – womöglich durch die Orientierung wichtiger Bezugspersonen am Spitzen- und Leistungssport (Vater: Fußball, Patenonkel: Formel-1) – hohe Bedeutung zumisst (A–+). Dazu gesellt sich ein scheinbar niedriges Geborgenheitsempfinden, dem er jedoch zu entrinnen trachtet und somit ebenfalls hohe Bedeutung zuschreibt (G–+). Den Wunsch nach Zugehörigkeit verfolgt er zu Hause *aktiv-destruktiv* und in Kindergarten/Schule *passiv-destruktiv* (vgl. Tabelle D4 auf der Folgeseite). Das differenzierte Verhalten basiert wohl auf unterschiedlichen Erfahrungen in diesen sozialen Bezugsbereichen: Dort hat er Geborgenheit (und Aufmerksamkeit) bereits erfahren und will diese um jeden Preis wieder erlangen, hier fehlt ihm das Zutrauen in die eigenen Kompetenzen, sich diese mit Gewalt zu erkämpfen und er begnügt sich mit einer möglichst großen Unauffälligkeit, um zumindest seine passive Teilhabe an der Schulgemeinschaft nicht zu riskieren.

Der beschriebene Typ 11 strebt in seinem Kompensationsverhalten sowohl nach Kompetenz als auch nach Gemeinschaft (vgl. Tabelle C5, S. 276f.) und kann allenfalls *„aufgrund nur eingeschränkter Voraussetzung zur Zielerreichung zur Anfälligkeit für Ersatzsicherheiten führen"* (siehe C II.2.2, S. 268), wie sie sich bei Robin etabliert hat.

Das Umfeld der Psychomotorik bietet Robin nun in der Auseinandersetzung mit Joel einen Bezugspunkt, der zwar ursprünglich auch der Schule angehörte, der ihm aber die Zugehörigkeit zur gemeinsamen Psychomotorik-Gruppe offeriert. In ihr nimmt Robin so weit teil, dass er den Vorgaben Joels folgt. Damit gibt er zwar die Kontrolle der eigenen Kompetenzen auf, kontrolliert damit aber seine Zugehörigkeit zur Gemeinschaft mit Joel, die er wohl noch als abhängig von seiner Folgsamkeit diesem gegenüber interpretiert. So verzichtet er aktuell auf die Durchsetzung eigener eventuell abweichender Bedürfnisse, die diese Zugehörigkeit womöglich auf die Probe stellen könnten. Der Wunsch nach Gemeinschaft mit Joel überragt demnach das Ansinnen, die eigenen Kompetenzen ins rechte Licht zu rücken.

Robins fixierte Kontrollpriorität zeigt sich somit differenziert in den verschiedenen sozialen Konstellationen:

Gegenüber seiner Schwester agiert Robin aktiv-destruktiv, also *herrschend*: Er kontrolliert sie durch Vorgaben und Aggression.

Gegenüber den Eltern zeigt er sich passiv-konstruktiv, also *nehmend*: Er kontrolliert sie, indem er ihre Aufmerksamkeit durch Opposition und Bequemlichkeit absorbiert – und so auch von der Schwester fernhält.

Gegenüber den außerfamiliären Anforderungen und Sozialkontakten verhält er sich passiv-destruktiv, *vermeidend*, sucht minimalistisch den kleinsten gemeinsamen Nenner.

Als Orientierungshilfe zu den verwendeten Begrifflichkeiten kann die nachfolgende Übersichtstabelle in Erinnerung gerufen werden (aus: B III. 2.1/2.2).

Tabelle B4: *Erläuternde Verhaltensweisen zu ADLERs Typenklassifizierung: Beispiel Kontrollpriorität*

Klassifizierung	*Typen nach ADLER*	*Verhaltensweise gemäß Kontrollpriorität*
Aktiv-konstruktiv	*Sozial nützlich (useful)*	*Gruppe kontrollieren und sichern (Regisseur)*
Aktiv-destruktiv	*Herrschend (ruling)*	*Leistungen kontrollieren und reglementieren (Schiedsrichter)*
Passiv-konstruktiv	*Nehmend (getting)*	*Ansprüche kontrollieren und einfordern (Erbsenzähler)*
Passiv-destruktiv	*Vermeidend (avoiding)*	*Anforderungen kontrollieren und minimieren (Minimalist)*

5 Therapieverlauf (2): Konfrontation, Toleranz, De- und Neukonstruktion

Interpretation Schulsituation

Letzteres zeigt sich auch in seiner nunmehr gewachsenen Schulunlust. Ging Robin noch gerne in den Kindergarten, wo er zwar wenig Kontakte zur Gruppe pflegte und sich hauptsächlich als Einzelgänger, dementsprechend aber auch vorwiegend selbstbestimmt beschäftigte, so wird seine Motivation zur Schule mittlerweile übereinstimmend von Elternhaus, Lehrperson und Robin selbst als sehr eingeschränkt umschrieben. Zwar hat er dort nun mit Joel einen stabilen Fixpunkt, doch die Selbstaufgabe, zu der er innerhalb der gewonnenen Freundschaft mit ihm bereit war, muss er in der Schule auch hinsichtlich der im Kindergarten vorherrschenden Gestaltungsfreiheit aufgeben. Hier stehen jetzt klare Vorgaben im Raum, die ebenso nachprüfbar wie verbindlich von der Lehrperson und auch den Eltern kontrolliert werden können. Dieser Kontrollverlust bezüglich der Inhalte und Anforderungen, dieses den Bewertungen anderer Ausgeliefertsein und die befürchtete Erniedrigung bei vermeintlich ungenügenden eigenen Fertigkeiten scheint mir entscheidend für die Motivationsumkehr – wenngleich auch Joels nahezu identische Einschätzungen Robin in seiner Meinung weiter bestärkt haben dürften.

Übergang Interventionsphase Toleranz

In der nächsten therapeutischen Interventionsphase muss nun zwischen den Aspekten der Konfrontation und der Toleranz vermittelt werden: Denn zum einen toleriert Robin Fremdbestimmungen bei Joel über Gebühr, sodass er hier im Sinne zunehmender Selbsterkenntnis auch mit deren unerwünschten Begleitumständen konfrontiert werden sollte, zum anderen gilt es aber auch, die prinzipielle Opposition gegenüber Eltern, Schwester und Schulanforderungen aufzugeben, und dieses Fremde nicht als immerwährende Bedrohung zu verstehen, die unter allen erdenklichen Umständen abgewehrt und kontrolliert werden muss.

Um in dieser Komplexität konkurrierender Erwartungen den Überblick zu bewahren und zielgerichtete Angebote zu unterbreiten, schien es sinnvoll, sich zunächst auf einen Bereich zu konzentrieren. In den Mittelpunkt rückte somit der Aspekt Selbstaufgabe versus Selbstbestimmung, wie er gerade unter der Erwartung zunehmender Selbsterkenntnis erläutert wurde, in der Beziehung mit Joel.

Folgende Gründe waren ausschlaggebend:
1. Joel war konkret anwesend.
2. Die Beziehung war Robin wichtig.
3. Diese Beziehung war die erste enge außerfamiliäre Bindung, die exemplarisch für seinen weiteren sozialen Umgang werden könnte.
4. Die Zugehörigkeit zur Gruppe Joel/Robin stärkt bereits sein Selbstwertgefühl, wenngleich noch auf instabil-unbegründeter Ebene.

5. Robin hat in diesem Zusammenhang bereits Verhaltensmodifikationen – innerhalb der prioritären Grundausrichtung – gezeigt, die durchaus positiv zu werten waren.
6. Der Kontrollwunsch entspringt nach meiner Interpretation einem niedrigen bzw. instabil-unbegründeten Selbstwertgefühl. Die Emanzipation von Joel bzw. die eigene Profilierung sollte entsprechend das Selbstwertgefühl auf eine stabil-begründete Ebene heben und somit auch generelle Auswirkungen auf die Toleranzfähigkeit und Bereitschaft zur Kontrollabgabe anregen.

Vor dem Einstieg in die Praxisbeschreibungen sollen zunächst wieder die praxeologischen Eckpunkte dieser Interventionsphase tabellarisch skizziert werden (aus: C III.3.2).

Tabelle D4: *Beispielhafte psychomotorische Erfahrungsbereiche in der Phase der Toleranz (Priorität: Kontrolle)*

Priorität		*Kontrolle*
Befürchtung		*Ausgeliefertsein, unerwartete Erniedrigung*
Toleranz		*Kontrollverlust zulassen: Entspannung statt Ausgeliefertsein*
Erfahrungspole auf psychomotorischer Ebene (z. B.)		*Halten – Loslassen*
Möglichkeiten psychomotorischer Probehandlungen	*Körperarbeit*	*Geschaukelt werden, „blind" sein, Klettern und Niederspringen*
	Bewegungsspiel	*Ringen*
	Sozialkontakt	*Gruppen-, Partnerakrobatik*
	Gestalterischer Ausdruck	*Freies Tanzen zur Musik*

Ich entschließe mich für eine zweigleisige Vorgehensweise. Im ersten Strang wird versucht, über Führen und Folgen bzw. Gehaltenwerden und Losgelassenwerden Robin den eigenen Führungsanspruch (wieder) schmackhaft zu machen: ihn einerseits seine Abhängigkeit von Joel nacherleben zu lassen sowie andererseits aber auch die positiven, sozial wertvollen Aspekte des Führens zu verdeutlichen. Doch wie rigide und verantwortungslos Joel ihn (Gesamtkörper, Finger, Stift) auch führt (verbal, taktil, sehend, blind, in Parcours oder um Hindernisse), Robin entschuldigt auf meine Nachfrage,[105] wie er sich denn in den jeweiligen Sequenzen bei etwaigen Hindernisberührungen gefühlt habe, alles und äußert verbal Zufriedenheit mit der Führung.

---
[105] Möglichst neutrale Nachfrage ohne tendenzielle Wertungen meinerseits.

Körperlich mag er jedoch durchaus andere Reize empfunden haben, die seiner perspektivischen Abgrenzung womöglich zugutekommen sollten.

Der zweite Strang widmet sich dem Komplex Kooperation und Konkurrenz,[106] der zunächst v. a. im beliebten Fußballspiel umgesetzt wird. Hier zeigt sich, dass Robin gerne gemeinsam mit Joel (gegen mich) spielen möchte, wohingegen Joel in der Gewissheit seiner Überlegenheit die direkte Auseinandersetzung mit Robin bevorzugt. Die unterschiedlichen Auffassungen werden punktuell berücksichtigt.

Im Team wählt Robin v. a. die Torwartposition, die ihm, im Vergleich zu einem Feldspieler, eine erhöhte Kontrollierbarkeit bezüglich (1.) einer geringeren Komplexität der Aufgabe (z. B. kein direkter Gegnerkontakt), (2.) eines begrenzten Raums (Torraum) und (3.) des Spielgeräts (Hände am Ball) bietet. Robin ist in diesen Spielen mit „Leib und Seele", mit „Herz und Hand" dabei: Er setzt seinen Körper lustvoll und anstrengungsbereit ein, wirft sich, feuert eigenes Team (sich und Joel) lautstark an, kämpft und schwitzt.

Robin scheint in dieser Aufgabe Erfüllung zu erfahren: Er bewältigt eine Aufgabe, die ihm entspricht, und ist gleichzeitig Teil einer gleichwertigen Gemeinschaft, die zudem oftmals erfolgreich ist.

Im 1-gegen-1 mit Joel weiß Robin um dessen Vorteile in Schnelligkeit (Dynamik) und Technik (Schusskraft). Muss er sich dieser stellen, so scheint er dieser Unkontrollierbarkeit des Gegners anhand der Kontrolle äußerer Faktoren begegnen zu wollen: So wünscht er bspw. vorab, das Spielfeld zu gestalten, indem er mit Klebeband Linien zieht oder mit Großbausteinen eine Zuschauertribüne (Stadion) baut. Damit verzögert er zum einen die misserfolgsträchtige Konfrontation und vergewissert sich zum anderen seiner Handlungsfähigkeit. Doch auch im Spiel selbst zieht sich Robin meist mindestens achtbar aus der Affäre: Sein abwartendes, überwiegend kontrolliertes Spiel und v. a. seine Lernfähigkeit hinsichtlich notwendiger Strategieanpassungen (Sensibilität und Konsequenz bezüglich Veränderungen – vgl. D II.4) ermöglichen ihm zunehmende Erfolge und Befriedigung. Aufgrund der visuellen Beeinträchtigungen Joels gelingt es Robin auch anfangs regelmäßig ein Tor zu erzielen. Allerdings lief er anschließend so lange jubelnd über das Feld, bis Joel seinerseits wieder einen Treffer markiert hatte. Diese unglückliche Folge seines Glücksgefühls konnte er durch die rasche Konzentration auf das fortlaufende Spielgeschehen eindämmen.

Mit dieser Erfahrung, in der Robin, in einer „erzwungenen" (von Joel, der ihm wichtig ist, gewünschten) Konfrontation zunächst seine eigenen Mühen toleriert

---

[106] Kooperation und Konkurrenz ebenfalls im Sinne von Halten – Loslassen (Praxeologie: Erfahrungspole auf psychomotorischer Ebene): in der kooperativen Gemeinschaft gehalten werden, geborgen sein – losgelassen werden, vereinzelt, individualisiert in Konkurrenz zu anderen Individuen stehen.

(und sich so, trotz initialer Abwehr, der Herausforderung stellt) und dann eine eigene Erfolg versprechende Lösung findet, beginnt sich die gegenseitige Beziehung zunehmend zu einem gleichwertigen Dialog zu entwickeln.

Übergang Interventionsphase De- und Neukonstruktion

Um diesen Prozess zu unterstützen, kehrten wir zum ersten Strang des Führens und Folgens zurück. Jedoch nicht mehr im konkreten Sinne eines vorgegebenen Ablaufs, sondern in Form offener (Bewegungs-)Aufgaben, die die beiden Jungen in gemeinsamen Absprachen zu bewältigen hatten: bspw. „ein Haus (mit Dach) bauen, in dem ihr beide Platz findet"; „ein Fahrzeug bauen, auf dem ihr beide sitzen und fahren könnt"; Bewegungsstationen mit Wegen verbinden. Hier zeigt sich rasch, dass Joel in seiner Spontaneität und Impulsivität überfordert ist. Seine initialen Ideen laufen ins Leere. Erst Robins strategisches Geschick führt die Gruppe zum Erfolg. So emanzipiert sich Robin vom bisherigen Führungsanspruch Joels und dieser folgt Robin in diesen Sequenzen bald klaglos.

Robin kontrolliert nun die Gruppe, jedoch nicht zur Abwehr fremder Erwartungen, denen er sich sonst mithilfe von Aggression, Opposition oder Minimalismus zu entziehen suchte, sondern zur zielgerichteten Bewältigung einer Aufgabe, die Lustgewinn im Prozess und der Erfüllung verspricht. Legen wir die ADLER'sche Klassifizierung zugrunde, so kann sein Kontrollverhalten erstmals als *aktiv-konstruktiv* bezeichnet werden (vgl. Tabelle D4, S. 320).

Auch diese Interventionsphase soll mit einem kurzen Verweis auf die praxeologischen Vorüberlegungen gestützt werden (aus: C III.4):

Die gestärkte oder gewachsene Bereitschaft, sich mit Neuem auseinanderzusetzen und die eigenen Ressourcen kreativ zu nutzen, bietet die Grundlage, seinen Handlungsspielraum zu öffnen. Da individuelle Ressourcen zwar variabel, immer jedoch beschränkt sind und auch die angekündigte Öffnung nicht ins Willkürliche kippen sollte, besteht die vornehmliche Aufgabe in der De- und Neukonstruktion darin, ein eigenes, ein selbst-verträgliches Maß zwischen Autonomie und Gemeinschaft zu finden.

Dabei ist es notwendig, den Klienten „nicht aus der Verantwortung, aus der aktiven Rolle zu entlassen" (ANTOCH 2006, S. 359). Denn es kann nicht darum gehen, vermeintlich Erfolg versprechende Lösungen lediglich zu imitieren – was auch in der Psychomotorik, wenn nicht vom Klienten selbst, so doch mitunter von seinem Umfeld, erwartet wird –, sondern sich als Initiator individueller Anpassungen zu verstehen.

Parallel zur letzten Phase haben wir uns wiederkehrend mit Bildhauer-Aufgaben auseinandergesetzt: Dabei mussten Körperpositionen verdeckt erfühlt und nachempfunden, konnten geformt und imitiert werden. In der Rolle von Künstler und

5 Therapieverlauf (2): Konfrontation, Toleranz, De- und Neukonstruktion 325

Kunstwerk, von gestaltendem Bildhauer und zu gestaltender Statue wurde Kontrolle ausgeübt und abgegeben. Manche Positionen wurden als angenehm, andere als unangenehm bezeichnet, mitunter war die geforderte Körperkontrolle anstrengend, mitunter auf längere Dauer unmöglich. Hier galt es, die körperlichen Auswirkungen von Selbst- und Fremdbestimmung zu erspüren: Druck und Gegendruck, Körperspannung und Entspannung wahrzunehmen und für sich im Sinne einer individuellen (leiblichen) Differenzbildung (SEEWALD 2000a, ähnlich auch REINELT 1998a) zu bewerten.

Die unter der Orientierungsüberschrift *Übergang Interventionsphase Toleranz* im 6. Grund (vgl. S. 322) für eine Konzentration der Therapieausrichtung auf den Beziehungsaspekt zwischen Robin und Joel aufgeführte Hoffnung, dass sich ein durch zunehmende Profilierung und Emanzipation zu gewinnendes stabil-begründetes Selbstwertgefühl auch auf die anderen Verhaltensauffälligkeiten auswirken möge, war sicherlich zunächst etwas optimistisch formuliert. Ein Transfer von einem sozialen Bezugssystem in ein anderes benötigt erneut Erfahrungs- und Erprobungszeiten, in denen alternative Verhaltensweisen wiederum verhandelt und abgestimmt werden müssen. So war das Elterngespräch hinsichtlich eines möglichen Therapieabschlusses zwar insofern ernüchternd, als die Mutter eine Eskalation der familiären Beziehungen schilderte, bot jedoch auch die Chance, genau diesen Rahmen, zumindest in einem relevanten Teilbereich, mit einzubeziehen.

5.2 Sozialbezug: Schwester

Verhaltensbeschreibungen: zu Hause und in der Psychomotoriktherapie

Robins Verhalten sei zu Hause kaum mehr tragbar: Er schlage die Schwester, die ihrerseits nun beginne, ihn zu provozieren. Er höre nicht mehr auf die Eltern, ignoriere sie, Strafen beeindruckten ihn nicht: Er verliere bei Kleinigkeiten die Fassung, seine emotionalen Ausbrüche blieben für Eltern und Schwester nicht nachvollziehbar.

Neben meinem Verweis auf Angebote der Erziehungsberatung vereinbaren wir eine weitere Psychomotorik-Sequenz, zunächst allein, diskutieren aber bereits die Option, Bruder und Schwester hier zusammenzuführen.

Da Joel seine Therapie beenden konnte und die Schwester aber nicht direkt dessen (Ersatz-)Rolle einnehmen soll, scheint mir eine Übergangsphase im 1-zu-1-Bezug sinnvoll. Allerdings fragt Robin bereits in der ersten dieser anvisierten Stunden, ob seine Mama in der nächsten Einheit zuschauen dürfe: Als Inhaltswunsch nennt er Hockey und Formel-1. Die Mutter klärt mich jedoch später auf, dass sich sein eigentlicher Wunsch auf Mutter *und* Schwester beziehe.

Als in der nämlichen nächsten Stunde das Hockeyspiel ansteht, fragt Robin, ob seine Schwester mitspielen dürfe. Er wolle mit ihr gegen mich spielen. Es folgt ein ebenso spaß- und lustvolles wie intensives Spiel, in dem sich die beiden in ihren Spielpositionen abwechseln, sich gegenseitig unterstützen und lautstark von der Mutter angefeuert werden.

In der kommenden Woche berichtet die Mutter von ungeahnter Harmonie zwischen den beiden, die direkt nach der Stunde auf der Heimfahrt im Auto mit Erzählungen fortgeführt und über die gesamte Woche mit gemeinsamem Spiel angehalten habe. Ich bestehe darauf, dass Robin entscheidet, ob seine Schwester weiterhin teilnehmen darf und soll. Er bejaht und zeigt sich, wie auch die Schwester, vorfreudig und begeistert.

In den folgenden Wochen verläuft die Beziehungspflege ausgesprochen positiv: Robin führt seine Schwester, die ihn doch sonst in vielen Entwicklungsbereichen einzuholen bzw. zu überholen droht, in die hiesigen Spiel- und Beschäftigungsmöglichkeiten ein. Er leitet sie durch den Bewegungsparcours und dirigiert sie durch die Rollbretttrennstrecke, er betont die Schwierigkeit der Aufgabe, die er zu lösen imstande war, und überlässt ihr generös die vermeintlich einfacheren. Sie bauen gemeinsam hohe Türme oder fangen abwechselnd auf der Schaukel Magnetfische mit der Angel.

Doch während hier die Stimmung zunächst noch ungetrübt bleibt, relativiert sich die Situation zu Hause bereits wieder. Diese Vorboten nehmen dann auch in der Psychomotorik Gestalt an: Die je geschilderten Konkurrenzsituationen, die sich mitunter über verbale Streitigkeiten zu handgreiflichen Auseinandersetzungen auszuweiten drohen, brechen nun bei nahezu jeder Spielform durch. Was ist geschehen?

Interpretation

Gemäß meiner Interpretation hat Robin seine Schwester mit in die Psychomotorik gebracht, um die für ihn wichtige Rolle des *großen Bruders* (noch einmal) zu erleben. In einem Umfeld, dass er als Schutzraum, als Raum der Bestätigung und der Emanzipation von seinem ambivalenten Bezugspunkt Joel, den er einerseits mochte und verehrte, dessen Bevormundung ihn aber auch zu Eingeständnissen zwang, nutzen konnte, sollte seine Schwester diese Machtfülle spüren, die er kontrollierend ausübte. Dabei ging es ihm m. E. durchaus um einen aktiv-konstruktiven Umgang mit seiner Schwester, der er anfangs kenntnisreich und beschützend zur Seite stehen konnte. So kann der Impuls als Versuch gedeutet werden, das in der Auseinandersetzung mit Joel profilierte Selbstwertgefühl auf die Beziehung zur Schwester auszudehnen.

Denn auch diese scheint Robin ja ausgesprochen ambivalent zu betrachten: Als Bruder wird von ihm Sympathie und Wertschätzung erwartet, zu der er bei einem Gefühl der Gleichwertigkeit (die er jedoch oftmals nur in der Fiktion der eigenen Überlegenheit empfindet) auch in der Lage ist; als vermeintlich Herausgeforderter buhlt er mit ihr jedoch um die Aufmerksamkeit und Gunst der Eltern sowie um sein Selbstwertgefühl, das sich für Robin just in dieser Wahrnehmung der Eltern zu spiegeln scheint.

Doch so wie Robin sich von Joel zu emanzipieren begann, so löst sich seine Schwester im Verlaufsprozess zunehmend von ihm. Sie demonstriert nun ihrerseits ihre motorischen Fähig- und Fertigkeiten, verbessert ihn sogar und bietet ihm provozierend Lösungswege, denen er nicht folgen kann. Damit hat das psychomotorische Erlebnisfeld seine Besonderheit im Vergleich zum heimischen Umfeld verloren, die eingespielten Muster greifen wieder.[107]

Konsequenz

Dennoch finden wir eine Basis für die weitere Zusammenarbeit. Diese fordert jedoch eine deutlich stärkere Führung von mir: Wünsche und Inhalte werden vorab verhandelt und die vereinbarten Abläufe strikt eingehalten, Regelübertritte werden transparent sanktioniert und provozierendes Verhalten gegenüber Bruder oder Schwester werden gespiegelt bzw. angesprochen.

Als ich von Robin nach einer konfliktreichen Stunde wissen möchte, ob er die Situation mit seiner Schwester als belastend erlebe und womöglich noch einmal alleine kommen möchte, ihn also an unsere anfängliche Vereinbarung erinnere, dass er über den Verbleib der Schwester entscheiden darf, stellt er die Anwesenheit seiner Schwester aber außer Frage. Damit sind für mich die Voraussetzungen für einen Therapieabschluss gegeben.

Dies zu erläutern bedarf es eines Rückblicks auf nachfolgend (S. 328) nochmals aufgeführte Tabelle (aus Kapitel A III.4.2, S. 90).

Robin bewegt sich nach meiner Interpretation nunmehr deutlich im Spektrum der hier skizzierten Profilierung. Womöglich wurden ihm vorab durch die im Vergleich zur Schwester „fehlenden" Ressourcen *deren* Stärken als Bewertungskriterien in seinem familiären Umfeld aufgedrängt. Gegen diese Nichtberücksichtigung der eigenen Bedürfnisse hat er zu Hause entsprechend intensiv rebelliert (– wohingegen die fehlenden Ressourcen im Kindergarten zur strikten Anpassung führten). Gemäß den eigenen Erfahrungen hat Robin dann die Psychomotorik-Einheiten dazu ge-

---

[107] Auch ich habe mich von der anfänglichen Euphorie und dem hoffnungsvollen Optimismus der Eltern anstecken lassen, als diese nach den ersten gemeinsamen Psychomotorik-Sequenzen von der neuen Harmonie im Verhältnis der beiden Geschwister schwärmten. So habe ich in dieser Phase die Umsetzung der zuvor vereinbarten weiteren Begleitmaßnahmen (Handlungsoptionen zu Hause, Erziehungsberatung) weder abgefragt noch angemahnt. Womöglich wären gerade in der dann folgenden Phase, in der beide sich dem verbindlichen Ablaufschema anpassen mussten, auch häusliche Strategieänderungen auf fruchtbaren Boden gefallen?

Tabelle A4: *Flexibilitätsoptionen und Entwicklungsprognose*

Innere Faktoren	Flexibilität der Auswahl-optionen	Auswahl-kriterien	Charakte-ristika	Aus-richtung	Entwick-lungs-prognose
Ressourcen fehlen, individuelle Bedürfnisse irrelevant	Keine Auswahl	Not-wendigkeit	Leidliches „Überleben"	Panisch – Isolation vermeiden	Aus-schließliche Anpassung
Ressourcen vorhanden, Bedürfnisse unspezifisch	Beliebige Auswahl	Gleich-gültigkeit	Bedauernder Verzicht	Punktuell – Teilhabe anstreben	Suche
Ressourcen vorhanden, Bedürfnisse spezifisch	Konkrete Auswahl	Höher-wertigkeit	Prioritäre Wahl	Perspektivisch – Autonomie und Gemein-schaft gestalten	Profilierung

nutzt, die Schwester jetzt mit *seinen* (neuen) Stärken zu konfrontieren, was solange harmonisch gelang, bis diese dessen Kompetenzvorsprung aufgeholt hatte. Die beginnenden Streitigkeiten schienen letztendlich darauf hinzudeuten, dass er die Schwester nur dort akzeptiert, wo er sich ihr überlegen fühlt. In dem Moment aber, in dem er ihr Zusammensein trotz alternativer Auswahlmöglichkeit nicht mehr in Frage stellt, dokumentiert er seine Bereitschaft, seine Schwester (zumindest im hiesigen Bereich der Psychomotorik) als gleichwertig anzusehen und – vermutlich sogar weit wichtiger – auch sich selbst als gleichwertig ihr gegenüber zu betrachten: Er hat seine Ressourcen entwickelt und demonstriert und lässt sich das Bewertungskriterium nicht mehr (ausschließlich) von außen vorschreiben (bspw. stabil statt grazil bauen), womit er eine Bedürfnisspezifikation offen legt, die es ihm somit auch erlaubt die Präsenz der Schwester höher zu bewerten als eine eventuelle Konfliktreduktion.

Robin hat die Anwesenheit der Schwester (als widerstandsfähige Person und nicht nur als Objekt seiner Vorstellungen) auch in diesem Rahmen akzeptiert – und mit ihr seine in ihr gespiegelten Mühen; er hat mit ihr konstruktive gemeinsame Spielphasen als Alternativbeispiele zu den häufigen Streitigkeiten erlebt (Dekonstruktion der Streitobjektfiktion, Neukonstruktion der Vorstellung Schwester als Spielpartner); und die Präsenz der Schwester, die er auch hier nicht beherrschen, nicht kontrollieren konnte, scheint ihn nicht mehr so zu ängstigen, als dass er sich ihr ausgeliefert fühlt (Grenz- bzw. Wahrnehmungserweiterung, dass die Kontrollabgabe auch Entspannung beinhalten kann) –, wenngleich die Kontrolle hier von mir übernommen wurde.

So könnten wir annehmen, dass die Konflikte in der Psychomotorik ggf. einen neuen Charakter gewonnen haben: Sie resultieren womöglich nicht mehr aus der notgeschuldeten Abgrenzung zu einer als unerreichbar vorgestellten Anpassungsfiktion, sondern drücken lediglich noch das Ringen gleichberechtigter Partner in ihrem Verhältnis zwischen Autonomie und Gemeinschaft aus.[108]

6 Therapieabschluss: Standortbestimmung im Hinblick auf vereinbarte Ziele sowie ein kurzer Ausblick

Die Einschätzungen bezüglich der erzielten oder ausgebliebenen Fortschritte in Robins Entwicklung während der gut zwei Jahre seiner psychomotorisch orientierten Therapie und Begleitung muss nach den in der gesamten Falldarstellung relevanten sozialen Bezugssystemen sowie seinen isolierten individuellen motorischen Fertigkeiten differenziert werden.

Letztere konnten auch hinsichtlich der vorab vereinbarten Indikatoren bestätigt werden: So hat Robin in dieser Zeit sowohl das Fahrradfahren als auch das Schwimmen erlernt. Mit den gestiegenen Voraussetzungen hinsichtlich Koordination, Körperspannung, Gleichgewicht und Bewegungsmusterrepertoire scheint auch seine Bewegungsfreude und sein Zutrauen in die eigene Leistungsfähigkeit gewachsen zu sein: Robin geht wieder gern in den Sportunterricht und ist sogar in den Fußballverein eingetreten. Zwar berichtet er von Mühen im Vergleich zu anderen Mitspielern, die er als besser einstuft, dennoch zeige er sich im Trainings- und Spielbetrieb freudig und engagiert. Mit dieser Äußerung offenbart er einen weiteren wichtigen Aspekt seiner Motivationsfähigkeit, die zwar nicht explizit in den Therapiezielen festgehalten war, aber bereits in der Anmeldung als Problem beschrieben und somit implizit als begleitende Bedingung im Raum stand: die Überwindung der Gleichsetzung einer Schwierigkeit mit dem sofortigen Motivationsverlust.

Robin hat gelernt, zwischen einer Schwierigkeit und der eigenen Befindlichkeit während der Beschäftigung mit dieser Schwierigkeit zu differenzieren. So „muss" er anstehende Herausforderungen nicht mehr im Sinne der vormals bestimmenden Sicherheitsbedürfnisse kontrollierend abwehren, sondern kann sich ihnen in der Hoffnung auf Macht- und Lustgewinn stellen. So löst er hier Aufgaben in seinem Tempo, verfällt weder in Hektik noch in Unproduktivität.

Robin hat seine sozialen Kompetenzen erhöht: Er hat mit seinen Verhaltensmodifikationen die Beziehung zu Joel auf eine gleichwertige Ebene gehoben und so im

---

[108] In wie weit bzw. ob sich diese Einschätzung überhaupt auf die häusliche Situation auswirkt, muss offen bleiben.

gegenseitigen Dialog gestärkt. Er hat mindestens einen weiteren Freund in der Klasse gefunden, mit dem er sich regelmäßig verabredet, und hat den bereits erwähnten Übertritt vom geschützten therapeutischen Bewegungsangebot zum sportartspezifischen Wettkampf gemeistert.

Ergänzen wir die anfangs aufgestellten Zielvorstellungen (Tabelle D2, S. 316) um eine Einschätzung der entsprechenden Zielerreichung, so ergibt sich folgendes Bild:

Tabelle D5: Therapieziele, Indikatoren und Einschätzung Zielerreichung

Nicht-hierarchische Nummerierung	Zielvorstellung	Mögliche Indikatoren	Einschätzung Zielerreichung	Kompetenzbereich
1.	... ausgeglichener werden	– Weniger Stimmungsschwankungen zwischen Euphorie und Niedergeschlagenheit	Umfeldabhängig: außerfamiliär: Ja, familiär: Nein	Selbstkompetenz
2.	... motorische Fortschritte erzielen	– lernt z. B. Fahrrad fahren oder schwimmen	2× Ja	
3.	... selbstsicherer werden, größeres Zutrauen zur eigenen Leistungsfähigkeit gewinnen	– Wird selbst aktiver; – nimmt an Gruppenaktivitäten teil	Ja	
4.	... seine Kompetenzen aus einem sozialen Bezugsrahmen in den anderen transferieren können	– Zeigt sich im außerfamiliären Rahmen auch selbstbestimmt; – zeigt sich im familiären Rahmen auch anpassungsfähig	Ja Nein	Selbstkompetenz/ Sozialkompetenz
5.	... die Isolation im außerfamiliären Umfeld überwinden	– Spielpartner finden/ akzeptieren; – ggf. Vereinszugehörigkeit	2× Ja	Sozialkompetenz
6.	... im familiären Umfeld umgänglicher werden	– Aggression gegen Schwester überwinden; – prinzipielle Opposition gegen Eltern ablegen; – größere Nachvollziehbarkeit seines Verhaltens eröffnen	Nein	

Betrachten wir diese Zusammenstellung aus Sicht der individuellen Teleoanalyse, also der eigenen Zielvorstellungen Robins, so können wir festhalten, dass er in beiden für sein (vermutetes) spezifisches Basisprofil (A−+/G−+) relevanten Aspekten Fortschritte erzielen konnte. Der Wunsch nach zunehmender Autonomie hat sich in seinen gewonnenen Kompetenzen (z. B. Fahrradfahren, Schwimmen), das Bedürfnis nach Gemeinschaft in seiner Integration im Sportverein sowie (zumindest punktuell) im Klassenverbund erfüllt.

Die verbliebene Problematik konzentriert sich v. a. auf den familiären Rahmen, in den die Veränderungsprozesse noch nicht im erwünschten Ausmaß transferiert werden konnten. Dort zeigen sich weiterhin emotionale Labilität, eingeschränkte Anpassungsfähigkeit (Egozentrik), Aggression gegenüber der Schwester sowie Opposition gegenüber den Eltern. Als Folge der letzteren leite ich zudem die angeführte Verweigerungshaltung bei den Hausaufgaben ab.

Ohne die Grenzen der Psychomotoriktherapie verschweigen zu wollen oder den Therapeuten aus seiner Verantwortung zu entlassen, scheint mir ein Blick auf die elterliche Erziehungshaltung aufschlussreich. So klagt die Mutter wiederholt ihre Verzweiflung ob der geschilderten Situation, zeigt sich jedoch rasch wieder nachsichtig, verständnisvoll und relativiert die eben noch immense Problematik. So nimmt sie Hinweise bezüglich möglicher Interventionsformen oder weiterer Erziehungsberatungsangebote (Kinder- und Jugendpsychiatrischer Dienst, Sozialberatungszentrum) zwar auf, setzt aber weder die einen um noch sich mit den anderen in Verbindung. Konsequenzen werden angedroht, verschoben und bei vermeintlichem Desinteresse Robins auch wieder fallen gelassen.

In dieser inkonsequenten Ambivalenz diffuser Verhaltensweisen zwischen rigiden Ansprüchen und Erwartungen sowie vertrauensvoller Freizügigkeit scheint Robin überfordert. Da er keinen verlässlichen Orientierungsrahmen findet, der ihm die Bedürfnisse seiner Eltern nachvollziehbar widerspiegelt, schafft er sich anhand seiner Kontrollpriorität einen Handlungsrahmen, der sich strikt nach seinen eigenen Bedürfnissen richtet.

Aus der Sicht der Psychomotorik wäre es sowohl bezüglich der sozialen Integrations- wie auch der motorischen Koordinationsfähigkeit wünschenswert, dass Robin seine Bewegungsfreude und seine Aktivität im Sportverein aufrechterhalten kann. Aus dem Blickwinkel des hier vorgestellten Ansatzes der Prioritätenanalyse gilt das Hauptaugenmerk einer gemäßigten Bindung an die eigenen Kontrollbestrebungen (vgl. B III.2.2, auch im Anschluss D III.1) unter der Prämisse: so viel Sicherheit (Kontrolle) wie nötig beibehalten und sich auf so viel Freiheit (Kontrollabgabe) wie möglich einlassen.

Im familiären Umfeld scheint eine externe Beratung weiterhin sinnvoll. Die Mutter stimmt dieser Einschätzung am Abschlussgespräch zu. Sie wolle jedoch noch die anstehenden Sommerferien abwarten ...

III Rückschau

1 Kritische Reflexion

Die Anpassungsstrategie Robins in der fußballerischen Auseinandersetzung mit seinem Klassenkameraden Joel mag womöglich bedauert werden: War dessen ursprüngliche Reaktion auf einen (unerwarteten) Torerfolg mit seinem spontanen Ausbruch von Freude und Euphorie nicht als befreiend wertzuschätzen? Stellt die Überwindung dieser euphoriegeschuldeten Spontaneität nicht einen Rückgriff auf seine Kontrollinstanzen dar?

Ich meine: durchaus – doch ist daraus kein Widerspruch abzuleiten, was ich in zweifacher Hinsicht begründen möchte. (1.) Zum einen zielt die Psychomotorische Prioritätenanalyse nicht darauf ab, die bevorzugte Priorität als grundsätzliche Bewältigungsstrategie infrage zu stellen. Sie versucht lediglich, Grenzen eigener Lösungsansätze zu vergegenwärtigen und limitierende Faktoren zu minimieren. Mit ADLER (1935), PEW (1978) und ROGNER (1982) sollten so die sozial nützlichen, die aktiv-konstruktiven Anteile der Priorität gestärkt werden. Die Psychomotorische Prioritätenanalyse anerkennt und achtet eine tendenzielle Prioritätenausprägung (vgl. B III.2.2), strebt aber danach, die Entwicklungsbremsen fixierter Formen zu überwinden und auf der Grundlage eigener Ressourcen (Fähigkeiten, Beziehungen, Strategien) zu einem stabil-begründeten Selbstwertgefühl zu gelangen, das die eigene Handlungsfreiheit eröffnet.

Gerade deshalb kann (2.) zum anderen aus einer spontanen Euphorie, so beglückend sie im Moment der Begeisterung auch sein mag, kein stabiles Handlungskonzept abgeleitet werden. In ihr schwingt stets ein Aspekt des Unerwarteten und Zufälligen mit. Doch während wir uns der Unwägbarkeiten des Lebens bewusst sind und diese auch als Bereicherung verstehen, so lässt eine unbegründete Hoffnung auf den vermeintlich allmächtigen Zufall oder eine blinde Schicksalsergebenheit eben nicht in erster Linie auf eine souveräne Akzeptanz des Unvermeidlichen, sondern lediglich auf ein geringes Selbstkonzept mit eingeschränktem Vertrauen in die persönlichen Gestaltungsmöglichkeiten schließen.

Auch die Dauer der Anwesenheit während bzw. die aktive Beteiligung der Schwester an der Psychomotoriktherapie könnte vor dem Anspruch eines therapeutischen Schutzraums kritisch hinterfragt werden. Zwar mag der erste Impuls, die beiden im Beisein eines nicht familiären Begleiters oder gar „Schiedsrichters" miteinander zu konfrontieren, durchaus sinnvoll erscheinen, zumal der Wunsch ja auch von

Robin selbst begrüßt und eingefordert wurde. Doch hätte bei der offensichtlich auch im hiesigen Umfeld aufkommenden Rivalität der Versuch nicht früher abgebrochen werden sollen?

Zweifel sind hier m. E. angebracht. Robin hatte vorab im sozialen Bezugsrahmen deutliche Fortschritte erzielt und sich von seinem Klassenkameraden emanzipiert. Er durfte erleben, wie seine eigenen Ressourcen zum Vorschein kamen und von seinem Gegenüber wertgeschätzt wurden. Die Gefahr bestand tatsächlich, dass seine bei den Eltern und weiteren Bezugspersonen (Verwandte, Bekannte, Lehrpersonen aus Kindergarten/Schule) ob ihres motorischen Geschicks, ihrer Folgsamkeit, Hilfsbereitschaft und Freundlichkeit beliebte Schwester ihn auch in diesem für ihn so positiv besetzten Handlungsfeld aussticht.

Ich glaube aber, dass gerade die Erfahrung der transparent und verbindlich geregelten Abläufe, der Konsequenzen und Sanktionen dazu beigetragen haben, dass Robin den Ausschluss der Schwester überhaupt nicht in Betracht zog. Aufgrund meiner Führung der Gruppe, der sich beide – also auch seine für ihn wohl oft unkontrollierbare Schwester – gleichberechtigt und gleichwertig fügen mussten, konnte Robin Kontrollbestrebungen abgeben und sich so auch mit ihr auf gemeinsame Beschäftigungen einlassen. Allerdings konnte diese Einschätzung erst in der Rückschau gewonnen werden.

2 Diskussion anhand alternativer psychomotorischer Ansätze

Welche Interventionen sich in der Entwicklung wie auswirken oder ob die Entwicklung gar auch ohne die Interventionen eingetreten wäre, kann nicht immer ausreichend evaluiert werden. Diesbezügliche Aussagen gründen auf Wahrscheinlichkeiten und Spekulationen, da die Umwelt so mannigfaltige Anreize bietet, die zwar ebenfalls entwicklungsrelevant sind, jedoch kaum umfassend erfasst und thematisiert werden können. Die Welt bietet (glücklicherweise) eben keine „Laborbedingungen", unter denen versucht wird, Veränderungen bestimmten Wirkursachen zuzuschreiben.

Die in der folgenden Tabelle skizzierten (vgl. BLOS 2007) etablierten psychomotorischen Ansätze (vgl. z.B. ZIMMER 1999, KÖCKENBERGER/HAMMER 2004) unterscheiden sich in ihren theoretischen Begründungen sowie in ihren aus diesen Theorien abgeleiteten Überzeugungen hinsichtlich der Wirkfaktoren. Während die Inhalte in der Praxis sehr ähnlich sein können, so differieren die Absichten, die mit diesen Inhalten verknüpft werden.[109]

---

[109] Zu inhaltlichen und formalen Kriterien psychomotorisch-motologischer Ansätze vgl. SEEWALD 2009.

2 Diskussion anhand alternativer psychomotorischer Ansätze

Tabelle D6: Fachsystematische Ansätze der Psychomotorik: Bezugstheorien, Bewegungsverständnis, Praxisfokus (in Anlehnung an BLOS 2007)

Ansatz	Vertreter/ Begründer	Bezugstheorien (Auswahl)	Bewegung als	Praxisfokus
Kompetenz-theoretisch	Schilling	– Gestaltkreis (v. Weizäcker) – Entwicklungstheorie (Piaget)	Grundlage der Handlungskompetenz	Anpassungsleistung an Umwelt
Kindzentriert	Zimmer	– Nicht-direktive Spieltheorie (Axline) – Humanistische Persönlichkeitstheorie (Rogers)	Medium zur aktiven Gestaltung der eigenen Entwicklung und der Aneignung der Wirklichkeit	Interaktion Kind – Therapeut/ Pädagoge: Selbstkonzeptaufbau
Verstehend	Seewald	– Phänomenologie (Merleau-Ponty) – Symboltheorie (Cassirer)	Bedeutungsphänomen	Subjektiv-sinnverstehender Zugang zum Kind
Körperenergetisch	Eckert	– Psychoanalyse des Körpers (Reich) – Medizin der Gesundheit (Milani-Comparetti)	Medium zu authentischer Gefühlswelt, Lebendigkeit und Erlebnisfähigkeit	Spannungs- und Blockierungsabbau, Förderung des Energieflusses zur Autonomiesteigerung
Systemisch-konstruktivistisch	Balgo, Klaes/ Walthes	– Systemtheorie (Luhmann) – Konstruktivismus (Maturana/Varela)	Verhandelbarer dialogischer und kommunikativer Prozess	Verhaltensinterpretation, Experimente mit Alternativen

Diese Ansätze sollen im Anschluss hinsichtlich möglicher alternativer Interpretationen und Wirkzuschreibungen, jedoch auch im Hinblick auf ihre Grenzen kurz beleuchtet werden, um den Anspruch eines lohnenden ergänzenden Fokus' der vorgestellten Psychomotorischen Prioritätenanalyse zu untermauern.

In ihrer Diskussion ist jedoch zu beachten, dass es sich hierbei lediglich um eine nachträgliche Interpretation ansatzspezifischer Teilbereiche handelt. Ein konsequentes Arbeiten nach jenen Ansätzen hätte in nahezu allen Fällen eine auf deren Methoden ausgerichtete Diagnostik erfordert und zudem an bestimmten Stellen alternative Interventionen verlangt.

2.1 Der Kompetenztheoretische Ansatz

Der Kompetenztheoretische Ansatz zielt auf die Erhöhung der individuellen Handlungsfähigkeit über verbesserte Wahrnehmungsleistungen und Bewegungsfertigkeiten. Im Mittelpunkt steht der Adaptionsprozess, die Anpassung an Umweltbedingungen durch die variable Verfügbarkeit vielfältiger Wahrnehmungs- und Bewegungsmuster (vgl. SCHILLING 1975b, S. 23).

Um die eigene Handlungskompetenz zu stärken, müssen Bewegungsangebote so differenziert werden, dass sich das Kind als handlungskompetent erlebt. Der Ansatz orientiert sich somit zwangsläufig an den Stärken des Kindes.

Vor diesem Hintergrund können die motorischen Herausforderungen, denen sich Robin bspw. in den Beschäftigungen rund um die Themen Formel-1 und Fußball stellte, als hinreichende Impulse gewertet werden, um alternative Bewegungsmuster auszuprobieren, zu festigen und zu integrieren und so sein Handlungsrepertoire zu erweitern. Vormals angstbesetzte Anforderungen verlieren mit der Zunahme koordinativer Kompetenzen ihren Schrecken, da Lösungsmöglichkeiten zur Verfügung stehen.

Der geschützte (therapeutische) Rahmen bildet hier die Voraussetzung, die eigenen Ressourcen abseits des Quervergleichs zu erkennen und zu entwickeln. Doch die Handlungskompetenz Robins wuchs v. a. intra-, weniger interindividuell. Dennoch hat Robins Aktivität in den verschiedenen Sozialbezügen und Gruppierungen deutlich zugenommen. Wenn zuvor just diese motorisch-koordinativen Einschränkungen, das Gefühl, den Mitspielern nicht gewachsen zu sein, Ursprung des Rückzugs und der Vermeidung gewesen sein sollte, so muss eine weitere Veränderung eingetreten sein, die über die gesteigerte Variabilität der funktionierenden Bewegungsmuster hinausreicht.

2.2   Der Kindzentrierte Ansatz

Für diese noch nicht näher definierte letztgenannte Veränderung bietet der Kindzentrierte Ansatz den Aufbau eines positiven Selbstkonzepts an (vgl. ZIMMER 1999, 2004).

Zunehmend als positiv erlebte Körper- und Bewegungserfahrungen aufgrund erfolgreich bewältigter motorischer Herausforderungen verändern demnach die Selbstwahrnehmung des Kindes, das sich in der wertschätzenden Begleitung des Therapeuten oder der Pädagogin der Wirklichkeit aus einer neuen Perspektive nähert. Diese eröffnet dem Kind die eigenen Fähig- und Fertigkeiten, stärkt so sein Selbstvertrauen und lässt es perspektivisch auch Schwächen tolerieren.

Diese Perspektive bietet die Grundlage zur Identitätsentwicklung des Kindes, da die individuellen Aspekte in den Fokus rücken und allgemeine, unspezifische Erwartungen oder Orientierungen an Altersstandards und Normierungen an Gewicht verlieren.

Kinder mit positivem Selbstkonzept, die sich die Ursachen eigener Erfolge aufgrund internaler Faktoren (Begabung, Fähigkeiten, Anstrengungsbereitschaft) selbst zuschreiben und Misserfolge als fremdbestimmt erleben (externale Ursachen wie Aufgabenniveau, Zufall, Pech), zeigen sich entsprechend aktiver und leistungsmotivierter. Gemäß dieser Interpretation hat sich Robins gesteigerte Handlungskompetenz positiv auf sein Selbstkonzept und seine Identitätsentwicklung ausgewirkt. Er mag sich nun bspw. als Junge begreifen, der gerne Fußball spielt. In diesem Bereich hat er einerseits ein Könnensniveau erreicht, das es ihm erlaubt, mit den anderen mitzuspielen. Andererseits bleibt die Eigenmotivation so hoch, dass er bereit ist, die eigenen Schwächen anzunehmen und sich von ihnen die Teilnahme und Aktivität nicht verleiden zu lassen.

Insofern geht die Psychomotorische Prioritätenanalyse mit dem Kindzentrierten Ansatz konform. Doch während letzterer die Selbstheilungskräfte des Kindes betont und dem beteiligten Pädagogen hauptsächlich die Rolle eines Begleiters zuschreibt, der die Impulse des Kindes aufnimmt und kanalisiert, so erwartet erstere von der Therapeutin, v. a. bei den fixierten Prioritäten, eine aktivere Gestaltung und Interventionsbereitschaft. Die Notwendigkeit spezifischer Angebote leitet sich aus den konzeptionellen Überlegungen zur behutsamen und dennoch konsequenten Konfrontation auf psychomotorischer Ebene von Körper und Bewegung ab (vgl. C III.2). Deren direkte Ausdruckskraft wird im Kindzentrierten Ansatz weniger thematisiert.

Im konkreten Fall Robins stellt sich somit die Frage, ob er die aufgeführten Fortschritte allein aus seinen eigenen Spielimpulsen hätte gewinnen können. Und wenn ja, so muss trotzdem offen bleiben, wie sich die Verhaltensalternativen in den verschiedenen Bezugsrahmen erläutern lassen: Hätte das positive Selbstkonzept, das ja auch eine gewisse Unabhängigkeit von Fremdzuschreibungen bereitstellen sollte, nicht auch sein familiäres Verhalten beeinflussen müssen?

2.3 Der Verstehende Ansatz

Der Fragestellung nach abweichendem Verhalten in unterschiedlichen Rahmenbedingungen nähern wir uns mit dem Verstehenden Ansatz. In ihm beschreibt SEEWALD (1992, 2007) das Bewegungsverhalten als ein Bedeutungsphänomen, in dem das subjektive Erleben des Kindes in den Mittelpunkt rückt. Verhaltensauffälligkeiten oder motorisch-koordinative Störungen werden nicht isoliert betrachtet und erklärt, sondern auf ihren Sinn und ihre Aussagekraft im Hinblick auf die kindliche Biografie (hermeneutisch, phänomenologisch und tiefenhermeneutisch) zu verstehen versucht. Dazu SEEWALD (1997, S. 11):

„Im methodischen Sinne unterscheidet sich das Verstehen vom Erklären. Während das Verstehen sich auf sinnhaft-intentionale Vorgänge richtet, zielt das Erklären auf nicht-intentionale Naturtatsachen, die nach Ursache-Wirkungszusammenhängen durchforscht werden. (…) Beim Erklären nimmt der Forscher eine Außenposition als Beobachter ein, beim Verstehen ist er immer subjektiv Beteiligter."

Der erstgeborene Robin erlebte in seinem dritten Lebensjahr die Geburt seiner Schwester. Während er sich also womöglich dem altersgemäßen Entwicklungsthema der zunehmenden Selbstständigkeit allmählich zu widmen gedenkt, erfordern die Umstände plötzlich eine abrupte Auseinandersetzung mit den Herausforderungen einer vermeintlichen Isolation. In der neu gebundenen Aufmerksamkeit der Eltern verliert Robins – ggf. durchaus spontanes – Bedürfnis nach einer Umgestaltung seiner Beziehung zwischen Nähe und Distanz zu Mutter und Vater seinen zunächst spielerischen Charakter und gewinnt stattdessen nahezu existenzielle Bedeutung.

In diesem Sinne könnte man Robins zwischen Nähe suchender Hilflosigkeit und distanzierender Abgrenzung ambivalentes Verhalten auf der familiären Beziehungsebene als Hinweis interpretieren, dass jenes Entwicklungsthema noch nicht hinreichend verarbeitet werden konnte. Auf der einen Seite versucht er über gemeinsame Interessen wie Fußball (Vater) oder Formel-1 (Patenonkel) Nähe zu verdeutlichen, die jedoch auch thematisch (Wettkampfsport) von Erfolgsorientierung, Siegesmentalität und damit auch Größenfantasien und Eigenständigkeit geprägt ist. Auf der anderen Seite geht er immer wieder in aggressive und radikale Opposition, die allerdings tiefenhermeneutisch auch als Aufmerksamkeits- und Liebesbedürftigkeit verstanden werden könnte. Jene Ambivalenz zwischen Nähe und Distanz lässt sich auch auf der phänomenologischen Verstehensebene wiederfinden. Zum einen zeigt sich Robin in den ersten Einheiten nach der Einladung seiner Schwester strahlend und begeistert. Robin scheint jeweils vorfreudig-aufgeregt und sehr mitteilsam. Des Weiteren finden sich in allen Einheiten wiederkehrend Phasen versunkener gemeinsamer Beschäftigung, in denen Robin ausgeglichen und gefestigt wirkt. Zum anderen kommt es nach der Anfangseuphorie jedoch auch immer wieder zu den geschilderten Konflikten, in denen Robin sich aggressiv, verzweifelt und resigniert präsentiert. Diese emotionalen Ausbrüche könnten implizit darauf verweisen, dass Robin enttäuscht ist, die durchaus angestrebte Nähe zur Schwester für sich nicht (immer bzw. ausreichend) befriedigend gestalten zu können.

Unter Umständen hat Robin die nach der Geburt seiner Schwester neuen Abläufe im gemeinsamen Familienleben in einer Zuschauerrolle empfunden. Er selbst nahm nur noch bedingt teil.

Im heimischen Umfeld aber, wo er bereits eine andere Rolle (die des Mittelpunkts) kennengelernt hatte, traut er es sich zu, seine Teilnahme am Familienleben zu erstreiten; im außerfamiliären Rahmen, den er sich in diesem Alter ja erst neu erschließen muss, verbleibt er jedoch in dieser neu erfahrenen Zuschauerrolle.

Dieses Verhaltensschema finden wir dann bspw. im Kindergarten wieder, wo er die Nähe der Gruppe meidet und sich mit distanziertem Beobachten begnügt.

In der Psychomotoriktherapie hingegen baut er häufig Zuschauertribünen und ist selbst aktiv. Womöglich verstärkt er so seine Aktivität: Die aktuelle Betätigung des

2 Diskussion anhand alternativer psychomotorischer Ansätze

Bauens verbindet sich mit der antizipierten Spielaktivität in diesem fiktiven Stadion und wird in den Augen der vermeintlichen Zuschauer noch einmal potenziert. Schließlich lädt er konkret Mutter und Schwester als tatsächlich reale Zuschauer ein. Nun steht er im Zentrum ihrer Aufmerksamkeit.

Doch warum lädt Robin dann seine Schwester zum Mitmachen ein? Warum teilt er freiwillig die gerade erst erkämpfte Aufmerksamkeit wieder?

Meines Erachtens sind dafür verschiedene Aspekte denkbar. So möchte er vielleicht dem Wunsch der Eltern nach harmonischerem Kontakt der Geschwister entsprechen (Motiv: Nähe zu Eltern). Vielleicht dokumentiert er aber auch ein brüderliches Bedürfnis nach Gemeinsamkeit: Denn seine ursprüngliche Intention mag v. a. in der Aufmerksamkeit der Eltern begründet liegen, nicht in der Konfrontation mit der Schwester. Sowohl die Schwester als auch die Auseinandersetzung mit ihr könnten in diesem Sinne als Mittel zum Zweck interpretiert werden, der in der Psychomotoriktherapie entfällt, in der die Eltern üblicherweise nicht anwesend sind (Motiv: Nähe zur Schwester). Vielleicht geht es ihm aber auch darum, seine eigene Position als älterer Bruder zu festigen. Für dieses Vorhaben *muss* Robin demnach zuerst Nähe zulassen, die Schwester in sein *Revier der Psychomotoriktherapie* einlassen, um sie dann, anhand seines Kompetenzvorsprungs in diesem Bereich, zu distanzieren (Motiv: Distanz zur Schwester). Als sich die Schwester allmählich im neuen *Revier* einlebt und die erhoffte Distanz aufzuheben droht, beginnen die von zu Hause hinreichend bekannten Konflikte auch in diesen Rahmen überzugreifen. Die nachfolgend transparent-offenen und konsequent-verbindlichen Interventions- und Gestaltungsmaßnahmen regeln das Nähe-Distanz-Verhältnis von dritter Seite. Deren Akzeptanz erlaubt nun ein gleichberechtigtes *Neben*einander, aus dem perspektivisch ein gemeinsames *Mit*einander entstehen kann, in dem Nähe und Distanz wechselseitig verschoben werden, ohne dass es zum Abbruch der Beziehung/Kommunikation kommt.

Robin wirkt in diesen Phasen (weitgehend) entspannt, kann sich auf seine Beschäftigung und seine Schwester bzw. seine Gruppe (Schwester und Therapeut) einlassen und auf seine Abwehrhaltungen verzichten.

Der aufmerksame und kritische Leser wird einen weiteren Grund anführen können, indem er auf die konkreten Vorteile des gemeinsamen Spiels verweist, somit den expliziten Sinn unterstreicht und auf etwaig überhöhte phänomenologische oder tiefenhermeneutische Varianten verzichtet: Zusammen zu spielen macht einfach mehr Spaß als sich alleine (bzw. mit einem kaum altersadäquaten Therapeuten/Pädagogen) zu beschäftigen. Da kein Spielkamerad mehr anwesend war, hat Robin sich selbst jemanden organisiert.

Die Gefahr einer Über- oder Fehlinterpretation wird just bei diesem Ansatz immer wieder beschrieben (vgl. bspw. ZIMMER 1999, S. 47 oder HAMMER 2004, S. 184).

Da jedoch kein psychomotorischer Ansatz ohne Interpretationen auskommt, muss eine Deutung kindlichen Spiels und Handelns *immer* zurückhaltend und offen formuliert werden. Andererseits sind Vermutungen jedoch notwendig, um zielgerichtete Angebote unterbreiten zu können. So bleiben die möglichst stichhaltigen und umfassenden Begründungen für die besagten Vermutungen, Deutungen und Interpretationen entscheidend, um sich dem Verständnis des Kindes zu nähern.

2.4 Der Körperenergetische Ansatz

Auch im Körperenergetischen Ansatz geht es um „psychomotorisches Verstehen" (ECKERT 2004, S. 139). Dabei wird versucht, sogenannte *Muskelpanzerungen* oder *Spannungsringe* zu lokalisieren, die den menschlichen Energiefluss blockieren und so den Zugang zur eigenen Identität und Autonomie verhindern.[110]

Der Mensch drohe den Kontakt zu seinem Kern zu verlieren und sei demnach nicht mehr in der Lage, eigene authentische Gefühle wahrzunehmen und auszuleben. Stattdessen müsse er sich mit Fremderwartungen arrangieren. Werden im dialogischen Kontakt zwischen Eigen- und Fremderwartung Unstimmigkeiten deutlich, findet also der Mensch am Gegenüber sein initiales Bedürfnis nicht befriedigt bzw. funktioniert der Mensch nicht gemäß diesen Fremderwartungen, so folgt aufgrund jener psychischen Verletzung eine kompensatorische Schutzreaktion. Diese manifestiere sich nun auf körperlicher Ebene im Sinne einer muskulären Verspannung oder Verpanzerung. Dieser Vorgang umschreibt eine Kontrollfunktion des Körpers, die unliebsames Verhalten unterdrückt und angepasstes Verhalten – entgegen der *eigen*tlichen, der *wesen*tlichen Gefühle und Bedürfnisse – befördert.

Je nach psychisch erlittener Verletzung und erfahrenem Schmerz kann die vitale Lebensenergie an verschiedenen Stellen blockiert und unterbrochen sein. ECKERT (2004, S. 131–139) beschreibt sechs ringförmig wirksame Spannungsbereiche, die ich nachfolgend ohne weitere detaillierte Gewichtung entlang der Körperachse von unten nach oben aufzähle: unterer und oberer Beckenbereich, Bereich des Zwerchfells, Herzbereich, Bereich von Hals, Nacken und Schulter, der orale Bereich von Mund und Kiefer sowie der Augenbereich.

Vor diesem Interpretationskonzept könnte bei Robin eventuell ein Spannungspanzer im Herzbereich angenommen werden. Die Zurücksetzung nach der Geburt seiner Schwester wäre dann ggf. als auslösender Faktor festzuhalten. ECKERT (2004, S. 133–135) beschreibt den ursprünglichen, initialen Wunsch nach freudiger

---

[110] Für die IP weist KUMMER (1985, v. a. S. 150–152) auf diese auf Wilhelm REICH zurückgehenden Methoden hin, „die Lebensstilarbeit auch von der Körperseite anzugehen" (S. 142).

2 Diskussion anhand alternativer psychomotorischer Ansätze

Hinwendung zur Welt, die sich jedoch gemäß der Schutzreaktion nur punktuell durchsetzen kann und ansonsten den Rückzugsbestrebungen unterlegen bleibt. So ließen sich unter Umständen Robins emotionale Labilität bzw. seine variablen Verhaltensstrategien sowie seine Thematisierung der Zuschauerrolle in diesem Sinne deuten. ECKERT (a. a. O.) schlägt einen methodischen Aufbau vor, der den Prozess der Öffnung des Herzensbereichs zu unterstützen vermöge:

„1. Aktive Bewegung / Spannungsabbau / Aggression
2. Großräumige Symbolisierung als kreative Gestaltung / Rollenspiel / Dialog
3. Körperkontakt / Stille / kleinräumige Symbolisierungen, z. B. Malen" (S. 134f.).

Aspekte dieser Teilbereiche spielten zweifelsfrei auch in den in der Falldokumentation beschriebenen Interventionsformen eine bedeutende Rolle (wenngleich sie so nie in einem einzigen Stundenverlauf kombiniert worden sind). Als Beispiele können dazu angeführt werden:

1. Fußballspiele, Formel-1-Wettfahrten
2. Zuschauertribünen bauen, gemeinsame Bewegungsaufgaben bewältigen
3. Künstler und Kunstwerk: Partnerarbeit des Modellieren und Modelliertwerdens.

Von besonderer Bedeutung sei jedoch „die Offenheit des Herzens und die gesamtkörperliche Durchlässigkeit" (a. a. O., S. 134), die der bzw. die Begleiter zur Verfügung stellten. Diese Vorstellung mag sich mit der uneingeschränkten Akzeptanz decken, die in der Psychomotorischen Prioritätenanalyse konzeptionell beschrieben wird und die auch in der Haltung des Gruppenkameraden Joel zum Ausdruck kam.

Der von diesem Ansatz postulierte „Gewinn an Autonomie" (a. a. O., S. 130) kann bei Robin im außerfamiliären Rahmen durchaus als erreicht verbucht werden. Letztlich stellt jedoch im familiären Umfeld gerade diese kompromisslose Autonomie einen andauernden Konfliktherd dar.

Mit der Problematik abweichender Interpretationen in verschiedenen Bezugssystemen beschäftigt sich der folgende Ansatz.

2.5 Der Systemisch-konstruktivistische Ansatz

Während sich die beiden vorangegangenen Ansätze um das *Verstehen* der (kindlichen) Handlungen und der diesen zugrunde liegenden Motivationen bemühen, rückt der Systemisch-konstruktivistische Ansatz – der sich selbst jedoch nicht als eigenständige Methode neben den bereits erwähnten betrachtet (vgl. BALGO 1998, S. 64), „sondern als neues Paradigma, mit den anderen Ansätzen umzugehen" (SEEWALD 2000b, S. 136) – zunächst die vorangegangene Kommunikation in den Blickpunkt. Kommunikation besteht demnach aus der Synthese von Informationsanliegen, Mitteilungshandlung und einer Interpretation dieser Mitteilungshandlung, also dem *Verstehen* dieser Mitteilung, das sich in einer Anschlusskommunikation konkretisiert. Erst in diesem Angebot wird deutlich, wie das Vorangegangene tatsächlich verstanden wurde. Kommunikation ist somit ein Konstrukt sozialer Systeme und kein Resultat isolierten Handelns eines Individuums.

Dabei gilt die Maxime, dass jedes Individuum seine handlungsprägende Umwelt durchaus unterschiedlich erlebt, dass es aus ihr entsprechend unterschiedliche, subjektive Wahrheiten ableitet und konstruiert, die wiederum das individuelle Kommunikationsangebot beeinflussen.

Das Verstehen des Gegenübers, das Nachvollziehen von dessen ursprünglicher Intention, die Einsicht in die Bedeutung des Gemeinten wird hier also prinzipiell problematisiert. Die mannigfaltigen individuellen Auswahl- und Differenzierungsmöglichkeiten lassen das Auftreten etwaiger Irritationen oder Missverständnisse weitaus wahrscheinlicher erscheinen, als dass im sozialen Kontext der Kommunikation, in der komplexen Überlagerung von Ursache und Wirkung oder inhaltsorientierter Information und beziehungsorientierter Mitteilung interindividuelle Kongruenz und Übereinstimmung entstehen.

Vor diesem Hintergrund, dass wir nur ein Teil eines störanfälligen, missverständnislastigen Systems sind, der zudem lediglich Zugang zu eigenen Wirklichkeitskonstruktionen findet, sind wir angehalten, von Bewertungen unerwarteten Verhaltens Abstand zu nehmen. Wir sind Beobachter in einem System, das wir bereits durch unsere Anwesenheit beeinflussen. Urteilende Interventionen und manipulative Maßnahmen erschaffen Realitäten, die zuvor nicht bestanden haben und im Erfahrungs- und Erlebnisfeld des anderen Teils des Systems keinen Ursprung finden.

So sind Probleme keine Tatsachen, sondern konstruierte Gebilde nicht gelungener Kommunikation, die jedoch eine Eigendynamik entwickeln. Sie erzeugen und prägen nämlich ein Sozialsystem mit typischen und sich gegenseitig stabilisierenden Interaktions- und Kommunikationsmustern (vgl. dazu BALGO 2004 und ZIMMER 1999, S. 48f.).

Als entscheidende Frage für die systemisch orientierte Psychomotorik formuliert BALGO (2004, S. 207),

> „welche Wirklichkeitskonstruktionen im Zusammenleben von Menschen zum ‚Problem' geworden sind und welche Re-, De- und Neukonstruktionen von Wirklichkeit im und durch den Wahrnehmungs- und Bewegungsbereich für eine mögliche Lösung zu (er-)finden sind."

Auf das geschilderte Fallbeispiel bezogen könnten die Hypothesen zu den subjektiven Wahrheiten der Protagonisten im familiären Beziehungssystem folgendermaßen formuliert und zusammengefasst werden (s. Tabelle D7).

Aus den hier tabellarisch aufgeführten Annahmen ließe sich das systemische Dilemma als ein Problem der unterschiedlichen Perspektiven charakterisieren. Während Robin seine Eigenständigkeit herauszustellen versucht, um in der Familie (wie-

2 Diskussion anhand alternativer psychomotorischer Ansätze

Tabelle D7: Hypothesen subjektiver Wahrheiten
(Fallbeispiel gemäß Systemisch-konstruktivistischem Ansatz)

	Schwester	Robin	Eltern
Beobachtungs-interpretationen		„Eltern nehmen mich nicht (mehr) wahr."	
		„Eltern nehmen nur (noch) meine Schwester wahr."	„Robin kann sich nicht in die Familie einfügen."
		„Vater und Onkel nehmen nur Sieger wahr."	„Robin will immer gewinnen."
	„Robin sagt mir immer, was ich alles nicht kann."	„Meiner Schwester gelingt alles."	„Robin streitet sich dauernd mit seiner Schwester."
	„Robin will immer bestimmen."	„Ich kann vieles noch nicht."	„Robin ist oppositionell und bequem."
Schlussfolgerung	„Robin traut mir nichts zu."	„Eltern nehmen Schwester wahr, weil ihr alles gelingt."	„Robin fordert uns heraus und erhält (dadurch) viel Aufmerksamkeit."
Konsequenz	„Ich muss Robin zeigen, was ich alles schon kann!"	„Schwester muss weniger, mir muss mehr gelingen!"	„Wir müssen darauf achten, seine Schwester nicht zu vernachlässigen!"
Dilemma im System	Aufschaukelung Leistungsorientierung		
		Aufschaukelung Aufmerksamkeitsverschiebung	
	Aufschaukelung Eigenständigkeitsbestrebungen versus Isolation		

der) Anerkennung zu gewinnen, so gewichtet diese den abgrenzenden Aspekt dieser Eigenständigkeit weitaus stärker. Sie nimmt v. a. wahr, dass Robin die Familienbedürfnisse ignoriert und sich von ihnen abkehrt, was eine beiderseitige Isolation befördert.

Gemäß der oben zitierten Leitlinie müssen wir nun fragen, welche neuen Erfahrungen im Wahrnehmungs- und Bewegungsbereich für die Fortschritte bzw. deren Ausbleiben in den zwei betrachteten Beziehungsgefügen verantwortlich gewesen sein könnten.

Betrachten wir zunächst die Fortschritte in der Selbstkompetenz sowie im außerfamiliären sozialen Umfeld. Robin konnte sich im Bewegungsbereich neu als handlungskompetent erleben. Er hat Lösungsmuster zur erfolgreichen Bewältigung von Rollbrettwettfahrten, Fußballspielen und Bewegungsaufgaben gefunden und sich in seiner hiesigen Bezugsgruppe als gleichberechtigter und gleichwertiger Spielpartner erwiesen. Die Steigerungen sowohl der Handlungskompetenz als auch des positiven

Selbstkonzepts, die anhand des Kompetenztheoretischen und des Kindzentrierten Ansatzes begründet werden können, boten dann auch die Voraussetzung für die anfänglich harmonische Phase mit seiner Schwester.

Doch während Robin bspw. die Überlegenheit eines Mitspielers im Fußballverein durchaus akzeptiert, so kann er eine eigene Unterlegenheit gegenüber seiner jüngeren Schwester nicht tolerieren. Ausschlaggebend für diese Differenzierung scheint mir der Konkurrenzkampf um die Aufmerksamkeit der Eltern, der lediglich mit der Schwester ausgetragen werden muss. Erschwerend für Robin gestaltet sich jedoch seine Interpretation, dass diese Aufmerksamkeit vermeintlich an die Leistungsfähigkeit der beiden geknüpft werde.

In den Bewegungssequenzen der Psychomotorik wird Robin nun bald wieder deutlich, dass er dieser Leistungsfähigkeit seiner Schwester nicht gewachsen ist, was zu den von zu Hause bekannten Konflikten führt. Doch während dort womöglich eine erfolgreiche oder gewünschte bzw. erwartete Handlung durch positive Aufmerksamkeit verstärkt wird – und somit die Schwester vermehrt stützt und Robin oft frustriert –, erfährt Robin hier, dass man an einem Kletterseil (Schwester klettert hinauf) eben auch schaukeln, von einem Sprungkasten (Schwester springt nieder) auch klettern oder Bauwerke (Schwester baut hoch und grazil) auch breit und stabil errichten kann.

Da meine Aufmerksamkeit nicht das primäre Ziel ihrer Konkurrenz darstellt und ich nicht das Produkt bewerte, sondern den Prozess zeitlich und räumlich schütze, verliert sich in diesen Phasen der Leistungsdruck. Durch das ausgewählte oder vorgegebene Material ist ein gemeinschaftlicher Erfahrungsbereich definiert, der eigenständige Beschäftigung ermöglicht, ohne dass deren Ergebnisse etwaige Isolationen befördern.

Festgehalten werden muss jedoch, dass ich nie die idealisierte Rolle des Beobachters innehatte, sondern nach zahlreichen Konflikten zwischen den Geschwistern diese als störend, weil explorationshemmend aufgefasst und entsprechende Interventionsmaßnahmen getroffen habe, die so konzeptionell nicht abgesichert wären.

2.6 Fazit aus Sicht des Prioritätenanalytischen Ansatzes

Alle vorgestellten Ansätze fokussieren einen bestimmten Teilbereich in der Körper- und Bewegungsarbeit, dem sie besondere Bedeutung und Aussagekraft im individuellen Entwicklungsprozess zuschreiben (vgl. dazu auch ZIMMER 1999, S. 49). Diese betrachteten Teilbereiche sollen Einblicke in die ganzheitlichen Zusammenhänge (vgl. SEEWALD 1997, S. 8) des Subjekts – seiner psychophysischen Einheit, seines Selbstkonzepts, seiner Leiblichkeit, seiner Autonomie oder seines Systems – eröffnen. Die Psychomotorische Prioritäten- und Teleoanalyse bildet dabei keine

2 Diskussion anhand alternativer psychomotorischer Ansätze 345

Ausnahme und sucht jene Einblicke im individuellen Bewegungsgesetz, das die wiederkehrenden Bewältigungsmuster beschreibt, wie Ohnmachtserfahrungen zu überwinden, Befürchtungen abzuwehren und Ziele zu erreichen sind. In der Prioritätenanalyse werden aus jeweils konkreten Lösungsansätzen in verschiedenen Beobachtungssituationen allgemeine Muster abstrahiert, in der Teleoanalyse etwaige allgemeine Ursachen im persönlichen Kontext konkretisiert. Die diesbezüglichen Überlegungen zum ausführlich dargestellten Fallbeispiel sollen hier nochmals aufgegriffen und zusammengefasst werden.

Das Allgemeine im Konkreten –
die Abstraktion des individuellen Bewegungsgesetzes

Hinter den unterschiedlichen Verhaltensmustern in den verschiedenen sozialen Bezugsrahmen verbirgt sich m. E. die beschriebene Kontrollpriorität. Robin möchte potenzielle Gefühle des Ausgeliefertseins oder der (unerwarteten) Erniedrigung unbedingt vermeiden, da gerade sie aufgrund seiner individuellen biografischen Erfahrungen sein instabil-unbegründetes Selbstwertgefühl weiter zu erschüttern drohen.

Sein kontrollierendes Verhalten dient ihm als Selbstschutzstrategie und verspricht ihm die erhoffte Sicherheit. Die Maßregelung seiner Umgebung befördert jedoch eine soziale Distanz, die seinem wesentlichen Wunsch entgegensteht.

Das Konkrete im Allgemeinen –
die Wesensdeutung gemäß dem individuellen Bewegungsgesetz

Dies scheint mir in seinem Wunsch nach gleichwertiger Zugehörigkeit zu liegen. Robin kontrolliert die Bedingungen und Beziehungen, da er befürchtet, ansonsten könnte deutlich werden, dass er der gleichwertigen Gemeinschaft überhaupt nicht angehört. So kontrolliert er die Aufmerksamkeit der Eltern, die ihn vermeintlich (seit der Geburt seiner Schwester?) nicht genügend beachten, in Opposition und so kontrolliert er die weiteren Beziehungen in der Hoffnung auf stillschweigende Akzeptanz in möglichst großer Unauffälligkeit. Ersteres Verhalten erzwingt eine Mittelpunktrolle in der familiären Gemeinschaft, die er (vor der Geburt der Schwester) schon einmal hatte, letzteres erhofft eine nicht infrage gestellte Gleichwertigkeit, die er in der Familie so nicht wahrnimmt, die er sich aufgrund seiner im Vergleich zu den Gleichaltrigen eingeschränkten Ressourcen selbst nicht zuzutrauen scheint und die er im außerfamiliären Umfeld auch noch nie erfahren hat.

In diesem Zusammenhang wird auch das Verständnis der anfänglich vorbehaltlosen Akzeptanz des Führungsanspruchs seines Klassenkameraden Joel, der Toleranz der eigenen Schwächen im Fußballverein sowie schließlich der Bereitschaft zur gemeinsamen Beschäftigung innerhalb der Psychomotorik mit seiner Schwester erweitert und gestärkt. Robin möchte dazugehören und ist bereit, dafür gewisse Unliebsamkeiten zu tolerieren.

Die Psychomotorische Prioritäten- und Teleoanalyse bestreitet den Erklärungswert der vorgestellten Alternativen nicht, beansprucht aber, einen ergänzenden Beitrag zu leisten.

Sie bietet eine praxistaugliche Orientierungsmöglichkeit und Interpretationshilfe zur Beobachtungs- und Verhaltenskategorisierung. Sie bietet ein auf diesen Kategorien aufbauendes Interventionsgerüst und somit einen praxeologischen Anknüpfungspunkt, der bei der Strukturierung der Therapie Unterstützung gewährt. Und sie bietet einen Erklärungsansatz bezüglich abweichender, gar konträrer Verhaltensweisen, sodass die *Einheit hinter den Gegensätzen* hervortreten und womöglich besser verstanden werden kann.

2.7 Metatheoretische Überlegungen zu den psychomotorischen Ansätzen

Nachdem die Falldarstellung und die anschließende Diskussion v. a. die Unterschiede der aufgeführten psychomotorischen Ansätze beleuchtet haben, sollen die dieses Kapitel abschließenden metatheoretischen Gesichtspunkte nun auch die Gemeinsamkeiten hervorheben, um die Psychomotorische Prioritäten- und Teleoanalyse in deren Gesamtkanon einordnen zu können.

Diese Gemeinsamkeiten lassen sich m. E. in fünf Grundannahmen zusammenfassen, denen wir uns im Anschluss widmen wollen.

(1.) *Hinwendung zur Welt:* Alle Ansätze gehen von einem (ganzheitlichen) Individuum aus, das sich seiner Welt entdeckend und interessiert zuwendet. Allerdings kommt es in diesem Prozess unweigerlich zu

(2.) *Hindernissen zwischen Individuum und Welt, die dessen Hinwendung erschweren:* Diese Hindernisse mögen im Individuum, in der Welt oder im Kommunikationsprozess zwischen beiden begründet liegen. Daher sucht das Individuum

(3.) *Bewältigungsstrategien, um zumindest eine eingeschränkte Interaktion mit der Welt aufrechtzuerhalten:* Diese können sich in allgemeiner Vermeidung der anfordernden Fragestellung (durch Rückzug, Aggressivität oder Clownerie) oder in konkreter, womöglich aber nicht hinreichender Beantwortung jener Hindernisse (durch Symbolisierung, Verpanzerung, Prioritätsfixierung) ausprägen. Das Anliegen der Ansätze liegt nun im

(4.) *Verstehen resp. Erklären der individuellen Bewältigungsstrategien, die das Individuum körperlich und leiblich zum Ausdruck bringt:* Was bedeutet welches Symptom bei diesem Menschen? Was sagt ein allgemeines Symptom über den jeweiligen Menschen aus und was teilt dieser Mensch über jenes Symptom seiner Welt mit? Die (hypothetischen) Schlussfolgerungen aus jenen Fragen dienen als Ausgangspunkt zur

2 Diskussion anhand alternativer psychomotorischer Ansätze

(5.) *Unterbreitung spezifischer Angebote, um die Hinwendung zur Welt wieder umfänglicher oder in neuer Ausrichtung zu ermöglichen:* Die psychomotorischen Ansätze suchen einen Weg zur konstruktiven Auseinandersetzung mit den Hindernissen, die den Austausch zwischen Individuum und Welt bedrohen.

Wenn die psychomotorischen Ansätze von der Hinwendung des Individuums zur Welt (vgl. 1.) ausgehen, muss es in ihrem Interesse liegen, jene Welt mit ihren Bedingungen und Herausforderungen in Augenschein zu nehmen, was wir hier mit der Postmoderne-Diskussion (vgl. A II) versucht haben. Als deren spezifische Besonderheiten, die ggf. die anvisierte Hinwendung beeinträchtigen (vgl. 2.), konnten wir die prinzipielle Gleichwertigkeit pluraler Alternativen herausarbeiten, die eine sicherheitsstiftende Orientierung in der individuellen Selbst- und Identitätsentwicklung erschweren (vgl. A III). Die Gefahren einer nicht hinreichenden Bewältigungsstrategie, die nur noch eine eingeschränkte Interaktion mit der Welt erlaubt (vgl. 3.), liegen m. E. in übergroßen Anpassungs- oder Isolationstendenzen, denen die psychomotorischen Ansätze mit der Stärkung des Individuums begegnen, um dessen (Erfolgs-) Erlebens- und Gestaltungsfähigkeit zu fördern. Dabei bedienen sie sich zum erweiterten Verständnis (vgl. 4.) des Individuums und zur Unterstützung von dessen Neuausrichtung zur Welt (vgl. 5.) körperlich-leiblicher Methoden.

Das Verstehen[111] der individuellen Bewältigungsstrategien und die daraus resultierenden Angebote[112] differieren zwischen den Ansätzen und wurden vorab erläutert. Im Zuge der metatheoretischen Gemeinsamkeiten konzentrieren wir uns auf die soeben erwähnten Kriterien eines Orientierungsrahmens, in dem sich die individuellen Erlebnis- und Gestaltungsprozesse entwickeln können.

Psychomotorische Interventionsangebote werden dann gesucht, wenn zunächst noch unbestimmte Erwartungen aktuell nicht erfüllt scheinen (Problematisierung der Hinwendung zur Welt). Unabhängig ihrer ansatzspezifischen Ausrichtung muss die Psychomotorik also einen Orientierungsrahmen zur Verfügung stellen, der den Abgleich der nämlichen Erwartungen mit den jeweiligen Präsentationen erlaubt.

Hier finden wir verschiedene Referenzgrößen, die zudem – wenn auch in unterschiedlicher Gewichtung – in mehreren Ansätzen zum Tragen kommen und nachfolgend allenfalls beispielhaft aufgeführt sind: die Fokussierung motorisch-koordinativer

---

[111] Das Verstehen ist hier in einem umfassenderen Sinn gebraucht, indem es explizit das *Erklären nicht-intentionaler Naturtatsachen* mit einbezieht (zur Unterscheidung vgl. SEEWALD 1997, S. 11 oder ausführlicher 2001 bzw. D III.2.3). Es umschließt also das Erkennen des *exogenen Faktors*, den ADLER im Verstehensprozess stets berücksichtigt (vgl. z. B. ADLER 1973, S. 38).

[112] Zwar können die Angebote in der Arbeit nach unterschiedlichen Ansätzen durchaus identisch sein, mit ihnen werden aber verschiedene Absichten verfolgt.

wie entwicklungsthematischer Altersspezifika, die Fokussierung der Funktionalität des Körpers, die Fokussierung der Problemlagen, die Fokussierung der Kommunikation wie auch die Fokussierung der intraindividuellen Entwicklung.

Dieser skizzierte Orientierungsrahmen bildet nunmehr den Ausgangspunkt, wie das Spiel- bzw. Betätigungsfeld für die kreative Erfahrungs- und Erlebnisgestaltung die Stärkung des Selbstwertgefühls initiieren soll. Dabei werden stets zwei Ebenen berücksichtigt: Zum einen die Aktivierung der eigenen Ressourcen, zum anderen aber auch die Relativierung der zuvor definierten Problemlagen (vgl. SCHLIPPE 1995, S. 23f.). Alle Ansätze stützen sich auf ein wechselwirksames Bedingungsgefüge aus motorischen, emotionalen und sozialen Komponenten, die sich je nach Ansatz mit Zielvorstellungen hinsichtlich Interaktion, Stabilität und Fortschritt kombinieren lassen. So geht bspw. der Kompetenztheoretische Ansatz davon aus, dass motorische Fortschritte soziale Interaktionen erlauben, die zu emotionaler Stabilität führen, wohingegen der Verstehende Ansatz zunächst die emotionale Interaktion in den Vordergrund stellt, die soziale Fortschritte vorbereitet und ggf. motorische Fähig- und Fertigkeiten zumindest stabilisiert.

Die zentralen Erlebnisprozesse wiederum können anhand dreier Aspekte unterschieden werden: (1.) Was soll sich entwickeln?[113] (2.) Welche Angebote scheinen dafür geeignet? (3.) Wie kann die Kommunikation mit Klient und Umfeld diesen Prozess unterstützen? Hier wird das bedingungslose Angenommensein des Individuums als besonders bedeutsam erachtet: das Akzeptieren, Verstehen und Wertschätzen des anderen als notwendige Voraussetzung proklamiert. In dieser Anerkennung des anderen, die sich von dessen problem- oder konfliktträchtigen Verhalten als unabhängig erweist, verliert jenes Verhalten seine für den anderen und sein Umfeld umfassende Konsequenz. Das Problem überlagert nicht mehr das Individuum und dessen Möglichkeiten zur Beziehungsgestaltung, sodass das Individuum auch wieder als eigenständiges Subjekt jenseits des Problems wahrgenommen werden kann (im Mittelpunkt steht nicht die Hyperaktivität bzw. der Hyperaktive, die Ungeschicklichkeit bzw. der Ungeschickte oder die Aggressivität bzw. der Aggressive, sondern das Kind, das sich in bestimmten Situationen hyperaktiv, ungeschickt oder aggressiv zeigt). Erst in diesem Subjektstatus kann dann auch das Problem als subjektive Ausdrucksform (verstehend, körperenergetisch, systemisch-konstruktivistisch, prioritätenanalytisch) eine neue Betrachtung erfahren.

Die Angebote bzw. die Auswahl der Herausforderungen im Rahmen psychomotorischer Interventionsmaßnahmen orientieren sich entsprechend an der ansatzspezifisch als relevant erachteten Ausdrucksform. Im dialogischen Prozess zwischen hy-

---

[113] Die Formulierung darf nicht als fremdbestimmtes Entwicklungsziel missverstanden werden, sondern umschreibt lediglich den als relevant angesehenen Bereich, in dem Verhaltens- und/oder Handlungsmodifikationen erhofft werden.

pothetischer Interpretation des Ausdrucks und resultierender Differenzierung der Angebote sollen letztendlich die erhofften Entwicklungsimpulse gesetzt bzw. Entwicklungsschritte unterstützt werden – auf motorischer, emotionaler und sozialer Ebene. Sie zielen auf die Stärkung des Individuums, sei es beruhend auf Handlungsfähigkeit, Selbstwahrnehmung, Integration auch unbewusster Motivationen, sei es aufgrund authentischer oder autonomer Entscheidungskraft oder im Hinblick auf soziale Interaktionsfähigkeiten. Diese Stärkung ist nicht nur *auch*, sondern *gerade* vor dem Hintergrund postmoderner Lebensumstände sinnvoll, denn sie beinhaltet das Erspüren eigener Bedürfnisse und fremder Erwartungen und soll das Subjekt in die Lage versetzen, sich möglichst frei für punktuelle Integration oder Separation in wechselnden sozialen Bezügen zu entscheiden.

In diesem Erfahrungsprozess zwischen Orientierungssuche und Gestaltungsantwort wird dem Beziehungsaspekt zwischen Klient und Psychomotoriker in allen Ansätzen große Bedeutung beigemessen (vgl. dazu z. B. KIPHARD 1990, S. 37ff., SEEWALD 1992, S. 533ff., ZIMMER 1999, S. 164ff.).

Doch so erfreulich ein weiterer gemeinsamer Nenner auch zu sein scheint, so ernüchternd wäre die Konsequenz, dass sich alle die auch hier angedeuteten, umrissenen oder ausführlich erläuterten theoretischen Konzepte sowie deren Her- und Ableitungen in der Beziehungspflege erschöpften. So könnten wir provokant fragen, ob es dazu überhaupt der Körper- und Bewegungsarbeit bedarf? Und auch wenn wir uns zubilligen, dass jene Komponenten wirkkräftig wären, schiene es womöglich ebenso ausreichend, gar weitaus sinnvoller, das Kind anstatt einer psychomotorisch orientierten Förderung regelmäßig mit seiner Oma das örtliche Schwimmbad oder den nahe gelegenen Spielplatz besuchen zu lassen. Körper, Bewegung und Beziehung sind in dieser Konstellation vortrefflich vertreten. Wie soll sich die Psychomotorik hier noch legitimieren?

Die professionelle Beziehung der Psychomotorik beruht auf dem besonderen Verstehen ihrer Klientel. In der Bewegung und im körperlichen, im leiblichen Ausdruck eröffnet sich für den Psychomotoriker sukzessive die wesentliche Problematik im Verhältnis des betreuten Menschen zur Welt. Diese Problematik mag in eingeschränkter Handlungskompetenz, in übersteigerten oder inadäquaten Fremderwartungen, in einem nicht verarbeiteten Entwicklungsthema, in energetischen Blockierungen, in wechselseitigen Fehlinterpretationen oder prioritätsfixierten Lösungsstrategien zu finden sein, sie mag sich über konkrete Koordinationsfertigkeiten, über Rückzug und Motivation, über Spielsymbolik, über Verspannungen, über inkompatible Kommunikationsmuster oder über abstrahierte Bewegungsmuster erschließen lassen. Ihre Erkenntnis aber erlaubt es der Psychomotorik und ihren Vertretern, spezifische bedürfnisorientierte Angebote zu lancieren, die der Klientel vermitteln, nicht nur ernst genommen, sondern auch – zumindest zum Teil – verstan-

Tabelle D8: Ansatzspezifische Überlegungen zu postmodernen Parametern

Ansatz	Prinzipieller Orientierungs-rahmen	Kreatives Gestaltungsinteresse: Erlebnisprozess in Problemrelativierung/Ressourcenaktivierung				Gewinn an „postmodernen" Fähigkeiten
		Kommunikations-aspekt	Angebotsaspekt	Entwicklungs-aspekt		
Kompetenz-theoretisch	(Motorische) Normentwicklung	Anpassung	Gemäß Kompetenzniveau	Bewegungs-musterrepertoire erhöhen		Flexibilität durch größeres Repertoire an Handlungs- und Bewegungsmustern
Kindzentriert	Intraindividuelle Entwicklung	Akzeptanz	Gemäß Impuls des Kindes	Positive Selbst-wahrnehmung gewinnen		Eigenständigkeit in heterogener Gruppe
Verstehend	(Altersspezifische) Entwicklungs-themen	In eigenen Symbolisierungen verstanden werden	Gemäß Symbolisierungs-niveau	Integration der leiblichen Erfahrungen		Unterscheidungsfähigkeit aufgrund leiblicher Differenzerfahrungen
Körper-energetisch	Körperliche Spannungs-bereiche	Abgleich von Selbst- und Fremderwartungen	Gemäß Ort der Blockierung/ Verpanzerung	Authentizität erleben		Autonomie trotz konkurrierender Begehrlichkeiten
Systemisch-konstruk-tivistisch	Problem-definitionen (zwischen geschlossenen Systemen)	Missverständnisse minimieren	Gemäß Interaktionsniveau	Gelingende Inter-aktionen erfahren		Flexibilität durch systematische Perspektivwechsel
Prioritäten-analytisch	Individuelles Bewegungsgesetz	Gleichwertigkeit	Gemäß prioritären Verhaltensweisen	Auswahl-alternativen finden		„Begründete" Profilentwicklung

den zu werden. Auf diesem ernsthaften Bemühen um das Verstehen, um die Teilhabe an der Lebensrealität des anderen beruht die Beziehungsgestaltung der Psychomotorik. Diese Beziehung basiert auf *Individualität* – das Gegenüber wird als Einzigartigkeit angenommen –, auf *Tiefe* – Annäherung auch an noch unbewusste Bedürfnisse – und *Vertrauen* – Individualität und Tiefe werden geschützt.

Die abschließende Tabelle D8 fasst die hier kurz geschilderten Überlegungen bezüglich Orientierungs- und Gestaltungsrahmen nochmals stichwortartig zusammen bzw. ergänzt Einschätzungen zu den Fachansätzen, die in den Textbeispielen nicht aufgeführt wurden. Die letzte Spalte führt Fähigkeiten an, die die Bewältigung postmoderner Anforderungen unterstützen und von jenem spezifischen Ansatz besonders gefördert werden. Die Psychomotorik kann dem Individuum ihre Hilfe anbieten, sich selbstverantwortlich zu positionieren – sowohl innerhalb wechselnder sozialer Bezüge als auch vor immer wieder anstehenden Entscheidungen.

3   Post Scriptum

Diese Arbeit sollte den Fachbereich der Motologie um Impulse aus der Individualpsychologie bereichern. In diesem Prozess jedoch wurde auch letztere von der Motologie berührt. Die konsequente Betrachtung individualpsychologischer Ideen und Konstrukte unter dem Paradigma der Leiborientierung mag Facetten beleuchtet oder mögliche Interpretationen aufgezeigt haben, die in ihrer Lehre zwar angelegt, aber bisher nicht immer unter dem genannten Aspekt verfolgt worden sind. So könnte sich die Fortführung bzw. Intensivierung des Dialogs für beide Fachrichtungen als wertvoll erweisen. Als gemeinsamer Ausgangspunkt für die praktische pädagogisch-therapeutische Arbeit bietet sich gerade vor dem Hintergrund der postmodernen Herausforderungen das beiderseits vertretene Prinzip der Ermutigung an.

Die geschilderte offene Vielheit, die unser Leben prägt und bestimmt, führt das Individuum wiederkehrend an Kapazitäts- und Bewältigungsgrenzen. Die erfolgreiche Gestaltung eigener Vorstellungen, Wünsche oder Bedürfnisse entzieht sich bei wachsender Komplexität der Abhängigkeiten und Bedingungen zunehmend der eigenen Verantwortlichkeit – was uns zwar nicht aus deren Pflicht entlässt, jedoch den erhofften Lohn unabsehbar verweigert. Ohnmachtserfahrungen, die die eigene Wirkmächtigkeit infrage stellen, sind entsprechend nicht zu verhindern. Die Bereitschaft, sich trotz dieser Erschütterungen immer wieder erneut der Aufgabe zu widmen, die eigene Einheit aus Vorstellung, Umsetzung und Erfüllung anzustreben, erfordert Vertrauen, Ausdauer und Zuversicht. Die private wie professionelle Ermutigung kann das Individuum dazu motivieren, sich stetig aufs Neue in Situationen ungewissen Ausgangs zu begeben, deren Potenzial, resignative Tendenzen auszulösen, offensichtlich scheint.

Der beschriebenen Ungewissheit wird gesellschaftlich v. a. mit verstärkten Kontrollbemühungen begegnet, was unweigerlich zu sinkender Toleranz etwaiger Defizite führt, da diese die angestrebten Kontrollfähigkeiten vermeintlich einschränken. Der daraus resultierende Anspruch auf Leistungsoptimierung lässt sich unter zwei alternativen Gesichtspunkten verfolgen: (1.) so allgemein wie möglich (Standardkompetenzen in möglichst vielen Teilbereichen) und so individuell wie nötig (Individualkompetenzen in punktuellen Teilbereichen) bzw. (2.) so individuell wie möglich (Individualkompetenzen in möglichst vielen Teilbereichen) und so allgemein wie nötig (Standardkompetenzen in punktuellen Teilbereichen). Beide Wege bergen Vor- und Nachteile.

Ersterer ermöglicht eine solide Grundlage, nimmt aber etwaige Überforderungen in jener vorgegebenen und nicht individuell angepassten Vermittlungsbreite in Kauf. Letzterer hingegen stärkt die individuellen Neigungen, erschwert aber womöglich ein Nachholen in Teilbereichen, die erst nach einer Interessenverschiebung in den individuellen Fokus rücken.

Bezogen auf die Absicht dieser Arbeit, die *intentionale* Einheit des Individuums (die dieses immer wieder aus der Vielheit der Möglichkeiten nach eigenen Wertekriterien kreiert) zu unterstützen, darf der zweite Weg dennoch eine konsequentere Beachtung einfordern, da er in seiner Zielausrichtung die individuelle Erlebnis- und Ergebnisorientierung berücksichtigt. Dabei gewährleisten die Erlebnisorientierung die Nachvollziehbarkeit und die Ergebnisorientierung die Kreativität und Anstrengungsbereitschaft hinsichtlich der Zielerreichung.

In der Postmoderne differenzieren sich Wissen und resultierende Anforderungen sowohl in der Breite als auch in der Tiefe. In dieser Konsequenz verändert sich auch unser Umgang mit diesem Wissen bzw. diesen Anforderungen. Wir benötigen im Privatleben ein breit gefächertes, aber lediglich rudimentär-oberflächliches operatives Wissen, das uns Teilhabe erlaubt, und im Beruf ein weitgehend isoliertes, jedoch detailliertes Expertenwissen, das uns Auskommen sichert. Die Notwendigkeit, sich zur Bewältigung des Alltags in verschiedensten Teilbereichen mit tiefer gehenden Einsichten auseinanderzusetzen, sinkt. Dies hat zur Folge, dass der Wissens- oder Kompetenzvermittlung zunehmend Beispielcharakter zukommt und der etwaige Anspruch, über die Präsentation eines Ausschnitts hinauszuweisen, ohnehin aufgegeben werden muss.

Die Möglichkeit, sich in für das Individuum unwesentlichen Teilbereichen mit Mindeststandards zu begnügen, eröffnet aber auch eine Ressourcenfreigabe, die gebündelt der individuellen Spezifizierung, seiner Profilierung, zur Verfügung stehen kann. Sie erlaubt eine ebenfalls beispielhafte Intensität der Durchdringung eines eigenen Interessengebiets – ohne dabei die Bedeutung der Auseinandersetzung mit dem nämlichen Sachverhalt für die weitere Entwicklung des Individuums bereits vorab abschätzen zu können. Denn nicht das Ergebnis der intensiven Auseinandersetzung mit diesem Interessengebiet ist für die individuelle Perspektive unbedingt bestimmend, sondern die Erfahrung mit dem entsprechenden Aneignungsprozess. Das Individuum wird so zur postmodernen *Anspielung auf ein Denkbares, das nicht dargestellt werden kann* (vgl. LYOTARD 1996, S. 30), das sich nach eigenen Wertvorstellungen und Kriterien *erfinden* und entwickeln muss, ohne auf schon Bekanntes Bezug zu nehmen. Hier entstünde echte Heterogenität, eine „Praxis der Gerechtigkeit (…), die nicht an jene des Konsens gebunden ist" (LYOTARD 2009, S. 155), in der individuelle Entwicklungsprofile als gleichwertig anerkannt sind – und die nicht lediglich als Zwischenstufe auf einem Weg zurück in die Homogenität der Allgemeinheit toleriert werden.

Die Gesellschaft steht am Anfang des zweiten Jahrzehnts des 21. Jahrhunderts vor vielfältigen ungelösten Problemen (Nahrungs- und Energieversorgung, Bildungs- und Wirtschaftsgerechtigkeit, Bevölkerungsexplosion oder Klimawandel), die innovativer Lösungen bedürfen. Ob sich die Hoffnung erfüllt, dass diese Innovation bekannten Strukturen entspringt, bleibt fragwürdig. Womöglich ist die radikale Abkehr von vorgedachten Mustern notwendig, um dem Neuen, das nicht aus Gleichem entsteht (DERRIDA 1990b), eine Chance zu geben. Doch sich nicht auf Bekanntes zu verlassen, sondern sich auf Unbekanntes einzulassen bzw. seine Differenzen nicht zu verbergen, sondern sie zu entwickeln, erfordert Mut – den Mut, Eigenständigkeit zu wagen, Erschütterungen auszuhalten, Neukonstruktionen zu entwerfen und dennoch immer wieder Unvollkommenheit und Ohnmacht zu erfahren und zu akzeptieren.

Motologie und Individualpsychologie wissen um diese Voraussetzung, wie KIPHARD bereits in seinen frühen Hauptwerken[114] dokumentiert, in denen er sich punktuell auch auf den Individualpsychologen und Schüler ADLERs, Rudolf DREIKURS, bezieht. Dessen „Ermutigung als Lebenshilfe" hält er schon dort (KIPHARD 1990, S. 102) explizit als eine der bedeutendsten motopädagogischen und motherapeutischen Grundprinzipien fest – und scheint doch heute aktueller denn je.

---

[114] Motopädagogik, Mototherapie – Teil I und II, erstmals erschienen in den Bänden 1–3 in der von ihm selbst herausgegebenen Reihe „Psychomotorische Entwicklungsförderung" 1979, 1983, 1983, die ersten beiden jeweils zitiert aus den entsprechenden Neuauflagen der Jahre 1987 und 1990.

Literaturverzeichnis

Abels, H. (2006): Identität – Lehrbuch. Wiesbaden: VS Verlag für Sozialwissenschaften.

Abraham, A. (2002): Der Körper im biographischen Kontext. Ein wissenssoziologischer Beitrag. Wiesbaden: Westdeutscher Verlag GmbH.

Adler, A. (1914): Die Individualpsychologie, ihre Voraussetzungen und Ergebnisse. In: Scientia 16, S. 75–87. Reprint: 1920, S. 19–32.

Adler, A. (1932): Die Systematik der Individualpsychologie. In: Internationale Zeitschrift für Individualpsychologie, 10, 4, S. 241–244.

Adler, A. (1935): The Fundamental Views of Individual Psychology. In: International Journal of Individual Psychology 1, 1, S. 5–8.

Adler, A. (1936): Symptomwahl. In: Internationale Zeitschrift für Individualpsychologie, 14, S. 65–80.

Adler, A. (1912): Über den nervösen Charakter. Grundzüge einer vergleichenden Individual-Psychologie und Psychotherapie. Wiesbaden: Bergmann. Reprint: Frankfurt/Main: Fischer 1972.

Adler, A. (1973a): Der Sinn des Lebens. Frankfurt/Main: Fischer.

Adler, A. (1973b): Heilen und Bilden: ein Buch der Erziehungskunst für Ärzte und Pädagogen. Furtmüller, C. (Hg.). Frankfurt/Main: Fischer.

Adler, A. (1974): Praxis und Theorie der Individualpsychologie: Vorträge zur Einführung in die Psychotherapie für Ärzte, Psychologen und Lehrer. Frankfurt/Main: Fischer.

Adler, A. (1976): Kindererziehung. Frankfurt/Main: Fischer.

Adler, A. (1978): Lebenskenntnis. Frankfurt/Main: Fischer.

Adler, A. (1979): Wozu leben wir? Frankfurt/Main: Fischer.

Adler, A. (1982a): Individualpsychologie (1926). In: Ansbacher, H. L. und Antoch, R. F. (Hg.): Alfred Adler, Psychotherapie und Erziehung, Ausgewählte Aufsätze, Band 1: 1919–1929. Frankfurt/Main: Fischer, S. 158–169.

Adler, A. (1982b): Psychotherapie und Erziehung. Ausgewählte Aufsätze Band I: 1919–1929. Frankfurt/Main: Fischer.

Adler, A. (1982c): Psychotherapie und Erziehung. Ausgewählte Aufsätze Band II: 1930–1932. Frankfurt/Main: Fischer.

Adler, A. (1983): Psychotherapie und Erziehung. Ausgewählte Aufsätze Band III: 1933–1937. Frankfurt/Main: Fischer.

Adler, A. (2007a): Über neurotische Disposition. Zugleich ein Beitrag zur Ätiologie und zur Frage der Neurosenwahl (1909). In: Bruder-Bezzel, A. (Hg.): Alfred Adler – Persönlichkeit und neurotische Entwicklung (Frühe Schriften 1904–1912). Göttingen: Vandenhoeck & Ruprecht, S. 80–102.

Adler, A. (2007b): Der psychische Hermaphroditismus im Leben und in der Neurose. Zur Dynamik und Therapie der Neurosen (1910). In: Bruder-Bezzel, A. (Hg.): Alfred Adler – Persönlichkeit und neurotische Entwicklung (Frühe Schriften 1904–1912). Göttingen: Vandenhoeck & Ruprecht, S. 103–113.

Adler, A. (2007c): Die psychische Behandlung der Trigeminusneuralgie (1910). In: Bruder-Bezzel, A. (Hg.): Alfred Adler – Persönlichkeit und neurotische Entwicklung (Frühe Schriften 1904–1912). Göttingen: Vandenhoeck & Ruprecht, S. 132–153.

Amft, S., Amft, H. (2003). Welche Kinder kommen in die Psychomotoriktherapie? In: Schweizerische Zeitschrift für Heilpädagogik, 12, S. 35–43.

Andreas-Salomé, L. (1894): Friedrich Nietzsche in seinen Werken. Herausgegeben von Ernst Pfeiffer. Frankfurt/Main und Leipzig: Insel (1999).

Antoch, R. F. (1981): Anmerkungen zum Thema „Gemeinschaftsgefühl". In: Zeitschrift für Individualpsychologie, 6, 1, S. 40–42.

Antoch, R. F. (1995a): Die Lust am sicheren Untergang. In: Lehmkuhl, U. (Hg.): Beiträge zur Individualpsychologie, 21: Gewalt in der Gesellschaft. München, Basel: Reinhardt, S. 212–226.

Antoch, R. F. (1995b): Sicherungstendenz/Streben nach Sicherheit. In: Brunner, R., Titze, M. (Hg.): Wörterbuch der Individualpsychologie. München, Basel: Reinhardt, 2., neu bearbeitete Auflage, S. 457–459.

Antoch, R. F. (2001): Über Sinn und Unsinn des Begriffs „Gemeinschaftsgefühl" oder: Adlers verfehlte Theorie der Macht. In: Lehmkuhl, U. (Hg.): Beiträge zur Individualpsychologie, 26: Abschied und Neubeginn, Kontinuität und Wandel in der Individualpsychologie. München, Basel: Reinhardt, S. 25–44.

Antoch, R. F. (2006): Über das Selbstsein im Bezogensein. In: Zeitschrift für Individualpsychologie, 31, 4, S. 347–360.

Ansbacher, H. L. (1981): Die Entwicklung des Begriffs „Gemeinschaftsgefühl" bei Adler. In: Zeitschrift für Individualpsychologie, 6, 4, S. 177–194.

Ansbacher, H. L. (1995): Alfred Adler und die drei Perioden von Freuds Entwicklung. In: Ansbacher, H. L., Ansbacher, R. R. (Hg.): Alfred Adlers Individualpsychologie – eine systematische Darstellung seiner Lehre in Auszügen aus seinen Schriften. München, Basel: Reinhardt, 4., ergänzte Auflage, S. 372–388.

Ansbacher, H. L., Ansbacher, R. R. (Hg.) (1982): Alfred Adlers Individualpsychologie. München: Reinhardt.

Ansbacher, H. L., Ansbacher, R. R. (Hg.) (1995): Alfred Adlers Individualpsychologie – eine systematische Darstellung seiner Lehre in Auszügen aus seinen Schriften. München, Basel: Reinhardt, 4., ergänzte Auflage.

Balgo, R. (1998): Bewegung und Wahrnehmung als System. Systemisch-konstruktivistische Positionen in der Psychomotorik. Reihe Motorik Bd. 21. Schorndorf: Hofmann.

Balgo, R. (2004): Systemische Positionen im Kontext der Motologie. In: Köckenberger, H., Hammer, R. (Hg.): Psychomotorik – Ansätze und Arbeitsfelder, ein Lehrbuch. Dortmund: modernes lernen, S. 187–222.

Baumann, Z. (1997): Flaneure, Spieler und Touristen. Essays zu postmodernen Lebensformen. Hamburg: Hamburger Editionen.

Bergson, H. (1949): Zeit und Freiheit. Meisenheim am Glan: Westkulturverlag. Lizenzausgabe (1920).

Bergson, H. (1969): Schöpferische Entwicklung. Hanau: Concon. Nachdruck (1921).

Birnbaum, F. (1937): Alfred Adler in memoriam. In: Internationale Zeitschrift für Individualpsychologie, 15, S. 97–127.

Blos, K. (2007): Begriff und Ansätze der Psychomotorik. In: Buchmann, T. (Hg.): Psychomotorik-Therapie und individuelle Entwicklung. Biel: Edition SZH/CSPS, S. 13–15.

Blos, K. (2009): Profilierende Grenzerfahrungen – Skizzenhaftes von der Psychomotorischen Prioritätenanalyse und ihrer Interventionsmethodik. In: Schweizerische Zeitschrift für Heilpädagogik, 15, 7/8, S. 41–47.

Blos, K., Dahinden, R. (2010): Psychomotorik in der Grossgruppe. In: Schweizerische Zeitschrift für Heilpädagogik, 16, 7/8, S. 40–45.

Bowie, M. (1994): Lacan. Göttingen: Steidl.

Brose, H. G., Hildenbrand, B. (1988): Biographisierung von Erleben und Handeln. In: Brose, H. G., Hildenbrand, B. (Hg.): Vom Ende des Individuums zur Individualität ohne Ende. Opladen: Leske & Budrich, S. 11–30.

Bruder-Bezzel, A. (1983): Alfred Adler – Die Entstehungsgeschichte einer Theorie im historischen Milieu Wiens. Göttingen: Vandenhoeck & Ruprecht.

Bruder-Bezzel, A. (1985): Das Spannungsverhältnis von Macht und Ohnmacht als Grundproblem der Persönlichkeitstheorie Alfred Adlers. In: Zeitschrift für Individualpsychologie, 10, 1, S. 11–17.

Bruder-Bezzel, A. (1991a): Die Geschichte der Individualpsychologie. Frankfurt/Main: Fischer.

Bruder-Bezzel, A. (1991b): Wissenschafts- und erkenntnistheoretische Diskussion der Individualpsychologie in den 20er und 30er Jahren. In: Zeitschrift für Individualpsychologie, 16, 3, S. 163–174.

Bruder-Bezzel, A. (1999): Die Geschichte der Individualpsychologie. Göttingen: Vandenhoeck & Ruprecht. 2., neu bearbeitete Auflage.

Bruder-Bezzel, A. (2004a): Adlers Aggressionstrieb und der Beginn psychoanalytischer Triebkritik. In: Bruder-Bezzel, A., Bruder, K.-J. (Hg.): Kreativität und Determination – Studien zu Nietzsche, Freud und Adler. Göttingen: Vandenhoeck & Ruprecht, S. 11–52.

Bruder-Bezzel, A. (2004b): Das schöpferische Unbewusste. In: Bruder-Bezzel, A., Bruder, K.-J. (Hg.): Kreativität und Determination – Studien zu Nietzsche, Freud und Adler. Göttingen: Vandenhoeck & Ruprecht, S. 53–77.

Bruder-Bezzel, A. (2004c): Nietzsche, Freu und Adler. In: Bruder-Bezzel, A., Bruder, K.-J. (Hg.): Kreativität und Determination – Studien zu Nietzsche, Freud und Adler. Göttingen: Vandenhoeck & Ruprecht, S. 122–169.

Bruder-Bezzel, A. (2007) (Hg.): Alfred Adler – Persönlichkeit und neurotische Entwicklung (Frühe Schriften 1904–1912). Göttingen: Vandenhoeck & Ruprecht.

Bruder-Bezzel, A. (2008): Das Zärtlichkeitsbedürfnis des Kindes. Anmerkungen zu seinem Stellenwert in Adlers Werk. In: Zeitschrift für Individualpsychologie, 33, 4, S. 373–376.

Bruder-Bezzel, A., Bruder, K.-J. (2004): Kreativität und Determination – Studien zu Nietzsche, Freud und Adler. Göttingen: Vandenhoeck & Ruprecht.

Bruder, K.-J. (2004a): Psychoanalytischer Konstruktivismus und Intersubjektivität. In: Bruder-Bezzel, A., Bruder, K.-J. (Hg.): Kreativität und Determination – Studien zu Nietzsche, Freud und Adler. Göttingen: Vandenhoeck & Ruprecht, S. 78–121.

Bruder, K.-J. (2004b): Zustimmung zum Diskurs der Macht. In: Bruder-Bezzel, A., Bruder, K.-J. (Hg.): Kreativität und Determination – Studien zu Nietzsche, Freud und Adler. Göttingen: Vandenhoeck & Ruprecht, S. 170–193.

Brunner, R., Titze, M. (Hg.) (1995): Wörterbuch der Individualpsychologie. München, Basel: Reinhardt, 2., neu bearbeitete Auflage.

Brunner, R. (1995a): Verstehen. In: Brunner, R., Titze, M. (Hg.): Wörterbuch der Individualpsychologie. München, Basel: Reinhardt, 2., neu bearbeitete Auflage, S. 538–541.

Brunner, R. (1995b): Zärtlichkeit/Zärtlichkeitsbedürfnis. In: Brunner, R., Titze, M. (Hg.): Wörterbuch der Individualpsychologie. München, Basel: Reinhardt, 2., neu bearbeitete Auflage, S. 564f.

Brunner, R. (1982): Anmerkungen zum Zärtlichkeitsbedürfnis und seiner Befriedigung. In: Zeitschrift für Individualpsychologie, 7, S. 154–164.

Buhr, M., Klaus, G. (1970): Das philosophische Wörterbuch 2. Berlin: VEB Bibliographisches Institut.

Caruso, I. A., Englert, E. H. (1977): Sozialpsychologie bei Alfred Adler. In: Brandel, G., Ringel, E. (Hg.): Ein Österreicher namens Alfred Adler. Seine Individualpsychologie – Rückschau und Ausblick. Wien: Österreichischer Bundesverlag für Unterricht, Wissenschaft und Kunst.

Cassirer, E. (1921): Kants Leben und Lehre. Berlin: Bruno Cassirer.

Dahrendorf, R. (1977): Homo sociologicus. Opladen: Westdeutscher Verlag, 15. Auflage.

Deleuze, G. (2001): Henri Bergson zur Einführung. Hamburg: Junius, 3. Auflage.

Derrida, J. (1990a): Die différance. In: Engelmann, P. (Hg.): Postmoderne und Dekonstruktion. Texte französischer Philosophen der Gegenwart. Stuttgart: Reclam, S. 76–113.

Derrida, J. (1990b): Die Struktur, das Zeichen und das Spiel im Diskurs der Wissenschaften vom Menschen. In: Engelmann, P. (Hg.): Postmoderne und Dekonstruktion. Texte französischer Philosophen der Gegenwart. Stuttgart: Reclam, S. 114–139.

Descartes, R. (1870): Philosophische Werke. Herausgegeben von Julius Hermann Kirchmann. Berlin: L. Heimann.

Dilthey, W. (1906): Das Erlebnis und die Dichtung. Lessing, Goethe, Novalis, Hölderlin. Vier Aufsätze von Wilhelm Dilthey. Leipzig: B. G. Teubner.

Dilthey, W. (1922): Gesammelte Schriften. Bd. I. Einleitung in die Geisteswissenschaften: Versuch einer Grundlegung für das Studium der Gesellschaft und der Geschichte. Herausgegeben von Bernhard Groethuysen. Leipzig und Berlin: B. G. Teubner.

Dilthey W. (2006a): Gesammelte Schriften. Bd. 7: Der Aufbau der geschichtlichen Welt in den Geisteswissenschaften. Herausgegeben von Karlfried Gründer. Göttingen: Vandenhoeck und Ruprecht.

Dilthey W. (2006b): Gesammelte Schriften. Bd. 8: Weltanschauungslehre. Abhandlungen zur Philosophie der Philosophie. Herausgegeben von Karlfried Gründer. Göttingen: Vandenhoeck und Ruprecht.

Dreikurs, R. (1969): Grundbegriffe der Individualpsychologie. Stuttgart: Klett.

Dreikurs, R. (2001): Selbstbewusst – die Psychologie eines Lebensgefühls. München: dtv, 4. Auflage.

Eckert, A. R. (2004): Bewegtes Sein – Eine körperenergetische Betrachtung psychomotorischer Praxis. In: Köckenberger, H., Hammer, R. (Hg.): Psychomotorik – Ansätze und Arbeitsfelder, ein Lehrbuch. Dortmund: modernes lernen, S. 128–143.

Eggert, D. (1997): Von den Stärken ausgehen. Individuelle Entwicklungspläne (IEP) in der Lernförderungsdiagnostik. Dortmund: Borgmann, 2., verbesserte Auflage.

Eisler, R. (2008): Kant Lexikon. Nachschlagewerk zu Kants sämtlichen Schriften, Briefen und handschriftlichen Nachlass. Hildesheim u. a.: Weidmann. Unveränderter Nachdruck der Ausgabe Berlin (1930).

Elias, N. (1976): Über den Prozess der Zivilisation. Frankfurt/Main: Suhrkamp.

Elster, J. (1987): Introduction. In: Elster, J. (Hg.): The multiple self. Cambridge UK: Cambridge University Press, S. 1–34.

Engelmann, P. (1990) (Hg.): Postmoderne und Dekonstruktion. Texte französischer Philosophen der Gegenwart. Stuttgart: Reclam.

Engelmann, P. (1990): Einführung: Postmoderne und Dekonstruktion. Zwei Stichwörter zur zeitgenössischen Philosophie. In: Engelmann, P. (Hg.): Postmoderne und Dekonstruktion. Texte französischer Philosophen der Gegenwart. Stuttgart: Reclam, S. 5–32.

Erikson, E. H. (1974): Identität und Lebenszyklus. Drei Aufsätze. Frankfurt/Main: Suhrkamp, 2. Auflage.

Ernst, H. (1996): Psychotrends. Das Ich im 21. Jahrhundert. München: Piper.

Erziehungs- und Kulturdepartement des Kantons Luzern (EKD) (Hg.) (1998): Schulen mit Profil. Orientierungshilfe Nr. 7: Organisation und Stellung der Schuldienste. Luzern: EKD.

Farau, A. (1953): Der Einfluss der österreichischen Tiefenpsychologie auf die amerikanische Psychotherapie der Gegenwart. Wien: A. Sexl.

Fellmann, F. (2006): Phänomenologie zur Einführung. Hamburg: Junius.

Fischer, J. (2000): Exzentrische Positionalität. Plessners Grundkategorie der Philosophischen Anthropologie. In: Deutsche Zeitschrift für Philosophie, 48, 2, S. 265–288.

Flammer, A. (2009): Entwicklungstheorien – Psychologische Theorien der menschlichen Entwicklung. Bern: Hans Huber, 4., vollst. überarbeitete Auflage.

Freud, S. (1905): Bruchstücke einer Hysterie-Analyse. Freud-Studienausgabe. Bd. 6: Hysterie und Angst. Frankfurt/Main: Fischer 1971 (2. Auflage), S. 83–186.

Frey, D., Irle, M. (Hg.) (2002): Theorien der Sozialpsychologie. Band III: Motivations-, Selbst- und Informationsverarbeitungstheorien. Bern: Hans Huber, 2., vollst. überarbeitete und erweiterte Auflage.

Freschl, R. (1935): Das Streben nach Macht. Der Weg zum Menschen. In: Internationale Zeitschrift für Individualpsychologie, 13, 2, S. 115–123.

Fromm, E. (1980): Haben oder Sein – die seelischen Grundlagen einer neuen Gesellschaft. München: dtv, 3. Auflage.

Fromm, E. (1991): Die Pathologie der Normalität – zur Wissenschaft vom Menschen. München: Wilhelm Heyne.

Fromm, E. (2001): Die Furcht vor der Freiheit. München: dtv, 9. Auflage.

Furtmüller, C. (1914): Geleitwort. In: Internationale Zeitschrift für Individualpsychologie, 1, 1, S. 1–3.

Gehlen, A. (1961): Anthropologische Forschung. Zur Selbstbegegnung und Selbstentdeckung des Menschen. Hamburg: Rowohlt.

Gehlen, A. (1975): Urmensch und Spätkultur. Frankfurt/Main: Athenaion, 3., verbesserte Auflage.

Gerhardt, V. (1996): Vom Willen zur Macht. Anthropologie und Metaphysik der Macht am exemplarischen Fall Friedrich Nietzsches. Berlin: de Gruyter.

Gerhardt, V. (1999): Selbstbestimmung. Das Prinzip der Individualität. Stuttgart: Reclam.

Gerhardt, V. (2000): Individualität. Das Element der Welt. München: Beck.

Goeppert, S. (1976): Grundkurs Psychoanalyse. Reinbek bei Hamburg: VS Verlag für Sozialwissenschaften.

Goffman, E. (1959): Wir alle spielen Theater. München, Piper, 7. Auflage 1991.

Goffman, E. (1963): Stigma – Über Techniken der Bewältigung beschädigter Identität. Frankfurt/Main: Suhrkamp, 12. Auflage 1996.

Gollwitzer, P. M., Bayer, U. C., Wicklund, R. A. (2002): Das handelnde Selbst: Symbolische Selbstergänzung als zielgerichtete Selbstentwicklung. In: Frey, D., Irle, M. (Hg.): Theorien der Sozialpsychologie. Band III: Motivations-, Selbst- und Informationsverarbeitungstheorien. Bern: Hans Huber, 2., vollst. überarbeitete und erweiterte Auflage, S. 191–211.

Grimm, H. (1995): Sprachentwicklung – allgemeintheoretisch und differentiell betrachtet. In: Oerter, R., Montada, L. (Hg.): Entwicklungspsychologie – Ein Lehrbuch, 3., vollst. überarbeitete und erweiterte Auflage. Weinheim: Psychologie Verlags Union, S. 705–757.

Grondin, J. (2009): Hermeneutik. Göttingen: Vandenhoeck & Ruprecht.

Hall, S. (1992): The question of cultural identity. In: Hall, S. (Hg.): Modernity and its futures. Cambridge, UK: Polity Press, S. 273–316.

Hall, S. (1994): Die Frage der kulturellen Identität. In: Hall, S. (Hg.): Rassismus und kulturelle Identität. Hamburg: Argument-Verlag, S. 180–222.

Hammer, R. (2004): Der Verstehende Ansatz in der Psychomotorik. In: Köckenberger, H., Hammer, R. (Hg.): Psychomotorik – Ansätze und Arbeitsfelder, ein Lehrbuch. Dortmund: modernes lernen, S. 164–186.

Handelbauer, B. (1984): Die Entstehungsgeschichte der Individualpsychologie Alfred Adlers. Wien, Salzburg: Geyer-Edition.

Hegel, G. W. F. (1840): Encyclopädie der philosophischen Wissenschaften im Grundrisse. Erster Teil. Die Logik. Herausgegeben und erläutert von Dr. Leopold von Henning. Berlin: von Duncker und Humblot.

Hellgart, H. (1992): Gedanken und Geschichten zur individualpsychologischen Therapie und Selbstbesinnung. In: Witte, K. H. (Hg.): Beiträge zur Individualpsychologie, 16: Praxis und Theorie der Individualpsychologie heute. München, Basel: Reinhardt, S. 36–46.

Hellgart, H. (1995): Schöpferische Kraft. In: Brunner, R., Titze, M. (Hg.): Wörterbuch der Individualpsychologie. München, Basel: Reinhardt, 2., neu bearbeitete Auflage, S. 416–419.

Heisterkamp, G. (1982): „Kriegskosten" der Finalität. In: Reinelt, T., Otálora, Z., Kappus, H. (Hg.): Beiträge zur Individualpsychologie, 3: Die Begegnung der Individualpsychologie mit anderen Therapieformen. München, Basel: Reinhard, S. 142–149.

Heisterkamp, G. (1990): Konturen einer tiefenpsychologischen Analyse originärer Lebensbewegungen. In: Zeitschrift für Individualpsychologie, 15, S. 83–95.

Heisterkamp, G. (1990): Konturen einer tiefenpsychologischen Analyse originärer Lebensbewegungen. 2. Teil. In: Zeitschrift für Individualpsychologie, 15, S. 163–176.

Heisterkamp, G. (1991): Freude und Leid frühkindlicher Lebensbewegungen. Empirische Säuglingsforschung und tiefenpsychologische Entwicklungstheorien. In: Beiträge zur Individualpsychologie, 14: Entwicklung und Individuation. München, Basel: Reinhardt, S. 24–41.

Heisterkamp, G. (1995): Bewegungsgesetz. In: Brunner, R., Titze, M. (Hg.): Wörterbuch der Individualpsychologie. München, Basel: Reinhardt, 2., neu bearbeitete Auflage, S. 63–66.

Heisterkamp, G. (1999): Heilsame Berührungen. Praxis leibfundierter analytischer Psychotherapie. Stuttgart: Pfeiffer bei Klett-Cotta, 2. Auflage.

Heisterkamp, G., Kühn, R. (1995): Leib/Körper/Leiblichkeit. In: Brunner, R., Titze, M. (Hg.): Wörterbuch der Individualpsychologie. München, Basel: Reinhardt, 2., neu bearbeitete Auflage, S. 291–298.

Henry, M. (1992): Radikale Lebensphänomenologie. Ausgewählte Studien zur Phänomenologie. Freiburg/München: Alber.

Hilgers, M. (1995): Psychoanalytisches Setting und Körpertherapie. In: Zeitschrift für Individualpsychologie, 20, S. 288–300.

Höcher, G. (1987): Philosophische Einflüsse auf die Theorien und die Weltsicht Alfred Adlers. In: Zeitschrift für Individualpsychologie, 12, 1, S. 3–11.

Holz, A. (1981): Alfred Adler, Sigmund Freud und die Protokolle der Wiener Psychoanalytischen Vereinigung. In: Zeitschrift für Individualpsychologie, 6, 2, S. 19–39.

Horster, D. (1991): Gott in der Unterwelt. Der kulturelle Einfluss auf die Prägung des Lebensstils. In: Zeitschrift für Individualpsychologie, 16, 3, S. 175–180.

Irmischer, T., Fischer, K. (Hg.) (1993): Psychomotorik in der Entwicklung. Reihe Motorik Bd. 8. Schorndorf: Hofmann, 2. Auflage.

Jendritza, E. (1998): Modelle individualpsychologischer Theoriebildung. In: Lehmkuhl, U. (Hg.): Sinnverlust und Kompensation. München, Basel: Reinhardt, S. 35–47.

Kant, I. (1998): Kritik der reinen Vernunft. Philosophische Bibliothek, Bd. 505. Herausgegeben von Jens Timmermann. Hamburg: Felix Meiner.

Kant, I. (2001): Prolegomena zu einer jeden künftigen Metaphysik, die als Wissenschaft wird auftreten können. Philosophische Bibliothek, Bd. 540. Herausgegeben von Konstantin Pollok. Hamburg: Felix Meiner.

Kant, I. (2003): Kritik der praktischen Vernunft. Philosophische Bibliothek, Bd. 506. Herausgegeben von Horst D. Brandt und Heiner F. Klemme. Hamburg: Felix Meiner.

Kausen, R. (1995): Selbstwertgefühl. In: Brunner, R., Titze, M. (Hg.): Wörterbuch der Individualpsychologie. München, Basel: Reinhardt, 2., neu bearbeitete Auflage, S. 443–448.

Kegan, R. (1982): The evolving self. Cambridge, MA: Harvard University Press.

Kegan, R. (1986): Die Entwicklungsstufen des Selbst: Fortschritte und Krisen im menschlichen Leben. München: Kindt.

Keleman, S. (1990): Körperlicher Dialog in der therapeutischen Beziehung. München: Kösel.

Kefir, N., Corsini, R. J. (1974): Dispositional Sets: A Contribution to Typologie. In: Journal of Individual Psychologie 30, 2, S. 163–178.

Kenner, C. (2007): Der zerrissene Himmel. Emigration und Exil der Wiener Individualpsychologie. Göttingen: Vandenhoeck & Ruprecht.

Keupp, H. (1988): Auf dem Weg zur Patchwork-Identität? Verhaltenstherapie und psychosoziale Praxis, 20, 4, S. 425–438.

Keupp, H. (1997): Ermutigung zum aufrechten Gang. Tübingen: DGVT.

Keupp, H. (2000): Identitäten in Bewegung – und die illusionäre Hoffnung auf den Körper. In: motorik, 23, 3, S. 113–122.

Keupp, H., u. a. (2006): Identitätskonstruktionen: Das Patchwork der Identitäten in der Spätmoderne. Reinbek bei Hamburg: rororo, 3. Auflage.

Kiphard, E. J. (1983): Mototherapie – Teil II. Psychomotorische Entwicklungsförderung – Band 3: Dortmund: modernes lernen.

Kiphard, E. J. (1987): Motopädagogik. Psychomotorische Entwicklungsförderung – Band 1: Dortmund: modernes lernen, 3. ergänzte Auflage.

Kiphard, E. J. (1990): Mototherapie – Teil I. Psychomotorische Entwicklungsförderung – Band 2: Dortmund: modernes lernen, 3. verbesserte und erweiterte Auflage.

Kiphard, E. J. (2001): Frühförderung als „Entwicklungshilfe". In: Frühförderung interdisziplinär, 20, 1, S. 34–38.

Köckenberger, H., Hammer, R. (Hg.) (2004): Psychomotorik – Ansätze und Arbeitsfelder, ein Lehrbuch. Dortmund: modernes lernen.

Kohli, M. (1988): Normalbiographie und Individualität: Zur institutionellen Dynamik des gegenwärtigen Lebenslaufregimes. In: Brose, H. G., Hildenbrand, B. (Hg.): Vom Ende des Individuums zur Individualität ohne Ende. Opladen: Leske & Budrich, S. 33–53.

Krappmann, L. (1969): Soziologische Dimensionen der Identität. Stuttgart: Klett.

Krappmann, L. (1997): Die Identitätsproblematik nach Erikson aus einer interaktionistischen Sicht. In: Keupp, H., Höfer, R. (Hg.): Identitätsarbeit heute. Frankfurt/Main: Suhrkamp, S. 66–92.

Kraus, W. (2000): Das erzählte Selbst – Die narrative Konstruktion von Identität in der Spätmoderne. Herbolzheim: Centaurus, 2. Auflage.

Krause, R. (Hg.) (2009): Nietzsche – Perspektiven der Macht. Berlin: Parodos.

Kretschmer, W. (1995): Minderwertigkeitsgefühl. In: Brunner, R., Titze, M. (Hg.): Wörterbuch der Individualpsychologie. München, Basel: Reinhardt, 2., neu bearbeitete Auflage, S. 326–328.

Kühn, R. (1985): Evolutionärer Fiktionalismus. In: Zeitschrift für Individualpsychologie, 10, S. 257–268.

Kühn, R. (1991): Editorial – Individualpsychologie und Philosophie. In: Zeitschrift für Individualpsychologie 16, 3, S. 161f..

Kühn, R. (1995): Wahrheit. In: Brunner, R., Titze, M. (Hg.): Wörterbuch der Individualpsychologie. München, Basel: Reinhardt, 2., neu bearbeitete Auflage, S. 543–548.

Kühn, R. (1996): War Adler Philosoph? In: Zeitschrift für Individualpsychologie, 21, S. 235–255.

Kühn, R., Titze, M. (1991): Die leib-seelische Identität im „Können" des Lebensstils. In: Zeitschrift für Individualpsychologie 16, 3, S. 203–216.

Kummer, I. E. (1984): Körpersprache als Ausdruck des Lebensstils. In: Zeitschrift für Individualpsychologie, 9, S. 142–152.

Lamer, J. (1984): Individualpsychologie und Psychosomatik. In: Zeitschrift für Individualpsychologie, 9, S. 153–165.

Landweer, H. (2008): Denken in Raumkategorien: Situation, Leib und Bedeutung bei Helmuth Plessner und Hermann Schmitz. In: Accarino, B., Schlossberger, M. (Hg.): Expressivität und Stil – Helmuth Plessners Sinnes- und Ausdruckphilosophie. Berlin: Akademie.

Lehmkuhl, G (Hg.) (1991): Erwin Wexberg: Zur Entwicklung der Individualpsychologie und andere Schriften. Frankfurt/Main: Fischer.

Lehmkuhl, G., Lehmkuhl, U. (2008): Aggressionstrieb und Zärtlichkeitsbedürfnis – zur Dialektik und Aktualität früher individualpsychologischer Konstrukte. In: Zeitschrift für Individualpsychologie, 33, 4, S. 377–393.

Lévi-Strauss, C. (1993): Die elementaren Strukturen der Verwandtschaft. Berlin: Suhrkamp.

Louis, V. (1976): Über Bindung und Freiheit. In: Zeitschrift für Individualpsychologie, 1, 1, S. 7–18.

Lück, H. E. (1990): Alfred Adler und die akademische Psychologie. In: Zeitschrift für Individualpsychologie, 15, S. 270–281.

Lüpke, H. von (2000a): Identität als wechselseitiger Prozess von Anfang an. In: motorik, 23, 3, S. 108–112.

Lüpke, H. von (2000b): Das Spiel mit der Identität als lebenslanger Entwicklungsprozess. In: Lüpke, H. von, Voss, R. (Hg.): Entwicklung im Netzwerk. Neuwied: Luchterhand, 3., überarbeitete Auflage, S. 82–92.

Lüpke, H. von, Voss, R. (2000) (Hg.): Entwicklung im Netzwerk. Neuwied: Luchterhand, 3., überarbeitete Auflage.

Lützeler, P. M. (1998): Nomadentum und Arbeitslosigkeit. Identität in der Postmoderne. Merkur. Deutsche Zeitschrift für europäisches Denken, 9/10, S. 908–918.

Lyotard, J.-F. (1986): Le postmoderne expliqué aux enfants. Paris: Edition Galilée.

Lyotard, J.-F. (1996): Postmoderne für Kinder. Briefe aus den Jahren 1982–1985. Wien: Edition Passagen, 2. Auflage.

Lyotard, J.F. (2009): Das postmoderne Wissen. Ein Bericht. Wien: Passagen Verlag. 6., überarbeitete Auflage.

Markus, H. R. & Nurius, P. (1986): Possible selves. American Psychologist, 41, S. 954–969.

Mattner, D. (2000): Der bewegte Leib. Menschliche Konstituierungsprozesse aus leib-phänomenologischer Sicht. In: motorik 23, 1, S. 3–10.

Maturana, H., Varela, F. (1987): Der Baum der Erkenntnis. Die biologischen Wurzeln des menschlichen Erkennens. München, Wien: Scherz.

Mead, G. H. (1973): Geist, Identität und Gesellschaft. Herausgegeben von Charles William Morris. Frankfurt/Main: Suhrkamp.

Merleau-Ponty, M. (1966): Phänomenologie der Wahrnehmung. Berlin: de Gruyter und Co.

Metzger, W. (1973). Einführung. In: Alfred Adler: Der Sinn des Lebens. Frankfurt/Main: Fischer, S. 7–24.

Moser, U. et al. (2003): Schullaufbahn und Leistung. Bern: hep.

Negt, O. (1998): Lernen in einer Welt gesellschaftlicher Umbrüche. In: Dieckmann, H., Schachtsieck, B. (Hg.): Lernkonzepte im Wandel. Stuttgart: Klett-Cotta, S. 21–44.

Nietzsche, F. (1972): Werke. Kritische Gesamtausgabe. Herausgegeben von Giorgio Colli und Mazzino Montinari. Bd. VIII.3. Nachgelassene Fragmente. Anfang 1888 bis Anfang Januar 1889. Berlin: de Gruyter.

Nietzsche, F. (1988): Kritische Studienausgabe. Bd. 14. Herausgegeben von Giorgio Colli und Mazzino Montinari. Berlin: de Gruyter, 2. Auflage.

Nietzsche, F. (1994a): Werke in drei Bänden. Bd. 1. Herausgegeben von Karl Schlechta. München: Carl Hanser.

Nietzsche, F. (1994b): Werke in drei Bänden. Bd. 2. Herausgegeben von Karl Schlechta. München: Carl Hanser.

Norretranders, T. (1994): Spüre die Welt. Die Wissenschaft des Bewusstseins. Reinbek: Rowohlt.

Obereisenbuchner, M. (1992): Freiheit und Ohnmacht. Der Mensch als Konstrukteur seiner Welt bei Alfred Adler. In: Witte, K. H. (Hg.): Beiträge zur Individualpsychologie, 16: Praxis und Theorie der Individualpsychologie heute. München, Basel: Reinhardt, S. 23–35.

Ogawa, Tadashi (2001): Grund und Grenze des Bewusstseins. Interkulturelle Phänomenologie aus japanischer Sicht. Würzburg: Königshausen und Neumann.

Ohm, K. (1991): Zur Psychologie und Philosophie der Lebenssinnfrage. In: Zeitschrift für Individualpsychologie, 16, 3, S. 181–193.

Park, R. E. (1926): Behind our Masks. In: Park, E. (1950): Race and Culture. New York: Free Press, First Paperback Edition 1964.

Parsons, T. (1964): Die Motivierung des wirtschaftlichen Handelns. In: Parsons, T.: Beiträge zur soziologischen Theorie. Rüschemeyer, D. (Hg.). Neuwied: Luchterhand.

Pew, W. L. (1978): Die Priorität Nummer eins. In: Kausen, R., Mohr, F. (Hg.): Beiträge zur Individualpsychologie: Bericht über den 13. Kongress der Internationalen Vereinigung für Individualpsychologie vom 29. 7. bis 3. 8. 1976 in München. München, Basel: Reinhardt, S. 117–123.

Philippi-Eisenburger, M. (1991): Motologie. Einführung in die theoretischen Grundlagen. Reihe Motorik Bd. 12. Schorndorf: Hofmann.

Plessner, H. (1975): Die Stufen des Organischen und der Mensch. Einleitung in die philosophische Anthropologie. Berlin/New York: Walter de Gruyter, 3. Auflage.

Plessner, H. (1982): Die Deutung des mimischen Ausdrucks. Ein Beitrag zur Lehre vom Bewusstsein des anderen Ichs. In: Plessner, H.: Gesammelte Schriften Bd. II, Frankfurt/Main: Suhrkamp, S. 67–129.

Pongratz, L. J. (1983): Hauptströmungen der Tiefenpsychologie. Stuttgart: Kröner.

Pongratz, L. J. (1995): Macht. In: Brunner, R., Titze, M. (Hg.): Wörterbuch der Individualpsychologie. München, Basel: Reinhardt, 2., neu bearbeitete Auflage, S. 308–309.

Pongratz, L. J. (1995): Wert. In: Brunner, R., Titze, M. (Hg.): Wörterbuch der Individualpsychologie. München, Basel: Reinhardt, 2., neu bearbeitete Auflage, S. 554.

Popper, K. R. (1968): Was ist Dialektik? In: Topitsch, E. (Hg.): Logik der Sozialwissenschaften. Bd. 5. Köln: Kiepenheuer und Witsch, 5. Auflage, S. 262–290.

Paprotny, T. (2009): Kurze Geschichte der Philosophie der Gegenwart. Freiburg: Herder.

Rattner, J. (1972): Alfred Adler. Reinbek: Rowohlt.

Rattner, J. (1974): Die Individualpsychologie Alfred Adlers – eine Einführung in Adlers verstehende Psychologie und Erziehungslehre. München, Basel: Reinhardt, 3. Auflage.

Rattner, J. (1977): Individualpsychologie und Ganzheitstheorie. In: Zeitschrift für Individualpsychologie, 2, 1, S. 12–28.

Rattner, J. (1978): Hans Vaihinger und Alfred Adler: Zur Erkenntnis des normalen und neurotischen Denkens. In: Zeitschrift für Individualpsychologie 3, S. 40–47.

Rattner, J. (1982): Alfred Adler und Friedrich Nietzsche. In: Zeitschrift für Individualpsychologie, 7, S. 65–75.

Rattner, J. (1990): Klassiker der Tiefenpsychologie. München.

Rattner, J., Danzer, G. (2009): Religion und Psychoanalyse. Enzyklopädie der Psychoanalyse. Bd. 3. Würzburg: Königshausen und Neumann.

Reinelt, T. (1996): Spüren – Fühlen – Denken. Entwicklungspsychologische Anmerkungen zur Prophylaxe, Psychotherapie und Rehabilitation. In: Hutterer-Krisch, R., Pfersmann, V., Farag, I. S. (Hg.): Psychotherapie, Lebensqualität und Prophylaxe. Beiträge zur Gesundheitsvorsorge in Gesellschaftspolitik, Arbeitswelt und beim Individuum. Wien, New York: Springer, S. 301–314.

Reinelt, T. (1997a): Aggression. In : Reinelt, T., Bogyi, G., Schuch, B. (Hg.): Lehrbuch der Kinderpsychotherapie. München, Basel: Reinhard, S. 260–264.

Reinelt, T. (1997b): Die Persönlichkeit des Kinderpsychotherapeuten. In: Reinelt, T., Bogyi, G., Schuch, B. (Hg.): Lehrbuch der Kinderpsychotherapie. München, Basel: Reinhard, S. 273–276.

Reinelt, T. (1998a): Die Bedeutung von Wahrnehmen und Bewegen – am Beispiel der Funktionellen Entspannung von Marianne Fuchs. In: praxis ergotherapie 11, 5, S. 320–323.

Reinelt, T. (1998b): Ein Beitrag zum Konzept der Subjektiven Anatomie. In: Gerber, G. et al. (Hg.): Der Beitrag der Wissenschaften zur interdisziplinären Sonder- und Heilpädagogik. Wien: Selbstverlag Institut für Sonder- und Heilpädagogik, Universität Wien, S. 193–201.

Reinelt, T. (2004): Tiefenpsychologie und Psychomotorik. In: Köckenberger, H., Hammer, R. (Hg.): Psychomotorik – Ansätze und Arbeitsfelder, ein Lehrbuch. Dortmund: modernes lernen, S. 67–102.

Reinelt, T., Gerber, G. (1991): Der Beitrag der Funktionellen Entspannung zur Analyse und zum Wandel des Lebensstils. In: Zeitschrift für Individualpsychologie 16, S. 125–129.

Rieken, B. (1996): „Fiktion" bei Vaihinger und Adler – Plädoyer für ein wenig beachtetes Konzept. In: Zeitschrift für Individualpsychologie, 21, S. 280–291.

Riesman, D. (1958): Die einsame Masse. Reinbek: Rowohlt.

Ringel, E. (1978): Zur Identitätsfindung der Individualpsychologie. In: Kausen, R., Mohr, F. (Hg.): Beiträge zur Individualpsychologie: Bericht über den 13. Kongress der Internationalen Vereinigung für Individualpsychologie vom 29.7 bis 3.8.1976 in München. München, Basel: Reinhardt, S. 145–156.

Ritsert, J. (2001): Soziologie des Individuums. Eine Einführung. Darmstadt: Wissenschaftliche Buchgesellschaft.

Rogner, J. (1982): Individualpsychologische Typologien. In: Zeitschrift für Individualpsychologie 7, 1, S. 1–13.

Rogner, J. (1983): Eine Untersuchung zur Prioritätenskala. In: Zeitschrift für Individualpsychologie 8, 1, S. 10–20.

Rogner, J. (1995a): Kompensation. In: Brunner, R., Titze, M. (Hg.): Wörterbuch der Individualpsychologie. München, Basel: Reinhardt, S. 261–263.

Rogner, J. (1995b): Typologie. In: Brunner, R., Titze, M. (Hg.): Wörterbuch der Individualpsychologie. München, Basel: Reinhardt, S. 510–516.

Rom, P. (1966): Alfred Adler und die wissenschaftliche Menschenkenntnis. Frankfurt/Main: Waldemar Kramer.

Rorty, R. (1993): Eine Kultur ohne Zentrum. Stuttgart: Reclam.

Russell, B. (1996): Denker des Abendlandes. Eine Geschichte der Philosophie. Lizenzausgabe. Bindlach: Gondrom.

Ruthe, R. (1981): Die Priorität Nummer Eins in der Paar-Therapie. In: Zeitschrift für Individualpsychologie, 6, 3, S. 152–158.

Schilling, F. (1975a): Checkliste motorischer Verhaltensweisen. Handanweisung für die Durchführung, Auswertung und Interpretation. Braunschweig: Westermann.

Schilling, F. (1975b): Motorische Entwicklung als Adaptionsprozess. In: Müller, H. J., Decker, R., Schilling, F. (Red.): Motorik im Vorschulalter. Schorndorf: Hofmann, S. 23–26.

Schilling, F. (2009): PTK – LDT: Punktier- und Leistungs-Dominanztest für Kinder (5–12 Jahre). Dortmund: modernes lernen.

Schlippe, A. v.: (1995): „Tu, was du willst." – Eine integrative Perspektive auf die systemische Therapie. In: Kontext 26, 1, S. 19–32.

Schmidt, R. (1995): Organdialekt. In: Brunner, R., Titze, M. (Hg.): Wörterbuch der Individualpsychologie. München, Basel: Reinhardt, S. 361f.

Schmitz, H. (1985): Phänomenologie der Leiblichkeit. In: Petzold, H. (Hg.): Leiblichkeit. Paderborn: Junfermann, S. 71–106.

Schmitz, H. (2008): Leib und Gefühl. Materialien zu einer philosophischen Therapeutik. Bielefeld, Locarno: Edition Sirius. 3., erweiterte Auflage.

Schoenaker, Th. (1979): Der Lebensstil in der Behandlung des Stotterns bei Erwachsenen. Eine individualpsychologische Betrachtung. In: Sprache-Stimme-Gehör, Zeitschrift für Kommunikationsstörungen 3, 4, S. 151–157.

Schoenaker, T. (1984): Wertskala zur Messung der Priorität und ihrer Probleme. In: Sprache-Stimme-Gehör, Zeitschrift für Kommunikationsstörungen 8, 1, S. 11–15.

Schopenhauer, A. (1986): Die Welt als Wille und Vorstellung. Bd. 1 und 2. Ditzingen: Reclam.

Schopenhauer, A. (1986): Kritik der Kantischen Philosophie. In: Schopenhauer, A.: Die Welt als Wille und Vorstellung. Bd. 1. Ditzingen: Reclam, S. 575–735.

Schottky, A., Schoenaker, Th. (2008): Was bestimmt mein Leben? Bocholt: RDI, 12., überarbeitete Auflage.

Schütz, A. (1974), Der sinnhafte Aufbau der sozialen Welt. Eine Einleitung in die verstehende Soziologie. Frankfurt/Main: Suhrkamp.

Seelbach, H. (1932): Verstehende Psychologie und Individualpsychologie. In: Internationale Zeitschrift für Individualpsychologie 10, 4, S. 262–288.

Seewald, J. (1992): Leib und Symbol – Ein sinnverstehender Zugang zur kindlichen Entwicklung. München: Wilhelm Fink.

Seewald, J. (1997): Der „Verstehende Ansatz" und seine Stellung in der Theorielandschaft der Psychomotorik. In: Praxis der Psychomotorik 22, 1, S. 4–15.

Seewald, J. (2000a): Durch Bewegung zur Identität? Motologische Sichten auf das Identitätsproblem. In: motorik 23, 3, S. 94–101.

Seewald, J. (2000b): Von Elefanten, U-Booten und blinden Wanderern. Systemisch-konstruktivistischer und verstehender Ansatz im Dialog. In: Praxis der Psychomotorik 25, 3, S. 132–136.

Seewald, J. (2001): Die Verstehen-Erklären-Kontroverse in der Motologie. In: Fischer, K., Holland-Moritz, H. (Hg.): Mosaiksteine der Motologie. Reihe Motorik Bd. 24. Schorndorf: Hofmann, S. 147–161.

Seewald, J. (2006): Individuelle Förderung im GanzTag. Expertise. BLK-Verbundprojekt: Lernen für den GanzTag. Länderprojekte. Nordrhein-Westfalen: Expertisen. (Zugriff am 08.11.2006 unter http://www.ganztag-blk.de/cms/upload/pdf/nrw/Seewald_Individuelle_Foerderung.pdf).

Seewald, J. (2007): Der Verstehende Ansatz in Psychomotorik und Motologie. München: Reinhardt.

Seewald, J. (2009): Wann ist ein Ansatz ein Ansatz? Über Kriterien für psychomotorische Ansätze. In: Praxis der Psychomotorik 34, 1, S. 31–34.

Sennett, R. (1998): Der flexible Mensch: Die Kultur des neuen Kapitalismus. Berlin: Berlinverlag.

Smuts, J. C. (1932): Das wissenschaftliche Weltbild der Gegenwart. In: Internationale Zeitschrift für Individualpsychologie 10, 4, S. 244–261.

Stelter, R. (2006): Sich-Bewegen – auf den Spuren von Selbst und Identität. In: motorik 29, 2, S. 65–74.

Stern, D. N. (1985): The interpersonal world of the infant. New York: Basic.

Stern, D. N. (1992): Die Lebenserfahrung des Säuglings. Stuttgart: Klett-Cotta.

Störig, H. J. (1991): Weltgeschichte der Philosophie. Lizenzausgabe mit Genehmigung des Kohlhammer Verlages, Stuttgart. U. a. Gütersloh: Bertelsmann.

Teichert, D. (2006): Einführung in die Philosophie des Geistes. Darmstadt: Wissenschaftliche Buchgesellschaft WBG.

Titze, M. (1979): Lebensziel und Lebensstil – Grundzüge der Teleoanalyse nach Alfred Adler. München: Pfeiffer.

Titze, M. (1984): Individualpsychologie. In: Lück, Miller, Rechtien (Hg.): Geschichte der Psychologie. Ein Handbuch in Schlüsselbegriffen. München, Wien, Baltimore: Urban und Schwarzenberg, S. 113–122.

Titze, M., Kühn, R. (1995): Erkenntnistheorie. In: Brunner, R., Titze, M. (Hg.): Wörterbuch der Individualpsychologie. München, Basel: Reinhardt, 2., neu bearbeitete Auflage, S. 113–118.

Topakkaya, A. (2009): Die Grundzüge der Philosophie Henri Bergsons. Forschungsarbeit. Akademische Schriftenreihe, Bd. V125691. Norderstedt: Grin.

Vaihinger, H. (1913): Die Philosophie des Als-Ob. System der theoretischen, praktischen und religiösen Fiktionen der Menschheit auf Grund eines idealistischen Positivismus. Mit einem Anhang über Kant und Nietzsche. Berlin: Reuther und Reichard, 2., durchgesehene Auflage.

Vetter, H. (1991): Philosophische Anmerkungen zu Adlers Freiheitsverständnis. Mit Hinweisen auf Freuds Metapsychologie. In: Zeitschrift für Individualpsychologie, 16, S. 194–202.

Vetter, M. (2009): Welche Ziele verfolgt die Psychomotorik im Gesellschafts- und Bildungskontext? In: motorik, 32, 2, S. 59–66.

Vorländer, K. (2003): Immanuel Kant. Der Mann und das Werk. Wiesbaden: Fourier. Nachdruck der Ausgabe Leipzig (1924).

Waldenfels, B. (2000): Das leibliche Selbst. Vorlesungen zur Phänomenologie des Leibes. Frankfurt/Main: Suhrkamp.

Welsch, W. (1995): Vernunft. Die zeitgenössische Vernunftkritik und das Konzept der transversalen Vernunft. Frankfurt: Suhrkamp.

Welsch, W. (2002): Unsere postmoderne Moderne. Berlin: Akademie Verlag, 6. Auflage.

Wengler, B. (1990): Virchow und Adler – Die Individualpsychologie und ihre medizinische Wurzel. In: Zeitschrift für Individualpsychologie, 15, S. 258–269.

Wengler, B. (2009): Sicherungsstreben/Sicherungstendenz. In: Stumm, G., Pritz, A. (Hg.): Wörterbuch der Psychotherapie. Wien, New York: Springer, 2. Auflage, S. 644.

Weniger, E. (1936): Vorbericht des Herausgebers. In: Wilhelm Diltheys Gesammelte Schriften. Bd. XI. Vom Anfang des geschichtlichen Bewusstseins. Jugendaufsätze und Erinnerungen. Leipzig und Berlin: B. G. Teubner.

Westen, D. (1990): The relations among narcissism, egocentrism, self concept and self-esteem: Experimental, clinical and theoretical considerations. Psychoanalysis and Contemporary Thought, 13, S. 183–239.

Westen, D. (1991): Cultural, emotional and unconscious aspects of self. In: Curtis, R. C. (Hg.): The relational self: theoretical convergences in psychoanalysis and social psychology. New York: Guilford Press.

Wexberg, E. (1928): Individualpsychologie. Leipzig: Hirzel.

Wexberg, E. (1930): Alfred Adler, der Arzt. In: Internationale Zeitschrift für Individualpsychologie, 8, S. 234–236.

Wiegand, R. (1978): Der Entwicklungsgedanke im Hauptwerk Alfred Adlers „Über den nervösen Charakter" (1912). In: Zeitschrift für Individualpsychologie, 3, S. 48–57.

Wiegand, R. (1990): Alfred Adler und danach – Individualpsychologie zwischen Weltanschauung und Wissenschaft. München, Basel: Reinhardt.

Wiegand, R. (1995): Fiktion. In: Brunner, R., Titze, M. (Hg.): Wörterbuch der Individualpsychologie. München, Basel: Reinhardt, 2., neu bearbeitete Auflage, S. 152–156.

Wiegand, R. (1998): Individualität und Verantwortung. Sozialpsychologische Betrachtungen. Göttingen: Vanderhoeck & Ruprecht.

Winnicott, D. W. (1960): Ich-Verzerrung in der Form des wahren und falschen Selbst. In: Reifungsprozesse und fördernde Umwelt. München: Kindler, S. 182–199.

Witte, K. H. (1991): Wie wurde ich, der ich bin? Alfred Adlers Lehre von der Ichbildung. In: Beiträge zur Individualpsychologie, 14: Entwicklung und Individuation. München, Basel: Reinhardt, S. 68–79.

Witte, K. H. (1992): Das arme Ich-bin-ich. Die Analyse des Ichs in der individualpsychologischen Therapie. In: Witte, K. H. (Hg.): Beiträge zur Individualpsychologie, 16: Praxis und Theorie der Individualpsychologie heute. München, Basel: Reinhardt, S. 47–60.

Witte, K. H., Bruder-Bezzel, A., Kühn, R. (Hg.) (1997): Alfred Adler: Über den nervösen Charakter. Kommentierte und textkritische Ausgabe. Göttingen: Vandenhoeck & Ruprecht.

Wuchterl, K. (1999): Methoden der Gegenwartsphilosophie. Stuttgart: UTB, 3. Auflage.

Zimmer, R., Volkamer, M. (1987): Motoriktest für vier- bis sechsjährige Kinder (MOT 4–6). Manual. Weinheim: Beltz-Test, 2., überarbeitete und erweiterte Auflage.

Zimmer, R. (1999): Handbuch der Psychomotorik. Freiburg im Breisgau: Herder.

Zimmer, R. (2004): Kindzentrierte psychomotorische Entwicklungsförderung. In: Köckenberger, H., Hammer, R. (Hg.): Psychomotorik – Ansätze und Arbeitsfelder, ein Lehrbuch. Dortmund: modernes lernen, S. 55–67.

Zurschmiede, U. (2007): Statistik Schuldienste 2002/2003–2006/2007. Bildungs- und Kulturdepartement: Amt für Volksschulbildung, Abteilung Bildungscontrolling. Luzern: unveröffentlicht.

Zurschmiede, U. (2008): Statistik Schuldienste 2003/2004–2007/2008. Bildungs- und Kulturdepartement: Dienststelle Volksschulbildung, Abteilung Bildungscontrolling. Luzern: unveröffentlicht.

VS Forschung | VS Research
Neu im Programm Psychologie

Marina Brandes
Wie wir sterben
Chancen und Grenzen einer
Versöhnung mit dem Tod
2011. 144 S. Br. EUR 34,95
ISBN 978-3-531-17886-8

Tobias Böhmelt
International Mediation Interaction
Synergy, Conflict, Effectiveness
2011. 145 S. Br. EUR 34,95
ISBN 978-3-531-18055-7

Peter Busch
Ökologische Lernpotenziale in Beratung und Therapie
2011. 287 S. Br. EUR 39,95
ISBN 978-3-531-17949-0

Thomas Casper-Kroll
Berufsvorbereitung aus entwicklungspsychologischer Perspektive
Theorie, Empirie und Praxis
2011. 111 S. Br. EUR 34,95
ISBN 978-3-531-17906-3

Michael Stephan /
Peter-Paul Gross (Hrsg.)
Organisation und Marketing von Coaching
Aktueller Stand in Forschung und Praxis
2011. 293 S. Br. EUR 39,95
ISBN 978-3-531-17830-1

Erhard Tietel / Roland Kunkel (Hrsg.)
Reflexiv-strategische Beratung
Gewerkschaften und betriebliche Interessenvertretungen professionell begleiten
2011. 227 S. Br. EUR 29,95
ISBN 978-3-531-17955-1

Robert H. Wegener / Agnès Fritze /
Michael Loebbert (Hrsg.)
Coaching entwickeln
Forschung und Praxis im Dialog
2011. 264 S. Br. EUR 34,95
ISBN 978-3-531-18024-3

Erhältlich im Buchhandel oder beim Verlag.
Änderungen vorbehalten. Stand: Juli 2011.

Einfach bestellen:
SpringerDE-service@springer.com
tel +49(0)6221 / 345 – 4301
springer-vs.de

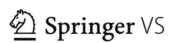